Ravi Peixoto

Doutor em Direito Processual pela UERJ. Mestre em Direito pela UFPE. Membro da Associação Norte e Nordeste de Professores de Processo (ANNEP), do Centro de Estudos Avançados de Processo (CEAPRO), da Associação Brasileira de Direito Processual (ABDPRO) e do Instituto Brasileiro de Direito Processual (IBDP). Procurador do Município do Recife. Advogado.

EDITORA JusPODIVM
www.editorajuspodivm.com.br

Diálogos sobre a Fazenda Pública em juízo

RAVI PEIXOTO

Coordenador:
MOZART BORBA

Diálogos sobre a Fazenda Pública em juízo

2021

EDITORA JusPODIVM
www.editorajuspodivm.com.br

EDITORA *Jus*PODIVM
www.editorajuspodivm.com.br

Rua Território Rio Branco, 87 – Pituba – CEP: 41830-530 – Salvador – Bahia
Tel: (71) 3045.9051• Contato: https://www.editorajuspodivm.com.br/sac

Diagramação e Capa: Maitê Coelho *(maitescoelho@yahoo.com.br)* e Cendi Coelho *(cendicoelho@gmail.com)*

D536 Diálogos Sobre a Fazenda Pública em Juízo / Ravi Peixoto – Salvador: Editora JusPodivm, 2021.
560 p. (Diálogos / coordenador Mozart Borba)

Bibliografia.
ISBN 978-65-5680-607-5

1. Partes no processo. 2. Fazenda pública. I. Peixoto, Ravi. II. Borba, Mozart. III. Título.

CDD 341.4621

Ao professor Leonardo Carneiro da Cunha,
por sua contribuição ao desenvolvimento
do tema da Fazenda Pública em juízo.

Agradecimentos

Agradeço inicialmente à minha esposa, Tamyres, que acompanhou todo o projeto, desde a ideia inicial maluca derivada do período pós-tese, até a revisão de diversos capítulos. Ao Jake, nosso cãozinho, que sempre me fez companhia durante o projeto de escrita do livro, sempre reclamando na hora do passeio, embora, por algum motivo, não tenha sido muito útil na parte de revisão dos textos. Ao querido amigo Mozart Borba, por ter incentivado a ideia inicial há alguns anos atrás e à editora Juspodivm por ter embarcado na ideia. Às cobaias (leia-se revisores) Patricia, Allyson, Diego, Michele, Gabi e Fred, que foram fundamentais para que o livro pudesse ficar o mais didático possível.

Apresentação

A obra, como provavelmente o título induz, aborda o tema da Fazenda Pública em juízo, por meio de diálogos. Ela foi inicialmente pensada para que o meu estagiário da procuradoria fosse "obrigado" a ler, permitindo que ele compreenda o que está fazendo durante esse período, por isso, tem uma grande preocupação com a didática e com a atualização jurisprudencial, sem focar tanto nas divergências doutrinárias, embora elas eventualmente apareçam.

Esse pensamento inicial também acaba tornando-a útil para aqueles que estão estudando para concursos e/ou que atuam na área do direito público. Afinal, para ambos, é importante saber e entender como funciona cada instituto, sempre com a jurisprudência atualizada (na medida do possível, já que o STJ gosta de mudar de opinião), sem que haja tanto interesse no aprofundamento teórico de todos os temas. Isso não significa que a doutrina é ignorada, mas simplesmente que ela é deixada um pouco de lado, quando não há reflexos na prática, ou quando existem 50 correntes sobre um tema já com definição na jurisprudência.

– Professor, vai começar a aula não?

Tenha calma.

– Só fiz uma pergunta...

Pensando em você, concurseiro, também analisei muitas questões objetivas e subjetivas para entender os principais temas cobrados nos mais diversos concursos.

– Opa, gostei.

A obra abrange os temas mais importantes exigidos nos principais concursos, da forma mais didática possível e tendo por base os precedentes dos tribunais superiores.

Depois de muitos anos escrevendo artigos e livros mais específicos, sempre tive o sonho de fazer um livro para aqueles que AINDA não se apaixonaram pelo processo civil. Quem sabe esse livro e o de Mozart não iniciem esse vício em você, caro leitor?

– Quero só ver.

Tenha calma, que você vai entender até juros de mora e correção monetária em precatórios.

– Ravi, assim eu fico até ansioso para chegar lá.

Prefácio

Não tenho outra forma de iniciar esse prefácio a não ser dizendo: Ravi é um prodígio.

Conseguiu, ainda jovem, o que muita gente não consegue ao longo da vida.

Graduado e mestre pela Universidade Federal de Pernambuco – UFPE, doutor pela Universidade Estadual do Rio de Janeiro – UERJ e procurador do Município do Recife (um dos concursos mais badalados e concorridos do meio jurídico). Como se não bastasse tudo isso, Ravi ainda tem o reconhecimento da academia. Acredite: isso não é fácil.

Suas dezenas de textos, espalhados entre artigos e livros publicados, são comemorados e citados nas mais diversas obras e segmentos. É referência nacional em vários temas e ainda elaborou, com Fredie Didier Jr., o código comparado mais vendido no país.

Todos esses feitos – com tão pouca idade – poderiam fazer do Ravi uma pessoa pedante, mas está aí um adjetivo que não combina com ele.

Detentor de uma humildade jurídica digna de louvor, Ravi possui um compromisso com a simplicidade... e, por isso, não poderia ter ficado mais feliz quando ele demonstrou interesse em participar da coleção "Diálogos" falando sobre a Fazenda Pública em juízo.

Primeiro, porque ele já demonstrava criatividade e intimidade natural com o formato da obra ao me enviar sugestões de textos para "Diálogos sobre o CPC" (todas acolhidas, por sinal). Segundo, porquanto Ravi, como advogado público, poderia unir – com autoridade – TEORIA e PRÁTICA no livro... E como essa mistura é essencial quando estamos falando da Fazenda Pública em juízo! São tantas peculiaridades que só um "especialista" poderia apresentar o ponto com tanta eficiência.

Dito e feito! "Diálogos sobre a Fazenda Pública em juízo" traz a **densidade teórica** necessária para compreensão e solução dos problemas que envolvem as demandas do Poder Público cumulada com a **visão prática** de quem milita com isso no dia a dia. Essa última característica, inclusive, é digna de destaque. Ravi entrega ao seu leitor, em um diálogo lúdico e envolvente, exemplos práticos que auxiliam a construção do raciocínio processual necessário para compreensão das nuances procedimentais nas demandas que envolvem a Fazenda. Além disso, nos brindou ao longo da obra com tabelas e fluxogramas que sedimentam visualmente o conteúdo trabalhado associados a uma infinidade de julgados das Cortes Superiores. Um show de didática.

E olhe que essas qualidades podem ser percebidas já a partir do excelente sumário do livro. Sim, do sumário. Além de servir para questões óbvias (orientação geográfica do leitor etc.), um bom sumário representa a síntese da concatenação das ideias do autor. A exposição lógica e intuitiva do conteúdo.

E já que falei sobre ele, o livro é composto de dezesseis capítulos. O primeiro, como não poderia ser diferente, Ravi explica quem é a Fazenda Pública... traçando conceitos básicos como entidades que são consideradas Fazenda, prerrogativas ou privilégios, representação em juízo etc.

No segundo capítulo, o autor enfrenta a competência para processar as demandas envolvendo a Fazenda Pública. Competência da justiça federal, territorial da União, dos Estados e do Distrito Federal, dos Municípios e da vara da Fazenda Pública. Todos os pontos devidamente abordados sob a perspectiva jurisprudencial.

Aqui é importantíssimo registrar como o livro é rico em precedentes (um assunto muito caro ao autor). Como bom pesquisador que é, Ravi trabalha os motivos determinantes dos julgados de forma ampla e exaustiva... o que enriquece muito a leitura dos temas.

Dito isto, no capítulo três, o livro traz os encargos financeiros da Fazenda Pública como despesas no processo, depósito na ação rescisória e o pagamento das multas por recursos protelatórios. Além disso, temas espinhosos como honorários advocatícios envolvendo a Fazenda receberam tratamento especial.

Depois de preparar os seus leitores com os fundamentos necessários, o autor traz dinâmica ao tema. Citação, intimação, prazos, contestação, desistência nos casos que envolvem a União e as empresas públicas federais, denunciação da lide, arbitragem, negócios processuais envolvendo a Fazenda Pública etc. Tudo abordado com muitos exemplos práticos e julgados do STJ.

Nos capítulos seguintes são tratados temas importantíssimos como tutela provisória, suspensão de segurança, reexame necessário e a prescrição. Como se não bastasse tudo isso, o livro ainda traz a Fazenda Pública nos procedimentos especiais do CPC, no mandado de segurança, nos juizados especiais federais e na execução fiscal.

Sem dúvidas o livro é um prato cheio para quem pretende se debruçar sobre o tema de forma simples e objetiva. Penso que poucas são as obras que têm abordagem tão ampla e versátil e, por isso, acredito que ela transcenderá a reciclagem profissional ou a preparação para concursos e se tornará leitura obrigatória sobre o tema.

Pois é, meus caros... aqui volto para minha afirmação inicial: Ravi é um prodígio. Um acadêmico de enorme conhecimento, mas sem qualquer pedantismo. Um pesquisador e professor despido de vaidades, cujo único compromisso é o de transmitir a magia do Direito aos seus LEITORES. Brindemos!

Recife, 30 de abril de 2021.

MOZART BORBA

Sumário

CAPÍTULO 12

CAPÍTULO 13

CAPÍTULO 1

Conceitos básicos da Fazenda Pública em juízo

1.1. ENTIDADES QUE SÃO CONSIDERADAS FAZENDA PÚBLICA

Vamos começar a estudar a Fazenda Pública em juízo e, por óbvio, nada melhor do que começar a entender o que devemos compreender do que estamos falando quando estamos falando da Fazenda Pública em juízo. Por isso, vamos precisar dar uma relembrada no direito administrativo.

> – Professor, eu lembro de sempre falarem em pessoa jurídica de direito público quando se relaciona algo à Fazenda Pública.

Esse é o caminho. Mas precisamos entender melhor o que isso significa. Pois bem, a Administração Pública, como forma de melhor se organizar para exercer suas atividades, é dividida em direta e indireta.

A Administração Pública direta abrange os entes estatais políticos: União, Estados, Distrito Federal e Municípios, que podem ainda ser divididos em órgãos, mas que não possuem personalidade jurídica própria.

Já a administração indireta é formada pelas autarquias, agências reguladoras, fundações de direito público, empresas públicas e sociedades de economia mista.

> – Posso afirmar que todas as pessoas jurídicas da Administração Pública são parte da Fazenda Pública?

Não, tenha calma. Apenas fazem parte do conceito da Fazenda Pública os entes que **possuem personalidade jurídica de direito público**, que significa todo um regime do direito administrativo, que traz consigo, por exemplo, o exercício do poder de polícia, a impenhorabilidade dos seus bens, dentre outras características.

São pessoas jurídicas de direito público os entes da administração direta e as autarquias, agências reguladoras, que são autarquias de regime especial, e as fundações de direito público.

Há uma primeira diferenciação importante. A fundações instituídas pelo poder público, de acordo com o STF, podem ter personalidade jurídica de direito público ou de direito privado.

– Então quer dizer que o poder público cria a fundação e pode decidir se ela vai ser pessoa jurídica de direito público ou privado?

Pode, mas há uma limitação. Isso porque "a qualificação de uma fundação instituída pelo Estado como sujeita ao regime público ou privado depende de dois fatores: i) do estatuto de sua criação ou autorização e ii) das atividades por ela prestadas". Se o objetivo for a prestação de serviço público, terá natureza de direito público, por outro lado, se o objetivo for a realização de atividade econômica, pode haver a utilização do regime de direito privado.[1]

– E quando a fundação será parte da Fazenda Pública?

Será Fazenda Pública quando for utilizado o regime de direito público. O que importa aqui lembrar é que a Fundação criada pelo poder público pode não fazer parte da Fazenda Pública quando a escolha for pelo regime de direito privado.

1. STF, Tribunal Pleno, RE 716.378, Rel. Min. Dias Toffoli, j. 07/08/2019, DJe 30/06/2020. Na doutrina ainda permanece divergência sobre o tema, mas para os propósitos desse livro, é possível adotar o regime proposto pelo STF. Cf.: OLIVEIRA, Rafael Carvalho Rezende. *Curso de direito administrativo*. 8ª ed. Rio de Janeiro: Forense, 2020, versão digital, item 9.1.

– E as empresas públicas e sociedades de economia mista?

Elas fazem parte da Administração Pública indireta, no entanto, são pessoas jurídicas de direito privado. Por conta disso, não podem ser enquadradas no conceito de Fazenda Pública. Elas litigam tal qual um particular, então não terão, por exemplo, a possibilidade de se utilizar da execução fiscal, não terão prazo em dobro etc.

Em resumo, **a Fazenda Pública é composta pela administração direta e pelas autarquias, agências reguladoras e fundações de direito público, EXCLUÍDAS as sociedades de economia mista e empresas públicas**.

Assim, de acordo com o STF, "Os privilégios da Fazenda Pública são inextensíveis às sociedades de economia mista que executam atividades em regime de concorrência ou que tenham como objetivo distribuir lucros aos seus acionistas".[2]

– Professor isso tá fácil. Eu sei que no direito sempre tem umas pegadinhas.

Sim, vamos a elas. A primeira envolve os **conselhos de fiscalização profissional**. Esses entes, de acordo com o art. 58 da Lei 9.649/1998 , seriam pessoas jurídicas de direito privado. No entanto, o STF declarou inconstitucional esse texto normativo, já que tais entidades exercem poder de polícia e, por essa razão, devem possuir natureza autárquica.[3] **São, então, autarquias especiais**.

Por conta disso, em regra, eles são considerados como integrantes da Fazenda Pública, tendo, por exemplo, o benefício da intimação pessoal constante do art. 25 da Lei de Execução Fiscal.[4] Por outro lado, o STF considera que eles não se submetem ao regime de precatórios

2. STF, RE 599.628, rel. p/ o ac. min. Joaquim Barbosa, j. 25/05/2011, DJE de 17/10/2011, Tema 253.
3. STF, Tribunal Pleno, ADIn 1717/DF, Rel. Min. Sydney Sanches, DJ 28.03.2003.
4. STJ, 1ª Seção, REsp 1.330.473/SP, Rel. Min. Arnaldo Esteves Lima, j. 12/06/2013, DJe 02/08/2013.

por não terem a mesma lógica orçamentária dos demais entes, não tendo uma lei orçamentária.[5]

– Então eles são ou não Fazenda Pública?

Eu diria que é possível incluí-los como Fazenda Pública, só que com algumas limitações, como vimos.

– Professor, eu lembro ainda de ter visto algo sobre os correios.

Pois é. Como vimos, as empresas públicas e sociedades de economia mista são pessoas jurídicas de direito privado e não são parte da Fazenda Pública. No entanto, por exemplo, no caso da Empresa Brasileira de Correios e Telégrafos, o STF entendeu que, por não exercer atividade econômica e prestar serviço público da competência da União Federal e ser por ela mantido, seria uma pessoa jurídica equiparada à Fazenda Pública, sendo aplicável o privilégio da impenhorabilidade de seus bens, rendas e serviços, estando submetida ao regime de precatórios.[6]

– Isso significa que essas empresas públicas que prestam serviços públicos são parte da Fazenda Pública, com prazo em dobro e tudo mais?

Também não é para tanto. Até onde analisou o STF, ele só apontou que estariam sujeitas ao regime de precatórios, não se podendo afirmar que tenham direito, por exemplo à isenção de custas processuais ou o privilégio do prazo em dobro para a interposição de recursos.[7]

5. STF, RE 938.837, voto do rel. p/ o ac. min. Marco Aurélio, j. 19/04/2017, DJE de 25/09/2017, Tema 877.
6. STF, RE 220.906, rel. min. Maurício Corrêa, j. 16/11/2000, DJ de 14/11/2002; STF, 2ª T, RE 407.099, rel. min. Carlos Velloso, j. 22/06/2004, DJ de 06/08/2004.
7. STF, 1ª T., RE 596.729 AgR, rel. min. Ricardo Lewandowski, j. 19/10/2010, DJE de 10/11/2010.

Podemos, então, fazer um quadro resumo com essas confusões:

Fazenda pública	Administração direta, autarquias, agências reguladoras e fundações de direito público
Administração pública, mas fora da Fazenda Pública	Empresas públicas e sociedades de economia mista
Possuem algumas prerrogativas do regime da Fazenda Pública	Conselhos de fiscalização profissional e empresas públicas e sociedades de economia mista que não atuam em regime de concorrência, prestando serviço público.

1.2. PRERROGATIVAS OU PRIVILÉGIOS

– Professor, algo que sempre me questiono é se são válidas essas diferenciações processuais que possui a Fazenda Pública. Afinal, um particular não tem essa de prazo em dobro, não pode usar suspensão de segurança etc.

Pois bem, para tanto, precisamos inicialmente, relembrar que a Constituição, no art. 5º, II, impõe que todos devem ser tratados de forma igual. No entanto, a igualdade não é vista apenas por uma perspectiva **formal**, de que todos devem receber o mesmo tratamento, mas também sob uma perspectiva **material**, que permite tratamento desiguais satisfeitas certas condições.

Em termos gerais, para que o tratamento desigual seja constitucional, são necessários o preenchimento de alguns requisitos, tais como a necessidade de identificação do elemento tomado como fator de desigualdade, a existência de correção entre o elemento de desigualdade e a disparidade do tratamento jurídico realizado e ainda se essa desigualdade é permitida pela constituição.[8]

– Mas o que a Fazenda Pública tem que os particulares não têm, para ficar cheia desses direitos?

8. MELLO, Celso Antônio Bandeira de. *O conteúdo jurídico do princípio da igualdade.* 3ª ed. São Paulo: Malheiros, 1993, p. 21.

Pois bem, são três as principais perspectivas sobre o tema.

A primeira delas consiste no sentido de que a Fazenda Pública atua em juízo na defesa do que se entende por **interesse público primário**, ou seja, do bem comum, a exemplo da economia pública, saúde etc. Essa condição autoriza, por exemplo a utilização da suspensão de segurança, que tem por objetivo, dentre outros, de suspender decisões que gerem um prejuízo à economia. Veremos até que algumas pessoas que nem são de direito público podem ser utilizar dela.

O segundo elemento que fundamenta a previsão de um regime diferenciado consiste na forma de atuação da advocacia pública, que possui um volume excessivo de processos e dificuldades estruturais da Administração Pública, dificultando, por exemplo, a busca de informações sobre um caso concreto para a elaboração da contestação.[9]

A terceira característica decorre do direito material envolvido ou mesmo da natureza das pessoas jurídicas de direito público, a exemplo a impenhorabilidade dos seus bens, e que, por isso acaba sendo criado o regime de precatório para o cumprimento de obrigações de pagar quantia.[10]

Essas características implicam a existência de uma situação de desigualdade material na atuação da fazenda pública, que justificam a criação de um regime particular para a atuação da Fazenda Pública.

– Posso concluir que, apesar de tudo, essas diferenciações não seriam inconstitucionais?

Me parece que, em regra, não. Podemos dizer que elas **são prerrogativas e não privilégios**. As prerrogativas são diferenciações que possuem uma justificativa plausível; por sua vez, os privilégios seriam vantagens sem quaisquer fundamentos, não sendo admitidas.

1.3. REPRESENTAÇÃO EM JUÍZO DA FAZENDA PÚBLICA

Podemos passar para um outro tema, que consiste na análise da forma de representação da Fazenda Pública.

9. CUNHA, Leonardo Carneiro da. *A Fazenda Pública em juízo*. 17 ed, Rio de Janeiro: Forense, 2020, p. 29.
10. CUNHA, Leonardo Carneiro da. *A Fazenda Pública em juízo*... cit., p. 29.

– Professor, eu quero ser procurador em breve.

Opa, com certeza, em breve você será meu colega advogado público. Pois bem, a Fazenda Pública, salvo situações excepcionais, é representada pela advocacia pública (art. 182, CPC), formada em geral por detentores de cargos públicos regularmente inscritos na OAB, com capacidade postulatória. Importante afirmar aqui que, para os concursados, sua atuação em favor da fazenda pública decorre diretamente da lei e não de mandato.

A legislação faz direta referência a atuação da advocacia pública. De acordo com o art. 131, *caput*, da CF e 75, I, do CPC será presentada em juízo pela advocacia geral da união. O art. 132 da CF e o art. 75, II, afirmam que os Estados e o DF serão presentados em juízo por seus respectivos procuradores. Por último, no caso dos Município, não há referência constitucional expressa, limitando-se o art. 75, III, aponta que eles serão presentados em juízo pelo prefeito ou pelo procurador.

– Opa, como assim, o prefeito vai atuar em juízo? Mesmo sem OAB?

Não! Pela incompatibilidade entre a função de Chefe do Poder Executivo e o exercício da advocacia estabelecida pelo art. 28, I, do Estatuto da OAB, não havendo o cargo de procurador, o Prefeito poderá ser citado, porém, deverá constituir advogado para atuar em juízo.[11]

– E as autarquias, como fica?

O CPC incluiu a possibilidade de criação de procuradorias próprias para as autarquias e fundações de direito público por meio de lei do respectivo ente federado. Na hipótese da União, por exemplo, existe tal previsão, com a criação da Procuradoria-Geral Federal, por meio da Lei n. 10.480/2002.

11. CUNHA, Leonardo Carneiro da. *A Fazenda Pública em juízo*. 12. ed., São Paulo: Dialética, 2014, p. 26.

– Professor, lembro de ter lido no CPC algo sobre convênios entre procuradorias. Como é isso?

O § 4.º do art. 75 autoriza que as procuradorias dos Estados e do Distrito Federal realizem convênios entre si para a prática de atos processuais por seus procuradores em favor de outro ente federativo. Trata-se de interessante previsão nas hipóteses em que a competência da demanda não esteja no ente federativo de origem da procuradoria e haja dificuldade de locomoção.

Imagina alguém ajuizando uma ação contra o Estado do Acre no Rio Grande do Sul... Muito embora já fosse prática realizada por alguns entes federativos, a previsão no CPC tem aptidão para ampliar a sua utilização.

– E os Municípios e os que fazem parte da administração indireta desses entes, não podem fazer esses convênios?

Acredito que a autorização constante do art. 75, §4º não tem o sentido de vedar que outros entes também possam realizar tais convênios.[12] Por conta disso, foi elaborado o enunciado n. 383 do FPPC, ampliando a possibilidade de realização desses compromissos também para os entes da administração indireta, quais sejam as autarquias e fundações de direito público estaduais e distritais.

Além disso, ainda parece ser possível aos Municípios,[13] que não foram inseridos na previsão normativa, a realização de tais convênios, pois podem ser estes os mais interessados, face a menor autonomia orçamentária e a dificuldade em custear deslocamento de procuradores.

12. PEREIRA, Cesar. Convênio para representação judicial entre os entes da federação (art. 75, §4º, do CPC/2015). In: TALAMINI, Eduardo. (coord.). *Processo e administração pública.* Salvador: Juspodivm, 2016, p. 84.
13. DELLORE, Luiz. Comentários ao art. 75. DELLORE, Luiz; GAJARDONI, Fernando da Fonseca; ROQUE, Andre Vasconcelos; OLIVEIRA JR., Zulmar Duarte. *Teoria geral do processo – comentários ao CPC de 2015.* São Paulo: Forense, 2015, p. 242.

CAPÍTULO 2

Competência e Fazenda Pública

Veremos agora um tema bem interessante, que é a competência em relação a Fazenda Pública, que possui algumas particularidades.

– Professor, só tem uma coisa... Seria possível dar uma revisada no tema da competência, porque tem alguns detalhes que eu não estou lembrando?

Tudo bem, sem problemas. Vou fazer o seguinte, vou montar aqui um quadro resumo dos principais conceitos para que possamos avançar.

COMPETÊNCIA	
Conceito	A competência é o poder jurisdicional pertencente, em concreto, a cada órgão judicial.
Competência absoluta	Inderrogável, pode ser conhecida de ofício e alegada a qualquer tempo.
Espécies	Material, em razão da pessoa ou da função (art. 62, CPC).
Competência relativa	Pode ser alterada pelas partes (art. 63, CPC) e depende de alegação da parte na contestação, sob pena de preclusão (S. 33, STJ).
Espécies	Valor e território.

Você ainda lembra das regras de distribuição da competência?

– Na medida do possível eu lembro. Mas são tantas...

Vamos relembrar aqui algumas regras de competência acerca das pessoas jurídicas para que fique mais fácil de diferenciar do que ocorre quando essa pessoa jurídica é alguma espécie de ente público.

Veja que, em regra, as ações serão ajuizadas na justiça comum estadual e, quando envolve uma pessoa jurídica, será competente o foro do lugar "onde está a sede, para a ação em que for ré pessoa jurídica" (art. 53, III, *a*, CPC).

– Mas os entes públicos também são pessoas jurídicas, não é?

Sim, claro, mas eles possuem um regramento, em termos gerais, diferenciado. O primeiro tema relativo à competência dos entes públicos que precisamos verificar é a da justiça federal, que, no caso da União, trata-se de uma competência em razão da pessoa (*ratione personae*), sendo assim, hipótese de competência absoluta.

2.1. COMPETÊNCIA DA JUSTIÇA FEDERAL

– Então quer dizer que, tendo ente federal envolvido no caso, eu preciso ajuizar a ação na justiça federal?

Em regra, sim, porque é isso que consta do art. 109, I, da CFRB, cabendo à justiça federal o julgamento das causas "em que a **União, entidade autárquica ou empresa pública federal** forem interessadas na condição de **autoras, rés, assistentes ou oponentes**".

O art. 45 do CPC, de forma a melhor esclarecer a previsão constitucional, fez referência expressa aos conselhos de **fiscalização profissional** que, como vimos anteriormente são autarquias federais e também as **fundações federais**. Lembremos ainda que devem ser incluídas as **agências reguladoras** que não mais são do que autarquias especiais.[1]

1. STJ, 1ª Seção, CC 151.550/CE, Rel. Min. Assusete Magalhães, j. 24/04/2019, DJe 20/05/2019.

A competência da justiça federal inclui até a OAB, embora ela seja classificada como uma espécie de serviço público independente.[2] Nesse sentido, já afirmou o STF que "Ante a natureza jurídica de autarquia corporativista, cumpre à Justiça Federal (...) processar e julgar ações em que figure na relação processual quer o Conselho Federal da OAB, quer seccional".[3]

– Entendido.

Uma primeira observação importante refere-se às pessoas jurídicas abrangidas pela previsão, eis ela abarca os entes públicos federais, **mas também as empresas públicas federais.** Lembre-se que a empresa pública federal não é parte da Fazenda Pública, mas, ainda assim irá atrair a competência da justiça federal.

– Eu estou sentindo falta das sociedades de economia mista. Elas ficam de fora?

Exato. De acordo com a súmula 42 do STJ, "Compete à Justiça Comum Estadual processar e julgar as causas cíveis em que é parte sociedade de economia mista e os crimes praticados em seu detrimento". De forma praticamente igual, temos a súmula 556 do STF: "É competente a Justiça comum para julgar as causas em que é parte sociedade de economia mista".

Com a mesma lógica, a súmula n. 508 do STF afirma que "Compete à Justiça estadual, em ambas as instâncias, processar e julgar as causas em que for parte o Banco do Brasil S.A", por se tratar de sociedade de economia mista.

Assim, dentre os entes da administração federal, **apenas as sociedades de economia mista não serão da competência da justiça federal**.

2. A OAB não é uma entidade da Administração Indireta da União. A Ordem é um serviço público independente, categoria ímpar no elenco das personalidades jurídicas existentes no direito brasileiro (STF, Tribunal Pleno, ADI 3.026, Rel. Eros Grau, j. 08/06/2006, DJ 29/09/2006).
3. STF, RE 595.332, rel. min. Marco Aurélio, j. 31/08/2016, P, DJE 23/06/2017, Tema 258.

Temos de verificar ainda que a atração da competência da justiça federal é bem ampla, pois se o ente público for **autor, réu, assistente ou mesmo opoente** a causa irá para a justiça federal. Ou seja, nem autor precisa ser, basta estar atuando no processo.

– Então se essa pessoa jurídica federal atuar por meio de uma intervenção de terceiro o processo deve tramitar na justiça federal?

Opa, calma, nem sempre. Em regra sim, como deve ocorrer em casos como o chamamento ao processo[4] e a denunciação da lide, pela existência do interesse jurídico.[5] Mas lembremos do *amicus curiae*, já que, de acordo com o art. 138, §1º, do CPC, nessa intervenção de terceiro não haverá alteração de competência.

– Posso concluir que apenas no caso em que a pessoa jurídica federal seja autora, ré, assistente ou opoente o processo deve tramitar na justiça federal?

Isso mesmo. Afinal, não é a simples presença de alguma espécie de interesse de pessoa jurídica federal que consegue atrair a competência da justiça federal. Por exemplo, entende o STF, por meio da súmula vinculante n. 27, que "Compete à Justiça estadual julgar causas entre consumidor e concessionária de serviço público de telefonia, quando a Anatel [Agência Nacional de Telecomunicações] não seja litisconsorte passiva necessária, assistente, nem opoente".

Não é o simples fato de a matéria versar sobre telecomunicações que irá atrair a competência federal. Isso só ocorre se a ANATEL atuar em uma das situações típicas que justificam o deslocamento do processo para a justiça federal.

– Entendido.

4. STJ, 4ª T., REsp 1.187.097/PR, Rel. Min. Marco Buzzi, j. 16/04/2013, DJe 25/04/2013.
5. GAJARDONI, Fernando da Fonseca; LIMA, Renato Brasileiro de. *Competência cível e criminal da justiça federal.* Salvador: Juspodivm, 2020, p. 104.

Faço uma última observação sobre a intervenção de terceiros e a atração da competência federal, que veremos com calma no capítulo 5, mas lembre-se que a intervenção anômala, em regra, não altera a competência, mas pode gerar o deslocamento de competência para o Tribunal Regional Federal se houver recurso de ente federal.

– Quanta informação de uma vez.

Só grave isso e você vai entender melhor no capítulo 5.

– Certo. Mas sempre que a pessoa jurídica federal atuar no processo em uma dessas situações ele vai para a justiça federal?

Não. Existem algumas exceções.

– Eita, lá vem...

Natural. Se o direito sempre fosse óbvio ia ser chato.

Pois bem, veja, mesmo que qualquer uma daquelas pessoas jurídicas faça parte do processo, não serão da competência da justiça federal as causas de **falência, acidentes de trabalho e as sujeitas à Justiça Eleitoral e à Justiça do Trabalho (art. 109, I, CFRB)**. O art. 45, I, do CPC, ainda retirou da competência federal as causas de **recuperação judicial e insolvência civil**[6], que, como a falência, são procedimentos concursais. O STJ também já afirmou que não seria da competência da justiça federal os procedimentos concursais administrativos, como são a intervenção e a liquidação extrajudicial.[7]

– É exceção demais, já nem lembro da primeira!

6. "A insolvência civil está entre as exceções da parte final do artigo 109, I, da Constituição da República, para fins de definição da competência da Justiça Federal". (STF, RE 678162/AL, relator Min. Marco Aurélio, redator do acórdão Min. Edson Fachin, julgamento virtual finalizado em 26.3.2021, info. n. 1011)
7. STJ, 4ª T., REsp 1.093.819/TO, Rel. Min. Luis Felipe Salomão, j. 19/03/2013, DJe 09/04/2013.

Opa, vamos relembrar.

Pessoas jurídicas federais que atraem a competência federal	União, autarquia, conselhos de fiscalização profissional, OAB e empresa pública federal
Pessoas jurídicas federais que são da competência comum	Sociedade de economia mista federal
Qualidade da intervenção para atrair a competência federal	Autor, réu, assistente e opoente (lembrar da interposição de recurso na intervenção anômala)
Intervenções que não atraem a competência federal	*Amicus curiae*
Causas excluídas da justiça federal	Falência, recuperação judicial, insolvência civil, intervenção e liquidação extrajudicial, acidentes de trabalho e as sujeitas à Justiça Eleitoral e à Justiça do Trabalho

Vamos ver ainda mais uma exceção, que se refere às causas previdenciárias, em que se permite a delegação do exercício da competência federal.

– Como assim? A competência é federal, mas outra pessoa vai julgar?

É basicamente isso. Atualmente, o art. 109, §3º, da CFRB tem a seguinte redação: "**Lei poderá autorizar** que as causas de competência da Justiça Federal em que forem parte **instituição de previdência social e segurado** possam ser processadas e julgadas na **justiça estadual** quando a comarca do domicílio do segurado não for sede de vara federal".

Atualmente, a constituição autoriza que, em causas previdenciárias, a legislação permita o exercício delegado de competência pela justiça estadual quando a comarca do domicílio do segurado não for sede de vara federal.

– Que curioso. A justiça estadual vai julgar uma causa previdenciária federal! Em que casos tem essa delegação?

De acordo com o art. 15, III, da Lei 5.010/1966, "as causas em que forem parte instituição de previdência social e segurado e que se referirem a benefícios de natureza pecuniária, quando a Comarca de domicílio do segurado estiver localizada a mais de 70 km (setenta quilômetros) de Município sede de Vara Federal".

Ou seja, se por acaso o Município do segurado não tiver nenhuma vara federal por mais de 70km ele poderá ajuizar sua ação previdenciária na própria justiça estadual. O objetivo dessa previsão é aumentar o acesso à justiça do segurado, evitando que ele tenha de fazer longos deslocamentos só para ajuizar a sua ação.

> – Achei isso bem curioso. A causa é federal, tem um ente federal, mas ainda assim é a justiça estadual que vai julgar. E o recurso dessa decisão vai para onde?

O recurso vai para o TRF respectivo. A delegação não atinge a segunda instância.

2.1.1. O deslocamento da competência pela intervenção de ente federal

Podemos agora analisar um tema conexo, que são os casos em que o processo está na justiça estadual e aparece algum ente federal ou pedido de intervenção de ente federal que pode gerar o deslocamento da competência para a justiça federal.

> – Só para bagunçar.

E para gerar mais polêmicas doutrinárias e jurisprudenciais.

Imagine uma ação com pedido de realização de procedimento cirúrgico ajuizada em face do Município do Recife e do Estado de Pernambuco, no qual os réus afirmam ser cabível o chamamento ao processo da União, atraindo a competência da justiça federal. Nesse caso, o processo será remetido à justiça federal, para que ela analise presença do interesse da União.

É exatamente assim que aponta a súmula 150 do STJ: "Compete a Justiça Federal decidir sobre a existência de interesse jurídico que justifique a presença, no processo, da União, suas Autarquias ou Empresas públicas".

O juízo federal, por sua vez, entende, nos moldes do posicionamento do STJ, ser incabível o chamamento ao processo nesse caso,[8] afirmando não existir interesse da União em intervir, devolvendo o processo ao juízo estadual.

Quando o processo voltar ao juízo estadual, o que pode fazer o juiz?

– Professor, imagino que ele pode suscitar um conflito de competência se discordar.

Se fosse outra hipótese, tudo bem. Ocorre que, nessas decisões sobre a competência da Justiça Federal, o STJ entende existir uma preferência da decisão da própria justiça federal, o que é representado pelo conteúdo da súmula 254: "A decisão do Juízo Federal que exclui da relação processual ente federal **não pode ser reexaminada no Juízo Estadual**".

As partes podem recorrer, utilizar eventuais mecanismos processuais para impugnar a decisão do juiz federal, mas o juiz estadual fica vinculado pela decisão do juiz federal, não podendo suscitar o conflito de competência.[9]

– Que confusão, esse vai e volta de processo.

Verdade. Há uma situação na qual, apesar da intervenção do ente federal e de, em tese, ser competência da justiça federal, em que não há deslocamento.

8. STJ, 1ª Seção, REsp 1.203.244/SC, Rel. Min. Herman Benjamin, j. 09/04/2014, DJe 17/06/2014.
9. MARINONI, Luiz Guilherme; MITIDIERO, Daniel. *Comentários ao código de processo civil.* 2ª ed. São Paulo: RT, 2018, p. 431.

– Que mágica é essa?

É que, de acordo com a súmula 518 do STF, "**A intervenção da União, em feito já julgado pela segunda instância** e pendente de embargos, **não desloca o processo para o Tribunal Federal de Recursos**".

– O que é esse tal de Tribunal Federal de Recursos?

Esse tribunal foi substituído pelo STJ. Mas, mesmo que essa súmula seja antiga, continua em vigor.[10] Por essa súmula, não adianta a intervenção depois do julgamento de segunda instância, porque, no fim das contas, o recurso vai, de qualquer jeito, para o STJ ou o STF... Fosse esse recurso originado da justiça estadual ou federal.

– Faz sentido. Afinal, ia só atrasar o julgamento para enviar o processo para outro tribunal e depois ia acabar no mesmo canto, STF ou STJ.

Exatamente.

Há uma hipótese curiosa que ocorre quando há apenas uma "incompetência parcial", ou seja, só um dos pedidos atrai a competência federal.

Nesses casos, aplica-se o art. 45, §1º, do CPC, segundo o qual, "Os autos não serão remetidos **se houver pedido** cuja apreciação seja de competência do juízo perante o qual foi proposta a ação". No entanto, embora não haja a remessa dos autos, o juiz não apreciará o pedido em relação ao qual não tem competência, devendo ocorrer a extinção parcial do processo.

O que se precisa compreender é que se trata de um raciocínio que visa a economia processual, pois apenas parte do processo não pode ser julgado, não havendo razão para o reconhecimento da incompetência absoluta por completo.

10. STF, 1ª T., RE 830.233 AgR, rel. min. Roberto Barroso, j. 04/11/2014, DJE 28/11/2014.

Ou seja, a diferença das duas situações é a seguinte:

Incompetência total	Remessa do processo para a justiça federal
Incompetência de apenas um dos pedidos	Extinção apenas desse pedido

– Certo.

2.2. COMPETÊNCIA TERRITORIAL

Pois bem, analisado em qual justiça deve tramitar o processo, podemos verificar agora as especificidades da competência territorial da Fazenda Pública.

2.2.1. Competência territorial da União

Primeiro, vamos aos casos que envolvem a União Federal. Essa previsão está tanto na Constituição (art. 109, §3º), quanto no CPC (art. 51). **A lógica, quando a União é autora é simples: a ação será ajuizada no domicílio do Réu.**

Note que, quando a União é autora, não há nada de mais. A regra geral é a da propositura da ação no foro do domicílio do réu (art. 46, CPC).

– Essa parte é tranquila.

Sim, não há nada de muito específico. Trata-se da regra geral da competência.

A situação muda quando **a União for ré**. Nesse caso a ação poderá ser proposta **1) no foro de domicílio do autor, 2) no de ocorrência do ato ou fato que originou a demanda, 3) no de situação da coisa ou 4) no Distrito Federal.**

– E o autor pode simplesmente escolher qualquer uma dessas opções?

Sim. A particularidade da competência territorial da União aparece justamente quando ela é ré, porque o autor tem várias possibilidades de escolha e ele vai propor onde for melhor para ele, eis que o constituinte interpretou que seria hipótese de facilitar o acesso à justiça dos litigantes contra a União.

Uma observação advinda da jurisprudência do STF é a de que há mais uma escolha do autor, qual seja, **a possibilidade do ajuizamento da ação no foro da capital do estado membro, mesmo que seja domiciliado no interior.**[11]

– E qual o fundamento desse entendimento? Como fica o art. 109, §2º, da Constituição?

De acordo com o STF, o raciocínio parte da interpretação do art. 110 da CF: "Cada Estado, bem como o Distrito Federal, constituirá uma seção judiciária que terá por sede a respectiva Capital, e varas localizadas segundo o estabelecido em lei". Isso significa que casa Estado membro tem como medida mínima a própria capital do Estado.

A descentralização decorre da lei, mas, ainda assim, ela não poderia gerar uma alteração das possibilidades de escolha constitucional.

– Não entendi foi nada.

É como se o STF afirmasse o seguinte: uma das possibilidades de escolha é o foro de domicílio do autor. Cada estado é uma seção judiciária, que, pela Constituição, tem por sede a capital, então, de certa forma, pela previsão constitucional, a capital é o grau mínimo

11. STF, 2ª T., RE 233.990, rel. min. Maurício Corrêa, j. 23/10/2001, DJ de 01/03/2002; STF, 1ª T., RE 641.449 AgR, rel. min. Dias Toffoli, j. 08/05/2012, DJE de 31/05/2012; STF, 2ª T., RE 852.521 AgR, rel. min. Teori Zavascki, j. 28/04/2015, DJE de 12/05/2015.

daquela competência e, como o autor é domiciliado naquele estado, a capital também seria seu domicílio.

– Agora essa competência territorial é relativa ou absoluta?

De acordo com a doutrina, como essa competência territorial está prevista na própria Constituição, ela é absoluta.[12]

– E as autarquias federais seguem a mesma lógica?

Sim, seguem a mesma lógica. Esse questionamento chegou ao STF, que afirmou não existir justificativa para tratamento diferenciado das autarquias, que também teriam representação em todo o país. Assim, se a regra geral das outras pessoas jurídicas se aplicasse às autarquias federais (ação no foro do domicílio do réu), elas teriam uma vantagem processual injustificada em relação à União, em que o autor pode escolher onde vai propor a ação.[13] Ou seja, o autor também pode escolher onde ajuizar a ação.

2.2.2. Competência territorial dos Estados e do DF

– Tudo bem, entendi como funciona a competência territorial da União e das Autarquias Federais. E os Estados e o Distrito Federal, como fica?

Pois bem, a lógica é praticamente igual à da União, nos termos do art. 52 do CPC, mas não há uma previsão constitucional, o que é importante porque, nesse caso, **a competência territorial será relativa**.

12. VIANA, Salomão. Comentários ao art. 51. In: DIDIER JR., Fredie *et alli* (coord). *Breves comentários ao novo código de processo civil.* São Paulo: RT, 2015, p. 200.
13. STF, RE 627.709, rel. min. Ricardo Lewandowski, j. 20/08/2014, DJE de 30/10/2014, Tema 374. Com a mesma conclusão na doutrina: DINAMARCO, Cândido Rangel. *Comentários ao código de processo civil.* São Paulo: Saraiva, 2018, p. 293.

Enfim, a regra é a de que:

1) se o Estado ou o DF são autores, a ação será proposta no foro do domicílio do réu;

2) se o Estado ou o DF são réus, a ação pode ser proposta:

2.1) no foro de domicílio do autor;

2.2) no de ocorrência do ato ou fato que originou a demanda;

2.3) no de situação da coisa; ou

2.4) na capital do respectivo ente federado.

– Ótimo que fica igual a União, só precisa lembrar de uma coisa.

Agora, nessa hipótese, há uma séria discussão doutrinária, que fundamentou o ajuizamento da ação direta de controle de constitucionalidade n. 5.737-DF, sob o fundamento de que não seria possível que um juiz de outro estado pudesse julgar causa de estado alheio.

– Opa, volta aí que eu não entendi foi nada dessa confusão.

Imagine a seguinte situação: Paulo viajou para o Rio Grande do Sul e foi atropelado por um carro do Governo do Estado, tendo o objetivo de ajuizar uma ação por danos morais e materiais. Só que Paulo mora em Rio Branco, no Acre. Poderia ele ajuizar uma ação no seu domicilio?

– Ué, qual o problema? É a hipótese do parágrafo único do art. 52 do CPC.

Tem-se afirmado que essa previsão é inconstitucional pelos seguintes motivos:

1) geraria uma violação ao princípio do contraditório e da ampla defesa, uma vez que os entes estaduais, ao contrário da União, não atuam em todos os estados da federação, dificultando enormemente a atuação das procuradorias, que seriam obrigadas a atuar em diversos Estados diferentes pelo Brasil;

2) violaria o poder de auto-organização dos Estados de forma indireta (art. 125, CFRB), por permitir que causas relativas a um ente da federação sejam julgadas por outro. Ainda em relação à organização do Poder Judiciário, dificultaria a especialidade, impondo que juízos de outros estados tenham de aplicar legislação diversa do estado em que atuam e, ainda por cima, geraria uma considerável confusão na ordem cronológica do pagamento dos precatórios em caso de condenação do ente público. Afinal, como é o Presidente do tribunal local que determina a inscrição dos precatórios, se tornaria difícil de manter a ordem cronológica para o pagamento dos credores;

3) possibilidade de abuso do processo, porque permitiria que a parte, tendo um precedente vinculante desfavorável no estado da federação contra o qual deseja litigar, opte por ajuizar a ação em outro estado, para fugir do efeito obrigatório do precedente.[14]

– Mas já houve julgamento do STF? O senhor concorda com esses argumentos?

Até o momento, o STF não se pronunciou sobre a suposta inconstitucionalidade desses artigos do CPC. Sendo bem sincero, esses argumentos são voltados não a uma inconstitucionalidade, mas a uma inconveniência do texto normativo para Estados e DF. Em outros termos, eu acho que eles podem gerar uma considerável confusão na atuação das procuradorias estaduais, mas não me parece haver qualquer inconstitucionalidade da escolha legislativa.[15]

14. SOKAL, Guilherme Jales. O novo CPC e o federalismo: perspectivas para a advocacia pública estadual. In: CUNHA, Leonardo Carneiro da; ARAÚJO, José Henrique Mouta; RODRIGUES, Marco Antonio (coords). 2ª ed. Salvador: Juspodivm, 2016, p. 199-207. De forma semelhante: SOUZA, Luiz Sergio Fernandes de. Exame crítico da regra do artigo 52, parágrafo único, do Código de Processo Civil. *Revista de Processo*, n. 304.
15. No mesmo sentido: SPAGNOL, Werther Botelho. O artigo 52, parágrafo único, do CPC e sua aplicação em matéria tributária. In: SANTOS LUCON, Paulo Henrique dos *et al.* (orgs).

2.2.3. Competência territorial dos Municípios

– Professor, notei que não se falou nos Municípios. Como eles ficam nesse caso?

O Município deve ser tratado como uma pessoa jurídica qualquer. Portanto, em regra, nas ações em que o Município seja autor, será competente o foro de domicílio do réu (art. 46, caput, CPC) e quando ele for réu, a competência será a do lugar da sede da pessoa jurídica, ou seja, no próprio Município (art. 53, III, a, CPC).

– Os municípios se deram bem.

Por fim, eu destaco que, para todos os entes, há uma competência que deve ser destacada porque é diferente das demais ações, que é aquela presente na execução fiscal, tema que veremos com mais calma no capítulo 16. Vou incluí-la no quadro resumo para você já ir absorvendo e notando a diferença.

– Certo.

ENTE PÚBLICO COMO AUTOR	COMPETÊNCIA
União	Foro do domicílio do réu
Estados e DF	Foro do domicílio do réu
Municípios	Foro do domicílio do réu
Na EXECUÇÃO FISCAL	1) foro do domicílio do réu; 2) foro de sua residência ou 3) onde for encontrado

Processo civil contemporâneo – homenagem aos 80 anos do professor Humberto Theodoro Júnior. Rio de Janeiro: Forense, 2018, p. 274, 278-284.

ENTE PÚBLICO COMO RÉU	COMPETÊNCIA
União e suas autarquias	1) no foro de domicílio do autor; 2) no de ocorrência do ato ou fato que originou a demanda; 3) no de situação da coisa; ou 4) no Distrito Federal.
Estados e DF	1) no foro de domicílio do autor; 2) no de ocorrência do ato ou fato que originou a demanda; 3) no de situação da coisa; ou 4) na capital do respectivo ente federado.
Municípios	Lugar da sede da pessoa jurídica, ou seja, no próprio Município.

2.3. A VARA DA FAZENDA PÚBLICA E A COMPETÊNCIA TERRITORIAL

Precisamos ainda verificar uma última regra de competência, que é relevante nas causas que envolvem os entes da Fazenda Pública estadual e municipal. Você sabe que, em geral, na capital, existem as varas da Fazenda Pública, que são criadas por lei estadual?

– Sim.

Por consequência, as ações que tramitem nesse foro, devem ser endereçadas à vara da Fazenda Pública, sob pena de ser reconhecida a incompetência. Mas qual a natureza dessa competência?

– Professor, deve ser em razão da pessoa.

Exato. Por consequência, trata-se de competência absoluta, que pode ser alegada a qualquer tempo. A partir dessa constatação, surge um problema, porque não são todas as comarcas que possuem vara da Fazenda Pública. Então o que fazer nos foros onde não existem tais varas?

– Como assim?

Imagine que estamos em Pernambuco, e que em Gravatá não tenha vara da Fazenda Pública, que só existe na capital e que um morador dessa cidade quer ajuizar um processo contra o Estado. Onde o processo contra o Estado de Pernambuco deve tramitar? Ele pode tramitar em Gravatá nas varas comuns ou só pode tramitar onde tenha vara da Fazenda Pública?

– Eu diria que só onde tem vara da Fazenda Pública.

Bom, esse é um raciocínio automático. Mas não é esse o entendimento correto. Lembremos da súmula n. 206 do STJ, segundo a qual "A existência de vara privativa, instituída por lei estadual, não altera a competência territorial resultante das leis de processo".

– Quer dizer, então, que um processo contra a Fazenda Pública pode tramitar mesmo fora da vara da Fazenda Pública?

Sim. **A competência da vara da Fazenda Pública só é relevante quando ela coincide com a competência territorial.** Se, pelas regras da competência territorial, o processo tramitar em foro no qual inexistente vara da Fazenda Pública, não tem problema. Sua previsão em lei estadual não tem força para alterar as regras de competência do CPC; **ou seja, ela só altera a competência quando o CPC coloca essa competência em foro no qual existe a vara da Fazenda Pública.**[16]

– Certo, agora entendi.

Por fim, destaco que essas não são todas as regras de competência da Fazenda Pública, mas as gerais. Preste atenção que o tema voltará a ser discutido tanto no capítulo do mandado de segurança, no de juizados especiais e também no de execução fiscal.

– Tá certo professor, vou ficar de olho!

16. STJ, 1ª T., AgRg no REsp 977.659/PR, Rel. Min. Luiz Fux, DJe de 25/03/2009; STJ, 2ª T., RMS 64.517/MT, Rel. Min. Assusete Magalhães, j. 15/12/2020, DJe 18/12/2020.

CAPÍTULO 3

Encargos financeiros da Fazenda Pública

3.1. DESPESAS NO PROCESSO

Veremos agora os encargos financeiros do processo que envolvem a Fazenda Pública. O primeiro deles é o estudo das despesas no processo. Você sabia que despesas é um conceito maior, que engloba as custas, os emolumentos e as despesas em sentido estrito?

– Não tinha a menor ideia. Pensava que era despesas e ponto final!

Pois é. Veja que a regra geral no art. 82 do CPC é a de que, salvo concessão de justiça gratuita, "incumbe às partes prover as despesas dos atos que realizarem ou requererem no processo, antecipando-lhes o pagamento, desde o início até a sentença final ou, na execução, até a plena satisfação do direito reconhecido no título".

A Fazenda Pública, em regra, possui um regime diferente, pois, de acordo com o art. 91 do CPC, "**As despesas dos atos processuais praticados a requerimento da Fazenda Pública, do Ministério Público ou da Defensoria Pública serão PAGAS AO FINAL PELO VENCIDO**".

Ocorre que esse artigo não resolve bem o problema, porque algumas despesas precisam ser arcadas pelo poder público, como as despesas com o perito, oficial de justiça etc. E para isso, precisamos entender exatamente o que significa quando estamos falando de despesas processuais.

– Certo. Vamos lá.

Pois bem, o termo *despesas processuais* pode ser subdividido da seguinte forma:

a) **custas**, que consistem na remuneração da própria atividade jurisdicional, incluindo a do juiz e servidores;

b) **emolumentos**, que objetivam remunerar serviços prestados pelos serventuários de cartórios não oficializados, que são remunerados pelo valor dos serviços cobrados e não pelo erário público;

c) **despesas em sentido estrito**, que se referem à remuneração de terceiros que atuam na consecução da atividade jurisdicional, como honorários do perito e transporte do oficial de justiça.

– Tudo bem, e como isso reflete na Fazenda Pública?

Veja bem, entende-se que as custas e os emolumentos possuem natureza de taxa[1] e, assim, constituem receita pública, sendo possível reconhecer a isenção do pagamento desses valores pela Fazenda Pública. Afinal, é exatamente isso que faz o art. 91 do CPC.

Mas não pode abranger as despesas em sentido estrito, que remuneram terceiros, afinal, não são tributos, são terceiros que são remunerados pela sua atividade por meio do pagamento dos sujeitos processuais.

Note que só assim é que se pode compreender a súmula 190 do STJ, segundo a qual "na execução fiscal, processada perante a justiça estadual, cumpre a Fazenda Pública antecipar o numerário destinado ao custeio das despesas com o transporte dos oficiais de justiça". Como se entende que essa remuneração é uma despesa em sentido estrito, não estaria abrangida pela isenção das despesas em geral pelo poder público.

– Certo, então a Fazenda Pública não tem desculpa para não pagar, por exemplo, peritos, assistentes técnicos, etc., não é?

1. STF, Tribunal Pleno, ADI 1.378 MC, Rel. Min. Celso de Mello, j. 30/11/1995, DJ 30/05/1997.

Sim, com certeza. E o CPC leva essa distinção em conta. Tanto é que o art. 91, §§1º e 2º, do CPC, afirma que as perícias requeridas pela Fazenda Pública podem ser realizadas por entidade pública ou, "havendo previsão orçamentária, ter os valores adiantados por aquele que requerer a prova".

– É, nesse caso, não tem dispensa de pagamento nenhuma. Mas notei que se falou que "havendo previsão orçamentária". E se não havia, pode a Fazenda Pública dar o calote?

Não chega a tanto... A Fazenda Pública continua sendo obrigada a pagar, mas o art. 91, §2º, do CPC afirmar que, **não havendo previsão orçamentária, os valores devem ser pagos até o final do próximo ano (exercício seguinte) ou, caso o processo termine antes, pelo vencido**. Ou seja, não é um calote, mas uma permissão para pagar depois.

– Ah, ok, menos mal. Mas ainda assim, só a Fazenda Pública tem isso.

Temos ainda algumas particularidades em relação às despesas em sentido estrito porque alguns entes públicos passam por algumas polêmicas.

O primeiro é relativo ao INSS, que é uma autarquia federal. Havia uma certa divergência jurisprudencial referente ao recolhimento do porte de remessa e de retorno pelo INSS nos recursos dirigidos aos tribunais estaduais, pois, **na justiça federal**, tem-se expressa dispensa nos termos do art. 24-A, da Lei 9.028/1995 e 4º, I, da Lei 9.289/1996, que regula as custas na Justiça Federal:

> Art. 24-A. A União, suas autarquias e fundações, são isentas de custas e emolumentos e demais taxas judiciárias, bem como de depósito prévio e multa em ação rescisória, em quaisquer foros e instâncias.
>
> Art. 4º São isentos de pagamento de custas:
>
> I – a União, os Estados, os Municípios, os Territórios Federais, o Distrito Federal e as respectivas autarquias e fundações;

– O que é mesmo o porte de remessa e de retorno?

Pois bem, quando se interpõe um recurso, tem-se, em regra, o preparo, que engloba a taxa judiciária, que são as custas e também as despesas postais com o envio dos autos, que é a tal o porte de remessa e de retorno.

Voltando, em relação ao INSS, tanto STF[2] quanto STJ[3] entendem que o INSS **está dispensado do pagamento do porte de remessa e de retorno**, seja com base no art. 511, §1º, do CPC/1973, quanto no atual art. 1.007, §1º, do CPC/2015, que o dispensam para a Fazenda Pública.

Há inclusive uma súmula do STJ que aponta nesse sentido, que é a 483: "O INSS não está obrigado a efetuar depósito prévio do preparo por gozar das prerrogativas e privilégios da Fazenda Pública".

– Mas Ravi, você só falou do porte de remessa e de retorno. E as custas, como fica?

Pois bem, em relação às custas, aqueles mesmo artigos isentam o INSS do seu pagamento na justiça federal, **mas não o fazem em relação à justiça estadual**. Na verdade, nem poderiam, **porque seria inconstitucional.**

Assim, a justiça estadual pode exigir o pagamento das custas pelo INSS. No entanto, ela não pode exigir o depósito prévio, porque entende-se como constitucional o art. 91 do CPC que permite que o pagamento das despesas seja feito apenas ao final.

A consequência é a de que é possível exigir o pagamento das custas pelo INSS, mas não se pode impor que ele seja feito no momento da interposição do recurso, sendo feito ao final, pelo vencido, que é exatamente o que também já decidiu o STJ.[4]

2. STF, Plenário, RE 594116, Rel. Min. Edson Fachin, j. 03/12/2015, Tema 135, info. N. 810.
3. STJ, Corte Especial, REsp 1.761.119/SP, Rel. Min. Sérgio Kukina, j. 07/08/2019, DJe 14/08/2019.
4. STJ, Corte Especial, REsp 1.761.119/SP, Rel. Min. Sérgio Kukina, j. 07/08/2019, DJe 14/08/2019.

– Então, no fim das contas, estou perdido.

Veja: **o INSS, quando na justiça federal não precisa pagar nem a custas e nem o porte de remessa e retorno. Quando ele atua na justiça estadual, se for exigido dele o pagamento das custas para recursos para o tribunal de justiça, ele é devedor, mas só precisará pagar no final.**

– Certo, entendi.

Vamos ver agora a situação de outro ente público que só causa confusão, que são os conselhos profissionais, que são praticamente Fazenda Pública, *pero no mucho*.

No que se refere às custas na justiça federal, o art. 4º, da Lei 9.289/1996 afirma a gratuidade da justiça para os entes públicos, no entanto, no parágrafo único prevê expressamente que "A isenção prevista neste artigo **não alcança as entidades fiscalizadoras do exercício profissional**".

Foi com base nesse texto normativo que o STJ decidiu, no recurso especial 1.338.247 (tema 247), com a conclusão de que "O benefício da isenção do preparo, conferido aos entes públicos previstos no art. 4º, caput, da Lei 9.289/1996, **é inaplicável aos Conselhos de Fiscalização Profissional**".[5]

Posteriormente, chegou a existir alguma divergência no STJ sobre a isenção do pagamento das custas pelos conselhos de fiscalização profissional nas execuções fiscais, tendo o tema sido analisado novamente pela Corte. Chegou-se novamente à conclusão de que o art. 4º, parágrafo único, da Lei 9.289/1996, por ser norma especial, impede a incidência do art. 39 da Lei 6.830/1980 que dispensa, de forma genérica o pagamento das custas na execução fiscal.[6]

5. STJ, 1ª Seção, REsp 1.338.247/RS, Rel. Min. Herman Benjamin, j. 10/10/2012, DJe 19/12/2012.
6. STJ, 1ª T., REsp 1.849.225/PR, Rel. Min. Gurgel De Faria, j. 12/05/2020, DJe 14/05/2020.

Em resumo, **os conselhos de fiscalização profissional devem pagar as custas, mostrando mais uma vez que eles são entes públicos com um regime jurídico bastante particular**.

– Professor, esses conselhos de fiscalização profissional só fazem bagunçar o regime dos entes públicos...

É bem por aí mesmo. Uma última particularidade ocorrer com as Fundações criadas pelo poder público. Lembra que elas podem ter regime de direito privado ou público?

– Sim.

Pois bem, **quando elas forem fundações públicas de direito privado, não terão direito à isenção das custas processuais**.[7]

– Faz sentido.

Exato, se são pessoas jurídicas de direito privado, devem pagar pelos atos praticados.

3.1.1. O depósito na ação rescisória e o pagamento das multas por recursos protelatórios

Vamos ver agora algumas situações pontuais em relação aos encargos financeiros e o poder público.

– Ainda tem mais coisa??

Sempre tem. Lembra-se que na ação rescisória você precisa fazer um depósito para ajuizá-la?

7. STJ, 4ª T., REsp 1.409.199-SC, Rel. Min. Luis Felipe Salomão, j. 10/03/2020, DJe 04/08/2020, info. n. 676.

– Lembro sim professor, e que ele é de 5% do valor da causa (art. 968, II, CPC).

Perfeito. Lembre-se ainda que esse depósito será convertido em multa e pago à parte contrária caso a ação seja, por unanimidade de votos, declarada inadmissível ou improcedente (art. 968, II, CPC). Ocorre que esse depósito não precisa ser feito pela Fazenda Pública, pois, de acordo com o art. 968, §1º, do CPC, **esse depósito não é exigido da União, Estado, Distrito Federal, Municípios e suas respectivas autarquias e fundações de direito público**.

Ou seja, esse depósito tem por objetivo dissuadir as partes de ficarem ajuizado ações rescisórias e, o legislador, ao dispensá-lo para o poder público é como se confiasse que os entes públicos não ajuizarão ações rescisórias temerárias.

– É muita boa-fé viu...

Até concordo com você, mas é a lei.

– Tem mais alguma bondade?

Há mais uma digna de menção. Veja que o CPC tenta punir aquele que interpõe recurso meramente protelatório e, em dois recursos, ele faz isso de forma bem expressa, que é no agravo interno e nos embargos de declaração.

No agravo interno, a situação é a seguinte: se ele for declarado "manifestamente inadmissível ou improcedente em votação unânime, o órgão colegiado, em decisão fundamentada, condenará o agravante a pagar ao agravado multa fixada entre um e cinco por cento do valor atualizado da causa" (art. 1.021, §4º, CPC).

– E a Fazenda Pública não paga esse valor? Pode sair recorrendo de qualquer jeito?

Tenha calma. A Fazenda Pública pode ser normalmente condenada a pagar essa multa, mas há uma diferença. Veja que o art. 1.021, §5º, do CPC, aponta que fixada essa multa, a "interposição de qualquer outro recurso está condicionada ao depósito prévio do valor da multa", **com exceção da Fazenda Pública que poderá fazê-lo ao final do processo**.

– Então ela paga, mas só paga no final?

Isso mesmo. A mesma coisa ocorre nos embargos de declaração, embora a sistemática da multa seja um pouco diferente. O art. 1.026 traz a seguinte regulação das multas: i) se os primeiros embargos de declaração forem considerados protelatórios, será fixada multa de até dois por cento do valor atualizado da causa (§2º); ii) se eles forem reiterados, a multa passa a ser de até 10% do valor atualizado da causa e agora a interposição de qualquer recurso fica condicionada ao depósito prévio do valor da multa (§3º).

Mas, mais uma vez, a Fazenda Pública pode ser condenada a pagar essa multa, mas apenas será obrigada a fazê-lo no final do processo (art. 1.026, §3º). Lembro ainda que se esses dois embargos forem considerados protelatório, os próximos nem serão admitidos, de acordo com o art. 1.026, §4º, do CPC.

– Bem, pelo menos tem condenação do poder público...

De forma resumida, no agravo interno, a multa é de um a cinco por cento do valor da causa, já dependendo outros recursos do depósito prévio. Já nos embargos de declaração, apenas nos segundos embargos protelatórios é que a multa vai até dez por cento do valor atualizado da causa e a interposição de outros recursos dependerá do depósito prévio do valor da multa. **E, em ambos os casos, a Fazenda Pública pode ser condenada, só não precisa fazer o depósito prévio.**

3.2. HONORÁRIOS ADVOCATÍCIOS E FAZENDA PÚBLICA

Agora vamos passar a um tema mais interessante, que são os honorários e a Fazenda Pública. Primeiro, vamos relembrar o regime dos honorários do art. 85, §2º, para as pessoas físicas e pessoas jurídicas de direito privado.

Pois bem, de acordo esse parágrafo, os honorários serão devidos no valor "**mínimo de dez e o máximo de vinte por cento** sobre o valor da condenação, do proveito econômico obtido ou, não sendo possível mensurá-lo, sobre o valor atualizado da causa".

Deve ainda o juiz analisar os alguns elementos para mensurar entre essas porcentagens qual deve ser fixada, que são: 1) o grau de zelo do profissional; 2) o lugar de prestação do serviço; 3) a natureza e a importância da causa; 4) o trabalho realizado pelo advogado e o tempo exigido para o seu serviço.

– Certo, então o normal é ser entre 10 e 20% do valor da condenação. E não é assim com a Fazenda Pública?

Não, pois o tratamento deve ter por base não o §2º, mas os §§3º a 5º, com valores diferentes e progressivos. Esses textos normativos são bem confusos, mas é possível resumir na seguinte tabela:

Valor da condenação ou do proveito econômico	Percentuais mínimos e máximos dos honorários
Até 200 salários mínimos	Entre 10 e 20%
De 200 até 2.000 salários mínimos	Entre 8 e 10%
De 2.000 até 20.000 salários mínimos	Entre 5 e 8%
De 20.000 até 100.000 salários mínimos	Entre 3 e 5%
Acima de 100.000 salários mínimos	Entre 1 e 3%

– Professor, eu não sei se entendi essa tabela direito. Se eu tiver uma condenação de 101.000 salários mínimos, o juiz vai fixar honorários para tudo entre 1 a 3%? Seria meio maluco porque assim o cara que tem uma condenação de 99.000 salários mínimos vai receber mais.

Não funciona assim. O art. 85, §5º, do CPC afirma que o "percentual de honorários deve observar a faixa inicial e, naquilo que a exceder, a faixa subsequente, e assim sucessivamente". Assim, vai ser necessário que se analise em cada faixa qual será o percentual a ser aplicado.

– Como assim?

Seguinte. Imagine que o salário mínimo seja de R$ 1.000,00 e que haja uma causa com a condenação de R$ 200.000.000,00 (200 mil salários mínimos). O juiz terá de usar a nossa tabela da seguinte forma:

Valor da condenação ou do proveito econômico	Percentuais mínimos e máximos dos honorários	Percentual no caso concreto
Até 200 salários mínimos	Entre 10 e 20%	Até 200 mil
De 200 até 2.000 salários mínimos	Entre 8 e 10%	Entre 200 mil e 2 milhões
De 2.000 até 20.000 salários mínimos	Entre 5 e 8%	Entre 2 milhões e 20 milhões
De 20.000 até 100.000 salários mínimos	Entre 3 e 5%	Entre 20 milhões e 100 milhões
Acima de 100.000 salários mínimos	Entre 1 e 3%	Acima de 100 milhões e até os R$ 200 milhões

Note que a cada faixa de valor vai existir um percentual de honorários diferente. A medida que o valor aumenta, o juiz vai ter de fixar um valor de honorários diverso.

No nosso exemplo, poderíamos ter a seguinte situação: i) até 200 mil reais, os honorários serão de 10%; ii) entre 200 mil e até 2 milhões, os honorários serão de 8%; iii) entre 2 milhões e até 20 milhões, será de 5%; iv) entre 20 milhões e até 100 milhões, será de 3%; e v) acima de 100 milhões e até 200 milhões, o valor será de 1%.

– Professor, me parece que isso é um imposto de renda só que ao contrário, pois, ao invés de aumentar o percentual quando aumentar o valor, aqui o percentual de honorários diminui com o aumento do valor.

É exatamente isso. O valor vai diminuindo a cada faixa superior de valor, não ocorrendo a possibilidade de o percentual da faixa superior ser aplicado à faixa inferior de valor.

Lembro que, pelo CPC, não é mais possível usar o regime de honorários por equidade nos casos que envolvam a Fazenda Pública para além das hipóteses específicas do art. 85, §8º, do CPC, que limita essa possibilidade para os casos em que "for inestimável ou irrisório o proveito econômico ou, ainda, quando o valor da causa for muito baixo".[8]

– Graças a Deus!

3.2.1. Honorários advocatícios em ações previdenciárias

Por fim, ressalto uma particularidade nas ações previdenciárias.

De acordo com a súmula 111 do STJ, "**Os honorários advocatícios, nas ações previdenciárias, não incidem sobre as prestações vencidas após a sentença**".

– Então como fica esse cálculo?

8. STJ, 1ª T., AgInt no AREsp 1.594.244/SP, Rel. Min. Gurgel De Faria, j. 22/06/2020, DJe 26/06/2020.

Nesse caso, embora naturalmente incida o art. 85, §3º, do CPC, para o cálculo dos honorários, **serão irrelevantes as parcelas que venham a vencer após a sentença**. Mesmo que a ação demore mais alguns anos para transitar em julgado, embora o autor tenha direito a esses valores, eles não serão levados em conta para a fixação da verba honorária. Apenas há necessidade de verificar desde quando existe a dívida até a sentença.

3.2.2. Honorários advocatícios na execução

Passamos agora a um ponto que tem algumas particularidades que é a fixação de honorários nas execuções contra a Fazenda Pública. De acordo com o art. 85, §1º, do CPC, serão devidos honorários advocatícios também no "cumprimento, provisório ou definitivo, na execução, resistida ou não", que, de acordo com o art. 523, §1º, será de 10%.

Nas execuções contra a Fazenda Pública, no entanto, há necessidade da consideração de alguns detalhes que decorrem do funcionamento dos entes públicos ao pagarem obrigações de pagar quantia.

De acordo com o art. 85, §7º, do CPC, "Não serão devidos honorários no cumprimento de sentença contra a Fazenda Pública que enseje expedição de precatório, desde que não tenha sido impugnada".

– Eita, a fazenda tem dispensa de honorários? E qual a razão disso?

A lógica dessa disposição legal é a de que, nas situações em que o poder público tem de pagar via precatórios, a fase de cumprimento de sentença é indispensável. Então, o poder público não poderia pagar esse valor espontaneamente e, por isso, ele não dá causa (princípio da causalidade) ao procedimento do cumprimento de sentença.

Esse raciocínio já tinha sido chancelado pelo STF quando reconheceu a constitucionalidade do art. 1º-D, da Lei 9.494/1997.[9]

9. STF, Plenário, RE 420.816, Rel. Min. Carlos Velloso, Rel. p/ Acórdão: Sepúlveda Pertence, j. 29/09/2004, DJ 10/12/2006.

Só haverá causalidade se o poder público vier a impugnar os valores a serem executados.

– Causalidade? Honorários não são baseados na sucumbência?

Não é tão simples. Há de se analisar se a parte deu causa ao ajuizamento da ação, que significa analisar se foi por culpa dela que se teve de ajuizar um processo. Imagine a seguinte situação: Paulo ajuíza um pedido de exibição de documentos contra Marcos. Marcos, ao ser citado, junta os documentos, mas avisa que nunca se opôs e que Paulo nunca tinha pedido esses documentos. Ora, veja que Marcos "perdeu", mas por culpa de quem foi ajuizada a ação?

– Foi de Paulo, não é? Ele deveria ter pedido os documentos fora do processo, já que inventou de ajuizar a ação sem resistência de Marcos.

Ora, perfeito. Essa lógica da causalidade vai ser aplicada aqui no cumprimento de sentença contra o poder público que dependa da expedição de precatórios. **Só haverá causalidade se apresentada impugnação ao cumprimento de sentença, afinal, para que haja o pagamento via precatório, impõe-se a utilização do cumprimento de sentença, para que possa ser formada a fila de pagamentos judiciais.** Se o poder público impugna, a partir daí, há causalidade.

Há, no entanto, uma particularidade não mencionada expressamente no texto normativo, que envolve as obrigações de pequeno valor. **De acordo com o STF, há honorários mesmo que o poder público não impugne a execução.**[10]

– Agora eu não entendo mais nada. Qual a razão de ter de pagar nesse caso?

10. STF, Plenário, RE 420.816, Rel. Min. Carlos Velloso, Rel. p/ Acórdão: Sepúlveda Pertence, j. 29/09/2004, DJ 10/12/2006.

Primeiro, lembre-se que o procedimento é diferente. No precatório, há uma ordem cronológica para pagamentos dos valores, já para as obrigações de pequeno valor, o poder público tem de realizar o pagamento no prazo de dois meses. Não há uma ordem cronológica.

Nessa lógica, o poder público poderia cumprir espontaneamente essa obrigação. Em sendo ajuizado o cumprimento de sentença, já há causalidade e impõe-se a fixação dos honorários advocatícios, mesmo que o poder público não apresente impugnação ao cumprimento de sentença.

Em resumo: **se a obrigação de pagar há de ser cumprida por meio de precatórios, só há fixação de honorários se o poder público impugnar a execução, no entanto, se a obrigação é de pequeno valor, haverá honorários na execução, mesmo que não apresentada impugnação ao cumprimento de sentença**.

– Tudo bem professor, entendi. Vai depender do valor do procedimento da execução.

Veremos agora uma situação particular, que foi consolidada na súmula 345 do STJ: "**São devidos honorários advocatícios pela Fazenda Pública nas execuções individuais de sentença proferida em ações coletivas, AINDA QUE NÃO EMBARGADAS**".

– Ué, mesmo nas que sejam para pagamento via precatórios? E o CPC, morreu?

Esse exato questionamento foi levado ao STJ depois que o CPC de 2015 entrou em vigor, mas o entendimento manteve-se. De acordo com a Corte Especial, no tema repetitivo 973, o seu fundamento é o de **que a execução individual de ações coletivas não pode ser comparada com o cumprimento de sentença de uma ação individual**.[11]

Isso porque, enquanto o cumprimento da ação individual é decorrência lógica do processo cognitivo, na execução individual de

11. STJ, Corte Especial, REsp 1.648.238/RS, Rel. Min. Gurgel de Faria, j. 20/06/2018, DJe 27/06/2018.

sentença coletiva genérica, há grande complexidade no processo executivo. Nesse caso, há necessidade de discussão de nova relação jurídica, e a existência e a liquidez do direito dela decorrente serão objeto de juízo de valor a ser proferido como pressuposto para a satisfação do direito alegado.

Assim, o procedimento executivo atua quase como uma nova fase de cognição exauriente, em que necessária a contratação de advogado para a adequada identificação da titularidade do exequente, sua liquidação e mesmo a individualização do crédito. Por conta desse raciocínio, não se aplica o art. 85, §7º, do CPC, às execuções individuais de sentenças coletivas genéricas.

– Então o STJ diz basicamente que na execução individual da ação coletiva genérica é basicamente uma nova ação de conhecimento e não uma simples execução?

Esse é exatamente o raciocínio. Em resumo, na execução de pagar quantia temos a seguinte situação.

SITUAÇÃO	HONORÁRIOS
Execução individual para pagamento de precatório não impugnada	✕ Não
Execução individual para pagamento de precatório impugnada	✓ Sim
Execução individual para pagamento de RPV com ou sem impugnação	✓ Sim
Execução individual de sentença coletiva genérica para pagamento de RPV ou Precatório com ou sem impugnação	✓ Sim

Assim, só no caso da execução individual para pagamento de precatório não impugnada contra o poder público é que não haverá pagamento de honorários advocatícios.

Há, ainda, uma pergunta a ser respondida.

– Já não vimos quando tem e quando não tem honorários na execução?

Já, mas qual será o percentual?

– Ué, não vai ser o da execução, igual a todo mundo, 10%?

De acordo com a doutrina, esse é um percentual específico para quando há um particular no polo passivo; no caso da Fazenda Pública, deve ser aplicado o art. 85, §3º, que já vimos, e que não é limitado, pela lei, ao processo de conhecimento.[12]

Em outros termos, o art. 85, §3º, do CPC afirma que o percentual de honorários para qualquer causa que envolva o poder público seguirá aquela tabela, independentemente de ser na fase de conhecimento ou na fase de execução.

– Ok. Posso concluir que se aplica a regra geral dos honorários contra Fazenda Pública no art. 85, §3º do CPC.

Exatamente.

3.3. HONORÁRIOS DE SUCUMBÊNCIA E ADVOGADOS PÚBLICOS

Uma última observação refere-se à titularidade dos honorários recebidos pela Fazenda Pública.

– Honorários não são do advogado? É diferente para o advogado público?

12. PEIXOTO, Marco Aurélio Ventura; PEIXOTO, Renata Cortez Vieira. *Fazenda pública e execução.* 2ª ed. Salvador: Juspodivm, 2020, p. 37; CUNHA, Leonardo Carneiro da. *Fazenda pública em juízo.* 17 ed. Rio de Janeiro: Forense, 2020, p 135. Em sentido contrário, entendendo que deve ser aplicado o percentual de dez por cento: ALVAREZ, Anselmo Prieto. Honorários advocatícios contra a fazenda pública e o novo CPC. In: COÊLHO, Marcus Vinícius Furtado; CAMARGO, Luiz Henrique Volpe. *Honorários advocatícios.* 3ª ed. Salvador: Juspodivm, 2019, p. 431.

Desde o Estatuto da OAB, que é de 1994, os honorários sucumbenciais pertencem aos advogados (art. 24), mas, durante muito tempo, houve certa divergência quanto ao recebimento de honorários aos advogados públicos. Não por acaso, esse regime variava bastante, pois alguns entes destinavam os honorários para os cofres municipais, outros destinavam aos seus procuradores.

– Algo mudou no meio do caminho?

No meio do caminho teve uma lei, tinha uma lei no meio do caminho. E essa lei foi exatamente o CPC de 2015, prevendo expressamente que "Os advogados públicos **perceberão honorários de sucumbência, nos termos da lei**". Depois do CPC de 2015, foi possível observar uma grande mudança, pois, naturalmente, todos os entes começaram a alterar o seu regime jurídico, garantindo aos advogados públicos o recebimento dos seus honorários.

– Ótimo, então o CPC resolveu de vez o problema.

Mais ou menos.

– Mas ele não previu o direito aos honorários para os advogados públicos?

Sim, mas, de repente, surgiu uma discussão sobre sua constitucionalidade, o que motivou o MPF a ajuizar ações diretas de inconstitucionalidade no STF reputando por inconstitucional, por violar o regime do subsídio.

– Meu Deus. E o que aconteceu?

Aconteceu que o STF acabou por afirmar expressamente que "i) o pagamento de honorários sucumbenciais aos advogados públicos é constitucional; ii) o recebimento da verba é compatível com o regime de subsídios, nos termos do art. 39, § 4º, da Constituição; e iii) os honorários sucumbenciais, somados às demais verbas remuneratórias, devem estar limitados ao teto constitucional disposto no art. 37, XI, da Constituição[1].

O STF acabou por entender que o regime de subsídio não impede o recebimento de outras verbas e, além disso, que a remuneração por performance (honorários variáveis) seria uma forma de concretizar o princípio da eficiência.

– Felizmente! Eu vi que aparentemente teria algum limite a esses honorários.

Sim, como apontado pelo STF, os honorários não são uma verba que pode ser recebida ao infinito. **Por ser paga a servidores públicos, estaria limitada ao teto constitucional.**

– Posso concluir que, com o CPC, os advogados públicos passaram a receber automaticamente os honorários?

Não chega a tanto, porque o STF, na mesma decisão, apontou que seria uma espécie de norma de eficácia contida, ou seja, caberia ao Poder Executivo de cada ente elaborar a sua lei, regendo a forma de recebimento dos honorários advocatícios. No entanto, me parece que essa legislação, necessariamente, deve respeitar o direito aos honorários advocatícios pelo advogado público, não podendo destinar essas verbas, por exemplo, para o custeio do órgão da procuradoria.

1. STF, Tribunal Pleno, ADI 6.166, Rel. Min. Edson Fachin, j. 08/09/2020, DJe 24/09/2020; STF, Tribunal Pleno, ADI 6.053, Rel. Min. Marco Aurélio, Rel. p/ Acórdão: Min. Alexandre de Moraes, j. 22/06/2020, DJe 30/07/2020.

CAPÍTULO 4

Citação, intimação e os prazos da Fazenda Pública

4.1. CITAÇÃO DA FAZENDA PÚBLICA

Vamos começar a estudar o tema das formas de comunicação com a Fazenda Pública e os prazos processuais. O primeiro ponto a ser analisado é a citação.

– Professor, lembro que a fazenda tem de ser intimada pessoalmente, logo, imagino que a citação assim também seja.

Correto, mas é que o fato de a citação, que é o ato que convoca o réu para a relação processual (art. 238, CPC) ser pessoal nos diz pouco, porque há várias formas de fazer isso, seja por correio, oficial de justiça, meio eletrônico etc. (art. 246, CPC).

– Não sabia. Agora complicou.

Como se verifica do art. 247, a regra geral é a de que a citação seja pessoal, por meio do correio, mas existem algumas situações excepcionais que a impedem, sendo um exemplo "quando o citando for pessoa de direito público" (art. 247, I, CPC).

– E como será realizada a citação da Fazenda Pública?

Quando não for cabível a citação por correio, de acordo com o art. 249 do CPC, a citação deve ser realizada por meio de oficial de justiça. Portanto, **a Fazenda Pública é citada pessoalmente por meio de oficial de justiça**.

– Entendido. Então para os "normais" é via correios e para o poder público é por meio do oficial de justiça.

Exato.

Ainda há uma questão a ser analisada no que se refere à citação, porque a exigência de citação por oficial de justiça vem se tornando mais incomum, por conta do advento do processo eletrônico, que objetiva facilitar a realização desse ato.

– Poxa, logo agora que eu já aprendi...

O direito processual também muda com a evolução tecnológica.

O art. 246, V, do CPC, permite a citação por meio eletrônico, que também é considerado pessoal (art. 6º, da Lei 11.419/2006). Os §§1º e 2º, impõem que a União, Estados, Distrito Federal, Municípios e entidades da administração indireta mantenham cadastro obrigatório nos "sistemas de processo em autos eletrônicos, para efeito de recebimento de **citações** e **intimações**, as quais serão efetuadas preferencialmente por esse meio".

Mais ainda, o art. 1.050 do CPC impõe que "no prazo de 30 (trinta) dias a contar da data da entrada em vigor deste Código, deverão se cadastrar perante a administração do tribunal no qual atuem para cumprimento do disposto nos arts. 246, § 2º".

O art. 6º, da Lei 11.419/2006, também faz referência ao tema, permitindo essa forma de citação no processo eletrônico, desde que "a íntegra dos autos seja acessível ao citando" e excluindo os casos de direito processual penal e infracional.

Por meio desse conjunto de textos normativos, é possível afirmar que, em regra, **mesmo a Fazenda Pública, nos casos de processos eletrônicos, será citada preferencialmente por meio eletrônico**, já que ela tem obrigação de manter o seu cadastro, salvo em casos de direito processual penal e infracional e ainda deve ser possível o acesso integral aos autos. Caso, por algum motivo, não seja possível a citação por meio eletrônico, volta-se à regra geral, que é a da citação por oficial de justiça.

– Ravi, no fim das contas, essa citação por oficial de justiça, pensando no processo civil, só sobrevive nos processos físicos?

Exatamente. Mas, como visto, em certos casos, mesmo nos processos eletrônicos, ela pode ser feita por oficial de justiça. Lembre-se que ela é realizada preferencialmente por meio eletrônico, mas, por vezes, devido à urgência, utiliza-se o oficial de justiça, uma vez que as comunicações por meio eletrônico permitem que a parte tenha 10 dias corridos para consultar os autos e ser efetivamente citada (art. 5º, §3º, da Lei 11.419/2006). Por isso, mesmo com cadastro, não é obrigatória a citação por meio eletrônico.

– Entendi. As vezes tem aquelas ações civis públicas que querem impedir um show que está para ser realizado e o juiz quer que a Fazenda Pública se manifeste em 48h. Se for esperar esses 10 dias, já teve o show e lascou...

O raciocínio é esse mesmo.

4.2. INTIMAÇÃO DA FAZENDA PÚBLICA

Podemos ir em frente para analisar agora a forma de intimação da Fazenda Pública. De acordo com o art. 183 do CPC, "A União, os Estados, o Distrito Federal, os Municípios e suas respectivas autarquias e fundações de direito público gozarão de prazo em dobro para todas as suas manifestações processuais, **cuja contagem terá início a partir da intimação pessoal**".

De acordo com o §1º, "A intimação pessoal far-se-á por **carga**, **remessa** ou **meio eletrônico**".

– Professor e quando se considera realizada essa intimação pessoal?

Depende.

No caso da carga, naturalmente, o prazo começa quando ela for realizada (art. 231, VIII, CPC).

Na remessa dos autos, será irrelevante o momento do recebimento do procurador específico, bastando verificar o dia da remessa dos autos com vista ou, caso não ocorra no mesmo dia, na data do recebimento dos autos pelo órgão.[2] Ou seja, se o processo por algum motivo, demorar a chegar no procurador responsável, o prazo já terá sido iniciado.

Em sendo eletrônica, a intimação será feita pelo portal próprio em que cadastrado o ente público (art. 5º, *caput*, da Lei 11.419/2006), tendo o usuário o prazo de dez dias corridos para consultar essa intimação, sob pena de ela ser considerada no fim desse prazo (art. 5º, §3º). Aponta frisar novamente que a lei afirma que essa forma de intimação é considerada pessoa para todos os efeitos legais (art. 5º, §6º).

Por fim, vamos analisar um entendimento interessante do STJ. Lembra do que mencionamos a necessidade de cadastro dos entes públicos para a realização da citação e da intimação eletrônica?

– Sim.

Além disso, esse cadastro tinha de ser realizado no prazo de 30 dias da entrada em vigor do CPC de 2015, de acordo com o art. 1.050 do CPC. Só que podemos nos perguntar o seguinte: e se esse cadastro não for realizado nesse prazo? Como será a intimação da Fazenda Pública?

– Ravi, acabamos de ver que essa intimação é pessoal, então imagino que vai precisar resolver isso de algum jeito, seja com carga ou remessa.

Esse até poderia ser um pensamento automático, mas não foi o que entendeu o STJ, do contrário, ninguém ia querer fazer esse cadastro, pois seria melhor esperar uma carga ou remessa, que iria demorar mais.

2. STF, 2ª T., AI 524.933 AgR, Rel. Joaquim Barbosa, j. 14/09/2010, DJe 08/10/2010; STJ, 5ª T., EDcl no RHC 43.374/PA, Rel. Min. Laurita Vaz, j. 22/04/2014, DJe 30/04/2014.

Ele acabou resolvendo o problema meio com o pé na porta desses entes públicos dizendo que mesmo que a parte tenha "prerrogativa de intimação pessoal, nos termos do art. 183 do CPC/2015, não há nulidade na contagem do prazo recursal da publicação no Diário de Justiça Eletrônico, porquanto o Município não realizou cadastramento no Sistema de Intimação Eletrônica do Superior Tribunal de Justiça, como prevê o art. 1.050 do CPC/2015".[3]

– Eita!

Eita mesmo. Você vai pensando que tem direito a intimação pessoal e ganha uma bala de canhão dessa do STJ. Se o ente público não se cadastrar nesses 30 dias, vai ser intimado por meio do Diário de Justiça Eletrônico, como as outras partes...

Como afirmou de forma ainda mais clara o STJ em outro julgado, "Uma vez descumpridas as disposições do art. 1.050 c/c art. 246, §§ 1º e 2º, ambos do CPC/2015, **não aproveita ao ente público a prerrogativa processual da intimação pessoal**".[4]

– Mas Ravi, é o cúmulo da preguiça o ente público que não se cadastra no STJ anos depois da entrada em vigor do CPC.

Eu até concordo com você, mas essa solução do STJ é bem estranha, porque meio que cria uma sanção que não foi prevista no CPC.

4.3. OS PRAZOS E A FAZENDA PÚBLICA

Agora que conseguimos analisar as formas de comunicação em relação à Fazenda Pública, podemos começar a estudar especificamente os prazos a ela aplicados.

3. STJ, 2ª T., AgInt no REsp 1.763.942/SE, Rel. Min. Herman Benjamin, j. 29/04/2020, DJe 06/05/2020. No mesmo sentido: STJ, 1ª T., AgInt no AREsp 1.070.896/RJ, Rel. Min. Sérgio Kukina, j. 26/02/2019, DJe 01/03/2019.
4. STJ, Corte Especial, AgInt no RE no AgInt no AREsp 1.304.601/CE, Rel. Min. Maria Thereza de Assis Moura, j. 24/09/2019, DJe 30/09/2019.

4.3.1. A suspensão dos prazos entre 20 de dezembro e 20 de janeiro

Uma primeira questão envolve o caso da suspensão de prazos prevista no art. 220 do CPC, que assim dispõe: "Suspende-se o curso do prazo processual nos dias compreendidos entre 20 de dezembro e 20 de janeiro, inclusive".

Foi um pedido da advocacia para que pudesse ter alguma espécie de férias, em especial para os advogados que atuam de forma individual. Perceba que, nesse caso um prazo de 5 dias iniciado em 15 de dezembro de 2020, tendo por base a contagem em dias úteis (art. 219, CPC), apenas findará em 21 de janeiro de 2021. Durante esse prazo também não serão realizadas audiências e nem sessões de julgamento (art. 220, §2º, CPC).

> – Finalmente foi reconhecida a dignidade da pessoa humana do direito às férias do advogado!

Pois é, mas surgiu uma polêmica relativa ao poder público envolve o §1º do art. 220, segundo o qual, "**Ressalvadas as férias individuais** e os feriados instituídos por lei, os juízes, os membros do Ministério Público, da Defensoria Pública e da **Advocacia Pública** e os auxiliares da Justiça exercerão suas atribuições durante o período" de suspensão de prazos.

Isso fez com que parte da doutrina entendesse que os prazos, em relação a esses operadores do direito (ministério público, advocacia pública e defensoria pública) pudessem ser contabilizados nesse período.[5] Afinal, se eles exercem a sua atividade normalmente, os prazos devem ser contabilizados.

Por mais que eu até concorde com esse raciocínio, não é esse o posicionamento que tem prevalecido, sob o raciocínio de que, na verdade, o §1º apenas aponta que esses operadores devem continuar

5. CUNHA, Leonardo Carneiro da. *A Fazenda Pública em juízo.* 17 ed, Rio de Janeiro: Forense, 2020, p. 43.

a funcionar durante esse período de suspensão, embora sem a contagem dos prazos.

Assim prevaleceu, por exemplo, no enunciado n. 21 do CJF, segundo o qual, "A suspensão dos prazos processuais prevista no *caput* do art. 220 do CPC estende-se ao Ministério Público, à Defensoria Pública e à Advocacia Pública".

– Então, no fim das contas, o membro da advocacia pública vai ter as férias, mais a suspensão dos prazos?

Bem, é isso mesmo. Mas não pense que o Poder Judiciário deixa de prolatar decisões ou que deixe de chegar urgências.... Se o advogado público for inventar de sumir por um mês, quando voltar, vai ter prazos infinitos para fazer! Vai ser um Deus nos acuda.

4.3.2. A contagem em dobro dos prazos

Vamos passar agora para um aspecto bem importante dos prazos e a Fazenda Pública, que é o campo de atuação do comando inserido no art. 183 do CPC, segundo o qual, os entes públicos terão "**prazo em dobro para todas as suas manifestações processuais**".

Essa previsão é completada pelo §2º do art. 183, segundo o qual, "Não se aplica o benefício da contagem em **dobro quando a lei estabelecer, de forma expressa, prazo próprio para o ente público**".

– Um Estado estrangeiro que esteja litigando no Brasil pode ser beneficiado por essa regra?

Esse pedido já ocorreu e foi analisado pelo STJ. Nessa situação, o Estado estrangeiro alegou o cabimento do princípio da igualdade entre os Estados (art. 4º, V, CFRB). No entanto, para o STJ, o princípio de igualdade entre os Estados restringe-se à vida internacional, e o prazo privilegiado não consta de tratado ou costume internacional, mas apenas no ordenamento jurídico interno, voltado apenas aos entes públicos internos, não havendo justificativa para sua aplicação a Estado estrangeiro.

Em resumo, a igualdade entre os Estado é lá fora, aqui dentro ele seria apenas mais uma pessoa jurídica.

> – Eita, deu ruim para o Estrangeiro...

Pois é, deu mesmo. Não se esqueça que essa dobra dos prazos **não vai se aplicar para as empresas públicas e sociedades de economia mista** porque, embora façam parte da Administração Pública, não são pessoas jurídicas de direito público.

Agora sabendo a quem se aplica, uma questão importante é analisar se essa previsão do prazo em dobro é aplicável para os **prazos legais e judiciais**.

> – Qual a diferença entre esses dois tipos de prazos?

O prazo legal é aquele fixado expressamente pela lei, a exemplo do prazo da contestação, que é de 15 dias, a mesma coisa para os recursos, com exceção dos embargos de declaração, que é de 15 dias.

O prazo judicial é, como o nome diz, fixado pelo juiz, sem que haja uma previsão na lei, como ocorre com o prazo para uma manifestação prévia pelo poder público, para apresentação de razões finais etc. Veja ainda que o prazo judicial pode ser específico para a Fazenda Pública, quando há a manifestação prévia, ou comum, no caso das razões finais.

Prevalece o entendimento de que tanto os prazos legais, quanto os judiciais, comuns ou não, são contados em dobro para a advocacia pública. É exatamente nesse sentido que aponta o enunciado n. 53 do FNPP: "Os prazos comuns fixados pelo juiz devem ser contados em dobro para a Fazenda Pública".

> – Mas no caso dos judiciais, o juiz já não deveria levar em conta a presença da Fazenda Pública, fazendo com que não se aplicasse essa previsão?

Bom raciocínio. Esse é o pensamento do professor Leonardo Carneiro da Cunha, para todos os prazos judiciais.[6] Marco Aurélio Peixoto entende que a dobra do prazo só não incide quando o juiz fixa um prazo judicial exclusivo para a Fazenda Pública, mas incidiria quando o prazo fosse para ambas as partes.[7]

No entanto, veja que o art. 183 do CPC não faz nenhuma observação quanto ao prazo ser legal ou judicial.

A única exceção é a do §2º, quando há previsão expressa de prazo para a Fazenda Pública, que veremos em alguns instantes. Assim, como a lei não faz qualquer diferenciação entre prazos legais ou judiciais, não cabe ao intérprete fazê-lo.

– Lembro que tem a previsão da dobra do prazo também quando há litisconsórcio com diferentes procuradores. Eu posso fazer um duplo twist carpado nos prazos e ter prazo em quádruplo para a fazenda se tiver um litisconsórcio?

De fato, o art. 229 do CPC estabelece essa dobra dos prazos quando há litisconsórcio, com diferentes procuradores, de escritórios de advocacia diversos e não pode ser processo eletrônico (§2º).

No entanto, acredito ser inviável essa super cumulação de benefícios, permitindo que a fazenda possa ter prazo em quádruplo. Primeiro, porque ela já possui o benefício do prazo em dobro e segundo, precisamos entender que essa dobra tem por justificativa o fato de que a advocacia, em geral, é intimada pela publicação no diário de justiça e não por meio de carga ou remessa dos autos.

Quando há litisconsórcio com procuradores distintos, quando aquele polo processual é intimado, não tem como as duas partes terem acesso ao mesmo tempo aos autos e, por isso, amplia-se o prazo por conta dessas dificuldades. Quando a Fazenda Pública é intimada

6. CUNHA, Leonardo Carneiro da. *A Fazenda Pública em juízo*... cit., p. 40.
7. PEIXOTO, Marco Aurélio Ventura. A Advocacia Pública e a prerrogativa da contagem em dobro para os prazos fixados pelo juiz. *Publicações da Escola da AGU*: Direito, Gestão e Democracia, v. 9, 2017, p. 170-171.

em processo físico ela necessariamente terá acesso aos autos, não havendo razão para aplicação do art. 229 ao poder público.

– Tá bom, entendi. Seria meio que o cúmulo da proteção à Fazenda Pública.

Veremos agora algo importante. Ora, **a regra é a dobra do prazo**. No entanto, precisamos analisar as exceções, especialmente tendo em vista que o §2º do art. 183 afirma claramente não haver dobra de prazo quando "a lei estabelecer, de forma expressa, prazo próprio para o ente público".

Existem algumas situações bem óbvias em que a lei afirma expressamente que o prazo é só da Fazenda Pública.

– Lá vem as exceções para decorarmos.

Analise com calma que você verá que fazem sentido e nem vai precisar decorar.

O prazo para a impugnação ao cumprimento de sentença será de 30 dias para a Fazenda Pública porque fixado especificamente para ela (art. 535, *caput*, CPC). A mesma coisa para a apresentação dos embargos à execução de título extrajudicial, em que o prazo também será de 30 dias (art. 910, *caput*, CPC).

Tem-se ainda a situação específica dos Juizados Especiais Federais (art. 9º, da Lei 10.259/2001) e dos Juizados Especiais da Fazenda Pública (art. 7º, da Lei 12.153/2009), que afirmam expressamente que "**Não haverá prazo diferenciado para a prática de qualquer ato processual pelas pessoas jurídicas de direito público**, inclusive a interposição de recursos".

– Mas, nesse caso, não há um prazo específico para a Fazenda Pública, só uma vedação geral, não é? Fora isso, o CPC é mais recente, não traz nenhuma mudança?

De fato, é uma vedação geral, que prevalece em face do CPC, mesmo sendo anterior, porque legislação especial prevalece sobre a geral, mesmo que anterior. Precisamos compreender que os juizados existem sob a justificativa de maior celeridade, impedindo que incida a dobra do prazo prevista no art. 183 do CPC. Assim, **os prazos para a Fazenda Pública nos juizados são sempre simples sem qualquer dobra.**

Vimos até agora os casos mais simples e podemos avançar para as situações em que não é tão simples a compreensão da presença ou não da dobra dos prazos.

> – Pronto lá vem, a exceção da exceção...

O primeiro caso envolve as ações do controle concentrado de constitucionalidade, que abrange a ação direta de inconstitucionalidade e também por omissão, a ação direta de constitucionalidade (Lei 9.868/1999), a ação de arguição de descumprimento de prefeito fundamental (Lei 9.882/1999) e ainda a representação de inconstitucionalidade no âmbito dos tribunais locais (art. 125, §2º, CFRB).

Nessas ações, há, por exemplo, o cabimento de agravo da decisão que indefere a petição inicial (art. 4º, parágrafo único, da Lei 9.868/1999), embargos de declaração da decisão final (art. 26, da Lei 9.868/1999) e ainda a possibilidade de recurso extraordinário da decisão na representação de inconstitucionalidade no âmbito dos tribunais locais, sempre que a norma da Constituição Estadual eleita como parâmetro para a declaração da inconstitucionalidade da norma estadual ou municipal impugnada for de reprodução obrigatória da Constituição Federal.

> – Mas não vi você falando em nenhum prazo específico... Qualquer das partes pode fazer esses recursos, então porque não aplicar o art. 183?

De fato, a legislação não estabelece nenhum prazo específico para a Fazenda Pública nas ações do controle direto de inconstitucionalidade.

O raciocínio desenvolvido pelo STF para impedir a dobra dos prazos é outro: para a Corte, esses processos possuem natureza objetiva, não sendo regidos pelas mesmas regras processuais dos processos jurisdicionais subjetivos. No controle concentrado de constitucionalidade, teria maior força a dimensão política da atividade institucional, não havendo conflito de interesse entre as partes, que devem ser tratadas de forma isonômica, impedindo a dobra de prazos para uma das partes.[8]

– Isso significa que não tem prazo específico para a Fazenda Pública, mas não se aplica o art. 183?

É isso aí. Portanto, e esse é o caso em que há maior discussão no STF, se há uma ação de representação de inconstitucionalidade no tribunal local e há interposição de recurso extraordinário, o prazo será de 15 dias e não de 30 dias, como ocorreria em um processo subjetivo.

Veremos agora como fica o prazo para a apresentação de contestação na ação rescisória.

– Professor, que eu lembre o prazo para contestar é em dobro.

Em regra, sim, mas é que esse prazo na rescisória é diferente.

De acordo com o art. 970 do CPC, nesse procedimento, o relator fixará o prazo de 15 a 30 dias para a apresentação da contestação, ou seja, o prazo é misto, porque a legislação estabelece uma margem de discricionariedade limitada para o juiz.

Para o STF, ainda analisando o CPC de 1973, que fixava prazo em quádruplo para contestar, não havia nada que autorizasse a "aplicabilidade restrita aos prazos legais prefixados e não àqueles dependentes de certa margem de arbítrio judicial dentre os limites legais".[9] Assim, a alteração do prazo para a Fazenda Pública também atuaria na contestação da ação rescisória, sendo esse também o entendimento do STJ.[10]

8. STF, Tribunal Pleno, ARE 830727/SC, Rel. para acórdão Min. Cármen Lúcia, j. 06/02/2019; STF, Tribunal Pleno, ADI 5814/RR, Rel. Min. Roberto Barroso, julgado em 06/02/2019.
9. STF, 1ª T., RE 94.960, Rel. Rafael Mayer, j. 24/11/1981, DJ 08/10/1982.
10. STJ, 6ª T., REsp 363.780/RS, Rel. Min. Paulo Gallotti, j. 27/08/2002, DJ 02/12/2002.

Embora os precedentes sejam antigos, o seu raciocínio é igualmente válido para o CPC de 2015, permitindo que se conclua que o prazo para a contestação da Fazenda Pública em ação rescisória será dobrado.

Deixei para o final, o caso mais confuso, porque tem uma treta entre o STJ e o STF, que é o prazo do agravo interno na suspensão de segurança.

– Misericórdia, quer dizer que esses outros casos eram os fáceis?

Pois é! Vamos ver com calma agora essa confusão. Pois bem, veremos com calma a suspensão de segurança mais para frente, mas trata-se de instrumento utilizado pela Fazenda Pública, com o objetivo de suspender a eficácia de decisões a ela desfavoráveis, regida por legislação especial. Esse instrumento é sempre dirigido ao presidente do tribunal e, dessa decisão, será cabível o agravo interno.

O STF, historicamente, sempre entendeu que não haveria a dobra do prazo para a interposição do agravo interno da decisão do presidente. Cumpre destacar, inicialmente, que todas as decisões do tribunal foram tomadas tendo por base situações ocorridas ainda na vigência do CPC/1973.

Nas decisões do STF em que é possível identificar a *ratio decidendi*, percebe-se que o fundamento gira em torno dos seguintes argumentos: embora o CPC/1973 tivesse a previsão de dobra dos prazos recursais no art. 188, os art. 4, §3º, da Lei 8437/1992[11] e 15, da Lei 12016/2009[12] que fazem referência ao prazo de cinco dias por estarem em lei especial impediriam a incidência da dobra do prazo. Há várias decisões do STJ no mesmo sentido, basicamente seguindo o STF.[13]

11. STF, Tribunal Pleno, STA 172 AgR, Rel. Min. Cezar Peluso, j. 03/11/2010, DJe 02/12/2010.
12. STF, Tribunal Pleno, SS 4390 AgR-quinto, Rel. Min. Cármen Lúcia, j. 05/02/2018, DJe 27/02/2018.
13. STJ, 1ª T., AgInt no AREsp 280.749/RN, Rel. Min. Gurgel De Faria, j. 06/12/2016, DJe 06/02/2017; STJ, 1ª T., AgInt no REsp 1.754.306/CE, Rel. Min. Benedito Gonçalves, j. 01/07/2019, DJe 02/08/2019; STJ, 2ª T., REsp 1.331.730/RS, Rel. Min. Herman Benjamin, j. 07/05/2013, DJe 23/05/2013.

– E o que mudou com o CPC de 2015?

Ora, antes da entrada em vigor do CPC/2015, os prazos dos agravos regimentais/internos variavam a depender do regimento interno e das leis esparsas, enquanto no CPC foi unificado o prazo de 15 dias, nos termos do art. 1.070, aplicável à legislação que regula a suspensão de segurança. Assim, a partir da entrada em vigor do CPC de 2015, não há mais prazo específico na legislação especial.

– Opa, matou o argumento do STF!

Correto! A partir da entrada em vigor do CPC/2015, o entendimento do STF e de parcela do STJ deveria ter sido revogado pelas alterações legislativas. Assim, o prazo do agravo interno no âmbito da suspensão de segurança é de quinze dias e, quando interposto pela Fazenda Pública, haverá a incidência do art. 183, *caput*, do CPC, dobrando o prazo.[14] Esse entendimento foi adotado pela Corte Especial do STJ[15] e pelo enunciado n. 124 do FNPP, que afirma expressamente que "Aplica-se o prazo em dobro para os recursos utilizados pela Fazenda Pública nas suspensões de liminares coletivas".

De toda forma, é importante destacar a divergência entre o STF e algumas turmas do STJ, que ainda afirma não haver a dobra do prazo para a interposição do agravo interno em relação à Corte Especial, que admite a dobra do prazo para o agravo interno.

– Professor, eu até entendi essa confusão toda, mas, na dúvida, eu vou fazer meus agravos em 15 dias para evitar uma intempestividade...

Concordo plenamente, eu faria o mesmo. Por fim coloco um quadro resumo desses casos mais polêmicos de prazos em dobro:

14. Com a mesma conclusão: RODRIGUES, Marco Antonio. *A fazenda pública no processo civil*. 2ª ed. São Paulo: Atlas, 2016, p. 265.
15. STJ, Corte Especial, AgInt na SS 2.902/RS, Rel. Min. Laurita Vaz, j. 01/02/2018, DJe 20/02/2018.

SITUAÇÃO	CONTAGEM DO PRAZO EM DOBRO
Estado estrangeiro	✗ Não
Juizados Especiais Federais e da Fazenda Pública	✗ Não
Impugnação ao cumprimento de sentença ou embargos à execução	✗ Não
Controle concentrado de constitucionalidade	✗ Não
Contestação na ação rescisória	✓ Sim
Agravo interno na suspensão de segurança	Colocar Corte Especial do STJ: ✓ Sim 1ª e 2ª turmas do STJ e STF: ✗ Não

CAPÍTULO 5

Intervenção anômala

Vamos estudar hoje um tipo de intervenção de terceiro que é exclusiva dos entes públicos, geralmente chamada de intervenção anômala ou mesmo de intervenção especial dos entes públicos.

– Meu Deus, mais uma intervenção de terceiro, já não basta as 500 do CPC.

Você lembra os fundamentos gerais para as intervenções de terceiro?

– Mais ou menos, lembro que precisa de interesse jurídico.

Pois bem, vamos dar uma relembrada, porque veremos que essa intervenção de terceiro dos entes públicos é diferente das demais, em especial pelo seu fundamento. Tradicionalmente, as intervenções de terceiro são motivadas por um interesse jurídico, no sentido de que um processo X vai interferir em uma relação jurídica minha. Assim é, por exemplo, na assistência, quando o sublocatário atua na ação do proprietário do imóvel que almeja despejar o locatário.

Já temos um pouco de mudança nessa sistemática na atuação do *amicus curiae*, que não tem propriamente um interesse jurídico, mas um interesse institucional de contribuir para o debate. Assim, por exemplo, a Associação Norte e Nordeste de Professores de Processo – ANNEP – pode pedir para atuar como *amicus curiae* em uma ADIN contra um artigo do CPC para contribuir para o debate.

Mas, em geral, não se admite a intervenção de terceiros por mero interesse econômico. Assim, uma empresa não pode atuar como assistente de outra apenas porque é credora daquela, com o objetivo de impedir que seja condenada e possa ficar sem dinheiro para sanar suas dívidas.

– Ok, entendi.

5.1. A INTERVENÇÃO ANÔMALA ESPECÍFICA DA UNIÃO

Pois bem, essa intervenção de terceiros está prevista inicialmente no art. 5º, *caput*, da Lei 9.469, afirmando que "A **UNIÃO** poderá intervir nas causas em que figurarem, como autoras ou rés, autarquias, fundações públicas, sociedades de economia mista e empresas públicas federais".

Veja que essa previsão permite que a **União** intervenha em **qualquer causa, havendo presunção absoluta de interesse na intervenção** QUANDO sejam autoras ou réis **autarquias, fundações públicas, sociedades de economia mista e empresas públicas federais**.

Uma observação importante: **isso só vale para a União e para esses entes listados no art. 5º.**

– Como assim presunção absoluta de interesse na intervenção?

Significa basicamente que a União basta dizer que quer intervir e mostrar que um desses entes é autor ou réu. Ele não precisa fundamentar as razões pelas quais deseja intervir, sejam elas jurídicas ou econômicas, basta chegar e pronto.

– Quer dizer que a União basicamente chega e diz: quero intervir porque sim!

Isso aí. E o juiz vai ter que aceitar. Em resumo, a União pode simplesmente participar de causas que envolvam autarquias, fundações públicas, sociedades de economia mista e empresas públicas federais. Aqui é como se fosse uma super intervenção de terceiros motivada pelo "porque sim".

5.2. REQUISITOS PARA A ADMISSIBILIDADE DA INTERVENÇÃO ANÔMALA

Mas veja que esse é só o *caput*. O parágrafo único do art. 5º da Lei 9.469/1997 afirma que "As pessoas jurídicas de direito público poderão, nas causas cuja decisão possa ter reflexos, ainda que indiretos, de natureza econômica, intervir, independentemente da demonstração de interesse jurídico, para esclarecer questões de fato e de direito, podendo juntar documentos e memoriais reputados úteis ao exame da matéria e, se for o caso, recorrer, hipótese em que, para fins de deslocamento de competência, serão consideradas partes".

– Eita, é muita informação! Me perdi depois de pessoas jurídicas de direito público.

Mas essa é a parte inicial...

– Para você ver a gravidade da situação

Vamos aos poucos para entender bem. A primeira observação é a de que essa intervenção pode ser realizada **por QUALQUER ENTE PÚBLICO, ou seja, pode ser um município, uma fundação de direito público, uma autarquia, um estado etc**. Nesse caso não é apenas a União.

Nessa hipótese, não basta chegar e dizer que vai intervir porque sim.

Agora, esse ente público precisa afirmar e justificar que a decisão nesse processo pode ter "**reflexos, ainda que indiretos, de natureza ECONÔMICA**". Mais ainda, para deixar bem expresso, o texto normativo ainda diz que essa intervenção pode ocorrer "**independentemente da demonstração do interesse jurídico**". Não esqueça: nesse caso o interesse é apenas ECONÔMICO.

– Pelo visto o legislador quis deixar bem claro que é diferente das intervenções de terceiro em geral.

Imagine a seguinte situação: uma empresa muito importante em um Município está sendo alvo de ação de cobrança que pode levar à sua falência.

O Município teria interesse de intervir porque, se essa ação for julgada procedente, pode interferir nas finanças do município, inclusive na questão da cobrança dos tributos por ela devidos. Não há interesse jurídico e nem precisa ser alegado, basta que se alegue o simples interesse econômico.

– Entendi. E essa atuação pode ocorrer em qualquer tipo de processo?

Sim, de acordo com o parágrafo único do art. 5º da Lei 9.469/1997, essa intervenção pode ocorrer em **qualquer processo, a qualquer momento, mesmo que seja apenas entre particulares**.

– Em qualquer processo mesmo?

Em regra, sim. Assim, pode ocorrer a intervenção em qualquer processo, mesmo em procedimentos especiais, só sendo possível sua limitação caso haja alguma incompatibilidade com o rito do procedimento especial, havendo alguma limitação cognitiva do juiz.[1]

– Em quais situações não se admite então?

Casos mais claros são os juizados especiais cíveis, que não admitem intervenção de terceiro (art. 10 da Lei 9.099/1995), o que também ocorre no mandado de segurança, no qual entende-se ser incompatível com a intervenção de terceiros, inclusive a intervenção anômala.[2]

1. CUNHA, Leonardo Carneiro da. *Fazenda pública em juízo.* 15 ed. Rio de Janeiro: Forense, 2018, p. 165.
2. STJ, 1ª Seção, AgRg no MS 16.702/DF, Rel. Min. Humberto Martins, j. 14/10/2015, DJe 22/10/2015.

5.3. OS PODERES DO PODER PÚBLICO NA INTERVENÇÃO ANÔMALA

– E depois que o poder público entra no processo, ele pode fazer o quê? Quais os poderes ele vai ter?

Bem, uma vez demonstrando o interesse econômico, poderá atuar "para **esclarecer questões de fato e de direito, podendo juntar documentos e memoriais reputados úteis ao exame da matéria**". Assim, os seus poderes são de certa forma limitados, apenas podendo atuar dentro dos limites inseridos pelas partes originárias.

Veja-se que ele pode tentar esclarecer qualquer matéria de fato ou de direito que tenha sido suscitada pela parte ou mesmo inserir algum texto normativo que entenda aplicável ao caso concreto. Se uma parte almeja cobrar uma dívida de uma empresa, o poder público poderia, por exemplo, alegar prescrição, apontar que há provas nos autos do pagamento ou do descumprimento do contrato originário etc.

– Mas não tem limites esses poderes? Ele pode pedir para produzir provas, contestar, algo assim?

Não. Ele atua apenas peticionando para falar sobre os fatos ou o direito, podendo até eventualmente juntar algum documento, mas não pode requerer a produção de provas, formular perguntas para as testemunhas. Também não pode, por exemplo, contestar pelo réu ou apresentar réplica pelo autor.

Deve se limitar a esclarecer as questões de fato e de direito.

5.3.1. A possibilidade de interposição de recurso e de suspensão de segurança

Há, no entanto, uma previsão curiosa. Isso porque, em geral, o ente público atua com consideráveis limitações no processo e, ainda assim, **a legislação permite que seja interposto recurso pelo poder público**, caso em que passará a ser considerado como parte.

– Como assim, o ente público pode fazer quase nada, mas pode recorrer por mero interesse econômico?

Sim, isso mesmo. E mais ainda, perceba que ele passa a ser tratado como parte, então poderá exercer todos os poderes de quem é parte em um recurso, atuando no tribunal e mesmo fazendo sustentação oral. Veja que, se ele começasse a atuar em grau recursal, não teria esses poderes; só os tem porque recorreu.

Vimos que ele pode recorrer, mas será que pode, também, se utilizar da suspensão de segurança?

– Professor, eu lembro que a suspensão de segurança não é um recurso, mas acho que pode sim, afinal, se pode recorrer, porque não pode usar a suspensão?

De fato, esse é, de certa forma, o raciocínio do STJ,[3] que já entendeu que, embora a suspensão de segurança não seja um recurso, é um meio de impugnação excepcional das decisões judiciais, ao gerar a suspensão dos efeitos decisórios. Por conta disso, interpretou a Corte que a autorização para recorrer autoriza o "direito ao uso dos meios indispensáveis para assegurar o resultado útil do feito – objetivo e razão de ser do processo cautelar".

Há outra questão importante, conexa ao recurso, que é o deslocamento da competência.

Lembre-se que, quando o poder público atua, por vezes, gera uma alteração da competência. Na justiça estadual, por exemplo, temos as varas da Fazenda Pública e, em especial, no caso de ente federal, quando ele é parte, tem-se o deslocamento da competência para a justiça federal. Você acha que quando ocorre essa intervenção, há automaticamente o deslocamento da competência?

3. STJ, Corte Especial, AgRg na Pet 1.621/PE, Rel. Min. Nilson Naves, j. 24/06/2002, DJ 14/04/2003.

– Professor, acho que sim. Se for a União, ela está atuando no processo, então deveria ter o deslocamento da competência para a justiça federal.

Bem, seu raciocínio faz sentido, mas vamos lembrar que o processo só vai para a justiça federal se o ente federal for autor, réu, assistente ou opoente.

De acordo com o STJ, **a admissão do ente público não impõe por si só a alteração da competência originária para julgamento da demanda.** Entende o tribunal que lei ordinária não teria a força de ampliar a enumeração taxativa da competência da Justiça Federal estabelecida no art. 109, I, da Constituição Federal, razão pela qual o deslocamento da competência para a Justiça especializada somente se verificaria se configurado o efetivo interesse jurídico da União ou de outro ente federal.[4]

Em outros termos, como a intervenção anômala tem por base apenas o interesse econômico, não justificaria o deslocamento da competência.

– Tá, entendi. Mas e se o poder público recorrer?

Nesse caso a situação muda, inclusive por expressa previsão legal. O parágrafo único do art. 5º da Lei 9.469/1997 diz expressamente que ente público pode recorrer "hipótese em que, para fins de deslocamento de competência, serão consideradas partes".

Portanto, como até já admitido pelo STJ se, por exemplo, a União Federal intervir em caso entre particulares e recorrer da decisão, **haverá deslocamento da competência e o recurso será julgado pelo Tribunal Regional Federal.**[5] Mas não esqueça: só tem deslocamento da

4. STJ, 1ª Seção, AgInt no CC 150.843/DF, Rel. Min. Regina Helena Costa, j. 03/12/2019, DJe 06/12/2019; STJ, 3ª T., AgRg no REsp 1533507/RJ, Rel. Min. Moura Ribeiro, j. 18/08/2015, DJe 28/08/2015.
5. STJ, 3ª T., AgRg no REsp 1533507/RJ, Rel. Min. Moura Ribeiro, j. 18/08/2015, DJe 28/08/2015.

competência se houver recurso, afinal, nesse caso, o poder público vai se tornar parte no processo.

Para entender melhor, segue um fluxograma de uma intervenção anômala da União:

Intervenção anômala da União

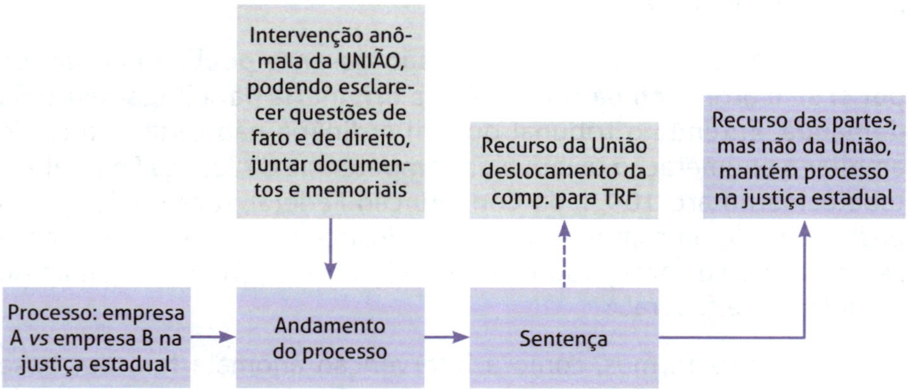

CAPÍTULO 6

Autocomposição, arbitragem, *dispute boards* e negócios processuais

Um tema que vem ganhando cada vez mais relevância é o estudo do processo **multiportas**, ainda mais em relação ao poder público.

– Multiportas?

Sim, a ideia de que deveríamos imaginar a justiça como um fórum com várias portas e cada uma delas levando as partes a uma forma diferente de resolução de disputas.[1]

Essa forma de raciocínio nos permite imaginar um processo onde as diferentes formas de resolução de conflitos: conciliação, mediação, *dispute boards*, negociação, processos perante o Poder Judiciário e arbitragem sejam vistos como várias opções igualmente relevantes, cada uma mais adequada a um caso específico.

– Eu lembro, professor, de ver mediação, conciliação e arbitragem como meios alternativos de solução dos conflitos.

Essa é uma perspectiva meio ultrapassada, porque pressupõe que o principal órgão para resolver os conflitos seria o Poder Judiciário, de forma coercitiva, onde o juiz manda e as partes obedecem. Mas, no processo multiportas, mediação, conciliação e arbitragem não são alternativos; são, por vezes, o melhor meio de resolução de conflitos.

---

1. SANDER, Frank J. A. Varieties of dispute processing. LEVIN, A. Leo; WHEELER, Russel R. *The pound conference*: perspectives of justice in the future. Saint Paul: West Publishing Co., 1979, p. 84.

O processo brasileiro vem apostando na valorização desses outros métodos de resolução de conflitos.

– Eu lembro de ter visto algo no CPC.

Sim, o CPC menciona a arbitragem (art. 3º, §1º) e incentiva claramente a utilização da conciliação e da mediação (art. 3º, §2º) e o poder público, naturalmente, não fica de fora dessa tendência.

6.1. ARBITRAGEM

Primeiro, vamos analisar a arbitragem, que consiste, tal qual na resolução de conflitos realizada pelo Poder Judiciário, em uma espécie de **heterocomposição**.

– Lá vem a palavra difícil.

Que nada, heterocomposição é apenas aquele meio de solução de conflitos em que um terceiro resolve a briga. Basta pensar que Moro e Lula são dois irmãos que vivem brigando entre si, mas não conseguem resolver, por exemplo, quem vai poder usar um determinado brinquedo. Cabe ao pai ou à mãe resolver a briga, que são terceiros.

A mesma coisa na arbitragem e no Poder Judiciário, em que duas pessoas estão envolvidas um conflito e pedem a um terceiro para solucionar o problema.

– Mas por que eu vou usar a arbitragem se já tenho o Poder Judiciário?

Bem, na arbitragem, que é regulada pela Lei 9.307/1996, as partes podem escolher o árbitro (art. 13), sendo alguém mais especializado e, também, tem a vantagem de ser em geral mais rápido e tem maior flexibilidade no procedimento.

– Como assim mais especializado?

Imagine um juiz de vara cível bastante responsável. Ele lida com todo tipo de caso: desde briga de vizinhos até um problema de extração de petróleo bastante complexo. Agora, imagine o juiz tendo de resolver esse problema: ele pode parar para estudar tudo que há sobre extração de petróleo?

– Acho difícil. Tem que julgar ou o CNJ cai matando.

Pois é. Na arbitragem, você pode escolher os maiores especialistas de extração de petróleo para julgar a sua causa.

– Entendi. É uma boa.

Ainda uma outra vantagem da arbitragem é que ela pode ser sigilosa e muitas vezes isso é do interesse das partes. É que, por vezes, a simples existência de um conflito entre duas grandes empresas pode gerar atritos no mercado e, na arbitragem, existe essa opção da confidencialidade pela simples escolha das partes.[2]

A sua flexibilidade é tão grande que a arbitragem pode ser de **direito ou equidade** à escolha das partes (art. 2º, da Lei 9.307/1993).

– Por equidade? Caramba.

Pois é, deixa o árbitro decidir o que for mais justo.

– Mas qualquer um pode fazer uso dela?

Não. Existem alguns requisitos básicos. Bem, um primeiro é ter dinheiro, porque ninguém vai ser árbitro na amizade.

2. DINAMARCO, Cândido Rangel. *A arbitragem na teoria geral do processo*. São Paulo: Malheiros, 2013, p. 60-63.

– Ahh, agora entendi o segredo. Só faz quem é rico.

Não é para tanto, mas a arbitragem é consideravelmente mais custosa do que o Poder Judiciário, muito embora, como visto, tenha várias vantagens.

Além disso, de acordo com o art. 1º, da Lei 9.307/1996, apenas "As pessoas **capazes de contratar** poderão valer-se da arbitragem para dirimir litígios relativos a **direitos patrimoniais disponíveis**".

Isso significa dizer que a pessoa deve ser capaz (arbitrabilidade subjetiva) e o direito deve ser patrimonial disponível (arbitrabilidade objetiva).[3]

6.1.1. A arbitragem e o poder público

– E onde o poder público entra na arbitragem?

Já houve muita discussão sobre a possibilidade de arbitragem pelo poder público, afinal, tem-se aquela ideia de indisponibilidade do direito.[4]

Ocorre que, atualmente, a legislação é bastante clara em afirmar que "A Administração Pública direta e indireta **poderá utilizar-se da arbitragem para dirimir conflitos relativos a direitos patrimoniais disponíveis**" (art. 1º, §1º, Lei 9.307/1996).

– Mas o que seria direito patrimonial disponível da Fazenda Pública?

Bem, é possível ter uma pista do que é isso analisando a legislação, pois, mesmo antes dessa alteração na lei, que permitiu genericamente a arbitragem em 2015, várias leis já a permitiam em situações específicas.

3. DINAMARCO, Cândido Rangel. *A arbitragem na teoria geral do processo*... cit., p. 76.
4. Ver, sobre a discussão: AMARAL, Paulo Osternack. *Arbitragem e administração pública*: aspectos processuais, medidas de urgência e instrumentos de controle. Belo Horizonte: Fórum, 2012, p. 53-83.

Podemos mencionar, a título exemplificativo: 1) para a resolução de conflitos contratuais nos contratos de concessões (art. 23-A da Lei 8.987/1995); 2) para a resolução de conflitos contratuais nos contratos de concessões de exploração de petróleo (art. 43, X, da Lei 9.478); 3) para a resolução de conflitos na contratação de parceria público-privada (art. 11, III, da Lei 11.079/2004).

– Professor, tem uma tendência nisso aí, porque é sempre nos casos que envolve um contrato entre o poder público e mais alguém.

Esse é um bom indicativo do cabimento da arbitragem: relações contratuais envolvendo o poder público, por ser fácil de considerar tratar-se de direito patrimonial disponível. Perceba ainda que muitas vezes são contratos em áreas bem específicas, basta pensar na arbitragem, em que seria interessante escolher árbitros especializados no tema.

A nova lei de Licitações e Contratos (Lei 14.133/2021), trouxe uma boa contribuição para identificação das situações nas quais cabível a arbitragem. Isso porque, de acordo com o art. 151, parágrafo único, é possível a arbitragem em direitos patrimoniais disponíveis, como "as questões relacionadas ao restabelecimento do equilíbrio econômico-financeiro do contrato, ao inadimplemento de obrigações contratuais por quaisquer das partes e ao cálculo de indenizações".

Um outro indicativo, sugerido pela doutrina, é a de que a arbitragem seria admissível quando os conflitos sejam referentes a "atos de gestão da Administração, excluídos, obviamente, os atos de natureza política, legislativa ou executiva em sentido estrito".[5] Ou seja, por exemplo, não poderia ser submetida à arbitragem um conflito de política pública, no qual se discutisse onde seriam construídas novas escolas, quantos professores deveriam ser contratados etc.

– Faz sentido. Seria estranho o árbitro decidindo um tema desses.

5. MAZZOLA, Marcelo; PINHO, Humberto Dalla Bernardina de. *Manual de Mediação e Arbitragem*. São Paulo: Saraiva, 2019, versão kindle, posição 5.277.

Outro elemento relevante é verificar **quem** pode celebrar a convenção de arbitragem, pois, de acordo com o art. 1º, §2º, da Lei 9.307/1996, "A autoridade ou o órgão competente da Administração Pública direta para a celebração de convenção de arbitragem **é a mesma para a realização de acordos ou transações**".

– Mas professor, isso não resolve nada. Quem é essa pessoa?

Bem, atualmente, nós temos um razoável indicativo. Isso porque, no art. 26 da LINDB, que veremos em breve, tem-se menção à "autoridade administrativa" como responsável pela realização de acordos.

Por sua vez, autoridade, de acordo com o art. 1º, §2º, III, da Lei 9.784/1999, pode ser entendida como "o servidor ou agente público dotado de poder de decisão". Assim, de certa forma, **pode celebrar convenção de arbitragem aquele servidor que tenha poder de decisão**.

– Melhorou, mas não resolveu.

É natural que seja impossível definir com precisão, afinal, cada ente público possui uma organização diferente, o que impediria que uma lei nacional indicasse exatamente que autoridade teria esse poder de celebrar a convenção de arbitragem.

Em termos genéricos, é viável afirmar que pode celebrar convenção de arbitragem quem tem poder de decisão. Por exemplo, se formos analisar um contrato de concessão, o servidor que tiver o poder de celebrar o contrato será o mesmo com autoridade para celebrar convenção de arbitragem.

– É, melhora.

Além disso, ainda se discute **em que momento deve ser celebrada a convenção de arbitragem**.

– Não entendi.

É que surgiu o questionamento se já precisa estar previsto no edital de licitação, ou se a submissão à arbitragem pode ocorrer em outro momento. Por exemplo, seja no momento de assinatura do contrato ou mesmo depois do conflito.

– Ah. Poxa, acho que pode ser em qualquer momento.

De fato, tem prevalecido a posição de que não precisa existir previsão expressa no edital de licitação, podendo ser celebrada em outro momento.[6]

Essa posição é reforçada pelo art. 153 da Lei 14.133/2021, segundo o qual "Os contratos poderão ser aditados para permitir a adoção dos meios alternativos de resolução de controvérsias".

6.1.2. Limites à convenção de arbitragem pelo poder público

Essas são as principais particularidades para que o poder público ao menos possa celebrar a convenção de arbitragem, mas ainda precisamos ver as limitações a que é submetido o poder público quando pode recorrer à arbitragem.

– Então a arbitragem com o poder público não é igual à arbitragem com os particulares?

Existem algumas particularidades, que decorrem do próprio regime a que é submetido o poder público. Afinal, como destaca a doutrina, a Fazenda Pública é regida por princípios constitucionais que limitam a liberdade na arbitragem, que seriam aqueles do art. 37 da CF (legalidade, moralidade, publicidade, impessoalidade e eficiência), que reflete no procedimento da arbitragem.[7]

– Como isso altera a arbitragem?

6. STJ, 3ª T., REsp 904.813/PR, rel. Min. Nancy Andrighi, DJe 28/02/2012. Na doutrina: PINHO, Humberto Dalla Bernardina de; MAZZOLA, Marcelo. *Manual de Mediação e Arbitragem*... cit., posição 10387-10388.
7. CUNHA, Leonardo Carneiro da. *A Fazenda Pública em juízo*. 17 ed, Rio de Janeiro: Forense, 2020, p. 713.

A primeira limitação envolve o princípio da legalidade. Lembra que, envolvendo particulares, a arbitragem pode ser de direito ou de equidade?

– Sim.

Pois é. "A arbitragem que envolva a administração pública **será sempre DE DIREITO**" (art. 2º, §3º, da Lei 9.307/1996). A mesma previsão encontra-se no art. 151 da Lei 14/133/2021 (Nova Lei de Licitações e Contratos). Isso ocorre pela submissão ao princípio da legalidade, pois não pode o poder público deixar para que o juiz, tendo por base seu sentimento de justiça e ignorando a lei, decida o caso.

– Faz sentido!

Outra coisa, respeitando o princípio da publicidade, **a arbitragem deve ser pública**. Como destaca o art. 2º, §3º, da Lei 9.307/1996, "A arbitragem que envolva a Administração Pública (...) **respeitará o princípio da publicidade**". A mesma previsão encontra-se no art. 151 da Lei 14/133/2021 (Nova Lei de Licitações e Contratos). Assim, ao contrário do que ocorre com os particulares, a regra é a de que a arbitragem deve ser pública.

– Professor, o senhor falou "em regra". Quer dizer que pode ter arbitragem sigilosa do poder público? Que coisa estranha é essa? Assassinaram o princípio da publicidade.

Não, é diferente. Veja que a Lei 12.527/2011 regula o acesso à informação e, em seus arts. 23 e 24, insere várias restrições a alguns tipos de informações que "São consideradas imprescindíveis à segurança da sociedade ou do Estado".

Imagine, por exemplo, um contrato que envolva o fornecimento de equipamentos para uma operação estratégica das forças armadas, que é uma hipótese de informação sigilosa (art. 23, V). Você concorda que seria meio estranho que uma arbitragem sobre esse contrato fosse pública? Para todo mundo eventualmente descobrir uma operação estratégica das forças armadas super sigilosa?

– É, dá para aceitar um pouco de sigilo.

Pois é. Mas perceba que é uma situação excepcional, devendo ser expressamente reconhecida e fundamentada pela Administração Pública.

– E como são escolhidos os árbitros?

Naturalmente, não parece possível a utilização de qualquer espécie de licitação, mas, ainda assim, há necessidade de preocupação com os critérios para essa escolha. Um bom indicativo, que pode ser utilizado para qualquer tipo de arbitragem pode ser extraído do art. 154 da nova Lei de Licitações e Contratos (Lei 14.133/2021), segundo a qual "O processo de escolha dos árbitros, dos colegiados arbitrais e dos comitês de resolução de disputas **observará critérios isonômicos, técnicos e transparentes**".

Note que, havendo critérios fixados na lei, a escolha dos árbitros deve ser devidamente fundamentada pela Administração Pública.

– Faz sentido.

Para finalizar, essas são, em resumo, as principais características da arbitragem que envolva o poder público:

ARBITRAGEM E PODER PÚBLICO

Direitos arbitráveis	Direito patrimonial disponível
Quem pode celebrar a convenção	Servidor ou agente público dotado de poder de decisão
Critérios decisórios	Arbitragem de direito
Publicidade da decisão	Deve respeitar o princípio da publicidade
Critérios para escolha dos árbitros	Isonomia, técnica e transparência

6.2. MEDIAÇÃO E CONCILIAÇÃO

Agora, podemos analisar a mediação e a conciliação que envolve o poder público. Primeiro, uma revisada geral: a ideia tanto da mediação, quanto da conciliação é a de que as partes possam chegar, com a ajuda de um terceiro, à solução do conflito. Isso é o que se chama de autocomposição.

Então, ao invés de ter o juiz decidindo por elas, nessas formas de solução de conflito, elas mesmas vão chegar a um acordo.

> – Mas professor, e pode a Fazenda Pública fazer acordo? E aquele papo de indisponibilidade do interesse público?

Aqui é uma boa oportunidade para desfazer o mito de que a indisponibilidade do interesse público teria aptidão para impedir a realização de acordos pelos entes públicos. **A verdade é que nem todo direito indisponível implica a impossibilidade de haver transação que o envolva.**[8]

Veja-se, como exemplo, que o art. 334, §4º, do CPC/2015, ao tratar das hipóteses em que não será realizada a audiência de mediação ou conciliação, se refere, no inciso II, aos casos em que não se admite autocomposição. Não há menção à indisponibilidade dos direitos porque ela não pode ser confundida com a vedação à transação.

> – É verdade, não tinha notado isso.

No direito administrativo, por exemplo, tem-se vários casos de transações autorizadas por lei. Tem-se os acordos em contratos administrativos (art. 124 e 138, da Lei 14/133/2021), os acordos nos procedimentos sancionatórios do CADE (art. 86, da Lei 12.529/2011), dentre outros. Outras hipóteses de direitos indisponíveis que também

---

8. DIDIER JR., Fredie. *Curso de direito processual civil.* 17ª ed. Salvador: Juspodivm, 2015, v. 1, p. 625; SOUZA, Luciane Moessa de. *Meios consensuais de solução de conflitos envolvendo entes públicos e a mediação de conflitos coletivos.* Tese de Doutorado. Florianópolis: UFSC, 2010, p. 130-131. Especificamente sobre o tema: VENTURI, Elton. Transação de direitos indisponíveis. *Revista de Processo.* São Paulo: RT, v. 251, jan.-2016. Por um estudo específico acerca da renúncia em direitos fundamentais (que são indisponíveis e, ainda assim, transacionáveis em certos aspectos): ADAMY, Pedro Augustin. *Renúncia a direito fundamental.* São Paulo: Malheiros, 2011.

admitem transação são o acordo quanto ao valor e à forma de pagamento em ação de alimentos e o compromisso de ajustamento de conduta em processos coletivos, hipótese em que o direito é indisponível (art. 5º, §6º, da Lei 7.347/1985).

Basta pensar: é óbvio que o direito aos alimentos do menor é indisponível. Mas isso não impede que haja acordo sobre o valor desses alimentos.

– Concordo.

Percebe, então, que a indisponibilidade do direito da Administração Pública não pode ser colocada como um impedimento absoluto para que ela possa fazer acordos?

– Sim.

O que parece ser o grande desafio não é a verificação da aptidão ou não dos entes públicos de realizar acordos, mas sim quais seriam as suas condições.

Note que essa autorização da realização de acordo não é exatamente novidade. Algumas leis já preveem autorizações genéricas, tais como o parágrafo único do art. 10 da Lei 10.259/2001 e o art. 8º, da Lei 12.153/2009, que são as leis dos juizados fazendários:

> Art. 10. (...) Parágrafo único. Os representantes judiciais da União, autarquias, fundações e empresas públicas federais, bem como os indicados na forma do caput, **ficam autorizados a conciliar, transigir ou desistir, nos processos da competência dos Juizados Especiais Federais**.
>
> Art. 8º Os representantes judiciais dos réus presentes à audiência **poderão conciliar, transigir ou desistir nos processos da competência dos Juizados Especiais, nos termos e nas hipóteses previstas na lei do respectivo ente da Federação.**

Mas, ainda assim, principalmente no segundo caso, ainda há necessidade de Lei específica do ente. Essa é, digamos assim, a fase embrionária da autocomposição por parte do poder público.

– Mas já é bastante coisa. Já tem uma autorização para fazer acordos nos juizados.

Exato. Precisamos compreender que essa mudança na atuação do poder público vem a partir de uma mudança na própria visão da Administração Pública. É que aquela visão clássica, em que o administrador manda e o administrado obedece, de caráter mais autoritário, não pode ser aceita em um Estado Democrático de Direito.[9]

O direito administrativo constitucionalizado não pode mais tratar o indivíduo perante uma situação de simples sujeição, mas sim de paridade, uma vez que tanto o ente público, quanto a outra parte da relação jurídica de direito público estão sujeitos a um mesmo estatuto jurídico.[10]

– Ravi, isso significa que quando, por exemplo, o guarda mandar eu tirar o carro estacionado em lugar proibido eu posso simplesmente ir conversar com ele e dizer que agora a ideia é de paridade?

Olhe, é cada ideia que me aparece viu! Não é para bagunçar tudo, mas sim para expandir, por exemplo, a ideia de orçamentos participativos, de audiências públicas, de valorizar o contraditório efetivo em processos administrativos. E, principalmente no nosso caso, valorizar a possibilidade de acordos dos particulares com a administração.

É através desse caminho que o diálogo entre poder público e administrado começa a ganhar muito mais importância, colocando-os mais próximos de uma situação de paridade.

– É bem melhor resolver no acordo.

9. ALMEIDA, Natália Silva Mazzutti; MELO, Luiz Carlos Figueira de. A consensualidade como elemento do processo administrativo federal brasileiro. *Interesse Público*, n. 75, 2012, p. 159.
10. ABBOUD, Georges. *Discricionariedade administrativa e judicial*: o ato administrativo e a decisão judicial. São Paulo: RT, 2014, p. 158-159.

Sim, inclusive é até mais fácil de cumprir e diminui a raiva dos cidadãos em relação ao poder público, que vive sendo acusado de recorrer até o final dos tempos.

Como apontado, uma dificuldade que ainda existe é a de identificar quais os casos em que é possível a realização de acordos. Por exemplo, é possível a celebração de acordo na desapropriação desde 1941, com autorização do art. 10, do Decreto-Lei 3.365/1941, possibilidade recentemente reforçada com a inclusão do art. 10-B pela Lei 13.867/2019. No processo coletivo, tem-se a previsão do termo de ajustamento de conduta (art. 5º, §6º, da Lei 7.347/1985).

Só que faltava ainda algo mais genérico, possibilitando uma maior amplitude nos direitos que poderiam ser objeto de autocomposição.

– Mas tem algo assim?

Acredito que sim. Trata-se do art. 26 da LINDB, que, em seu *caput*, afirma o seguinte:

> Art. 26. **Para eliminar irregularidade, incerteza jurídica ou situação contenciosa na aplicação do direito público**, inclusive no caso de expedição de licença, a autoridade administrativa poderá, após oitiva do órgão jurídico e, quando for o caso, após realização de consulta pública, e presentes razões de relevante interesse geral, **celebrar compromisso com os interessados**, observada a legislação aplicável, o qual só produzirá efeitos a partir de sua publicação oficial.

Em resumo, o texto permite a celebração de autocomposição para "eliminar irregularidade, incerteza jurídica ou situação contenciosa na aplicação do direito público". Percebe que se trata de uma autorização bastante genérica?

– É, professor, eu estou pensando em que situações não seria possível.

Exatamente, afinal, se não há irregularidade, incerteza ou situação contenciosa não tem interesse em fazer acordo, porque não tem problema a ser resolvido. Note que o texto normativo autoriza o acordo para **qualquer situação de direito público, seja direito administrativo, constitucional, ambiental etc.**; não aponta um caso específico, como na desapropriação, ou um procedimento específico, como nos juizados.

– Não tem nenhum limite?

Tem. Me parece que o art. 26 é uma cláusula geral para a realização de acordos, mas ele mesmo faz referência de que deve ser "**observada a legislação aplicável**". Assim, a lógica passa a ser: **em regra, cabe o acordo, exceto quando a legislação especificamente o proibir.**

De toda forma, é importante perceber que essa abertura gera também alguns receios da má utilização desses acordos, ou seja, que alguma autoridade faça autocomposição apenas com quem ela tem amizade, violando a impessoalidade, o que não é correto.

– Mas e aí? Lascou? Tem como controlar?

Sim, o art. 26 da LINDB traz uma série de condicionantes para que esse acordo possa ser celebrado e ainda é complementado pelo art. 10 do Decreto 9.830/2019.

Para celebrar esse compromisso, ele deverá respeitar as seguintes condições (art. 10, I a III, do Decreto 9.830/2019):

a) Oitiva do órgão jurídico;

b) Realização de consulta pública, caso seja cabível; e

c) Presença de razões de relevante interesse geral.

A decisão que optar pela celebração do compromisso ainda deverá ser motivada (art. 10, §1º, do Decreto 9.830/2019), afinal, em algum canto deve constar essa presença de razões de relevante interesse geral.

– Misericórdia, é mais exigência do que em um processo judicial!

Isso é para você perceber o tamanho do medo que se tem desses acordos. Impõe-se todo um cuidado para não virar uma bagunça. E veja, não acabaram os requisitos, ainda tem mais.

– Olhe, eu já tinha desistido e mandado o sujeito entrar com uma ação que era mais fácil.

Que exagero. Colabore com a realização dos acordos. A legislação ainda exige que esse compromisso tenha obrigatoriamente algumas cláusulas, eis que ele deve prever (art. 10, §2º, III, do Decreto 9.830/2019):

a) as obrigações das partes;

b) o prazo e o modo para seu cumprimento;

c) a forma de fiscalização quanto a sua observância;

d) os fundamentos de fato e de direito;

e) a sua **eficácia de título executivo extrajudicial**; e

f) as sanções aplicáveis em caso de descumprimento.

Em resumo, dá para perceber que é possível fazer o acordo, mas dá bastante trabalho.

– E como!

Há, ainda, uma última exigência na celebração desse acordo.

– Mais uma? Como eu disse, já tinha desistido.

E essa é muito importante, que é a de que esse compromisso "**só produzirá efeitos a partir de sua publicação oficial**" (art. 26, LINDB), extremamente importante para garantir a possibilidade do seu controle.

– Qual a importância dessa publicação?

Perceba a grande função dessa publicação oficial: permitir que outros interessados possam ter acesso a esse acordo. Dessa forma, qualquer cidadão pode ter acesso a ele e eventualmente ajuizar até uma ação popular. O Ministério Público ao ter acesso pode começar a investigar. Enfim, é mais um instrumento para garantir a legalidade desses acordos.

– Verdade, faz sentido.

Podemos passar agora a uma última barreira no que se refere à autocomposição do poder público.

– Falta mais o quê? Esse art. 26 já fala do direito público em geral.

Faltava o direito tributário.

– Acordo em relação a tributo? E pode isso?

O CTN, no art. 156, III, já apontava a transação como forma de extinção do crédito tributário. O problema é que essa lei não era editada.... Foi apenas com a recente Lei 13.988/2020 que o dogma da impossibilidade de transação do crédito tributário foi quebrado.

– Quer dizer então que agora pode ter acordo com tributo?

Esse é o principal objetivo da nova lei, que, em seu art. 1º, destaca que "Esta Lei estabelece os requisitos e as condições para que a União, as suas autarquias e fundações, e os devedores ou as partes adversas realizem **transação resolutiva de litígio relativo à cobrança de créditos da Fazenda Pública, de natureza tributária** ou não tributária".

– Agora liberou geral?

Não é para tanto. Primeiro, é importante perceber que a Lei 13.988/2020 aplica-se **apenas à União e não aos demais entes**. Quem quiser, precisa fazer sua própria lei.

Além disso, na própria lei da União, existem várias condicionantes como, por exemplo, a vedação de que a transação gere a diminuição do montante principal do crédito (art. 11, §2º, I.). A transação, na maior parte das vezes, se foca na diminuição das multas, juros e no parcelamento dos valores. (art. 11, I e II).

De toda forma, trata-se de uma grande inovação a simples autorização para a realização da transação em matéria tributária.

– Concordo, professor, nem sabia que podia.

Uma característica que é polêmica na autocomposição do poder público é a aplicação do princípio da confidencialidade.

– O que é isso?

A exigência de confidencialidade é essencial para a garantia de que as sessões de mediação ou conciliação possam ter maior chance de sucesso. Isso porque, garantindo que as informações utilizadas nessas sessões não possam ser utilizadas no processo judicial e em outros, isso permite que as partes se sintam mais à vontade para estabelecer um diálogo aberto, mesmo que não se alcance a autocomposição. Ou seja, ela objetiva proteger os participantes para os casos em que não há acordo.[11]

– Faz sentido, ou ninguém ia oferecer acordo, com medo de acharem que quem ofereceu é culpado.

Exato. Só que há, na doutrina, certa preocupação em como conciliar o dever de confidencialidade e o princípio da publicidade da Administração Pública (art. 37, *caput*, CF), em especial a partir da Lei

11. KIRTLEY, Alan. The mediation privilege's transition from theory to implementation: designing a mediation privilege standard to protect mediation participants, the process and the public interest. *Journal of Dispute Resolution*, n. 1, 1995, p. 10.

de Acesso à Informação (Lei 12.527/2011), que passou a prescrever o sigilo como exceção.

Em suma, como compatibilizar a confidencialidade e a necessária publicidade dos atos do poder público?

– Não tenho a menor ideia.

Bem, nem a doutrina se entender muito, tanto que há duas correntes doutrinárias.

A primeira entende que a mediação e a conciliação da qual faça parte o poder público não seriam abrangidas pelo dever de confidencialidade, com a exceção dos casos em que a própria Lei 12.527/2011 preserva o sigilo das informações.[12] Como exemplo, seria possível mencionar informações que violem o respeito à intimidade, vida privada, honra e imagem das pessoas (art. 31, *caput*), que traga riscos à soberania nacional, que envolvam segredos industriais (art. 23) etc.

Em sentido contrário, aponta o professor Leonardo Carneiro da Cunha, que não haveria o dever de revelar o que ocorre nas reuniões de mediação ou conciliação, mas apenas de revelar o acordo realizado, sob pena de inviabilizar a autocomposição.[13]

– Qual a correta?

Bem, eu sou suspeito para falar, porque já escrevi sobre o tema. A posição do professor Leonardo Carneiro da Cunha é interessante e ressalta um ponto: a publicidade nas sessões de autocomposição atrapalham a negociação. Concordo com a observação, no entanto, não me parece ter opção, pelo regime jurídico do poder público.

12. SOUZA, Luciane Moessa; RICHE, Cristina Ayoub. Das câmaras de mediação. In: ALMEIDA, Diogo Assumpção Rezende de; PANTOJA, Fernanda Medina; PELAJO, Samantha. *A mediação no novo código de processo civil.* Rio de Janeiro: Forense, 2015, p. 183-185, 210, 219; SOUZA, Luciane Moessa de. *Meios consensuais de solução de conflitos envolvendo entes públicos e a mediação de conflitos coletivos.* Tese de Doutorado. Florianópolis: UFSC, 2010, p. 153; PEIXOTO, Ravi. Os "princípios" da mediação e da conciliação: uma análise da res. 125/2010 do CNJ, do CPC/2015 e da Lei 13.140/2015. In: ZANETI JR., Hermes; CABRAL, Trícia Navarro Xavier. (Org.). *Justiça multiportas.* 2ª ed. Salvador: Juspodivm, 2018, p. 100-101.
13. CUNHA, Leonardo Carneira da. *A Fazenda Pública em juízo.* 17ª ed. Rio de Janeiro: Forense, 2020, p. 729-730.

6.2.1. Câmaras de conciliação e de mediação

Um outro passo importante do poder público para a realização da autocomposição veio com a criação das Câmaras de Conciliação e Arbitragem da Administração Federal (art. 18 do Decreto nº 10.608, de 25 de janeiro de 2021) e do art. 2º, da Portaria n. 1.281/2007.

Nesses casos, o próprio poder público criou essas Câmaras para tentar aumentar o percentual de conflitos que poderiam ser resolvidos por meio de acordos.

– Eu lembro que até o CPC fala dessas câmaras.

O CPC tem um papel importante, pois, no art. 174, incentiva a criação dessas câmaras de mediação e de conciliação **por todos os entes públicos**, não só a União, que já as possuía:

> Art. 174. A **União, os Estados, o Distrito Federal e os Municípios** criarão câmaras de mediação e conciliação, com atribuições relacionadas à solução consensual de conflitos no âmbito administrativo, tais como:
>
> I – dirimir conflitos envolvendo órgãos e entidades da administração pública;
>
> II – avaliar a admissibilidade dos pedidos de resolução de conflitos, por meio de conciliação, no âmbito da administração pública;
>
> III – promover, quando couber, a celebração de termo de ajustamento de conduta.

Previsão praticamente idêntica consta do art. 32, incisos I a III, da Lei 13.140/2015.

As possibilidades são bem amplas, pois, além do que já foi mencionado, é da competência das câmaras também a "prevenção e a resolução **de conflitos que envolvam equilíbrio econômico-financeiro de contratos** celebrados pela administração com particulares" (art. 32, §5º), que são hipóteses que também poderiam ser resolvidas na arbitragem.

– Então qualquer tipo de conflito pode ser submetido a essas Câmaras?

Não chega a tanto. O art. 32, §4º, da Lei 13.140/2015, afirma que "Não se incluem na competência dos órgãos mencionados no *caput* deste artigo **as controvérsias que somente possam ser resolvidas por atos ou concessão de direitos sujeitos a autorização do Poder Legislativo**".

– Que casos seriam esses?

Um bom exemplo é a desapropriação de bens de domínio dos Estados, Municípios, Distrito Federal e Territórios, que podem ser desapropriados pela União, e os dos Municípios pelos Estados, mas **dependem de prévia autorização legislativa** (art. 2º, §2º, do Decreto-Lei 3.365/1941).

– Essas Câmaras já foram criadas?

É possível dizer que a sua quantidade vem aumentando, mas isso depende bastante do nível de organização dos entes públicos. Temos vários exemplos, como a Câmara de Mediação Conciliação da Central de Conciliação de Porto Alegre (Lei 12.003/2016 e Decreto 19.519/2016) e a previsão no município de São Paulo de criação de Câmara de Solução de Conflitos da Administração Municipal (art. 33 do Decreto 57.263/2016) e de Câmara de Prevenção e Resolução Administrativa de Conflitos no Município (art. 24 da Lei 17.324/2020).

De toda forma, é perceptível que o art. 174 do CPC é um grande incentivador, pois coloca uma ampla gama de competências para essas câmaras.

– E o que fazer enquanto elas não forem criadas?

O art. 33 da Lei 13.140/2015 afirma que, antes da criação das Câmaras, "os conflitos poderão ser dirimidos nos termos do procedimento de mediação previsto na Subseção I da Seção III do Capítulo I desta Lei".

– Que procedimento é esse?

Eu coloquei o artigo todo de propósito. Não tem um procedimento. Ele só fala da utilização do procedimento de mediação, de forma genérica. Ele basicamente autoriza que o poder público possa participar de mediações extrajudiciais, mesmo sem as câmaras.

– Entendi. Eu fiquei com uma dúvida. Depois da criação das câmaras, os problemas surgidos com o poder público precisam necessariamente ser resolvidos por elas?

NÃO. Essa ideia de praticamente impor a submissão do conflito a uma mediação não é muito boa (#ficadicaCPC). O art. 32, §2º, da Lei 13.140/2015 afirma claramente que "A submissão do conflito às câmaras de que trata o caput é **FACULTATIVA** e será cabível apenas nos casos previstos no regulamento do respectivo ente federado".

– Concordo, professor. Ser obrigado a conciliar é de lascar.

Uma observação importante é a de que, ocorrendo acordo, embora a tendência seja a do seu cumprimento, a parte não fica sem meios de cobrar a efetivação do que foi acordado.

– E vai cobrar como? Colocando um *outdoor* na frente do órgão público?

Não precisa de tanto. É que, "Se houver consenso entre as partes, o acordo será reduzido a termo e constituirá **título executivo extrajudicial**" (art. 32, §3º, da Lei 13.140/2015). Assim, poderá iniciar uma ação de execução de título extrajudicial, em caso de descumprimento do acordado.

– Não sei se é a mesma coisa do *outdoor*, mas é melhor do que nada.

Agora podemos fazer uma análise geral desse procedimento, destacando alguns elementos.

– Vamos lá, estou pronto!

Uma característica bem importante é a de que "A instauração de procedimento administrativo para a resolução consensual de conflito no âmbito da administração pública **suspende a prescrição**".

– Então não tem perigo de a Administração Pública enrolar para fazer o procedimento e deixar meu direito prescrever.

Isso mesmo. Um cuidado importante: isso não se aplica ao direito tributário, devendo ser observadas as hipóteses do CTN (art. 34, §2º), porque a suspensão da prescrição do crédito tributário é matéria a ser regida por Lei Complementar (art. 146, III, "b", da CF).[14]

– Entendi. Mas como funciona isso da "instauração de procedimento administrativo para a resolução consensual de conflito" para suspender a prescrição?

Nesse caso, de acordo com o art. 34, §1º, da Lei 13.140/2015, "**Considera-se instaurado o procedimento quando o órgão ou entidade pública emitir juízo de admissibilidade**, *retroagindo a suspensão da prescrição* à data de formalização do pedido de resolução consensual do conflito".

14. Com raciocínio análogo: STJ, 2ª T., REsp 1.164.878/PR, Rel. Min. Mauro Campbell, j. DJe 01/09/2010. Abordando o problema de leis ordinárias que tratam da prescrição tributária, cf.: SOUZA JÚNIOR, Antonio Carlos Ferreira de; FERRAZ FILHO, Luiz Henrique Gomes. (im) possibilidade jurídica de alteração da prescrição tributária por meio de regras processuais. In: MIRANDA, Daniel; CUNHA, Leonardo Carneiro da; ALBUQUERQUE JÚNIOR, Roberto Paulino de (coords). *Prescrição e decadência*. Salvador: Juspodivm, 2013.

Em outros termos, **apenas com o juízo positivo de admissibilidade, deve haver a suspensão da prescrição** (art. 34, caput), que retroagirá à data de formalização do pedido de resolução consensual do conflito (art. 34, §1º).

– Quer dizer que se o meu pedido nem for admitido, não tem nenhuma suspensão da prescrição?

Exatamente.

– Eu sabia que tinha alguma pegadinha nesse papo de fazer acordo com o poder público!

Eu também achei uma grande maldade essa previsão na legislação.

6.2.2. Audiência de conciliação ou mediação no procedimento comum

O art. 334 do CPC/2015 criou uma audiência quase obrigatória de conciliação ou de mediação no início do procedimento, logo após a petição inicial.

– Quase obrigatória, como é isso?

Isso ocorre porque essa audiência apenas não será realizada quando (art. 334, §4º):

> I – se **ambas** as partes manifestarem, expressamente, desinteresse na composição consensual;
>
> II – quando **não** se admitir a autocomposição.

Que fique claro que apenas não haverá audiência se todos expressarem o seu desinteresse OU o direito não admitir autocomposição, ok?

– Entendi. Então basta uma das partes querer que a audiência vai ocorrer?

Exato.

– Eu fiquei na dúvida nesse segundo caso, "quando não se admitir autocomposição". Como fica isso com o poder público?

Bem, como já conversamos, o direito da Fazenda Pública, em regra, pode ser objeto de autocomposição. Afinal, direito indisponível não se confunde com impossibilidade de realização de acordo.

– Entendido. E o que acontece se alguém não vai para essa audiência?

De acordo com o art. 334, §8º, do CPC, "O **não comparecimento injustificado** do autor ou do réu à audiência de conciliação é considerado **ato atentatório à dignidade da justiça** e será s**ancionado com multa de até dois por cento da vantagem econômica pretendida ou do valor da causa**, revertida em favor da União ou do Estado".

– Tem alguma particularidade quando envolve o poder público?

Não. O poder público também tem obrigação de participar dessa audiência. Tanto é que já afirmou o STJ que "**É aplicável ao INSS a multa prevista no art. 334, § 8°, do CPC/2015**, quando a parte autora manifestar interesse na realização da audiência de conciliação e a autarquia não comparecer no feito, mesmo que tenha manifestando seu desinteresse previamente".[15]

Em resumo, não pode o poder público simplesmente afirmar que não quer ir para a audiência. Como já conversamos, ela **só será desmarcada SE as duas partes não quiserem OU o direito não admitir**

15. STJ, 1ª T., REsp 1.769.949-SP, Rel. Min. Napoleão Nunes Maia Filho, por unanimidade, julgado em 08/09/2020, DJe 02/10/2020, info. n. 680.

autocomposição. E o simples desinteresse do poder público não justifica a dispensa da multa.

– Mas faz sentido. Se o poder público pode fazer acordo, ele precisa participar da audiência.

Podemos, no entanto, fazer algumas considerações a respeito da marcação dessa audiência com o poder público. Você percebeu que essa multa só é imputada quando há o "não comparecimento INJUSTIFICADO"?

– Sim.

Pois bem, em certas situações, para a Fazenda Pública, é justificável a sua ausência e até a não marcação da audiência.

– Mas em que casos?

Bem, imagine que o ente público tenha um ato normativo que expressamente vede a realização de acordos em casos que versem sobre danos morais. Para essa situação, é possível dizer que, para aquele ente público, o direito não admite autocomposição, ok?

– Acho que sim.

Cada ente público tem autonomia para regular os casos em que admitida ou não a autocomposição. Assim, nos casos em que não se admite a autocomposição, cabe ao juiz, de ofício, ou ao procurador informar isso ao Poder Judiciário, de forma a evitar a realização de uma audiência inútil.

Há, no entanto, um problema quando isso é informado pelo procurador.

– Qual?

O de que só haverá segurança para o não comparecimento, caso o juiz decida antes da realização da audiência pelo seu não cancelamento. Do contrário, o poder público se submete ao risco de ser multado pelo não comparecimento na audiência.

– É verdade. Então o que pode ser feito?

A melhor solução, no entanto, é a realização, entre os entes públicos e o Poder Judiciário, de *protocolos institucionais*.

– E o que viria a ser isso aí?

Esses protocolos institucionais podem ser compreendidos como negócios jurídicos processuais coletivos realizados entre instituições, por exemplo, o Poder Judiciário e a Administração Pública, com o objetivo de gerir coletivamente processos ou mesmo de atingir políticas públicas de justiça.[16]

– Mas o que isso teria a ver com as audiências de mediação ou de conciliação?

Por meio deles, de forma prévia à instauração dos conflitos, o próprio ente público já poderia informar ao Poder Judiciário em quais casos é ou não possível o acordo. E já poderia indicar em quais tipos de direitos há alguma espécie de vedação à autocomposição, de forma a preencher a situação do art. 334, §4º, II, pois já se teria conhecimento dos casos em que o direito do ente público poderia ser alvo de autocomposição.

– Entendi, porque aí evitava todo aquele procedimento prévio e a realização de audiências inúteis.

Exatamente.

16. BARREIROS, Lorena Miranda Santos. *Convenções processuais e poder público*. Salvador: Juspodivm, 2017, p. 381.

6.3. *DISPUTE BOARDS* OU COMITÊS DE RESOLUÇÃO DE DISPUTAS

A nova Lei de licitações e contratos (Lei 14.133/2021) trouxe mais um meio de resolução de conflitos para o poder público, que é o comitê de resolução de disputas ou *dispute boards* (art. 151).

> – Ravi, arbitragem, mediação e conciliação eu até conhecia. Mas esse negócio aí é novidade...

Sim, trata-se de mais um meio adequado de resolução de conflitos. Ele pode ser definido como um método de solução de controvérsias no qual os membros desse comitê atuarão durante a execução do contrato, acompanhando a sua execução e emitindo recomendações ou tomando decisões sobre as divergências surgidas.

> – Como assim atuam durante a execução do contrato?

Esses comitês geralmente são utilizados em contratos de construção e infraestrutura, que são bem complexos, e que podem surgir várias divergências contratuais. A própria Lei 14.133/2021 admite sua utilização "às controvérsias relacionadas a direitos patrimoniais disponíveis, como as questões relacionadas ao **restabelecimento do equilíbrio econômico-financeiro do contrato, ao inadimplemento de obrigações contratuais por quaisquer das partes e ao cálculo de indenizações**" (art. 151, parágrafo único).

Você percebe a quantidade de problemas e divergências que surgem nesses contratos?

> – Sim.

E como, tradicionalmente, isso seria resolvido para cada um desses problemas?

> – Por meio de ação judicial.

Exato, o que seria uma bagunça, porque iria atrapalhar a execução do contrato. Imagine um problema de adimplemento contratual do poder público, em que o contratado iria ajuizar ação requerendo suspensão das obras até o pagamento...

– As obras já demoram, imagina com confusão.

É justamente para evitar isso que surgem esses comitês de resolução de disputas. Em geral, no momento em que celebrado esse contrato, cria-se esse comitê por previsão no próprio termo, com indivíduos especializados no tema, para que acompanhem a execução do contrato e atuem na prevenção dos conflitos e, até em última análise, facilitem eventual julgamento de demanda judicial ou arbitral posterior.[17]

– Ravi, falasse que, em geral, são formando no momento da celebração do contrato. Mas isso não seria obrigatório?

Não. O art. 153 da Lei 14.133/202 é bem claro ao afirmar que "Os contratos **poderão ser aditados para permitir a adoção dos meios alternativos de resolução de controvérsias**". Ou seja, esses comitês podem ser criados tanto no momento de celebração do contrato, quanto durante a sua execução ou mesmo depois do surgimento da controvérsia. A doutrina denomina de *standing dispute boards* aqueles surgidos desde a celebração do contrato e *dispute boards ad hoc* para aqueles criados apenas depois de surgida a controvérsia e que, geralmente, são extintos logo depois.[18]

– E de que forma eles fazem isso? Ainda não entendi.

---

17. RAVAGNANI, Giovani dos Santos; NAKAMURA, Bruna Laís Sousa Tourinho; LONGA, Daniel Pinheiro. A utilização de *dispute boards* como método adequado de solução de conflitos no Brasil. *Revista de Processo*, v. 300, p. 346.
18. RODRIGUES, Marco Antonio; MELLO, Felipe Varela. Os *dispute boards* na nova Lei de Licitações e Contratos Administrativos. *Revista Conjur*, disponível em: https://www.conjur.com.br/2021-abr-20/rodrigues-varela-dispute-boards-lei-licitacoes, acesso em 30 de abril de 2021.

Pois bem, aqui é onde esses *dispute boards* se diferenciam dos outros meios de resolução de conflitos. Na mediação e na conciliação, o facilitador tenta ajudar as partes a chegarem a uma solução consensual; na arbitragem, o árbitro decide como se juiz fosse, sendo sua decisão vinculante, servindo como título executivo judicial.

No caso dos comitês de resolução de conflitos, existem dois grandes eixos de atuação, que devem ser decididos pelos contratantes: i) pela emissão de opiniões ou recomendações não vinculantes ou ii) pela prolação de decisões "vinculantes". Cada comitê pode emitir apenas recomendações, apenas decisões "vinculantes", ou mesmo se utilizar dos dois instrumentos.

– E de que jeito uma recomendação não vinculante serve para alguma coisa?

Ora, muito simples, basta lembrar que foram os contratantes que decidiram criar esse comitê, que é bastante especializado no tema, ou seja, em tese tem a confiança delas. Assim, uma recomendação de como deve ser resolvido um conflito tem um potencial muito grande de alterar a conduta das partes.

Vale frisar que não há qualquer impedimento à judicialização da controvérsia, mas, pense comigo: quão fácil será revisar essa decisão no Poder Judiciário, tendo por base uma decisão de um comitê super especializado?

– Poxa Ravi, acho que bem baixa. E como funcionam essas decisões vinculantes?

Essas decisões são vinculantes em um sentido mais frágil do que quando falamos de decisões judiciais ou arbitrais. Elas são vinculantes, no sentido de que o seu não cumprimento pode ocasionar a aplicação de alguma penalidade contratual, mas não são executáveis e nem impedem que esse conflito seja levado a arbitragem ou ao Poder Judiciário.[19]

19. RAVAGNANI, Giovani dos Santos; NAKAMURA, Bruna Laís Sousa Tourinho; LONGA, Daniel Pinheiro. A utilização de *dispute boards* como método adequado de solução de conflitos no Brasil... cit., p. 359.

– No fim das contas, elas só são vinculantes se as partes quiserem.

Exato, mas não esqueça que esse comitê tem a confiança das partes, afinal, foi por elas escolhido. Relata a doutrina que aproximadamente 97% das divergências surgidas durante a execução do contrato são resolvidas. Assim, apenas 3% são levadas para a arbitragem ou ao Poder Judiciário![20]

– Caramba, que sensacional. Então esse método é top mesmo. Mas fiquei com uma dúvida, como a Administração Pública faz para escolher quem faz parte desse comitê?

De acordo com o art. 154 da Lei 14.133/2021, "O processo de escolha dos árbitros, dos colegiados arbitrais e dos comitês de resolução de disputas observará **critérios isonômicos, técnicos e transparentes**". Assim, essa escolha não pode ser aleatória, devendo ser devidamente justificada pelo poder público, baseada nos critérios da isonomia, técnica e transparência desse comitê.

– Faz sentido, o poder público não pode sair escolhendo no meio da rua um sujeito aleatório, ainda mais pela importância dos contratos em que serão utilizados esses tais comitês.

Em resumo, esses tais *dispute boards* consistem em método de resolução de conflitos no qual o comitê é escolhido pelas partes e irá acompanhar a execução do contrato, atuando para resolver as divergências, evitando que tudo vá parar no Poder Judiciário. Geralmente são utilizados em contratos de construção e de infraestrutura.

– Mas sem vinculação, não é?

20. RAVAGNANI, Giovani dos Santos; NAKAMURA, Bruna Laís Sousa Tourinho; LONGA, Daniel Pinheiro. A utilização de *dispute boards* como método adequado de solução de conflitos no Brasil... cit., 360.

Sim, sem uma vinculação no sentido forte, de que impeça o questionamento das suas decisões no Poder Judiciário. São emitidas recomendações não obrigatórias ou decisões vinculantes, que apenas o são, na medida em que as partes aceitem esses comandos e não decidam judicializar a questão.

– Ótimo, agora entendi! Achei bem interessante esse novo meio de resolução de conflitos.

Eu também! Estou empolgado com as novas possibilidades e acredito que eles podem ajudar no bom cumprimento dos contratos públicos.

6.4. NEGÓCIOS PROCESSUAIS

No CPC de 2015 tivemos uma grande aposta, que foi o incentivo à realização de negócios processuais entre as partes.

– Ravi, eu já escutei falar muito sobre isso aí, mas nunca entendi direito, parece tão difícil.

É o seguinte: os negócios processuais são fatos jurídicos processuais nos quais as partes, com certas limitações, acordam sobre os efeitos daquele acordo. Em resumo, busca-se alterar o processo para que ele se adeque à vontade das partes.

Pense na possibilidade de as partes alterarem os prazos, acordarem que, naquele processo, o réu arcará com os custos de uma perícia etc.

– Mas isso é uma completa novidade no CPC de 2015?

Não. Os negócios processuais em si não são uma coisa de outro mundo, sempre existiram, podemos lembrar que a convenção sobre alteração de foro e a do ônus da prova já eram previstas no CPC de 1973.

O que mudou mesmo no CPC de 2015 foi a inserção do que se chama de cláusula geral negocial, no art. 190 do CPC, prevendo o seguinte: "Versando o processo sobre direitos que admitam autocomposição, é lícito às partes plenamente capazes estipular mudanças no procedimento para ajustá-lo às especificidades da causa e convencionar sobre os seus ônus, poderes, faculdades e deveres processuais, antes ou durante o processo".

– O que significa essa mudança?

Muita coisa. Como falei antes, existiam alguns negócios expressamente previstos no CPC de 1973, mas você não poderia sair inventando novos negócios não previstos em lei. Foi o art. 190 do CPC de 2015 que trouxe essa permissão genérica, permitindo que as partes utilizem a sua criatividade para criar novos negócios.

Para os nossos propósitos, o desafio é identificar o que isso tem a ver com a Fazenda Pública.

– Ravi, já passamos por tanta negociação do poder público, arbitragem, autocomposição, que acho até estranho não poder ter negócio processual.

Boa linha de raciocínio. Note que o art. 190 do CPC apenas exige, para permitir a celebração de negócios processuais, que o direito admita autocomposição. Como já vimos, esse é o caso do direito da Fazenda Pública: apesar de indisponível, em regra, pode ser objeto de autocomposição e, por consequência, celebrar negócios jurídicos processuais.

O enunciado n. 256 do FPPC ressalta essa possibilidade apontando que "**A Fazenda Pública pode celebrar negócio jurídico processual**". A mesma coisa concluiu o enunciado n. 17 da CJF: "A Fazenda Pública pode celebrar convenção processual, nos termos do art. 190 do CPC".

– Faz sentido. Mas como o poder público tem agido em relação a eles?

O interesse vem crescendo com o tempo, com destaque para a PGFN. A Lei 13.874/2019, inseriu os §§ 12 e 13 no art. 19 da Lei 10.522/2002, que preveem o seguinte:

> § 12. Os órgãos do Poder Judiciário e as unidades da Procuradoria-Geral da Fazenda Nacional poderão, de comum acordo, realizar mutirões para análise do enquadramento de processos ou de recursos nas hipóteses previstas neste artigo e **celebrar negócios processuais** com fundamento no disposto no art. 190 da Lei nº 13.105, de 16 de março de 2015 (Código de Processo Civil). (Incluído pela Lei nº 13.874, de 2019)
>
> § 13. Sem prejuízo do disposto no § 12 deste artigo, **a Procuradoria-Geral da Fazenda Nacional regulamentará a celebração de negócios jurídicos processuais em seu âmbito de atuação**, inclusive na cobrança administrativa ou judicial da dívida ativa da União.

Percebemos que há um nítido incentivo para a realização de negócios processuais com essa alteração legislativa.

– Mas essa lei, em si, não resolve muita coisa.... Teve alguma regulamentação?

Sim. A Portaria n° 360/2018 da PGFN (alterada pela Portaria n° 515/2018) autoriza a celebração, no âmbito da Procuradoria-Geral da Fazenda Nacional, de diversas modalidades específicas de negócio jurídico processual: i) fixação de calendário para a prática de atos processuais; ii) forma e tempo de cumprimento de decisões judiciais; iii) forma e tempo para confecção ou conferência de cálculos; iv) interposição, prazo e desistência de recursos; v) forma de inclusão do crédito fiscal e FGTS em quadro geral de credores, quando for o caso; vi) sobre prazos processuais; vii) sobre ordem de realização de atos, inclusive em relação à produção de provas.

Ainda cito outro exemplo, que é a Portaria n. 742, de 2018, da PGFN, esta focada nos negócios processuais tributários.

– Bastante coisa.

Sim, e nada impede que outros negócios possam ser celebrados, caso não proibidos de forma expressa.

– E quem pode celebrar esses acordos? O próprio procurador?

A prática de atos processuais, que pertence ao advogado público, no exercício de sua *independência funcional*, também lhe permitiria realizar negócios processuais, podendo celebrar suspensão do processo, escolher o meio de impugnação.

O raciocínio parte da noção de que ao procurador compete o poder-dever discricionário de conduzir o processo, sendo uma competência implícita. Além disso, estaria dentro da independência funcional do advogado público, que deve agir também com base na eficiência, a possibilidade de realização de negócios processuais.[21]

Veja que essa é uma regra geral e nada impede que cada ente regule de forma diferente esses poderes. Por exemplo, na portaria n. 360/2018, da PGFN, os negócios processuais por ela autorizados "devem ser previamente autorizados pelo Procurador-Chefe de Defesa da respectiva Procuradoria-Regional e/ou do Procurador-Chefe de Dívida Ativa da respectiva Procuradoria-Regional, conforme o objeto (art. 2º, I).

– Até faz sentido o procurador poder fazer esses negócios, mas esse poder tem limite?

A doutrina tem apontado alguns limites específicos referentes à Fazenda Pública: a) o negócio não pode implicar disposição, ainda que reflexa, do direito material; b) o negócio não pode ser realizado se existente alguma vedação no ente público; c) observância da isonomia.[22]

– Explica isso melhor, por favor, que continuo perdido.

21. BARREIROS, Lorena Miranda Santos. *Convenções processuais e poder público*. Salvador: Juspodivm, 2017, p. 312.
22. BARREIROS, Lorena Miranda Santos. *Convenções processuais e poder público*... cit., p. 313.

Vamos por partes, que nem Jack, o estripador.

– Misericórdia.

A primeira vedação geral seria, por exemplo, o procurador FULERAGEM, fazendo um negócio processual que admitisse a incidência dos efeitos materiais da revelia contra o poder pública. Note que, mesmo de forma reflexa, ele estaria alterando o direito material aplicável.

– Certo, se o procurador não poderia dispor do direito do poder público, não poderia dar um jeitinho por meio do negócio processual.

Exato.

A segunda hipótese seria simples, bastando imaginar que aquele ente público vede a realização de um negócio jurídico específico. Mais uma vez, na portaria n. 360/2018 da PGFN, tem-se a vedação expressa de negócio processual que preveja "penalidade pecuniária" (art. 1º, parágrafo único, II).

– Essa segunda hipótese é mais simples mesmo, mas não entendi o caso da isonomia.

Essa é uma situação interessante. Bem, Lorena Miranda realizar um interessante raciocínio: o poder público deve atuar de forma impessoal e aplicando o princípio da igualdade (art. 37, CF), ok?

– Certo.

Assim, se o poder público celebra um negócio processual para inverter a ordem na execução, cabendo à fazenda realizar os cálculos iniciais, mesmo sendo ré, no processo de Pato Donald, poderia Mickey exigir a mesma coisa no seu processo?

– Nem ideia.

A proposta da professora Lorena é a de que, preenchidos alguns pressupostos sim, pela obrigação de o poder público atuar de forma igualitária em relação a todos os cidadãos.

Assim, uma vez realizado negócio jurídico por advogado público, deveria haver notificação ao órgão geral da procuradoria, de forma a que este decida se: 1) converte a decisão isolada em prática do órgão; 2) veda futuras celebrações; 3) revisa o ato, editando normativo sistêmico sobre o tema.[23]

– Gostei dessa ideia.

De fato, é interessante. O grande desafio dessa tese é o superar a desorganização administrativa de muitos entes e também o da publicidade desses eventuais negócios processuais que sejam tornados obrigatórios.

23. BARREIROS, Lorena Miranda Santos. *Convenções processuais e poder público*... cit., p. 336.

CAPÍTULO 7

A Fazenda Pública no polo passivo

7.1. A CONTESTAÇÃO

Agora veremos o papel da Fazenda Pública no polo passivo do processo e algumas das suas possíveis atuações. O primeiro dos temas a ser analisado é a contestação, que é a principal peça de defesa a ser apresentada no processo.

– Por que ela é a principal peça de defesa?

Simples, porque é na contestação em que o réu tem: i) o ônus de concentrar toda a matéria de defesa (art. 336, CPC), também chamado de regra da eventualidade, sendo vedada, salvo exceções (art. 342, CPC) deduzir novas alegações depois desse momento; ii) ônus da impugnação especificada, ou seja, precisa rebater todas as alegações da petição inicial, que, não sendo satisfeito, gera a presunção de veracidade dos fatos não impugnados (art. 341, CPC); iii) para piorar, se não contestar, será revel (art. 344, CPC).

– Eita, é muita coisa para uma peça só.

Exatamente. Ela é basicamente o equivalente da petição inicial para o réu. Veremos agora essas características e como elas vão se comportando quando o réu é a Fazenda Pública.

Primeiro, a regra da concentração da defesa. O art. 342 do CPC afirma que o réu deve concentrar toda a defesa na contestação, salvo se: i) forem relativas a direito ou a fato superveniente; ii) competir ao juiz conhecer delas de ofício ou iii) por expressa autorização legal puderem ser formuladas em qualquer tempo e grau de jurisdição.

Algumas defesas, como a alegação de incompetência e a alegação de convenção de arbitragem não podem ser conhecidas de ofício (art. 337, §5º, CPC) e, por isso, se não forem alegadas na contestação, vão precluir. Ou seja, o réu não pode alegar depois.

Temos ainda a regra da eventualidade, que decorre da necessária concentração da defesa na contestação.

– E o que significa essa tal de regra da eventualidade?

Significa que, como o réu deve concentrar toda sua defesa na contestação, ele deve, também, apresentar teses de defesa que sejam contraditórias entre si, pois, **na eventualidade de uma delas ser rejeitada, haverá um outro argumento a ser enfrentado**.

– Como assim?

Tem aquele clássico exemplo de uma ação de cobrança: o réu alega que a petição inicial é inepta. Se a petição inicial não é inepta, a dívida está prescrita. Se a dívida não estiver prescrita, o contrato é nulo. Se o contrato não é nulo, já ocorreu o pagamento do valor.

Veja só: esses argumentos são contraditórios e não podem ser acolhidos simultaneamente. Cada um deles gera a extinção do processo. Eles são assim formulados porque impõe-se a concentração da defesa na contestação e a cada argumento que o juiz rechaçar, terá de analisar o próximo.

– Certo. Basicamente eu preciso alegar tudo que for possível, porque o que não alegar agora, não posso alegar depois.

Pois bem, é isso aí. Veja que essa regra não tem nada de particular em relação ao poder público. Ele não pode querer alegar, por exemplo, a incompetência relativa depois da contestação. **Assim, a regra da eventualidade/concentração da defesa se aplica ao poder público.**

Veremos agora a **regra da impugnação especificada dos fatos**. Ela significa que o réu deve impugnar **todos os fatos**, sob pena de ocorrer presunção de veracidade em relação aos fatos não rebatidos na contestação.

– Professor, como assim? Não entendi direito.

Vamos lá, imagine a seguinte situação. Carlos ajuíza uma ação contra Marcos pedindo danos materiais alegando que Marcos bateu no seu carro. Alega que houve culpa porque Marcos ultrapassou o sinal vermelho, estava falando no celular, distraído e bateu na sua traseira, o que geralmente gera a presunção de que foi o culpado pela batida.

Na ação, Marcos precisa impugnar todos esses fatos. Se, por exemplo, ele apenas alega que não estava no celular e que não teve culpa por bater na traseira, haverá presunção de veracidade sobre a alegação de que ele atravessou o sinal vermelho. Por isso é importante ter muito cuidado na elaboração da contestação.

– Entendi. Mas não tem nenhuma exceção? E a Fazenda Pública?

Há exceções. De acordo com o art. 341 do CPC, essa presunção de veracidade não ocorre quando a) não for admissível, a seu respeito, a confissão; b) a petição inicial não estiver acompanhada de instrumento que a lei considerar da substância do ato; c) estiverem em contradição com a defesa, considerada em seu conjunto.

Focaremos aqui na primeira hipótese, que veda a presunção de veracidade quando não for admissível a confissão em relação àquele direito.

– E o que isso tem a ver com a Fazenda Pública?

Veja só, de acordo com o art. 392 do CPC, a confissão é inadmissível quando ocorre sobre "fatos relativos a direitos indisponíveis". Ora, quem tem o direito indisponível? A Fazenda Pública e, por isso, inviável a confissão.[1] **Em razão disso, a regra da impugnação especi-**

1. STJ, 1ª T., AgInt no AREsp 1.171.685/PR, Rel. Min. Gurgel de Faria, j. 02/08/2018, DJe 21/08/2018.

ficada não se aplica a ela por conta da indisponibilidade do seu direito, que impossibilita a confissão dos fatos.[2]

Há ainda quem aponte que essa regra não se aplica a Fazenda Pública por conta da presunção de legitimidade dos atos administrativos, que não poderia ser superada pela presunção de veracidade do art. 341 do CPC.[3]

> – Ah tá, agora entendi a questão da confissão para a Fazenda Pública...

Em resumo, **a regra da eventualidade/concentração da defesa se aplica ao poder público, mas não a regra da impugnação específica dos fatos.**

Agora passaremos para a revelia.

> – Tá, mas faz uma revisão antes, porque eu só lembro da presunção de veracidade dos fatos se o réu não contesta.

Já é um bom primeiro passo. Primeiro, precisamos entender que a revelia é uma omissão, mas uma omissão específica que decorre da não apresentação da contestação. Ela gera dois efeitos principais:

i) efeito processual, que significa que os prazos irão fluir da data de publicação do ato decisório no órgão oficial, dispensada sua intimação (art. 346, CPC), desde que o réu não tenha patrono nos autos e

ii) efeito material, que significa a presunção **relativa** de veracidade das alegações de fato do autor (art. 344).

> – Não lembrava desse efeito processual.

2. TALAMINI, Eduardo. A (in)disponibilidade do interesse público. In: DIDIER JR., Fredie; ALVIM, Teresa Arruda (orgs). *Doutrinas essenciais*: novo processo civil. 2ª d. São Paulo: RT, 2018, v. VI, p. 1.411.
3. CUNHA, Leonardo Carneiro da. *A Fazenda Pública em juízo*. 17 ed. Rio de Janeiro: Forense, 2020, p. 99.

Pois é, muitos esquecem dele. Uma observação importante é a de que ele não necessariamente ocorre, pois só há a dispensa de intimação quando o réu não tem patrono nos autos (art. 346, CPC). Assim, se, por exemplo, o juiz permitiu manifestação sobre pedido de tutela provisória e o réu a apresentou por meio do seu patrono, não incidirá esse efeito processual da revelia, porque ele terá patrono nos autos.

– Certo. Só incide se na hora que ele não contesta, não havia patrono nos autos. E se o patrono aparecer depois o que acontece?

Deixa de ter esse efeito processual da revelia. Inclusive o art. 346, parágrafo único afirma que "O revel poderá intervir no processo em qualquer fase, recebendo-o no estado em que se encontrar". Assim, ele não precisa ser intimado das decisões anteriores, mas será intimado a partir do momento em que intervir no processo.

– E isso pode ocorrer com a fazenda?

Pois bem, afirma a doutrina que sim. Caso a Fazenda Pública não tenha patrono nos autos, poderá sofrer os efeitos processuais da revelia.[4]

Veremos agora o efeito material da revelia, que significa a presunção de veracidade relativa dos fatos alegados pelo autor. Assim, se Paulo ajuíza ação de danos materiais por acidente veicular contra Bruno, porque este seria culpado já que ultrapassou o sinal vermelho e este é revel, o juiz presume que essa alegação é verdadeira.

– E a Fazenda Pública nisso tudo?

Bem, de acordo com o art. 345 do CPC, à revelia **não gera presunção de veracidade** dos fatos alegados pelo autor: a) havendo pluralidade de réus, algum deles contestar a ação; b) **o litígio versar sobre direitos indisponíveis**; c) a petição inicial não estiver acompanhada de instrumento que a lei considere indispensável à prova do ato; d)

4. CUNHA, Leonardo Carneiro da. *A Fazenda Pública em juízo*... cit., p. 96.

as alegações de fato formuladas pelo autor forem inverossímeis ou estiverem em contradição com prova constante dos autos.

– Professor, lembro que não tem aquela presunção de veracidade pelos fatos não contestados contra a Fazenda Pública porque o direito dela é indisponível. Tem alguma relação com a revelia, já que ela também não ocorre quando tem direito indisponível?

Perfeito. O STJ tem muitas decisões afirmando que "**não incidem os efeitos da revelia em face da Fazenda Pública, visto que seus bens e direitos são considerados indisponíveis**".[5] Portanto, os efeitos materiais da revelia não ocorrem quando a Fazenda Pública é ré porque o direito dela é indisponível, nos termos do art. 345, II, do CPC.

Ainda há quem aponte outro fundamento para não ocorrer o efeito material da revelia, que é a presunção de legitimidade dos atos do poder público. Assim, apesar da ausência de contestação, ainda caberia ao autor comprovar os fatos alegados.[6]

– E isso é sem exceção professor?

Claro que não. No direito sempre tem alguma exceção. Uma bastante importante e consolidada existe no processo do trabalho, pois, de acordo com a OJ n. 152 do TST, "Pessoa jurídica de direito público sujeita-se à revelia prevista no artigo 844 da CLT".

– E porque isso?

Do que se pode compreender essa posição existe porque entende o Poder Judiciário trabalhista que regra própria acerca das prerrogativas do poder público no Decreto-Lei n. 779/1969, que não afasta a revelia. Além disso, como o poder público, quando contrata de acordo com as normas da CLT, deixa de atuar com poder de império e atua

5. STJ, 1ª Seção, AR 5.407/DF, Rel. Min. Napoleão Nunes Maia Filho, j. 10/04/2019, DJe 15/05/2019. Também assim: STJ, 1ª T., EDcl no AgRg no REsp 1.196.915/RJ, Rel. Min. Napoleão Nunes Maia Filho, j. 26/08/2019, DJe 28/08/2019.

6. CUNHA, Leonardo Carneiro da. *A Fazenda Pública em juízo*... cit., p. 97.

como um empregador comum, sujeita-se às regras da CLT (art. 844). Por fim, como seria interesse patrimonial, o interesse público seria secundário, incidindo à revelia.[7]

– Tá, ok. Mas, e fora do processo do trabalho?

Pois bem. Há um precedente conhecido do STJ, o recurso especial 1.084.745/MG que reconheceu a possibilidade da aplicação dos efeitos materiais da revelia nas ações contra o poder público "sempre que não estiver em litígio contrato genuinamente administrativo, mas sim uma obrigação de direito privado firmada pela Administração Pública".[8]

Na situação específica, uma empresa tinha ajuizado ação de cobrança contra um município, cujo objeto era a locação de produtos da marca "xerox". Alegou que não ocorreu o pagamento das parcelas contratuais e, por isso, retomou os produtos e cobrou os valores devidos. O município foi revel e o STJ considerou tratar-se de um contrato particular, de direito privado e que, por isso, não haveria indisponibilidade do direito, nem relação de supremacia do poder público, atuando ele como um particular.

Além disso, apontou que o interesse em não pagar uma dívida não seria interesse público primário, mas apenas secundário.

De toda forma, importante destacar que **esse é um precedente isolado**. Não se conhece precedentes mais recentes que tenham se utilizado desse mesmo raciocínio para permitir à revelia nas ações contra a Fazenda Pública.

– Entendi. O raciocínio no processo do trabalho é bem parecido com o raciocínio dessa decisão.

7. MIESSA, Élisson; CORREIRA, Henrique. *Súmulas e OJs do TST comentadas e organizadas por assunto.* 8ª ed. Salvador: Juspodivm, 2018, p. 1608. Nesse sentido, embora não focado apenas no processo do trabalho, mas em causas patrimoniais em geral: ASSIS, Araken de. *Processo civil brasileiro.* 2ª ed. São Paulo: RT, 2016, v. I, p. 1001.

8. STJ, 4ª T., REsp 1.084.745/MG, Rel. Min. Luis Felipe Salomão, j. 06/11/2012, DJe 30/11/2012.

É verdade, parabéns pela percepção. Mas lembre-se que essa é uma situação excepcional a aplicação da presunção material da revelia contra o poder público.

7.2. A DESISTÊNCIA NOS CASOS QUE ENVOLVEM A UNIÃO E AS EMPRESAS PÚBLICAS FEDERAIS

Agora veremos uma questão particular no que se refere à desistência da ação contra o **poder público federal**. Em uma ação comum, a desistência da ação só pode ser apresentada até a sentença (art. 485, §5º, CPC) e, depois do oferecimento da contestação, só pode ocorrer se o réu consentir (art. 485, §4º, CPC). De forma resumida, o réu, até a contestação pode desistir independentemente do réu, depois da contestação, depende do réu e isso até a sentença.

– Mas basta o réu dizer: não concordo e ponto final?

Também não é assim. Tanto a doutrina[9] quanto a jurisprudência[10] entendem que a recusa deve ser motivada, sob pena de configurar abuso de direito. O réu pode, por exemplo, alegar que tem direito ao julgamento de mérito, não concordando com a extinção sem julgamento do mérito.[11] Lembre-se que o autor que desiste pode simplesmente ajuizar de novo a ação e o réu pode querer ter julgamento de mérito, com coisa julgada, que impediria nova ação.

– E como fica com o poder público?

Na verdade, **o poder público em geral segue a mesma regra**.

O que altera é **quando envolver os representantes da União e das empresas públicas federais** (art. 1º, da Lei 9.469/1997), caso em que só será possível concordar com o pedido de desistência da ação,

9. DIDIER JR., Fredie. *Curso de direito processual*. 20. Ed. Salvador: Juspodivm, 2018, v. 1, p. 831.
10. STJ, 1ª T., REsp 1.184.935/MG, Rel. Min. Luiz Fux, j. 28/09/2010, DJe 17/11/2010.
11. STJ, 3ª T., REsp 1.519.589/DF, Rel. Min. Nancy Andrighi, j. 10/04/2018, DJe 13/04/2018, info. n. 500.

"nas causas de quaisquer valores desde que o **autor renuncie expressamente ao direito sobre que se funda a ação**".

– Então essa não é uma autorização para toda a Fazenda Pública?

Não, é uma situação bem particular, porque só abrange a União, não permitindo essa alegação nem pelas autarquias federais e fundações públicas, muito menos aos Estados, Distrito Federal e Município. E curiosamente, ao mesmo tempo abrange as empresas públicas federais, que nem fazem parte da Fazenda Pública.

– Ok. Então só a União e as empresas públicas federais têm esse superpoder de recusar a desistência do autor simplesmente porque ele não renuncia ao direito?

Sim, inclusive, o STJ chancelou a legitimidade da escolha legal, afirmando que "A existência dessa imposição legal, por si só, é justificativa suficiente para o posicionamento do recorrente de concordância condicional com o pedido de desistência da parte adversária, obstando a sua homologação", no recurso especial repetitivo 1.267.995 (tema 524).[12]

Por fim, há uma exceção a essa exceção ao sistema no art. 3º, parágrafo único, da Lei 9.469/1997.

– Eita, lá vem...

A exigência da renúncia ao direito para concordância com a desistência **não se aplica** quando "a desistência de que trata este artigo decorrer de prévio requerimento do autor dirigido à administração pública federal para apreciação de pedido administrativo com o mesmo objeto da ação". Em outros termos, se o autor requereu a resolução administrativamente, o poder público não pode dizer simplesmente: só concordo com a desistência se você renunciar. Trata-se de uma forma de estímulo à resolução extrajudicial de conflitos.

12. STJ, 1ª Seção, REsp 1.267.995/PB, Rel. Min. Mauro Campbell Marques, j. 27/06/2012, DJe 03/08/2012.

7.3. DENUNCIAÇÃO DA LIDE

Veremos agora a denunciação da lide e sua possibilidade de utilização pela Fazenda Pública nas ações indenizatórias. Vamos só relembrar rapidamente como funciona essa intervenção de terceiro.

– Ainda bem, porque dela eu só lembrava o nome e olhe lá.

De forma bem resumida, ela envolve um direito de regresso, ou seja, o denunciante diz: eu posso até ser condenado, mas um terceiro vai ter de me ressarcir. Trata-se de uma autorização para o exercício de uma demanda incidente, regressiva, eventual e antecipada.

– Professor, vai com calma, não precisa ir na velocidade da luz falando desse assunto.

Claro, claro. Vamos usar um exemplo. Luísa ajuíza uma ação contra Tamyres, alegando que ela bateu em seu veículo. Só que Tamyres possui um seguro veicular que permite o ressarcimento dos valores gastos nesse tipo de acidente.

Ao ser citada, Tamyres pode, ao invés de só se defender, requerer a denunciação da lide da seguradora, para diminuir o prejuízo, caso venha a perder a ação. Vamos entender as características:

a) ela é uma demanda porque o juiz precisa analisar, de toda forma, se existe essa responsabilidade da seguradora;

b) incidente porque vai ser dentro do processo iniciado por Paula;

c) eventual porque o juiz só precisa analisar se Tamyres perder. Ora, se ela ganhar, não tem direito de regresso a ser analisado; e

d) antecipada porque essa ação poderá ser ajuizada depois desse processo.

Mas se permite que seja ajuizada desde logo por economia processual.

– E se a Tamyres não requerer a intervenção de terceiro? Não entendi direito se é obrigatória ou não.

Embora houvesse essa polêmica no CPC de 1973,[13] o CPC de 2015 é bem claro, pois ele afirma que "O direito regressivo será exercido por ação autônoma quando a denunciação da lide for indeferida, deixar de ser promovida ou não for permitida", portanto, a parte usa a denunciação da lide se quiser. Se não quiser ou não puder, pode ajuizar essa ação regressiva depois.

– Tudo bem, então é como uma ação que você usar para diminuir o seu prejuízo se vier a perder a ação. E em que casos pode ser utilizada?

Para o que interessa em nossa situação, a denunciação da lide é admitida "àquele que estiver obrigado, **por lei** ou pelo contrato, **a indenizar**, em ação regressiva, o prejuízo de quem for vencido no processo" (art. 125, II, CPC).

– Como assim ao que nos interessa? O que isso tem a ver com a Fazenda Pública?

Simples, vejamos o art. 37, §6º, da CFRB: "As pessoas jurídicas de direito público e as de direito privado prestadoras de serviços públicos responderão pelos danos que seus agentes, nessa qualidade, causarem a terceiros, **assegurado o direito de regresso contra o responsável nos casos de dolo ou culpa**".

A Administração Pública responde objetivamente pelos danos causados por seus agentes, mas a ela é assegurado o direito de regresso contra o causador do dano, no caso de culpa ou dolo.

Apenas uma observação aqui: o particular, na verdade, só pode ajuizar a ação contra a Administração Pública, não podendo inserir o agente e o ente público em litisconsórcio passivo. **Segundo entendimento do STF, o agente só responde em relação ao próprio poder público, não podendo ser responsabilizado pelo particular**, no que se

13. Sobre o tema: PEIXOTO, Ravi; MACEDO, Lucas Buril de. A denunciação da lide como remédio jurídico processual: uma contribuição à luz da doutrina de Pontes de Miranda. In: DIDIER JR., Fredie; GOUVEIA, Roberto; NOGUEIRA, Pedro Henrique Pedrosa. (Orgs.). *Pontes de Miranda e o direito processual*. Salvador: Juspodivm, 2013.

convencionou por denominar dupla garantia, pois o particular pode demandar contra o poder público e o servidor não pode ser responsabilizado diretamente pelo particular, mas apenas pelo próprio ente público, civil ou administrativamente.[14]

– Ah, entendi. A Administração Pública poderia fazer uma denunciação da lide do servidor.

Exato. **Seria baseada na obrigação por lei, na verdade constituição, do direito de regresso.** Como visto, o servidor só poderia aparecer no processo dessa forma, tendo em vista que o STF impede que ele seja inserido no polo passivo junto com o ente público.

No entanto, a questão não é assim tão simples.

– Mas a lei é clara, não é? A administração tem esse direito de regresso.

A questão é que o STJ tem o entendimento de que a denunciação da lide não seria admitida caso houvesse a necessidade de discutir **fato ou fundamento novo**, que iria violar a duração razoável do processo, por aumentar o objeto litigioso originário.[15] Como o objetivo da denunciação da lide é justamente a economia processual, admiti-la em tais situações seria ir em contrário ao seu próprio objetivo.[16]

Seguindo esse raciocínio, em vários julgados, o STJ nega a denunciação da lide dos servidores porque violaria a economia processual.[17]

– E por que isso acontece nos processos que envolvem a Fazenda Pública?

14. STF, Tribunal Pleno, RE 1.027.633, Rel. Marco Aurélio, j. 14/08/2019, DJe 06/12/2019.
15. STJ, 4ª T., AgInt no AREsp 638.650/SP, Rel. Min. Lázaro Guimarães (Desembargador convocado do TRF 5ª Região, j. 24/10/2017, DJe 31/10/2017.
16. STJ, 3ª T., REsp 1.164.229/RJ, Rel. Min. Sidnei Beneti, j. 09/02/2010, DJe 01/09/2010.
17. STJ, 1ª T., AgInt no REsp 1.514.462/SP, Rel. Min. Napoleão Nunes Maia Filho, j. 28/11/2017, DJe 06/12/2017.

Veja, esse entendimento do STJ aparece nas situações em que é ajuizada ação contra o ente público com base na responsabilidade civil objetiva, só que a ação regressiva do poder público é baseada em **culpa ou dolo**.

Portanto, ao menos em tese, agrega-se um elemento novo, que é a discussão da culpa ou dolo, que levaria à exigência de nova instrução, prolongando o feito e violando a duração razoável do processo. Por tal motivo, **o STJ tende a recusar a possibilidade da denunciação da lide pelo poder público.**[18]

Podemos, no entanto, problematizar esse posicionamento do STJ. Isso porque, em algumas hipóteses, a própria responsabilidade do poder público é fundada em atuação culposa.

– Sério professor? Em que casos?

Pois bem, em geral, entende-se que, quando a responsabilidade civil é fundada em **ato omissivo**, a responsabilidade estatal é subjetiva, exigindo dolo ou culpa, em uma de suas três vertentes, quais seja, a negligência, imperícia ou imprudência. De toda forma, destaca o STF que mesmo nesse caso, não é necessário "individualizá-la, dado que pode ser atribuída ao serviço público, de forma genérica, a falta do serviço".[19]

– Bom, não entendi o que isso tem a ver com denunciação da lide.

Veja só: em tese, se a responsabilidade é omissiva, precisa discutir culpa ou dolo. Logo, não haveria elemento novo a ser agregado, portanto, seria cabível a denunciação da lide.

– Certo.

18. STJ, 1ª T., AgInt no AREsp 1.071.054/PI, Rel. Min. Napoleão Nunes Maia Filho, j. 22/08/2017, DJe 31/08/2017.
19. STF, 2ª T, RE 369.820, rel. min. Carlos Velloso, j. 04/11/2003, DJ 27/02/2004; STF, 2ª T, RE 602.223 AgR, rel. min. Eros Grau, j. 09/02/2010, DJE 12/03/2010.

No entanto, como se infere da posição do STF, **não há necessidade de individualização da conduta em um agente**. Se há omissão no atendimento de alguém no hospital e isso causa dano ao cidadão, ele não precisa indicar que esse ou aquele servidor não quis lhe atender. Basta ele dizer que houve falha no serviço.

Mesmo assim, de qualquer forma, haveria necessidade de agregação de elemento ou fato novo, o que faria com que se justificasse a aplicação do entendimento do STJ vedando a denunciação da lide mesmo no caso da responsabilidade subjetiva.

– Aah tá, agora entendi o caminho. Não pode porque, de qualquer forma, haveria necessidade de discutir um fundamento novo, que seria a culpa ou dolo específico do servidor. Mas eu pensei em outra possibilidade aqui. E se na ação o cidadão alegar que houve erro médico e ele próprio individualizar a conduta e afirmar que o médico X agiu com dolo e amputou a perna errada?

Esse é um interessante raciocínio. Na doutrina, o professor Leonardo Carneiro da Cunha admite a denunciação da lide nessa hipótese, afinal, foi o próprio autor que resolve discutir a culpa ou dolo do agente público e a denunciação da lide não trará nenhum elemento novo que viole a duração razoável do processo.[20]

De toda forma, destaco que desconheço julgados que tenham analisado o cabimento da denunciação da lide pelo poder público nessas hipóteses.

20. CUNHA, Leonardo Carneiro da. *A Fazenda Pública em juízo*... cit., p. 184.

CAPÍTULO 8

Tutela provisória e a Fazenda Pública

8.1. NOÇÕES GERAIS SOBRE A TUTELA PROVISÓRIA

Agora vamos estudar um tema com diversas polêmicas, que é o regime das tutelas provisórias contra o poder público. Primeiro, vamos relembrar o que é essa tal de tutela provisória. Você poderia me ajudar?

– Professor, tutela provisória é aquela que não é definitiva.

Eu não tenho como dizer que essa definição está errada, mas ao mesmo tempo ela não diz muita coisa... Vamos com calma que iremos relembrar para chegar no tema da Fazenda Pública.

Pois bem, no procedimento comum, você terá todas as garantias processuais, como o contraditório, a ampla defesa e a produção de provas para chegar lá no final, que é a sentença certo?

– Certo.

A sentença é proferida com o que chamamos de cognição **exauriente**. Isso porque ela preserva o direito ao contraditório em sua plenitude e, assim, tem aptidão para a formação da coisa julgada. Mas há um problema.

– Qual?

Me diga do que mais se reclama dos processos.

– Que demora demais. Um processo demora anos para ser julgado.

Exatamente. Percebeu-se com o tempo que esperar a sentença não conseguia resolver bem todos os casos, porque muitas vezes não fazia sentido obrigar o autor a esperar sei lá quantos anos para ter seu direito reconhecido.

Ora, basta imaginar essas ações de fornecimento de medicamento. É possível dizer que uma pessoa teve o seu acesso à justiça garantido se ela tiver de esperar a sentença para receber o medicamento?

– Professor, às vezes ela nem ia esperar. Ia morrer mesmo.

Pois é. Então se percebeu que era necessário desenvolver novas técnicas de se prestar a jurisdição, disponibilizando técnicas de cognição **sumária** para que as partes possam ter a fruição do seu direito de forma mais rápida.

Como bem destaca Marinoni, a fundamentação constitucional das tutelas provisórias está na necessidade de prestar a tutela adequada às situações jurídicas específicas, tratando-se – no atual estágio cultural definidor do direito processual – de um aspecto inafastável dos princípios do acesso à justiça e da efetividade do processo.[1]

– Cognição sumária?

Sim. Se diz cognição sumária aqueles casos em que o juiz profere uma decisão sem ter o contraditório plenamente desenvolvido. Basta pensar nos casos de decisão *inaudita altera parte.*

– Professor, latim? Eu não tive aula disso!

1. MARINONI, Luiz Guilherme. *Antecipação da tutela*, 11ª ed. São Paulo: RT, 2009, p. 132-133.

Essa expressão caracteriza a decisão proferida liminarmente, ou seja, antes da citação do réu, em que o juiz decide sem ter oportunizado o contraditório. Veja que essa decisão é naturalmente mais insegura.

– Verdade. O réu não pôde nem falar nada.

Exato, e por isso que essas decisões com cognição sumária nem são aptas à formação da coisa julgada e exigem apenas uma probabilidade do direito.

Elas se contrapõem às decisões proferidas com cognição exauriente, que ocorrem ao final do procedimento, depois de garantido o desenvolvimento do contraditório, com produção de provas. Essas decisões são acobertadas pela coisa julgada e, no geral, entende-se que exigem uma maior certeza do direito.[2]

– E o que isso significa em termos práticos?

Bem, uma questão que se verifica nas tutelas provisórias é a de que são decisões mais instáveis. O juiz pode conceder uma tutela provisória ao autor no começo do processo, mas, com o desenrolar do contraditório, verificar que a decisão não estava correta e reforma-la de imediato ou na sentença. Veja, então, que a decisão ela pode ser alterada a qualquer momento, diferentemente do que ocorre no caso da cognição exauriente, em que a decisão tem aptidão para a coisa julgada, salvo interposição de recurso.

– Mas então a tutela provisória é muito instável professor.

Sim, mas, de toda forma, as tutelas provisórias são instrumentos absurdamente importantes para que o judiciário possa prestar uma boa jurisdição. Em muitos casos é mais importante já garantir

2. Trabalho essa diferenciação com as devidas referências doutrinárias em outro texto: PEIXOTO, Ravi. Standards *probatórios no direito processual brasileiro*. Salvador: Juspodivm, 2021, p. 294-296.

um direito com certa insegurança do que esperar anos para conseguir uma decisão com potencial de definitividade.

O problema é: a tutela provisória, que iremos estudar, é um gênero, com vários subgêneros, então entender a noção de cognição sumária é só o primeiro passo, como se vê do seguinte fluxograma:

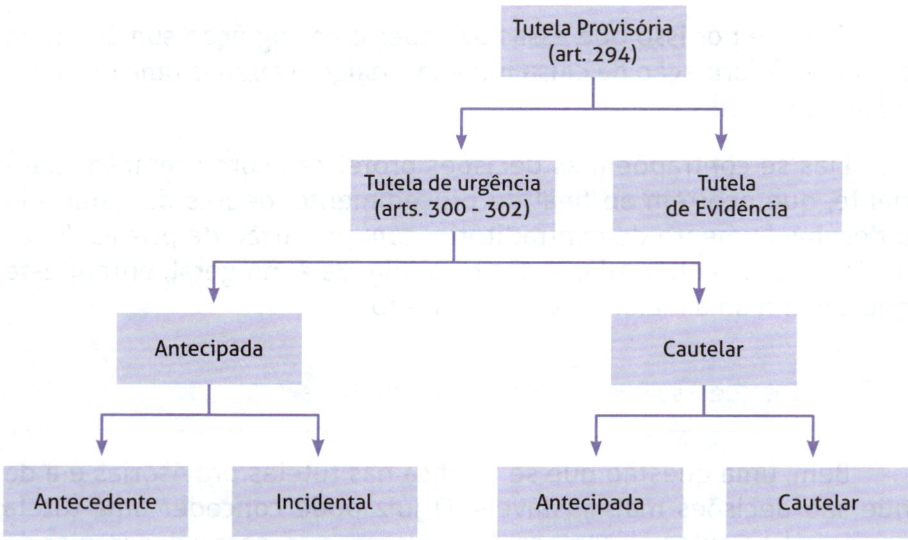

– Professor, é muito nome. Não podemos estudar precatórios, que é mais fácil?

Calma, não é o fim do mundo. Você vai ver que quase não tem nada de muito complicado. Vamos fazer uma análise panorâmica até para você entender o que é ou não é possível diante da Fazenda Pública.

– Tô calmo...

Não parece. Mas vamos lá. Temos o gênero tutela provisória, que pode ser dividido em dois outros subgêneros: i) tutela de urgência e ii) tutela de evidência.

Primeiro, é bom que possamos entender que a tutela de urgência se divide em tutela antecipada e a tutela cautelar, que possuem objetivos semelhantes, que, como se pode imaginar, é a urgência.

As duas exigem igualmente a probabilidade do direito e, de forma genérica, a presença do perigo da demora.

– Perigo da demora?

Em latim fica *periculum in mora*.

– Professor, não ajudou.

Foi mal, é só para você aprender como fica em latim e poder citar na segunda fase do seu concurso. Mas veja: a ideia é a de que o fundamento genérico de ambas é o de que não se pode esperar, naquela situação, a decisão final, devendo ser prolatada uma decisão de forma antecipada.

– E como se pode diferenciar as duas?

A diferenciação entre as duas passa a ser realizada a partir do *periculum in mora*. Enquanto na tutela antecipatória ele tem por base o **perigo de dano**, na tutela cautelar, o *periculum in mora* é representado pelo **risco ao resultado útil do processo**.

– Professor, pode explicar melhor esses dois conceitos?

Na tutela antecipada, o risco está relacionado com a possibilidade de que a demora natural do processo possa representar a inutilidade do provimento final. Por exemplo, a parte que requer o fornecimento de medicamentos pelo poder público, mas pede que sejam fornecidos imediatamente, sob pena de risco de morte do autor caso seja necessário esperar a prolação da sentença.

Por outro lado, na tutela cautelar, o risco está relacionado com a possibilidade de a tutela final tornar-se infrutífera a eventual posterior execução. Em uma ação de cobrança, a parte tem o conhecimento de que o réu está se desfazendo de seus bens e requer que sejam arrestados bens suficientes para que a execução posterior possa ter sucesso.

Há um outro exemplo, mas precisarei de alguma liberdade para usar um caso mais simples certo?

– Ok.

Os professores Fredie Didier, Paula Sarno Braga e Rafael Oliveira usam um bom exemplo. Imagine uma disputa que envolve um pedaço de carne.

O perigo de dano seria: eu, autor, estou com fome. Preciso de um adiantamento da tutela final, do contrário, vou passar fome.

A tutela cautelar e o **risco ao resultado útil do processo** seria requerer ao juiz que pegasse a carne, a tirasse do réu e a colocasse na geladeira, para que ela não estrague. Afinal, se fosse esperar o fim do processo, não ia adiantar mais nada, porque a carne iria estragar...

– Esse exemplo é bom. Agora entendi melhor.

Nos dois casos, tutela cautelar e tutela antecipada, podem ser requeridas, cada uma de duas formas: incidentalmente ou de forma autônoma.

– Como assim?

Em um caso concreto, de uma ação contra o poder público, a parte pode requerer, a título de tutela antecipada, a realização de um procedimento cirúrgico, e, a título de pedido final, a confirmação desse pedido de tutela antecipada, bem como a condenação de danos morais. Note que esse pedido de tutela antecipada foi feito dentro de um processo que vai terminar com sentença ok?

– Certo.

No entanto, esse pedido também pode ser autônomo, ou seja, vai ser um processo cujo único pedido é o pedido de tutela antecipada de urgência ou de tutela cautelar. Importante destacar que cada uma tem seu próprio procedimento.

– Tudo bem.

Essa é, em termos gerais, a caracterização das tutelas de urgência. Temos ainda, no CPC, a tutela de evidência, no art. 311 do CPC, que também é proferida em cognição sumária.[3]

– E como diferenciar da tutela de urgência?

É que a tutela de evidência *independe da demonstração de perigo de dano ou de risco ao resultado útil do processo*. Trata-se aqui da sua principal característica. Há uma compensação, pela exigência de uma maior probabilidade do direito alegado em detrimento da desnecessidade de uma situação de urgência.

É uma forma de distribuir os ônus decorrentes do natural tempo do processo,[4] pois seria inadequado impor a alguém com um direito evidente que tivesse de esperar até a concessão da tutela definitiva para usufruir do direito material pleiteado. Não se pode simplesmente ignorar a situação fática que ocorre no processo brasileiro, em que é comum que um processo demore anos para que tenha a sentença.

– Então só tem probabilidade do direito?

Exatamente. A urgência é desnecessária. O CPC inseriu hipóteses taxativas de concessão de tutela de evidência no art. 311 em que se imaginou que haveria uma maior probabilidade que justificaria a concessão de uma tutela antecipada pela simples probabilidade do direito.

3. MARINONI, Luiz Guilherme. *Tutela de urgência e tutela da evidência*. São Paulo: RT, 2017, p. 332.
4. BODART, Bruno V. da Rós. *Tutela de evidência*. 2ª ed. São Paulo: RT, 2015, p. 111.

– Como assim hipóteses taxativas?

É que, ao contrário das tutelas de urgência, em que basta alegar probabilidade do direito e a urgência, aqui o requerente só pode alegar uma das hipóteses do art. 311 do CPC, ou seja: i) houver abuso do direito de defesa ou o manifesto propósito protelatório da parte; ii) as alegações de fato puderem ser comprovadas apenas documentalmente e houver tese firmada em julgamento de casos repetitivos ou em súmula vinculante; iii) pedido reipersecutório fundado em prova documental adequada do contrato de depósito; iv) petição inicial for instruída com prova documental suficiente dos fatos constitutivos do direito do autor, a que o réu não oponha prova capaz de gerar dúvida razoável.

– Mas e se meu processo tiver um direito mega plus evidente com prova pericial não pode?

Não. Só se ele se encaixar em uma das hipóteses do art. 311...

– Que triste. Também posso pedir de forma autônoma e incidental, como nas tutelas de urgência?

Nesse caso não. Só há previsão para a formulação desse pedido de forma incidental. Essas são, em termos bem gerais, as principais características das tutelas provisórias. Agora vamos começar a analisar a relação de cada uma delas com o poder público.

8.2. TUTELAS PROVISÓRIAS E A FAZENDA PÚBLICA

A tutela de urgência, seja ela cautelar ou antecipada, pode ser formulada contra o poder público. No entanto, existem algumas situações em que a lei simplesmente veda a concessão das tutelas de urgência, que é o que vamos analisar a partir de agora.

– E tem casos que simplesmente não pode ter tutela de urgência contra o poder público?

Tem. E como. Pode continuar sentado que serão inúmeros casos.

O primeiro grupo de vedações à concessão de tutelas antecipadas está no art. 7º, §2º, da Lei do Mandado de Segurança, em conjunto com o art. 1º, §5º, da Lei 8.437/1992, que a impede nos casos de:

i) compensação de créditos tributários, caso em que consolida o que já era previsto pela súmula n. 121 do STJ e de créditos previdenciários;

ii) entrega de mercadorias e bens provenientes do exterior;

iii) a reclassificação ou equiparação de servidores públicos;

iv) concessão de aumento ou extensão de vantagens ou pagamento de qualquer natureza.

– É muita vedação!

Sim, é verdade. O fundamento de tais vedações é a dificuldade de reaver tais valores em caso de alteração da decisão na tutela provisória. Basta pensar que a entrega de uma mercadoria por meio de liminar seria mais difícil de reaver caso, anos depois, a sentença reformasse a tutela provisória, ainda mais se pensarmos que pode ser um produto com potencial de causar dano aos consumidores, por exemplo.

– Entendi, ainda assim me parece estranho.

Em alguns casos realmente parece uma simples proteção de um interesse público de proteger o dinheiro público. Não há muita fundamentação para além disso.

Ainda dentro desse grupo, existe uma outra vedação que é a de que "Não será cabível medida liminar que esgote, no todo ou em qualquer parte, o objeto da ação" (art. 1º, §3º, da Lei 8.437/1992).

– E que caso seria esse?

Basta pensar na hipótese do autor que requer, a título de tutela provisória a realização de um procedimento cirúrgico e, ao final, apenas repete esse pedido. Veja que a satisfação da liminar esgota totalmente o objeto da ação.

– Mas essa situação é muito injusta! Vai limitar muito a tutela provisória contra o poder público.

Sim, verdade. Mas me parece que esse artigo, mais especificamente, serve mais como uma espécie de ponderação a ser feita pelo juiz.

– Ponderação de que?

Ele, em regra, deve indeferir tais pedidos de tutela provisória pela vedação legal, mas nada impede a realização do controle de constitucionalidade incidental, sob a afirmativa da violação ao direito constitucional a uma tutela efetiva.[5] Se assim não fosse, praticamente estaria vedada a concessão de tutela antecipada contra o poder público.

– É, tem que dar um jeito as vezes, senão praticamente não ia nem ter essas ações de saúde.

É verdade. Ainda nesse grupo de vedações à tutela antecipada, faço menção a uma última situação que é a vedação "no juízo de primeiro grau, medida cautelar inominada ou a sua liminar, **quando impugnado ato de autoridade sujeita, na via de mandado de segurança, à competência originária de tribunal**" (art. 1º, §1º, Lei 8.437/1992).

– Professor, que artigo complicado.

5. De forma semelhante: BUENO, Cassio Scarpinella. Tutela provisória contra o poder público no CPC de 2015. In: BUENO, Cassio Scarpinella *et al.* (coord.). *Tutela provisória no CPC*: dos 20 anos de vigência do art. 273 do CPC/1973 ao CPC/2015. São Paulo: Saraiva, 2018, versão digital, item 2.

Nesse caso, você deve, primeiro, lembrar que o mandado de segurança é: i) um procedimento opcional, porque a parte também pode ajuizar ação ordinária e ii) por vezes ele é de competência originária de tribunal.

Pois bem, o artigo quer dizer que, sendo ajuizada ação ordinária, deve ser questionado: se fosse impetrado mandado de segurança para a mesma situação, ele seria de competência do tribunal? Se a resposta for sim, não pode ser concedida a tutela provisória, independentemente do tema.

– Por exemplo?

Imagine a impugnação do ato de um Ministro de Estado, que consiste na demissão de um servidor, cujo pedido de tutela antecipada é a reintegração do servidor, face suposta ilegalidade no procedimento. Pode ter tutela provisória?

– Professor, não sei.

Veja. Se esse processo fosse um mandado de segurança, qual seria a competência?

– Seria do STJ.

Exato (art. 105, I, *b*, CF). Ou seja, esse procedimento comum foi ajuizado no primeiro grau, mas, se fosse mandado de segurança, seria de competência de tribunal e, por isso, vedada a concessão da tutela provisória.

Agora perceba uma situação curiosa: essa mesma matéria, se fosse ajuizado mandado de segurança, não teria qualquer vedação legal.

– Eita professor, essa situação é interessante.

Há, no entanto, uma exceção a essa proibição. É que ela **não** se aplica "aos processos de **ação popular** e de **ação civil pública**" (art. 1º,

§2º, da Lei 8.437/1992). Ou seja, no geral, é uma vedação que serve apenas para os processos individuais.

– Pelo menos isso...

No entanto, ainda assim, há outra limitação à concessão de tutela provisória contra o poder público em algumas ações coletivas.

– Obviamente não ia ser tão fácil assim...

Mas é uma limitação humilde. De acordo com o art. 2º, da Lei 8.437/1992, "No **mandado de segurança coletivo** e na **ação civil pública**, a liminar será concedida, quando cabível, após a audiência do representante judicial da pessoa jurídica de direito público, que **deverá se pronunciar no prazo de setenta e duas horas**". Assim, é apenas uma exigência de prévio contraditório.

– Menos mal. Não é uma limitação de nenhuma matéria.

É importante fazer aqui uma menção ao fato de que, embora sempre fique claro nessas leis que essas vedações se aplicam às tutelas provisórias, o CPC deixou isso bem explícito, ao afirmar, no art. 1.059 do CPC, que "À tutela provisória requerida contra a Fazenda Pública aplica-se o disposto nos arts. 1º a 4º da Lei nº 8.437, de 30 de junho de 1992, e no art. 7º, § 2º, da Lei nº 12.016, de 7 de agosto de 2009".

Essa previsão basicamente repete algo que já afirmava o art. 1º, da Lei 9.494/1997, segundo o qual as vedações a concessão de liminares contra o poder público se aplicavam à tutela antecipada regulada pelo CPC de 1973.

– Certo. Mas ela se aplica a todas as tutelas provisórias?

Bem, quanto às tutelas provisórias de urgência, não há qualquer dificuldade. Mas surgiu na doutrina uma discussão em relação às tutelas de evidência.

8.3. TUTELA DA EVIDÊNCIA E A FAZENDA PÚBLICA

Alguns afirmam que as hipóteses de vedação à concessão de tutela provisória contra o poder público na legislação extravagante referem-se apenas à urgência e, por isso, não alcançaria a tutela de evidência. Além disso, a evidência necessária para essa tutela deixaria clara a baixa probabilidade de reversão da medida, fortalecendo seu cabimento.

Em outros termos o art. 1.059 do CPC não veda a concessão de tutela de evidência contra o poder público nas hipóteses em que seria vedada a concessão de tutela de urgência.[6] É também essa a conclusão do enunciado n. 35 do FPPC, segundo o qual, "As vedações à concessão de tutela provisória contra a fazenda pública limitam-se às tutelas de urgências".

Leonardo Carneiro da Cunha[7], por outro lado, entende que as vedações à tutela provisória só se aplicam à hipótese do art. 311, IV, do CPC, em que a tutela de evidência é concedida quando "a petição inicial for instruída com prova documental suficiente dos fatos constitutivos do direito do autor, a que o réu não oponha prova capaz de gerar dúvida razoável". Isso porque, para ele, essa hipótese seria assemelhada ao mandado de segurança, hipótese na qual incidem as vedações à concessão da tutela provisória.

Nos demais casos, seria possível a concessão da tutela da evidência, em especial, naquela baseada em precedente obrigatório, pois, nessa situação não se aplicam as vedações à concessão da tutela antecipatória contra o poder público.

Por fim, tem-se o enunciado n. 14 do FNPP, segundo o qual "Não é cabível concessão de tutela provisória de evidência contra a Fazenda Pública nas hipóteses mencionadas no art. 1.059 do CPC". O raciocínio é o de que o art. 1.059 do CPC não restringe os casos de vedações de tutela provisória apenas às tutelas de urgência, mas remete a todas as espécies de tutelas provisórias.

6. SCARPINELLA BUENO, Cassio. Tutela provisória contra o poder público no CPC de 2015... cit., item 4; PEIXOTO, Marco Aurélio Ventura; PEIXOTO, Renata Cortez Vieira. *Fazenda pública e execução.* 2ª ed. Salvador: Juspodivm, 2020, p. 37.
7. CUNHA, Leonardo Carneiro da. *Fazenda pública em juízo.* 17 ed. Rio de Janeiro: Forense, 2020, p. 352-353.

– Professor, então basicamente tem a posição libera geral, libera mais ou menos e não libera nada...

É basicamente isso mesmo.... No entanto, ainda não é possível identificar qual a posição majoritária e ainda não existem posicionamentos do STJ quanto ao tema.

Agora, podemos simplesmente dar uma relembrada nas situações em que é vedada a concessão da tutela provisória contra o poder público:

VEDAÇÕES À CONCESSÃO DE TUTELA PROVISÓRIA CONTRA O PODER PÚBLICO
Compensação de créditos tributários e previdenciários
Entrega de mercadorias e bens provenientes do exterior
Reclassificação ou equiparação de servidores públicos
Concessão de aumento ou extensão de vantagens ou pagamento de qualquer natureza.
Medida liminar que esgote, no todo ou em qualquer parte, o objeto da ação
Em ações ajuizadas no primeiro grau, quando impugnado ato de autoridade sujeita, na via de mandado de segurança, à competência originária de tribunal, exceto em ações populares e ações civis públicas

8.4. AS EXCEÇÕES DAS LIMITAÇÕES À CONCESSÃO DE TUTELA PROVISÓRIA CONTRA O PODER PÚBLICO

– Mas professor, essas medidas são constitucionais? Porque nada disso serve para o particular.

Há considerável discussão doutrinária,[8] no entanto, o STF, quando analisou o art. 1º, da Lei 9.494/1997, acabou por entender, na ADC n.

8. Entendendo serem elas inconstitucionais: BUENO, Cassio Scarpinella. Tutela provisória contra o poder público no CPC de 2015... cit., item 5.

4, que essas restrições eram constitucionais. Ocorre que, com o passar dos anos, foram sendo criadas várias exceções a essas vedações, pelo próprio STF. Vamos analisá-las, porque são bem importantes.

Uma primeira, já consolidada, advém do entendimento da súmula n. 729 do STF, segundo o qual "A decisão na Ação Direta de Constitucionalidade 4 **não se aplica à antecipação de tutela em causa de natureza previdenciária**".

– Então nenhuma daquelas vedações se aplica às causas previdenciárias?

Correto, nesses casos, não há qualquer vedação à concessão da tutela provisória, mesmo que gere alguma espécie de aumento ao servidor público.

Há também outra situação importante que é a possibilidade de tutela provisória "cujo efeito patrimonial contra a Fazenda Pública é apenas secundário".[9]

– Como assim?

Imagine que você fez um concurso público e passou em primeiro lugar, mas nomearam o terceiro, que era amigo do prefeito. Pode isso?

– Claro que não!

Nesse caso você ajuíza uma ação e pede, a título de tutela provisória, para ser nomeado.

– E que efeito pecuniário tem?

Ué, você vai dispensar a remuneração?

9. STF, Tribunal Pleno, Rcl 5.252 AgR, Rel. Min. Marco Aurélio, j. 17/10/2013, DJe 07/11/2013; STF, 1ª T., Rcl 15.844 AgR, Rel. Min. Marco Aurélio, j. 25/03/2014, DJe 10/04/2014.

– Claro que não.

Então haverá um efeito pecuniário indireto, ou seja, a sua remuneração.

– Certo.

Então pronto, aí está o efeito pecuniário, mas que é meramente decorrente do pedido. A posse deferida em tutela provisória gera pagamento de remuneração, mas apenas como efeito secundário.[10] Pense também em situação na qual o indivíduo pede para ser reintegrado ao cargo porque foi demitido de forma ilegal.

Outra exceção aos casos de vedação à concessão da tutela provisória é quando há "ordem de pagamento de verba de caráter indenizatório", a exemplo de diárias, férias não gozadas por juiz aposentado[11].

– Mas por quê?

O STF entende que as indenizações não geram qualquer espécie de rendimento para o servidor. Trata-se apenas de uma **reposição** do estado do patrimônio anterior do servidor, por isso não entra na vedação à tutela provisória de pagamentos de servidores públicos.[12] Assim, a vedação à tutela provisória só vale para subsídio, vencimento, salário e vantagem pecuniária.

Outra situação igualmente não abrangida pelas vedações é a concessão de tutela provisória tão apenas para **impedir redução de verbal salarial**.[13]

– Não entendi.

10. STF, 1ª T., Rcl 20.738 AgR, Rel. Min. Roberto Barroso, j. 15/03/2016, DJe 12/04/2016.
11. Especificamente com esse exemplo: STF, Tribunal Pleno, Rcl 5.174 AgR, Rel. Min. Cezar Peluso, j. 27/11/2008, DJe 06/02/2009.
12. STF, Tribunal Pleno, Rcl 5.174 AgR, Rel. Min. Cezar Peluso, j. 27/11/2008, DJe 06/02/2009.
13. STF, Tribunal Pleno, Rcl 3.483 AgR, Rel. Min. Cezar Peluso, j. 15/03/2006, DJ 28/04/2006.

Pense que determinado servidor recebe uma determinada gratificação e, repentinamente, para de receber por decisão administrativa. Ele impugna essa decisão e pede em tutela provisória para que seja restabelecida.

– Mas vai ter aumento da remuneração, não?

Não exatamente. O que vai ocorrer é a restituição ao estado anterior, impedindo uma diminuição da remuneração gerada por um ato ilícito e não propriamente um aumento na remuneração.

– Ah, agora entendi.

Existem alguns julgados do STF afirmando que as vedações à concessão de tutela antecipada não seriam aplicadas nos casos de decisões que estejam "em consonância com assentada jurisprudência da Corte".[14] Assim, se a decisão está de acordo com a jurisprudência do STF, mesmo que signifique, por exemplo, aumento de servidor público, é possível a concessão da tutela provisória.

O fundamento é a baixa probabilidade de reforma da decisão, afinal, se ela segue a jurisprudência do STF, a sentença deve confirmar a tutela provisória.

Por fim, uma última exceção consiste nos casos em que a concessão da tutela antecipada ocorre na própria sentença, não se aplicando, nessas situações, as vedações da Fazenda Pública.[15]

– Mas qual o sentido de conceder tutela provisória na sentença?

Enorme! É que, nesses casos, a apelação não terá efeito suspensivo, nos termos do art. 1.012, §1º, V, do CPC. Assim, é bastante útil para a parte essa tutela provisória.

14. STF, Tribunal Pleno, Rcl 5.163 AgR, Rel. Min. Cezar Peluso, j. 27/11/2008, DJe 06/02/2009. De forma semelhante: STF, 1ª T., Rcl 10.051 AgR, Rel. Min. Roberto Barroso, j. 17/02/2017, DJe 13/03/2017.
15. STF, 1ª T., Rcl 6.829 AgR, Rel. Min. Roberto Barroso, j. 24/06/2014, DJe 01/08/2014; STF, 1ª T., Rcl 2.933 AgR, Rel. Min. Roberto Barroso, j. 26/05/2017, DJe 06/06/2017.

Em resumo, essas são as situações nas quais é possível a concessão de tutela provisória contra o poder público apesar das vedações legais:

HIPÓTESES EM QUE É POSSÍVEL A CONCESSÃO DA TUTELA PROVISÓRIA
Causas de natureza previdenciária
Efeito patrimonial secundário (nomeação em concurso, reintegração de servidor etc.)
Verbas de caráter indenizatório
Impedir redução de verba salarial
Decisões que estejam em consonância com o entendimento do STF
Tutela antecipada concedida na sentença

8.5. A TEORIA DO FATO CONSUMADO E A DEVOLUÇÃO DOS VALORES RECEBIDOS A TÍTULO DE TUTELA PROVISÓRIA NO DIREITO PREVIDENCIÁRIO E PELOS SERVIDORES PÚBLICOS

Precisamos analisar ainda um tema que já foi alvo de muita polêmica, que é a devolução dos valores recebidos por servidores públicos a título de tutela provisória, quando esta seja eventualmente revogada.

– Nem sabia que precisava devolver...

Claro que precisa. E o sujeito que teve de pagar e, no final, acaba ganhando o processo? Vai ficar no prejuízo?

– É, faz sentido. Mas qual o fundamento disso?

O fundamento é a responsabilidade objetiva daquele que pede a tutela provisória.

Primeiro, vamos entender qual a lógica geral da responsabilidade objetiva nesses casos. De acordo com o art. 302 do CPC, a resposta é simples: trata-se de hipótese de responsabilidade objetiva, sendo independente da culpa,[16] derivada do entendimento de que o requerente da tutela provisória assume o risco de indenizar a parte adversa ao requerer a mudança da situação de fato com base em cognição sumária.[17]

De forma ainda mais geral, impõe-se o retorno ao *status quo ante*.

– E isso significa o quê?

Simples: quem pede tutela antecipada, assume o risco da reforma da decisão. Se ela for reformada, deverá ressarcir quem foi prejudicado. Por exemplo, A pede para que B lhe pague pensão por ato ilícito em tutela provisória e ganha. Mas, quando chega na sentença, A perde. Assim, A terá de ressarcir B dos valores recebidos.

Outro exemplo: A ajuíza ação em face B requerendo a entrega de um bem em tutela provisória, que é concedida. Se A perder na sentença, terá de devolver o bem (*status quo ante*).

– Mas imagino que não seja tão simples em relação ao poder público...

De fato, nunca é.

São dois os principais temas: teoria do fato consumado e devolução dos valores de benefícios previdenciários.

Vamos ao primeiro, **teoria do fato consumado.**

– Pelo amor de Deus, o que é isso?

É simples: é a alegação de servidores que tomaram posse por meio de tutela provisória, mas que, na sentença ou no tribunal, anos

---

16. MARINONI, Luiz Guilherme. *Tutela de urgência e tutela da evidência*... cit., p. 222; STJ, 4ª T., AgInt no REsp 1.630.716/RS, Rel. Min. Luis Felipe Salomão, j. 15/12/2016, DJe 02/02/2017; STJ, 2ª Seção, REsp 1.548.749/RS, Rel. Min. Luis Felipe Salomão, j. 13/04/2016, DJe 06/06/2016.
17. ASSIS, Araken de. *Processo civil brasileiro*. São Paulo: RT, 2015, v. 2, t. II, p. 480.

depois, a decisão é reformada. O servidor, então, alegava que a situação fática teria se consolidado, não devendo ser exonerado, mesmo tendo perdido o processo no final.

– Mas também né, imagina o cara passar 10 anos no cargo e de repente pá, rua!

Essa é a discussão.

Aqui há uma razoável divergência entre STJ e STF. **Para o STF, a teoria do fato consumado não se aplica.** Ponto final.

Ele afirmou, em regime de repercussão geral, que seria incompatível com o regime constitucional de acesso aos cargos públicos a manutenção do servidor no serviço público com base em decisão precária que foi reformada. Não atuaria no caso a confiança legítima porque o sistema processual deixa claro que a decisão é precária e revogável e cabe ao indivíduo assumir o cargo sob sua inteira responsabilidade de vir a perder depois.[18]

– Mas e se o sujeito passar, sei lá, 10 anos com uma tutela provisória, vai para a rua?

De acordo com o STF, sim. Em recente caso, a parte alegou que já era servidor há mais de 10 anos com base em tutela provisória e que a situação deveria ser considerada consolidada. A resposta do STF foi basicamente: não tem jeito, sem chance de aplicação da teoria do fato consumado.[19]

– Que triste. Pobre do servidor.

Mas veja que, como afirmei, essa é a posição do STF.

18. STF, Tribunal Pleno, Repercussão Geral, RE 608.482, Rel. Teori Zavascki, j. 07/08/2014, DJe 30/10/2014.
19. STF, 2ª T., RE 1.283.800 AgR, Rel. Ricardo Lewandowski, j. 11/11/2020, DJe 19/11/2020.

O STJ é mais bonzinho. Em regra, afirma o STJ que não se aplica a teoria do fato consumado.[20] No entanto, vem reconhecendo que, em situações excepcionais, seria necessária a realização da distinção, quando "a solução padronizada ocasionaria mais danos sociais do que a manutenção da situação consolidada", admitindo, por exemplo, que um policial rodoviário federal que tinha tomado posse em 1999 não fosse exonerado, mesmo depois da reforma da decisão que concedeu a tutela provisória.[21] Em outro caso, também aplicou a teoria do fato consumado a servidor que estava no cargo há 7 anos.[22]

– Então STF e STJ não se entendem?

Claramente não. Enquanto para o STF não tem jeito, teoria do fato consumado nunca se aplica, para o STJ é aquela: em tese não, mas depende do caso. Se já passou muito tempo, pode deixar o servidor por lá mesmo.

– Espero que se isso acontece comigo seja o STJ a decidir!

Eu também.... Mas vamos em frente. Esse é o tema "mais fácil".

– Misericórdia... esse é o fácil?

É que o outro tem tanto vai e vem que as vezes fica difícil acompanhar. Bem, lembra que a tutela antecipada, quando reformada a decisão, tudo deve voltar a como era, por exemplo, com a devolução do dinheiro pago a título precário?

– Sim.

20. STJ, 1ª Seção, AgInt no MS 24.105/DF, Rel. Min. Mauro Campbell Marques, j. 14/08/2019, DJe 19/08/2019.
21. STJ, 1ª T., AREsp 883.574/MS, Rel. Min. Napoleão Nunes Maia Filho, j. 20/02/2020, DJe 05/03/2020.
22. STJ, 2ª T., AREsp 1.534.539/DF, Rel. Min. Herman Benjamin, j. 05/11/2019, DJe 18/11/2019.

Bem, quanto aos benefícios previdenciários, essa nem sempre foi a lógica. Durante muitos anos o STJ foi e voltou, ora disse que era para devolver, ora disse que não era para devolver, ora disse que era para devolver a depender do caso.

Aí, em 2015, ele afetou o tema 692 e decidiu que "A reforma da decisão que antecipa a tutela obriga o autor da ação a devolver os benefícios previdenciários indevidamente recebidos". O argumento para tanto é o de que não pode haver enriquecimento sem causa que é o que existiria no caso de não devolução das verbas, e, nesse caso o prejudicado seria o próprio poder público. Além disso, o art. 115, II, da Lei 8.213/1991, é expresso em determinar a devolução de benefícios previdenciários.[23]

Em resumo, **a regra geral atualmente é a de que os benefícios previdenciários recebidos por meio de decisão em tutela provisória devem ser devolvidos, em caso de reforma da decisão em momento posterior**.

– Então fim da história? É simplesmente a regra geral?

Não. Claro que não, ou não teria graça. Em acórdão publicado no DJe de 3/12/2018, por meio de questão de ordem nos REsps n. 1.734.627/SP, 1.734.641/SP, 1.734.647/SP, 1.734.656/SP, 1.734.685/SP e 1.734.698/SP, o tema foi afetado novamente, para que o STJ pudesse se debruçar novamente, rediscutindo a correção ou não do entendimento.

– E agora? Qual o entendimento?

Bem, o entendimento atual é aquele já apontado, mas está pendente de revisão pelo STJ, com determinação da suspensão de todos

23. STJ, 1ª Seção, REsp 1.401.560/MT, Rel. Min. Sérgio Kukina, Rel. p/ Acórdão Min. Ari Pargendler, j. 12/02/2014, DJe 13/10/2015. No mesmo sentido: STJ, 2ª T., AgInt nos EDcl no REsp 1735969/PR, Rel. Min. Mauro Campbell Marques, j. 04/10/2018, DJe 24/10/2018. Também nesse sentido a seguinte decisão monocrática: STJ, Resp. 1.676.846, Rel. Min. Og Fernandes, j. 16/03/2018, DJe 21/03/2018.

os processos nos quais o tema esteja sendo discutido, então a solução é esperar.

– Que tenso. E o STF no meio dessa confusão?

Bem, o STF fez tal qual Pôncio Pilatos.

– Como assim?

Ele lavou as mãos e disse que não tinha nada a ver com a confusão. Em resumo, ele afirmou que o tema teria natureza infraconstitucional e, por isso, seria incabível o recurso extraordinário, estando ausente, assim, a repercussão geral.[24]

– E agora?

Bem, agora, para efeitos do momento atual, é possível afirmar que o entendimento é o de necessidade da devolução dos valores até segunda ordem (até a nova decisão do STJ).

Precisamos, no entanto, fazer uma diferenciação.

– Qual?

O que estudamos anteriormente foi o caso dos **benefícios previdenciários** ok?

– Certo.

O problema também aparece nas verbas recebidas por servidores públicos. Nesse caso, o STJ é mais claro, pois afirma claramente que "é necessária a devolução pelo servidor público dos valores

24. STF, Tribunal Pleno, ARE 722.421 RG, Rel. Min. Ricardo Lewandowski, j. 19/03/2015, DJe 30/03/2015.

recebidos a título de tutela antecipada ou sentença posteriormente reformada pelo Tribunal de origem".[25]

– Mas e a rediscussão que está ocorrendo no caso dos benefícios previdenciários não bagunça tudo de novo?

Não. O STJ já afirmou que os temas são diferentes. No caso do servidor público mantém, com tranquilidade, a obrigatoriedade de devolução dos valores recebidos por meio de tutela provisória.[26]

25. STJ, 2ª T., AgInt no REsp 1.600.330/AM, Rel. Min. Francisco Falcão, j. 15/08/2019, DJe 23/08/2019; STJ, 1ª T., AgInt no AREsp n. 157.406/DF, Rel. Min. Napoleão Nunes Maia Filho, j. 18/10/2016, DJe 26/10/2016; STJ, 2ª T., AgInt no RMS n. 53.441/MG, Rel. Ministro Francisco Falcão, j. 03/04/2018, DJe 09/04/2018.
26. STJ, 2ª T., AgInt no REsp 1.600.330/AM, Rel. Min. Francisco Falcão, j. 15/08/2019, DJe 23/08/2019.

CAPÍTULO 9

Suspensão de segurança

Agora iremos estudar a suspensão de segurança, que também pode ser chamada de suspensão de sentença, de liminar, enfim, **de qualquer decisão capaz de produzir efeitos imediatos contra o poder público**.

Primeiro, vamos entender a lógica de funcionamento. Qual é, em geral, o instrumento utilizado para sustar os efeitos de uma decisão que gere efeitos contra uma parte?

– Professor, penso imediatamente no agravo de instrumento para decisões interlocutórias e apelação para as sentenças.

Correto. Veja que os exemplos são de recursos. E, em termos gerais, o que será alegado nesses recursos?

– Em termos gerais, eu vou afirmar que o juiz errou e que a decisão precisa ser anulada ou reformada.

Mais uma vez, correto. No recurso, você deve alegar *error in judicando* ou error *in procedendo*. Esse é o mecanismo corriqueiro para a impugnação das decisões. No entanto, para o poder público há mais um instrumento, que é a suspensão de segurança e que também serve para impedir a produção de efeitos de uma decisão.

– Eita, o que é isso?

Trata-se de instrumento previsto em diversas legislações, a exemplo da Lei do Mandado de Segurança (art. 15), na Lei da ACP (art. 12, §1º), na Lei do Habeas Data (art. 16) e, **de forma bem genérica, pela previsão do art. 4º da Lei 8.437/1992, que é aplicável a toda**

tutela provisória concedida contra a Fazenda Pública por conta dos arts. 1º da Lei 9.494/1997 e 1.059 do CPC, que afirma o seguinte:

> Art. 4º Compete ao presidente do tribunal, ao qual couber o conhecimento do respectivo recurso, suspender, em despacho fundamentado, **a execução da liminar nas ações movidas contra o Poder Público ou seus agentes**, a requerimento do Ministério Público ou da pessoa jurídica de direito público interessada, em caso de manifesto interesse público ou de flagrante ilegitimidade, e para evitar grave lesão à ordem, à saúde, à segurança e à economia públicas.

Esse artigo, por si só, já fala de muita coisa que veremos com calma. Mas nesse primeiro momento, quero que você entenda que o poder público, além de poder utilizar o recurso, pode também usar a suspensão de segurança para sustar decisões que produzam efeitos imediatos contra ele, seja tutela provisória, sentença, acórdão etc.

9.1. CABIMENTO

– E essa suspensão cabe de qualquer decisão?

Na verdade, ela pode ser utilizada de qualquer decisão que possa gerar efeitos imediatos contra o poder público, não só contra tutelas provisórias.

– Em qualquer tipo de processo?

Praticamente sim, em princípio, só não vai ser compatível com os processos de natureza objetiva, como a ação direta de inconstitucionalidade. Mas pode ser utilizada em um procedimento comum, em um mandado de segurança, em uma ação civil público etc.

– Mas por que não pode usar contra todas?

É que o seu objetivo é só o de suspender a decisão, não a sua reforma, nem anulação.

Se tem uma sentença que determina o pagamento de quantia pelo poder público, essa decisão não tem efeitos imediatos. A pessoa vai ter que esperar o trânsito em julgado do processo, requerer cumprimento de sentença, esperar o trânsito em julgado da impugnação ao cumprimento de sentença e depois ainda o precatório. Não tem qualquer interesse do poder público de suspender os efeitos de uma decisão sem efeitos imediatos, afinal, que vai receber aquele dinheiro é o neto da pessoa...

Assim, só tem sentido a suspensão de segurança contra decisões com efeitos imediatos, como tutelas provisórias, sentenças da qual o recurso não tem efeito suspensivo, como geralmente ocorre no mandado de segurança etc.

– E vai caber em que caso?

Bem, em geral nas decisões de obrigação de fazer ou não fazer. Imagine uma decisão que determina a suspensão do São João de uma cidade por conta da ausência de fornecimento de medicamentos em uma ação civil pública.

– Professor, isso é injusto. São João é direito fundamental!!

Bem, esse seria um caso típico de utilização da suspensão de liminar.

– Outra dúvida: cabe em qualquer procedimento?

Sim, claro, **inclusive nos Juizados Especiais Federais e nos Juizados Especiais da Fazenda Pública, afinal, não há qualquer vedação legal**.

Uma coisa muito importante da suspensão de segurança é o seu fundamento. Isso porque ela não tem por base a impugnação do mérito, mas alegação de "**manifesto interesse público ou de flagrante ilegitimidade, e para evitar grave lesão à ordem, à saúde, à segurança e à economia públicas**".

9.2. NATUREZA JURÍDICA

– Meu Deus, é muita informação. Como assim não é recurso? E o que alega para permitir impugnar a decisão?

Calma, vamos ver cada um desses elementos da suspensão de segurança. Primeiro a sua natureza jurídica. **Não é recurso, seja porque não está previsto em lei como recurso, seja porque o seu pedido é diferente.** Enquanto no recurso, o pedido é de reforma ou anulação, na suspensão de segurança, o pedido é tão somente de suspensão da decisão, não havendo qualquer espécie de efeitos substitutivo.

Mesmo que concedida a suspensão de segurança, a decisão permanece intacta, apenas para de produzir efeitos. No recurso, se a decisão é de provimento, haverá anulação ou reforma da decisão impugnada.

– Ok, se não é recurso é o que então?

Bem, os nomes variam, mas acredito ser possível conceituar a suspensão de segurança como uma espécie de **ação cautelar específica** da qual o poder público pode fazer uso, pois o seu único objetivo é o de impedir a executoridade de uma decisão.[1] No entanto há também quem trate como um simples incidente processual.[2] **De qualquer forma, não é recurso.**

9.3. PRAZO

– E qual o prazo? É o mesmo do recurso?

Não. **Na verdade, a suspensão de segurança não tem um prazo específico ou preclusivo como os recursos, apenas tem um limite,**

1. CUNHA, Leonardo Carneiro da. *A fazenda pública em juízo.* 15 ed. Rio de Janeiro: Forense, 2018, p. 655; VENTURI, Elton. *Suspensão de liminares e sentenças contrárias ao poder público.* 2ª ed. São Paulo: RT, 2010, p. 72.
2. RODRIGUES, Marcelo Abelha. *Suspensão de segurança.* 3ª ed. São Paulo: RT, 2010 p. 87.

que é o trânsito em julgado da decisão. Ou seja, concedida tutela provisória hoje, mesmo que ultrapassado o prazo do agravo de instrumento, pode ser utilizada a suspensão de segurança sem nenhum problema, só não pode ter ocorrido o trânsito em julgado.

9.4. DURAÇÃO

Agora, por outro lado, importante ter conhecimento que a suspensão de segurança não impede o trânsito em julgado.

– Como assim?

Significa que ela vai durar, no máximo, até o trânsito em julgado (art. 4º, §9º, da Lei 8.437/1992). Imagine que é prolatada sentença contra o poder público, da qual cabível apelação e suspensão de segurança. O poder público pode se utilizar dos dois mecanismos, no entanto, se utilizar apenas a suspensão de segurança, vai ocorrer um problema, porque, ultrapassado o prazo da apelação, a decisão transitará em julgado e a suspensão de segurança vai perder o objeto.

Assim, embora a suspensão de segurança não tenha prazo, é importante tomar cuidado para evitar o trânsito em julgado, porque nesse caso ela será extinta.

– Mas aí também tem outro problema... E se tiverem outras decisões depois da concessão da suspensão de segurança mantendo a tutela provisória, como a sentença? Ela se mantém mesmo assim, até o trânsito em julgado?

Bem, a questão não é tão simples. Vamos ver com calma ainda, mas a suspensão de segurança sempre é de competência dos tribunais. Então, no mínimo, a suspensão de segurança será conhecida pelo presidente do tribunal ao qual estiver vinculado o juiz.

– Certo.

A regra específica que trata do tema afirma que "**A suspensão deferida pelo Presidente do Tribunal vigorará até o trânsito em julgado da decisão de mérito na ação principal**" (art. 4º, §9º, da Lei 8.437/1992).

– Quer dizer, então, que são irrelevantes as decisões de mérito posteriores?

Pela legislação sim, mas esse não é o entendimento do STF, que afirma, nos termos da súmula 626 que "A suspensão da liminar em mandado de segurança, salvo determinação em contrário da decisão que a deferir, vigorará até o trânsito em julgado da decisão definitiva de concessão da segurança **ou, havendo recurso, até a sua manutenção pelo Supremo Tribunal Federal, desde que o objeto da liminar deferida coincida, total ou parcialmente, com o da impetração**".

– Não entendi nada dessa súmula. Estou mais perdido que cego em tiroteio.

Podemos afirmar que a regra é a ultratividade da eficácia da decisão na suspensão de segurança, fazendo com que ela seja capaz de "sobreviver" às decisões posteriores, mas com um certo limite.

– Que limites seriam esses?

O primeiro elemento é que precisamos entender adequadamente a súmula do STF, que foi formulada a partir de sua própria perspectiva, ou seja, de suspensões de segurança por ele deferidas.

Basicamente, se o STF defere uma suspensão de segurança de uma tutela provisória do juiz de primeiro grau, não importa que a sentença mantenha a decisão, ou mesmo um acórdão em sentido contrário. **A decisão da suspensão de segurança só perderá efeito se o PRÓPRIO STF mantiver a decisão no mérito, por exemplo, por meio de recurso extraordinário**.

Esse raciocínio pode ser transportado para suspensões de segurança deferidas pelo presidente do tribunal local. Essa suspensão de segurança vai sobreviver à sentença, **no entanto, se o acórdão mantiver a sentença, a suspensão de segurança para de produzir efeitos, mesmo que não tenha transitado em julgado.**

Assim, um primeiro elemento para entender os limites da produção de efeitos da suspensão de segurança é pela seguinte regra: **ela produzirá efeitos até o trânsito em julgado, EXCETO se a decisão de mérito for mantida pelo tribunal que concedeu a suspensão de segurança.**

– Então, de certa forma, essa manutenção da suspensão de segurança até o trânsito em julgado é capenga e morre se o tribunal mantiver a decisão de mérito. É, mas não é...

Verdade. Entenda porque isso ocorre: a suspensão de segurança é de competência do presidente do tribunal hierarquicamente superior a quem proferiu a decisão.

Se a decisão de mérito é mantida pelo tribunal no qual o presidente deferiu a suspensão de segurança, ela deixa de produzir efeitos porque simplesmente ele não teria competência para analisar a suspensão de segurança daquela decisão. O poder público terá de ir ao tribunal superior para requerer nova suspensão de segurança.

– Não entendi muito bem professor.

Bem, veja só: 1) para suspender decisão do juiz de primeiro grau, é competente o presidente do tribunal local; 2) para suspender decisão de tribunal, tem de ir ao STJ/STF (veremos a diferenciação).

Isso significa que, se a decisão do juiz de primeiro grau for substituída pela decisão do tribunal, se a suspensão de segurança foi concedida pelo presidente do tribunal, ela não pode mais gerar suspensão da eficácia da decisão confirmada pelo tribunal. **Isso porque ele simplesmente não tem mais competência para fazê-lo!**

– Então o trânsito em julgado só importa se não tiver recurso...

É por aí mesmo. Mas lembre-se que a suspensão só perde efeito quando julgado o recurso! Enquanto isso ela continua a produzir efeitos.

– Não entendi.

Se a decisão é suspensa pelo tribunal, não é a simples interposição de apelação da sentença que faz a suspensão de segurança ser extinta. Tem a interposição, o prazo das contrarrazões e todo o período para que seja julgada a apelação. Veja que se a sentença manteve a decisão contrária ao poder público, só quando o tribunal julgar a apelação mantendo-a é que a suspensão de segurança deixa de produzir efeitos. A partir desse momento é que o presidente daquele tribunal deixa de ser competente para suspender a decisão do seu próprio tribunal.

– Ah tá. Agora saquei.

Há, ainda, a segunda limitação ao trânsito em julgado inserida na súmula do STF, que é a exigência de que "**o objeto da liminar deferida coincida, total ou parcialmente, com o da impetração**", ou seja, que ocorra a **manutenção do mesmo estado de fato ou de direito.**

– Como assim?

Pense em tutela provisória concedida no meio da pandemia do covid-19 permitindo a abertura de um restaurante. O poder público se utiliza de suspensão de segurança para suspender essa decisão e manter fechado o restaurante.

No entanto, no momento da sentença, a pandemia teria diminuído seus efeitos e o próprio poder público teria autorizado a abertura dos restaurantes. Veja que a sentença dirá mais ou menos a mesma coisa da decisão interlocutória: pode abrir o restaurante, mas o contexto fático (a pandemia arrefeceu) e jurídico (o poder público agora autoriza a abertura do restaurante) mudou! Assim, como o contexto mudou, aquela suspensão de segurança não mais produzirá efeitos.

– Tudo bem, agora entendi!

Em resumo, a situação é a seguinte: **a suspensão de segurança produz efeitos até o trânsito em julgado, com exceção de duas situações: a) a decisão de mérito seja mantida pelo tribunal que deferiu a suspensão de segurança ou b) haja alteração do contexto fático ou jurídico.**

– Interessante professor.

9.5. MÉRITO DA SUSPENSÃO DE SEGURANÇA

Vamos entender agora como diferenciar o mérito do recurso e da suspensão de segurança. Como visto, no recurso, tem-se a alegação de *error in procedendo* ou *error in judicando*. Por outro lado, **na suspensão de segurança, a alegação é da presença de "manifesto interesse público ou de flagrante ilegitimidade, e para evitar grave lesão à ordem, à saúde, à segurança e à economia públicas".**

Tanto é que se costuma afirmar que na análise do pedido de suspensão de segurança o presidente do tribunal não deve, em regra, analisar o mérito da causa principal.

– Como assim não vai analisar o mérito da causa?

A situação é a seguinte: imagine que em uma ação civil pública um juiz conceda uma tutela provisória e use como medida executiva o cancelamento da realização do São João de Campina Grande pela ausência de concessão de um determinado medicamento para a população.

Mesmo que essa decisão esteja correta, é possível a utilização da suspensão de segurança, porque o mérito da suspensão de segurança está limitado ao tema da segurança, saúde, economia e ordem públicas. O presidente do tribunal pode conceder a suspensão de segurança mesmo que, no mérito, a decisão esteja correta, desde que esteja convencido de que há, por exemplo, violação da economia pública. Assim, o mérito da decisão não se confunde com o mérito da suspensão de segurança.

– Tudo bem, mas o senhor falou em regra. Que exceção é essa?

Como já afirmou o STJ, "A análise do mérito da causa originária não é de competência da presidência de tribunal, **SALVO se relacionado com os requisitos da própria via suspensiva**, sob pena de transformação do instituto da suspensão de segurança em sucedâneo recursal".[3] Isso significa que **só pode ser analisado o mérito da causa se ele estiver relacionado com a discussão relativa ao interesse público.**

Veja um exemplo: digamos que no meio da pandemia do COVID-19, um Município manda proibir eventos festivos. Um juiz, no entanto, defere tutela provisória autorizando a realização de um show de música sertaneja naquela cidade, sob o fundamento da livre iniciativa.

– Professor, esse juiz já tá errado de permitir show de sertanejo.

Bom, concordo, mas há quem goste e tem que respeitar o direito ao show de sertanejo. Mas veja a seguinte situação: o agravo de instrumento do poder público vai mencionar questões relacionadas à saúde pública, competência dos entes para determinar limitações às atividades na pandemia. Na suspensão de segurança, cujo fundamento seria a saúde pública, haverá uma certa semelhança entre o mérito da causa, que é a questão da saúde pública e a suspensão de segurança, que terá o mesmo fundamento.

– Faz sentido. Não tem como separar as duas coisas.

3. STJ, Corte Especial, AgInt na SLS 2.487/SC, Rel. Min. João Otávio de Noronha, j. 25/08/2020, DJe 27/08/2020.

Mas perceba que essa eventual análise do mérito da causa na suspensão de segurança deve ser excepcional! Porque, do contrário, como afirmado pelo STJ, vai transformar a suspensão de segurança em um sucedâneo recursal. A regra é a de que mérito da causa e suspensão de segurança não se confundam, nada impedindo que uma decisão esteja juridicamente correta e seja suspensa.

– Então a decisão pode estar certa, mas ao mesmo tempo ser concedida a segurança? Isso não faz sentido.

Do ponto de vista da suspensão de segurança faz todo sentido. Veja que, sob certo ponto de vista, se houvesse algum erro na decisão que pudesse ser reformada no mérito, bastaria o ente público interpor o recurso cabível e requerer o efeito suspensivo. **A suspensão de segurança serve justamente para afastar a discussão sobre o mérito da causa e focar na eventual violação ao interesse público.**

Na suspensão de segurança não interessa se o poder público tem ou não razão no mérito, mas se aquela decisão violação a segurança, saúde, economia e ordem públicas.

Imagine uma decisão que permite o aumento de passagens de ônibus de uma concessionária de serviços públicos, no entanto, o país está passando por uma forte crise financeira e aquele aumento irá dificultar a circulação das pessoas na cidade e, por consequência, dificultar ainda mais a economia da cidade. A suspensão de segurança não vai discutir se aquele aumento é ou não juridicamente correto, mas se ele viola ou não a economia pública.

– Então, no fim das contas, acaba tendo discussão de mais um tema no processo para além do mérito, não é?

Exato. **Em recurso discute-se o mérito da decisão e, na suspensão de segurança, discute-se a eventual violação ao interesse público**. E cada um dos temas é relativamente independente do outro.

– Então quer dizer que a Fazenda Pública pode se utilizar de um recurso, por exemplo, um agravo de instrumento e da suspensão de segurança ao mesmo tempo?

Sim, não tem nenhum problema. Inclusive há previsão expressa de que " A interposição do agravo de instrumento contra liminar concedida nas ações movidas contra o Poder Público e seus agentes não prejudica nem condiciona o julgamento do pedido de suspensão" (art. 4º, §6, Lei 8.437/1992). Os dois podem tramitar de forma independente.

9.6. NATUREZA JURÍDICA DA DECISÃO

Tanto é diferente a discussão em cada um dos casos, que há um interessante debate acerca da natureza da decisão que analisa a suspensão de segurança, havendo precedentes apontando que teria natureza política e outros apontando que efetivamente teria natureza jurisdicional.

– Opa, como assim, é o judiciário com decisões explicitamente políticas? Virou Congresso Nacional?

No STJ é comum a afirmação de que a decisão é política justamente porque não analisa o mérito da causa e sim a violação ao interesse público, e, assim, não teria natureza jurisdicional.[4]

Doutrinariamente essa posição é muito criticada. Afirma-se que é efetiva decisão judicial, afinal sequer faria sentido uma decisão política interferir em decisão judicial.[5] **O STF também concede natureza jurisdicional às decisões na suspensão de segurança**, seja porque ela suspende outra decisão de natureza jurisdicional, seja pela própria previsão legal que também admite seu cabimento no caso de flagrante ilegalidade.[6]

Veja, então, que STF e STJ não se bicam.

– Tudo bem, tem essa confusão toda, mas qual a importância prática desse entendimento de natureza política?

4. STJ, 6ª T., AgRg no REsp 957.825/CE, Rel. Ministro Og Fernandes, DJe de 13/9/2013.
5. CUNHA, Leonardo Carneiro da. *A fazenda pública em juízo*... cit., p. 656.
6. STF, 1ª T., RE 798.740 AgR, Rel. Rosa Weber, Rel. p/ Acórdão: Marco Aurélio, j. 01/09/2015, DJe-230 17/11/2015.

Veremos em breve, quando formos estudar o regime recursal da suspensão de segurança.

9.7. LEGITIMIDADE

Agora vamos estudar quem pode se utilizar da suspensão de segurança.

> – Ah professor, isso é fácil, é óbvio. A aula é de Fazenda Pública, então só os entes que fazem parte da Fazenda Pública é que podem usar a suspensão de segurança!

Você acertou em parte! Mas bom raciocínio.

Então, em regra, só quem pode se utilizar da suspensão de segurança são as pessoas jurídicas de direito público, como a União, Estados, Distrito Federal, Municípios e respectivas autarquias e fundações públicas, mas não só. Veja que o Ministério Público também pode se utilizar da suspensão de segurança.

> – O Ministério Público, como assim?? Ele é Fazenda Pública agora?

Não. Mas, ainda assim, no art. 4º, da Lei 8.437/1992, **há expressa previsão da possibilidade de o Ministério Público também poder se utilizar da suspensão de segurança**, o que faz sentido.

> – De que jeito?

Ora, o Ministério Público, de certa forma, também tutela o interesse público. Por exemplo, na lei que regula a atuação do Ministério Público da União (LC 75/1993), há a previsão de que é sua função institucional a defesa dos interesses sociais (art. 5º, I), zelar pela observância dos princípios constitucionais relativos às finanças públicas e à segurança pública (art. 5º, II, *b* e *e*). Assim, não chega a ser tão estranho que ele também possa se utilizar desse instrumento de tutela do interesse público.

– Então tá. Fazenda Pública e Ministério Público. Mais alguém também pode usar da suspensão de segurança?

Há mais um caso: as concessionárias e permissionárias de serviço público.

– Como assim? Eu lembro que essas são pessoas jurídicas de direito privado. De que jeito elas estão legitimadas a fazer essa tutela do interesse público? É festa?

Vamos com calma para entender.

Primeiro, lembremos o que é concessão de serviço público. O art. 175 da CF autoriza que o poder público possa prestar **serviços públicos** por meio do regime de concessão ou permissão. Assim, por exemplo, em geral, o transporte público intermunicipal (ou o ônibus que você pega para andar pela cidade) é serviço público, mas, em geral, não é prestado pelo poder público em si, mas em regime de concessão.

Assim, o que acontece é que, nesses casos, haverá uma empresa de direito privado que será responsável, por sua conta e risco (art. 2º, III, da Lei 8.987/1995), pela prestação de um serviço público. Caso seja concedida uma tutela provisória que viole o interesse público, no exercício dessa atividade, mesmo a pessoa jurídica de direito privado será legitimada a se utilizar da suspensão de segurança.

Como já afirmou o STJ, "**Concessionária de serviço público em defesa de interesse da coletividade tem legitimidade para formular pedido de suspensão**".[7] Pense, por exemplo, em situação na qual o poder judiciário conceda tutela provisória para que os ônibus de uma concessionária que está prestando o serviço de transporte público intermunicipal sejam devolvidos para a empresa que vendeu os ônibus por alguma dívida. O que acontece nesse caso?

7. STJ, Corte Especial, AgInt na SLS 2.487/SC, Rel. Min. João Otávio de Noronha, j. 25/08/2020, DJe 27/08/2020.

– Bem, não vai ter mais ônibus e nem transporte público.

Exato. Nesse caso, está havendo **nítida violação do interesse da coletividade**, que é o de ter acesso ao transporte público, que seria impedido com a ausência dos veículos. Assim, nesses casos, poderia mesmo uma pessoa jurídica de direito privado se utilizar da suspensão de segurança.

– Agora essa pessoa jurídica de direito privado vai poder usar para qualquer coisa a suspensão de segurança? Ela vai se tornar superpoderosa.

Não é para tanto. Para STJ e STF, **apenas "deve ser reconhecida a legitimidade ativa ad causam das pessoas jurídicas de direito privado, desde que no exercício de função delegada pelo Poder Público e evidente o interesse público envolvido decorrente da prestação do serviço delegado**, como as concessionárias e permissionárias de serviço público".[8]

Se o processo envolver uma questão de interesse apenas da própria empresa, ou mesmo esteja relacionado com uma outra atividade realizada por aquela empresa, não será possível a utilização da suspensão de segurança. Portanto, a legitimidade da concessionária e da permissionária de serviço público está limitada ao exercício da função delegada.

– Como assim interesse da própria empresa?

Há exemplo do STJ em que não foi reconhecida a legitimidade da concessionária de serviço público que objetivava suspender decisão que havia determinado a suspensão de reajuste da tarifa do transporte coletivo municipal. De acordo com a Corte, nesse caso a pessoa jurídica de direito privado objetivava preservar a sua própria receita

8. STJ, Corte Especial, AgRg na PET nos EDcl no AgRg na SS 2.727/DF, Rel. Min. Laurita Vaz, j. 21/08/2019, DJe 04/11/2019.

e não o interesse público, que seria justamente de manter os preços das tarifas.[9]

– Ah, ok. Só cabe a suspensão de segurança se tiver por objetivo proteger interesse público e nos limites da atuação dessa empresa enquanto concessionária ou permissionária de serviço público.

Perfeito! Nota 11. Já pode vir dar a aula!

– Calma professor, não é para tanto. Mas agora não erro mais no concurso.

Há, ainda um tema interessante no que se refere à legitimidade. Será que a suspensão de segurança pode ser utilizada por quem nem é parte no processo?

– Nem ideia. Mas o que o terceiro vai ter a ver com o processo?

Como já afirmou expressamente o STJ, "Na legislação que trata do pedido suspensivo, **não há exigência de que o requerente seja parte na ação originária**".[10]

– Então quer dizer que podem ter duas empresas litigando, de repente chega o poder público e usar a carta super trunfo da suspensão de segurança?

Bem, é por aí. Mas veja que a situação não é tão bizarra assim. Imagine no caso que mencionei antes, de uma concessionária de serviço público que corre o risco de ficar sem os veículos. Nesse processo, o ente público não seria parte no processo, mas é evidente que teria todo o interesse possível de evitar a paralisação do transporte

9. STJ, 2ª T., AgRg no AREsp 50.887/AM, Rel. Min. Herman Benjamin, j. 07/04/2015, DJe 12/02/2016.
10. STJ, Corte Especial, AgInt na SLS 2.487/SC, Rel. Min. João Otávio De Noronha, j. 25/08/2020, DJe 27/08/2020.

público e poderia, nessa hipótese, utilizar-se da suspensão de segurança para suspender a tutela provisória concedida pelo juiz.

– É verdade, é aceitável.

9.8. COMPETÊNCIA

Depois de vermos os legitimados, vamos ver agora a competência da suspensão de segurança, que já fiz menção anteriormente. Ela está prevista no art. 4º, *caput*, da Lei 8.437/1992, quando afirma que "**Compete ao presidente do tribunal, ao qual couber o conhecimento do respectivo recurso, suspender**".

– Professor, mas e como fica com os embargos de declaração, agravo interno, essas coisas que é no mesmo grau de jurisdição?

Vamos ignorar, nessa hipótese, os recursos que podem ser interpostos perante o mesmo grau de jurisdição, ou iria bagunçar tudo, focando **naqueles que são utilizados para requerer a reforma/anulação da decisão no grau de jurisdição superior**. Até porque a lógica é a de que só pode suspender a decisão o presidente do tribunal que seja hierarquicamente superior ao juízo prolator da decisão.

– Então não tem como requerer, por exemplo, suspensão ao presidente do TJ de decisão do próprio tribunal?

Não. Sempre o requerimento de suspensão será dirigido ao presidente do tribunal hierarquicamente superior. A lógica, então, é a seguinte:

DECISÃO	COMPETÊNCIA PARA CONHECER DO PEDIDO DE SUSPENSÃO
Juiz de primeiro grau	Tribunal (TJ, TRF, TRT)
Tribunal local (monocrática ou colegiada)	STJ ou STF
Tribunal superior (monocrática ou colegiada)	STF

– Certo, entendi, mas notei que nessa tabela tem que quando se quer suspender a decisão de tribunal local, a suspensão de segurança deve ir para o STJ ou STF. Tá parecendo um recurso especial e extraordinário...

O raciocínio é esse mesmo. **O pedido de suspensão de segurança será dirigido ao presidente do STF se a matéria for constitucional e ao presidente do STJ se a matéria for infraconstitucional, nos termos do art. 25 da Lei 8.038/1990**.

Assim, de qualquer decisão do tribunal, monocrática ou um acórdão, a suspensão de segurança irá para o STJ ou STF a depender da matéria tratada no processo principal. Se o fundamento é constitucional, vai para o STF, se infraconstitucional, para o STJ.

– Tá. Mas e se for os dois, eu faço como o recurso especial e o extraordinário? Um para o STF e um para o STJ?

Nesse caso não, afinal, a fundamentação da suspensão de segurança não muda a depender do tribunal, pois seu foco é a discussão do interesse público. O art. 25, *caput*, ajuda bastante a responder essa pergunta, pois afirma ele que "**Salvo quando a causa tiver por fundamento matéria constitucional, compete ao Presidente do Superior Tribunal de Justiça** (...) suspender, em despacho fundamentado, a execução de liminar ou de decisão concessiva de mandado de segurança".

É possível compreender que, havendo matéria constitucional, prevalece a competência do STF, uma vez que salvo na ausência desse tipo de matéria é que o STJ terá competência para conhecer da suspensão de segurança.

– E se eu tiver uma liminar em tribunal superior, mas não tem matéria constitucional?

Bom, a opção é sentar e chorar, e usar o regime recursal normal, porque o STF só pode analisar a suspensão de segurança quando tem matéria constitucional.

– Tá, tenho outra pergunta. E se for uma liminar do STF, como eu faço para utilizar a suspensão de segurança?

Bem, nesse caso, não tem milagre. Só se você for utilizar a suspensão de segurança para a norma hipotética da pirâmide kelseniana, porque tribunal acima do STF não existe no Brasil. Não é por acaso que se chama de Supremo Tribunal Federal. Nesse caso não tem o que fazer.

Em resumo, a situação é a seguinte:

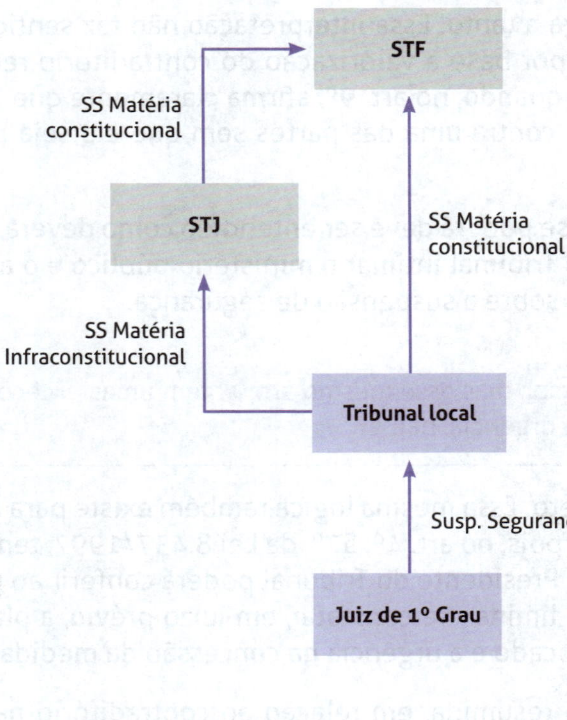

9.9. PROCEDIMENTO

Agora podemos analisar o procedimento da suspensão de segurança, que é bastante simples. Basta ao legitimado preparar uma petição inicial, como qualquer outra, dirigida ao Presidente do Tribunal, indicando os fundamentos e o pedido de suspensão.

Um elemento de destaque é a previsão de contraditório, pois, de acordo com o art. 4º, §2º, da Lei 8.437/1992, "O Presidente do Tribunal poderá ouvir o autor e o Ministério Público, **em setenta e duas horas**".

– Tá estranha essa previsão de contraditório... poderá? Tem contraditório se o Presidente quiser?

Não chega a tanto. Essa interpretação não faz sentido, especialmente tendo por base a valorização do contraditório realizada pelo CPC de 2015, quando, no art. 9º, afirma claramente que "Não se proferirá decisão contra uma das partes sem que ela seja previamente ouvida".

Assim, esse poderá deve ser entendido como deverá, cabendo ao Presidente do Tribunal intimar o ministério público e o autor para se manifestarem sobre a suspensão de segurança.

– Professor, mas esse mesmo art. 9º tem umas exceções para tutelas de urgência, não é?

Sim, correto. Essa mesma lógica também existe para a suspensão de segurança, pois, no art. 4º, §7º, da Lei 8.437/1992, tem-se a previsão de que "O Presidente do Tribunal poderá conferir ao pedido efeito suspensivo liminar, se constatar, em juízo prévio, a plausibilidade do direito invocado e a urgência na concessão da medida".

De forma resumida, em relação ao contraditório na suspensão de segurança, o Presidente do Tribunal deverá, como regra, instaurar contraditório prévio, com prazo de 72h, intimando autor e Ministério Público. A exceção ocorre no caso de concessão de uma tutela de urgência na própria suspensão de segurança, hipótese em que haverá concessão de efeito suspensivo liminar e, só depois é que haverá a instauração do contraditório. É o que se chama de contraditório postecipado.

– Postecipado? Que palavra difícil.

É simples. Só significa que o contraditório ao invés de ser antes, ocorre depois da decisão.

– Então é mais ou menos contraditório... Porque só tem depois da decisão.

Sim, mas as vezes é o jeito.

– Então é basicamente como um processo normal, só esses prazos é que são cruéis, não é? 72h é quase nada...

Concordo com você. É muito pouco tempo mesmo, mas fazer o quê? É a previsão legal e não chego a identificar uma inconstitucionalidade.

9.10. AGRAVO INTERNO

Agora veja, o presidente do Tribunal pode conceder ou denegar a segurança de forma monocrática. Precisamos, a partir disso, estudar qual o regime recursal da suspensão de segurança, pois até agora só sabemos que tem uma grande confusão quanto ao cabimento do recurso especial ou extraordinário, mas não é que seja decisão irrecorrível.

– Opa, pelo menos não morre no Presidente então, não é?

Exato. **Da decisão que concede ou denega o pedido de suspensão de segurança caberá agravo interno para a Corte Especial ou Plenário do Tribunal** (art. 4º, §3º, da Lei 8.437/1992).

Importante destacar que tanto da decisão que suspende a decisão como contra a decisão que indefere esse pedido caberá o agravo interno.

Ressalto que o art. 15 da Lei 12.016/2009 parece afirmar que só cabe o agravo interno da decisão que defere a suspensão de segurança, mas interpreta-se atualmente que prevalece o previsto na Lei 8.437/1992 sobre o tema.

O prazo desse recurso será de 15 dias. Isso porque a previsão do art. 4º, §3º, da Lei 8.437/1992 e do art. 15 da Lei 12.016/2009 que previam o prazo de 5 dias não estão mais em vigor desde a vigência do CPC, que prevê prazo de 15 dias para todos os agravos.

– Mas professor, essa Lei 8.437/1992 não é especial em relação ao CPC? O CPC pode revogar algo dessas leis?

Sim, essa lei especial e como sabemos, lei especial anterior prevalece sobre lei geral posterior. Ocorre que há uma particularidade nessa situação. O art. 1.070 do CPC afirma expressamente que "**É de 15 (quinze) dias o prazo para a interposição de qualquer agravo, previsto em lei** ou em regimento interno de tribunal, contra decisão de relator ou outra decisão unipessoal proferida em tribunal".

O art. 1.070 do CPC alterou toda e qualquer previsão de prazo sobre agravo interno em tribunal. Por conta disso, houve uma revogação expressa do prazo previsto no art. 4º, §3º, da Lei 8.437/1992 e do art. 15 da Lei 12.016/2009.

Um tema muito importante para esse agravo é a aplicação ou não da dobra dos prazos para a Fazenda Pública, que até já vimos no item 4.3.2, mas é bom relembrar.

– Ué, mas não é recurso? A lógica é aplicar o art. 183, não é?

Olha, em tese sim, mas esse tema é uma confusão doutrinária e jurisprudencial.

Nas decisões do STF em que é possível identificar o fundamento para afirmar que não há dobra do prazo, afirma-se que embora o CPC/1973 tivesse a previsão de dobra dos prazos recursais no art. 188, os art. 4, §3º, da Lei 8437/1992[11] e 15, da Lei 12016/2009[12] que fazem referência ao prazo de cinco dias por estarem em lei especial impediriam a incidência da dobra do prazo. Alguns julgados do STJ apenas repetem a jurisprudência do STF.[13]

Ocorre que esse raciocínio simplesmente não faz sentido a partir da entrada em vigor do CPC.

– O prazo mudou a partir do CPC, não foi?

Sim, é por aí. Desapareceu o principal argumento do STF, pois o prazo não mais é fixado por lei específica, estando previsto, de forma genérica, pelo CPC. Nem se aponte que esse agravo é exclusivo da Fazenda Pública e, por isso, aplica-se a exceção do próprio art. 183 do CPC.[14] Afinal, ele pode ser interposto independentemente do resultado da decisão, ou seja, pode ser interposto pelo particular e, mais ainda, como já vimos, nem sempre o poder público é que vai se utilizar da suspensão de segurança, por vezes utilizadas por pessoas jurídicas de direito privado.

Portanto, o prazo do agravo interno na suspensão deve ser contado em dobro para a Fazenda Pública.[15] Essa mesma interpretação já foi adotada pela Corte Especial do STJ, em análise de situação sob a égide do CPC/2015, caso em que compreendeu que não há prazo específico para a interposição do agravo interno, aplicando-se o art.

11. STF, Tribunal Pleno, STA 172 AgR, Rel. Min. Cezar Peluso, j. 03/11/2010, DJe 02/12/2010.
12. STF, Tribunal Pleno, SS 4390 AgR-quinto, Rel. Min. Cármen Lúcia, j. 05/02/2018, DJe 27/02/2018.
13. STJ, 1ª T., AgInt no AREsp 280.749/RN, Rel. Min. Gurgel De Faria, j. 06/12/2016, DJe 06/02/2017; STJ, 1ª T., AgInt no REsp 1.754.306/CE, Rel. Min. Benedito Gonçalves, j. 01/07/2019, DJe 02/08/2019.
14. TOVAR, Leonardo Zehuri. O pedido de suspensão de segurança: sistematização e mudanças à luz do NCPC/15. In: ARAÚJO, José Henrique Mouta; CUNHA, Leonardo Carneiro da; RODRIGUES, Marco Antonio (coord.). *Fazenda pública*. 2ª ed. Salvador: Juspodivm, 2016, p. 322.
15. Com a mesma conclusão: RODRIGUES, Marco Antonio. *A fazenda pública no processo civil*. 2ª ed. São Paulo: Atlas, 2016, p. 265.

183, *caput*, CPC.[16] A mesma conclusão também já foi adotada pelo enunciado n. 124 do FNPP, que afirma expressamente que "Aplica-se o prazo em dobro para os recursos utilizados pela Fazenda Pública nas suspensões de liminares coletivas".

– Professor, que confusão da mulesta. E afinal, qual interpretação prevalece?

Sendo bem sincero, a situação está bem confusa. Nem o STJ se entende. Na dúvida, sugiro fazer o agravo em 15 dias enquanto não houve consolidação do posicionamento do prazo em dobro para esse recurso.

– Também acho viu!

9.11. RECURSO EXTRAORDINÁRIO E ESPECIAL

Está lembrado daquela discussão sobre a natureza jurídica da decisão na suspensão de segurança?

– Sim, lembro. Para o STJ a decisão é política e para o STJ ela tem natureza jurisdicional.

Ótimo. Agora vamos compreender a exata importância desse raciocínio. **Em regra**, de acordo com o STJ não vai "ser cabível o apelo extremo de decisões proferidas no âmbito do pedido de suspensão, uma vez que o apelo extremo visa combater argumentos que digam respeito a exame de legalidade, ao passo que o pedido de suspensão ostenta juízo político". Em outros termos, **você não vai poder interpor nem recurso especial das decisões no procedimento da suspensão de segurança.**[17]

16. STJ, Corte Especial, AgInt na SS 2.902/RS, Rel. Min. Laurita Vaz, j. 01/02/2018, DJe 20/02/2018.

17. STJ, 1ª T., AgRg no AREsp 126.036/RS, Rel. Min. Benedito Gonçalves, j. 04/12/2012, DJe 07/12/2012; STJ, 1ª T., AgInt no REsp 1.575.176/PR, Rel. Min. Sérgio Kukina, j. 11/11/2019,

– Eita, então é bronca! O sujeito não pode nem discutir a decisão! Vai ficar preso no próprio tribunal, mesmo que tenha razão...

Sim, é verdade. Há, no entanto, hipóteses excepcionais em que passa a ser possível a utilização de instrumentos recursais para a impugnação dessa decisão.

– Eita, pode mas não pode... E quando é que pode?

O STJ o admitiu em caso bem específico. Em 2019, um juiz concedeu liminar em ação civil pública ajuizada pela defensoria de São Paulo, determinando o fornecimento de banhos quentes aos presos. Dessa decisão foi utilizada suspensão de liminar, acolhida pelo TJSP, a qual foi mantida após interposição do agravo interno. Foi desse acórdão que foi interposto o recurso especial.

No acórdão do STJ, foi reconhecido que prevalece a posição do STJ de que a decisão na suspensão de segurança tem natureza política, mas o caso seria muito peculiar por quatro aspectos que justificariam o cabimento do recurso especial: 1) fundamentado na dignidade da pessoa humana, no que se refere à integridade física dos presos; 2) obrigação do Estado de tratar os presos como pessoas e não como animais, independentemente do crime; 3) a prisão não é salvo conduto para aplicação de sanções extralegais e muito menos de tortura disfarçada e 4) porque em locais de confinamento o Estado deve proteger a saúde pública, garantindo medidas adequadas de assepsia pessoal e do ambiente.[18]

– Então não cabe recurso, mas cabe? Isso é só para bagunçar a cabeça do aluno.

DJe 18/11/2019; STJ, 2ª T., REsp 1.698.585/SP, Rel. Min. Herman Benjamin, j. 06/06/2019, DJe 18/06/2019.

18. STJ, 2ª T., REsp 1.537.530/SP, Rel. Min. Herman Benjamin, j. 27/04/2017, DJe 27/02/2020, info. n. 699.

Precisamos compreender que essa decisão foi bem excepcional. Especialmente porque ela reforça o caráter político da decisão na suspensão de segurança e admite o recurso especial em um caso que é bem particular. Sendo bem sincero, para efeitos de precedente, o máximo que se pode entender é que eventualmente será cabível o recurso especial por uma violação significativa da dignidade da pessoa humana.

No fim das contas, o STJ cria uma situação muito estranha de uma decisão política da qual pode caber recurso especial/extraordinário. Não tem como isso fazer muito sentido, mas é o que tem para hoje.

– Então tá, decora e bola pra frente.

Esse é o STJ, que tem essa posição mais radical. A do STF é diferente, porque, como vimos, para ele, a decisão tem natureza jurisdicional.

Em decisão de 2016, da relatoria do Ministro Luiz Fux, em que ficaram vencidos os ministros Luís Roberto Barroso e Rosa Weber, foi interposto recurso extraordinário pelo particular prejudicado pela decisão na suspensão de segurança, o qual foi admitido.[19]

– Então pode ter o recurso extraordinário?

Bem, a resposta é **depende.** Parece possível inferir desse acórdão que, para o STF, como regra, não é possível a interposição de recurso extraordinário da decisão na suspensão de segurança, mas por motivos completamente diversos daqueles elencados pelo STJ.

– Eita, complicou.

Para o STF, o não cabimento do recurso extraordinário, como regra, advém do simples fato de que se trata de decisão de natureza provisória, incidindo a súmula 735 do STF,[20] que pode ser melhor compreendida

19. STF, 1ª T., ARE 931.989 AgR, Rel. Luiz Fux, j. 26/04/2016, DJe-159 01/08/2016. Com raciocínio semelhante: STF, 1ª T., RE 798.740 AgR, Rel. Rosa Weber, Rel. p/ Acórdão: Marco Aurélio, j. 01/09/2015, DJe-230 17/11/2015.
20. Não cabe recurso extraordinário contra acórdão que defere medida liminar.

como uma vedação à revisão de fatos e, também, porque essas decisões não teriam uma manifestação conclusiva a respeito do tema para serem consideradas como decisão de última instância aptas a permitir a utilização do recurso extraordinário, faltando-lhe definitividade.[21]

– Como assim não tem uma manifestação conclusiva?

Bem, preciso que você recorde o que discutimos no capítulo de tutela provisória. Lembra a diferença entre as decisões em cognição sumária e exauriente, a diferença de estabilidade entre essas decisões?

– Lembro que só a que tem cognição exauriente pode ter coisa julgada.

Exato. A decisão na suspensão de segurança é tida como de cognição sumária e, por isso, não há uma manifestação conclusiva sobre o tema analisado, que pode ser revisado na sentença. Por conta disso, não pode ter o recurso extraordinário.

– Então não cabe o recurso porque o tema ainda pode ser decidido de novo no processo principal?

Basicamente é isso.

Naquele caso em que foi admitido o recurso extraordinário, não havia discussão sobre o preenchimento ou não dos requisitos da suspensão de segurança, o que implicaria em reexame dos fatos, vedado na via extraordinária. O que se impugnou foram a incompetência do STJ para conhecer da suspensão de segurança, uma vez que o tema teria natureza constitucional, bem como a inconstitucionalidade da concessão de efeitos *ex tunc* à decisão que defere o pedido de suspensão.

Para superar a questão da definitividade ou não da decisão na suspensão de segurança, foi apontado no acórdão a característica da

21. STF, 2ª T, ARE 944.564 AgR, rel. min. Edson Fachin, j. 22/09/2017, DJE 04/10/2017; STF, 2ª T, ARE 926.394 AgR, rel. min. Edson Fachin, j. 20/04/2017, DJE 02/05/2017; STF, 2ª T, ARE 862.523 Agr, rel. min. Gilmar Mendes, j. 03/03/2015, DJE 16/03/2015.

suspensão de segurança que a faz perdurar até o trânsito em julgado. Assim, não se poderia falar em precariedade da decisão proferida na suspensão de segurança.

– Calma. Então tem definitividade ou não?

Bem... Me parece possível interpretar que nesse caso há definitividade.

– Mas a decisão não tem cognição sumária? Não se pode rediscutir o tema depois?

Em geral pode, mas perceba que nesse caso a discussão versou **apenas sobre temas exclusivos da suspensão de segurança; nem se discutiu o mérito, se podia ou não suspender**. Discutiu-se elementos do procedimento da suspensão de segurança.

– É verdade.

Pois bem, então, sob esse ponto de vista, para essa decisão, havia definitividade.

– Faz sentido. Mas é bem complicado isso aí.

Concordo, mas o problema é a confusão que STJ e STF fazem com a suspensão de segurança.

Outro elemento importante é a questão da discussão sobre os fatos.

Pensei comigo: se o recurso extraordinário quer discutir se há ou não violação da saúde pública pela abertura de um estabelecimento durante a pandemia, o juiz precisa analisar fatos. Concorda?

– É. Ele tem que analisar a situação específica que está acontecendo.

Mas se a discussão nesse mesmo recurso for sobre a competência da suspensão de segurança, só importa o direito, não é verdade?

– Certo, faz sentido.

Ou seja, o elemento mais importante para analisar se cabe ou não o recurso extraordinário é a rediscussão ou não dos fatos.

Para finalizar, lembre-se, então, que **há divergência entre STJ e STF. Para o primeiro a decisão é política e só cabe recurso especial em situações muito particulares, já para o segundo a decisão tem natureza jurisdicional, sendo em tese cabível o recurso extraordinário. O desafio é o de conseguir afastar, no caso concreto, a ausência de definitividade e a necessidade de revisão dos fatos.**

9.12. RENOVAÇÃO DO PEDIDO DE SUSPENSÃO DA SEGURANÇA

Veremos agora outra questão importante, que é a possibilidade da formulação de uma espécie de suspensão da suspensão.

– Como assim??

Ora, simples. Se um juiz de primeiro grau concede a tutela provisória em um caso concreto e o poder público se utiliza da suspensão de segurança, caso ela seja denegada, será que seria possível novo pedido de suspensão para o STJ ou STF? Essa resposta é claramente positiva, nos termos do art. 4º, §4º, da Lei 8.437/1992 e 15, §1º, da Lei 12.016/2009.

Em outros termos, o poder público pode renovar o pedido de suspensão para o presidente do tribunal superior se no tribunal local não tiver sucesso na suspensão originária.

– Então basicamente o poder público tem uma segunda chance se o primeiro pedido não der certo?

Exatamente.

– A legislação faz de tudo para salvar a Fazenda Pública e pobre do particular...

É, as vezes acontece...

Compreendido essa segunda chance, há ainda uma dificuldade, que é verificar os requisitos para a nova utilização dessa nova suspensão de segurança, pois a Lei 8.437/1992 e a Lei 12.016/2009 não dialogam entre si.

Primeiro, precisamos entender que a decisão pode ser contrária ao poder público de várias formas: a) o presidente indefere o pedido; b) o presidente indefere o pedido, há utilização do agravo interno e a decisão é mantida e c) o presidente defere o pedido, há utilização do agravo interno e a decisão é reformada para indeferir o pedido.

O desafio é saber se: a) o poder público, **da decisão monocrática**, já pode usar do outro pedido de suspensão de segurança ou b) **precisa esgotar aquela instância**, esperando a decisão do agravo.

O problema é que o art. 4º, §4º, da Lei 8.437/1992 afirma que o novo pedido de suspensão depende do julgamento do agravo interno e o art. 15, §1º, da Lei 12.016/2009 diz que ele pode ser utilizado já da decisão do presidente do tribunal.

– Misericórdia, mais uma confusão. E qual a posição correta?

Veja, do ponto de vista jurisprudencial, **prevalece que é possível a suspensão da suspensão imediata, ou seja, não precisa interpor o agravo. Se o poder público tiver uma decisão denegatória do presidente do tribunal, já pode renovar imediatamente o pedido de suspensão para o presidente do STJ/STF**. Isso porque há decisões do STF afirmando essa possibilidade tanto pela literalidade do art. 15, §1º, da Lei 12.016/2009[22] quanto da interpretação da Lei 8.437/1992,[23] que parece dizer o contrário.

– Mas como se chegou a essa interpretação da Lei 8.437/1992?

O fundamento é o de que fazer o poder público esperar o julgamento do agravo para renovar o pedido de suspensão iria desnaturar

22. STJ, Corte Especial, AgRg na SLS 1.204/MT, Rel. Min. Cesar Asfor Rocha, j. 16/06/2010, DJe 03/08/2010.
23. STJ, Corte Especial, AgRg na SLS 370/PE, Rel. Min. Barros Monteiro, j. 06/06/2007, DJ 13/08/2007, p. 280.

o sentido da própria suspensão de segurança, que tem caráter de urgência. Por isso, não seria correto exigir a espera do prazo de interposição do agravo, somado com contrarrazões, julgamento e publicação do acórdão, podendo ser utilizado logo depois do indeferimento pelo Presidente do tribunal.

– Então esse agravo, no fim das contas, não serve para muita coisa...

Ele é importante para o particular, que foi prejudicado pela decisão do Presidente do Tribunal. É o único instrumento, em regra, que ele tem para permitir a revisão da decisão sobre a suspensão de segurança.

Para revisarmos o procedimento da suspensão de segurança, vamos dar uma olhada no seguinte fluxograma:

Lembre que a regra é o não cabimento de RE/REXT, mas é uma possibilidade com diversas restrições

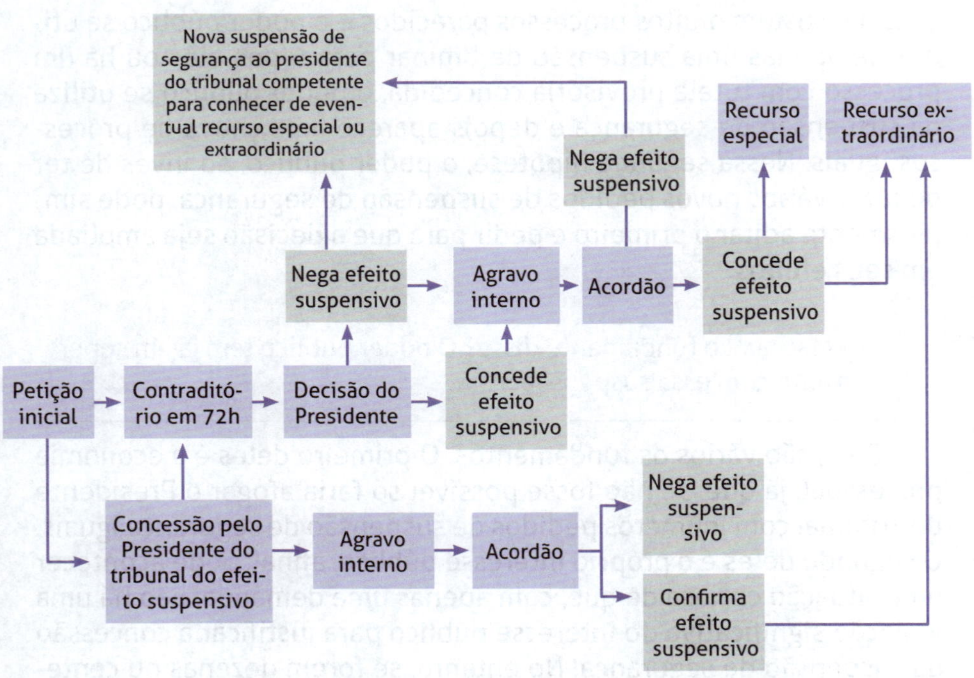

9.13. A SUSPENSÃO DE SEGURANÇA REPETITIVA

Por último, veremos mais uma particularidade interessante do pedido de suspensão de segurança com o objetivo de lidar adequadamente com os processos repetitivos, previsto no art. 4º, §8º, da Lei 8.437/1992 e no art. 15, §5º, da Lei 12.016/2009. Na primeira legislação, a previsão é a seguinte:

> As liminares cujo objeto seja idêntico poderão ser suspensas em uma única decisão, podendo o Presidente do Tribunal estender os efeitos da suspensão a liminares supervenientes, mediante simples aditamento do pedido original.

– Não entendi foi nada, só notei que são suspensos muitos processos de uma vez só...

O que a legislação quer afirmar é que, se tivermos processos parecidos entre si, ao invés de o poder público preparar uma suspensão de liminar para cada um, basta que ela faça uma só.

Na verdade, ele vai até além, porque podem ser duas as situações: já existem muitos processos parecidos e o poder público se utiliza de apenas uma suspensão de liminar para todos eles ou há um processo com tutela provisória concedida, o poder público se utiliza da suspensão de segurança e depois aparece uma chuva de processos iguais. Nessa segunda hipótese, o poder público, ao invés de ter de fazer vários novos pedidos de suspensão de segurança, pode simplesmente aditar o primeiro e pedir para que a decisão seja ampliada em seus efeitos.

– Mas qual o fundamento disso? O poder público tem já um super trunfo com essa suspensão...

Bem, são vários os fundamentos. O primeiro deles é a economia processual, já que, se não fosse possível só faria afogar o Presidente do Tribunal com inúmeros pedidos de suspensão de segurança iguais. O segundo deles é o próprio interesse público, afinal, pode acontecer uma situação curiosa de que, com apenas uma demanda, não há uma violação significativa do interesse público para justificar a concessão da suspensão de segurança. No entanto, se forem dezenas ou centenas de casos iguais, seria justificada a suspensão.

Permitir essa junção de processos em um só, em uma suspensão de segurança, permite uma melhor tutela do interesse público.

– Não consegui vislumbrar essa última hipótese.

Usemos um exemplo. Ocorreu um caso no DF em que foi permitida a remoção de 127 policiais para setores administrativos, mas, por alguma questão jurídica, esse número de vagas foi questionado. Pelo que se verifica dos autos, face os questionamentos judiciais, esse número pularia de 127 para 339.

Isso teria dois efeitos principais: i) esses policiais deixariam de patrulhar as ruas do DF, violando a segurança pública e ii) haveria impacto orçamentário por volta de R$ 25 milhões de reais.[24] Mas perceba: esses efeitos gravosos ao interesse público só conseguem ser visualizados no todo.

Se fosse um policial só, qual seria o efeito?

– Professor, seria pouca coisa. Como diz aquele ditado, "Uma andorinha só não faz verão".

Isso mesmo, no nosso caso, é um policial administrativo só não viola o interesse público. Mas se essa análise é expandida para mais de 200 pessoas, a situação é alterada.

Para além disso, imagina o problema do ponto de vista da segurança jurídica. Um juiz defere a tutela provisória, outro indefere, fica aquela bagunça. Suspender tudo em uma decisão só significa trazer maior isonomia.

Portanto, o que se percebe é a possibilidade de utilização do instrumento da suspensão de segurança para uma suspensão geral, de vários processos em um só, o que o aproxima dos instrumentos voltados para lidar com causas repetitivas, como o IRDR e os recursos repetitivos.

24. STJ, Corte Especial, AgInt na SLS 2.417/DF, Rel. Min. João Otávio De Noronha, j. 21/05/2019, DJe 24/05/2019.

CAPÍTULO 10

Reexame necessário

Veremos agora o reexame necessário ou remessa necessária, que é um instrumento que impõe a revisão de algumas decisões proferidas contra o poder público, mesmo que não haja interposição de recurso pela Fazenda Pública.

10.1. NATUREZA JURÍDICA

– Que tipo de instrumento? Ela é recurso ou o quê?

Até hoje ainda há alguma discussão, pois há quem entenda ser a remessa necessária um recurso, mesmo que não haja propriamente voluntariedade na sua interposição, afinal, o poder público não interpõe a remessa necessária, mas ela, nos casos em que prevista deve impor a revisão da decisão. Assim, não há voluntariedade na utilização do reexame necessário.

No entanto, ainda parece prevalecer a posição de que ela é **uma condição de eficácia da sentença** e não um recurso, afinal, a decisão que deveria ser submetida à revisão não transita em julgado enquanto não remetido o processo para o tribunal. Além disso, o CPC não a lista como recurso e entende-se que eles são taxativos.[1]

– Então, no fim das contas ela é essa tal de condição de eficácia da sentença?

Exato. Perceba que a sentença não irá transitar em julgado se for hipótese de reexame necessário e ele não ocorrer. É esse o conteúdo

1. TOSTA, Jorge. *Do reexame necessário.* São Paulo: RT, 2005, p. 146-169.

da súmula 423 do STF, segundo a qual "Não transita em julgado a sentença por haver omitido o recurso *ex officio*, que se considera interposto *ex lege*".

– Como assim?

Simples, se tem uma sentença contra o poder público que deveria ser submetida ao reexame necessário e o juiz, por exemplo, esquece de remeter os autos para o tribunal, basta que o poder público informe ao presidente do tribunal e ele poderá avocar os autos, nos termos do art. 496, §1º, do CPC.

Já afirmou expressamente o STJ que "mesmo que a sentença seja omissa quanto ao reexame necessário, **não ocorre o trânsito em julgado da decisão antes do julgamento do referido feito pelo tribunal**".[2]

– Eita, curioso. Então ela simplesmente impede o trânsito em julgado enquanto não ocorrida.

Exato. Precisamos entender também a sua fundamentação, até para que a compreensão do seu funcionamento seja mais fácil. Você sabe o que fundamenta o reexame necessário para o poder público, que é algo que não se tem para os entes privados em geral?

– Professor, é mais uma dessas benesses que o poder público tem...

Bem, é uma prerrogativa, mas ela tem uma razão de ser. Lembre-se que ela existe nas hipóteses em que há uma decisão desfavorável ao poder público, desde que ultrapasse um certo valor. Pense comigo, de quem é o dinheiro da Fazenda Pública?

– Assim, em última instância, é o nosso dinheiro, dinheiro dos nossos impostos.

2. STJ, 2ª T., REsp 1.677.671/SP, Rel. Min. Og Fernandes, j. 19/09/2017, DJe 25/09/2017.

Correto. A lógica do reexame necessário é a de proteger o dinheiro público, afinal, se, por algum motivo o procurador esquecer de interpor o recurso cabível, haveria o reexame necessário para garantir que ao menos o tribunal pudesse dar uma revisada na decisão.

Dessa forma, ela objetiva impedir que sejam proferidas decisões que causem considerável prejuízo ao poder público sem alguma revisão pelo tribunal, afinal, se o poder público tem uma condenação injusta, é o dinheiro dos impostos que está indo embora. Entendeu?

– Entendi, é uma forma de proteção do dinheiro público.

10.2. PESSOAS JURÍDICAS FAVORECIDAS

Ótimo, agora podemos começar a analisar em relação a quais entes, em regra, a remessa necessária é aplicada. O art. 496, I, do CPC afirma que estão sujeitas ao reexame necessário as decisões de mérito proferidas contra "a União, os Estados, o Distrito Federal, os Municípios e suas respectivas autarquias e fundações de direito público". A lógica é a de que apenas as pessoas jurídicas de direito público estão abrangidas pela disposição legal.

Isso significa, portanto, que **as empresas públicas e as sociedades de economia mista não possuem a prerrogativa do duplo grau de jurisdição obrigatório**, uma vez que são pessoas jurídicas de direito privado.

10.3. HIPÓTESES DE CABIMENTO EM RELAÇÃO À MATÉRIA

– Tudo bem. Você falou em decisões de mérito contra esses entes. O que isso significa?

Significa, na verdade, um pouco mais do que diz a lei. A lei fala em "sentença proferida CONTRA" (art. 496, CPC). No entanto, a interpretação deve abranger também as decisões parciais de mérito, que são aquelas previstas no art. 356 do CPC. Como já apontado pelo enunciado n. 17 do Fórum Nacional do Poder Público, "a decisão parcial de mérito proferida contra a fazenda pública está sujeita ao regime da remessa necessária".

Precisamos entender que a lógica é a de que **as decisões do juiz de primeiro grau com aptidão para formação da coisa julgada contra o poder público estão sujeitas ao reexame necessário.** E, no contexto do CPC, a coisa julgada material pode ser formada tanto em decisão interlocutória quanto na sentença.

Assim, se o poder público é condenado a pagar determinada quantia, não importa se é decisão interlocutória de mérito ou sentença de mérito para que seja submetida ao reexame necessário.

– Significa que não importa quando acontece a decisão, mas o conteúdo dela, não é?

Exatamente! É por isso, por exemplo, que não tem reexame necessário contra decisões de tutela provisória. Assim, se o juiz concede tutela provisória, não há remessa necessária porque essa decisão não tem aptidão para a formação da coisa julgada.

– Posso dizer que toda decisão de mérito tem reexame necessário?

Não há reexame necessário contra acórdão, entendendo-se que ela só se aplica para as decisões de primeiro grau. Não há revisão de acórdão por outro tribunal.

– E quando a sentença de primeiro grau é de extinção do processo sem análise do mérito, como fica?

Bem, nesses casos, o STJ entende que não há decisão "**contra**" o poder público, mesmo que seja, por exemplo, em uma ação ajuizada pelo próprio poder público. Afinal, aquela ação, uma vez sanado o vício que gerou a extinção processual, pode ser ajuizada novamente; não há, no caso coisa julgada material.[3]

3. STJ, 2ª T., AgRg no AREsp 335.868/CE, Rel. Min. Herman Benjamin, j. 05/11/2013, DJe 09/12/2013.

Mesmo em relação aos honorários advocatícios gerados pela extinção do processo sem julgamento do mérito, não se admite o reexame necessário por se entender que o importante é a análise ou não do pedido principal.[4]

Agora um detalhe: isso é a lógica nos processos regidos pelo CPC. Em alguns outros procedimentos especiais a lógica é diferente.

– Mas sempre tem, não é?

A verdade é que nem sempre tem e, na verdade, as vezes o funcionamento é bem diferente em outros procedimentos.

O primeiro caso é o dos Juizados Especiais da Fazenda Pública (art. 11 da Lei 12.153/2009) e os Juizados Especiais Federais (art. 13 da Lei 10.259/2001). Nesses dois procedimentos, **simplesmente não haverá reexame necessário.**

– Quer dizer então que teve a sentença e ela pode transitar em julgado como se o ente público fosse um particular?

Exatamente. Mas em outros procedimentos há previsão específica sobre o reexame necessário. No mandado de segurança, por exemplo a sentença que **conceder a segurança** sempre estará sujeita ao reexame necessário (art. 14, §1º, da Lei 12.016/2009). Dessa previsão, podemos entender que essa decisão é proferida contra o poder público e também que ela sempre deve ter analisado o mérito.

Uma outra coisa curiosa é a de que **não importa quem estiver no polo passivo**, afinal, como veremos quando formos estudar o mandado de segurança, pode ser uma pessoa jurídica de direito privado (sociedade de economia mista, empresa pública). Assim, ao contrário do que ocorre nos procedimentos regidos pelo CPC, pode haver reexame necessário em relação a pessoa jurídica de direito privado.

4. STJ, 2ª T., AgRg no AREsp 335.868/CE, Rel. Min. Herman Benjamin, j. 05/11/2013, DJe 09/12/2013.

Ela também funciona de forma diferente na ação popular. Veja a previsão do art. 19 da Lei 4.717/1965: "**A sentença que concluir pela carência ou pela improcedência da ação está sujeita ao duplo grau de jurisdição, não produzindo efeito senão depois de confirmada pelo tribunal**; (...)."

Notou algo estranho?

– Que vai caber mesmo quando a sentença não for de mérito?

Bom, isso também, mas há algo muito mais particular. Vamos lá. Quem é o autor da ação popular?

– Ah professor, óbvio, um cidadão. Não sou doido.

Sim, um cidadão. E no polo passivo pode ter uma pessoa jurídica de direito público, não é?

– Sim, com certeza.

Ora, veja de novo a previsão do reexame necessário: a) o autor é um cidadão; b) o polo passivo pode ter a Fazenda Pública; c) ele cabe quando a sentença é pela **improcedência ou carência da ação**. Conseguiu notar algo estranho?

– Hm... A sentença aí não é contra o poder público!

Exato, **o reexame necessário visa proteger o cidadão e não o poder público**, por isso que ele ocorrerá quando a sentença for de julgamento pela improcedência da ação. Veja que nem cabe o reexame necessário quando a sentença for pela procedência, por exemplo, contra o poder público!

– Curioso professor, não tinha percebido isso.

Uma outra hipótese **é a submissão da sentença que julga procedente, no todo ou em parte, embargos à execução fiscal (art. 496, II, CPC)**.

Para que compreendamos bem como funciona essa hipótese, precisamos lembrar que a execução fiscal é sempre ajuizada pelo poder público e os embargos à execução, nesse caso, são utilizados pelo particular, sendo um processo de conhecimento que objetiva rediscutir a dívida.

Por consequência lógica, **a sentença que acolhe no todo ou em parte os embargos à execução fiscal é uma sentença contra o poder público**. Afinal, é uma sentença que impede a cobrança de um determinado valor.

Uma observação importante aqui é a de que basta que a sentença seja contra o poder público, mesmo que não decorra do julgamento de embargos à execução fiscal.

– Como assim? E vai ter sentença contra o poder público como?

Ocorre que na execução fiscal, a defesa pode ser realizada também por meio da exceção de pré-executividade, que tem maiores limitações do que os embargos à execução fiscal, mas, ao mesmo tempo, não precisa da prévia garantia do juízo. E ela também pode gerar a extinção da execução fiscal, por exemplo, através da comprovação da prescrição do crédito tributário.[5]

– Ah tá, basta que haja uma sentença extinguindo a execução fiscal para que se imponha o reexame necessário. Mais uma coisa, esse reexame só tem na sentença contra o poder público na execução fiscal? E nas outras?

Nas outras, simplesmente não há previsão legal e por isso não há o reexame necessário.

5. STJ, 2ª T., REsp 1.385.172/SP, Rel. Min. Eliana Calmon, j. 17/10/2013, DJe 24/10/2013.

10.4. PROCEDIMENTO

Agora vamos começar a estudar o procedimento e o regime jurídico da remessa necessária.

Vimos em que casos ela será cabível. Agora é o momento de entender, primeiro, a relação dela com a apelação, que seria o recurso cabível da sentença. Bem, de acordo com o §1º, do art. 496 do CPC, "não interposta a apelação no prazo legal, o juiz ordenará a remessa dos autos ao tribunal, e, se não o fizer, o presidente do respectivo tribunal avocá-los-á".

Note que ela é uma espécie de substituta da apelação, quando o poder público não interpõe o recurso, impedindo o trânsito em julgado.

> – E se o juiz simplesmente não determina o reexame?

Simples: o poder público poderá, por meio de uma simples petição, requerer que o presidente do tribunal avoque os autos, pois enquanto não ocorrer o reexame necessário, não há o trânsito em julgado.

> – Certo. Fiquei com uma dúvida. Se o poder público não apela, tem reexame. Mas e se ele apelar apenas de um capítulo da decisão, o que acontece?

Bem, imagine a seguinte situação: o poder público é condenado em danos morais e materiais, mas escolhe apelar apenas dos danos morais. Nesse caso, como se verifica do enunciado n. 432 do FPPC, "**A interposição de apelação parcial não impede a remessa necessária**". Por conseguinte, se a apelação for parcial, ainda assim haverá a remessa.

> – Quer dizer que, no fim das contas, só não tem o reexame se a Fazenda Pública apelar de tudo?

Sim. É exatamente esse o raciocínio.

10.5. REGIME JURÍDICO

Vamos ver agora o seu regime jurídico. O primeiro tema é a amplitude do reexame necessário, pois, de acordo com a súmula n. 325 do STJ, "A remessa oficial **devolve ao Tribunal o reexame de TODAS as**

parcelas da condenação suportadas pela Fazenda Pública, inclusive dos honorários de advogado". Em outros termos, tudo pode ser analisado de novo pelo tribunal, até as condenações acessórias.

– Eita, é bom demais.

De fato, é uma proteção completa. Se o poder público foi condenado em danos morais e materiais, o tribunal pode reanalisar os dois pedidos e mesmo os valores dos honorários, critérios de correção monetária e juros.

– Certo, mas o tribunal pode aumentar a condenação do poder público? Por exemplos, em primeiro grau o juiz fixou danos morais de R$ 10 mil e o tribunal dobra o valor.

Não. De acordo com a súmula n. 45 do STJ, "No reexame necessário, **é defeso, ao Tribunal, agravar a condenação imposta à Fazenda Pública**". Lembre-se que o reexame necessário tem por objetivo justamente tutelar a Fazenda Pública e, nesse ponto, acaba atraindo o regime jurídico dos recursos, que seguem a lógica do princípio da proibição da *reformatio in pejus* (reforma para pior).

– A Fazenda Pública fica só com o filé. Não recorre e não pode ter a situação piorada...

É mais ou menos isso mesmo. Especificamente quanto ao procedimento, ela atuará de forma parecida com uma apelação, muito embora não tenha razões e nem contrarrazões. Deve até ser incluída em pauta, com intimação das partes, permitindo a sustentação oral, de acordo com a doutrina.[6]

Ela permite, por exemplo, o julgamento monocrático, nos termos da súmula 253 do STJ: "O art. 557 do CPC, que autoriza o relator a decidir o recurso, alcança o reexame necessário". Naturalmente, trocamos o 557 do CPC/1973 pelo art. 932 do CPC de 2015.

6. CUNHA, Leonardo Carneiro da. *A Fazenda Pública em juízo*. 17 ed. Rio de Janeiro: Forense, 2020, p. 205.

10.5.1. O cabimento do recurso especial ou extraordinário

Uma questão interessante para analisarmos é: da decisão que julga o reexame necessário, pode o poder público interpor recurso especial ou extraordinário?

– Diria que não, afinal, nem apelação fez, então concordou com a decisão.

Tem certeza? Como se pode presumir que quem não recorreu concordou com a decisão?

– Ah, "quem cala consente", já diz o ditado popular

Bem, esse ditado não funciona no processo, porque não se pode presumir que a omissão significa concordância, salvo alguma menção expressa. Basta pensar na revelia. Lembra que o réu revel pode intervir no meio do processo, requerendo produção de provas?

– Lembro sim.

Então como é que eu posso presumir que aquele que não contestou concordou com a decisão? Ele pode intervir depois, pedir produção de prova, recorrer e tudo mais. A revelia significa apenas perda do prazo para contestar e não concordância com o pedido. A mesma coisa no reexame necessário. O poder público não recorreu, simplesmente perdeu o prazo, não se podendo afirmar que ele concordou com a decisão.

– Certo, então no processo quem cala não necessariamente consente.

Bom, é por aí. Veja que, inclusive, esse é o entendimento do STJ, segundo o qual **é cabível recurso especial do acórdão que julgou reexame necessário, não havendo qualquer espécie de preclusão lógica, uma vez que o fato de não recorrer não significa concordância com a decisão.**[7]

7. STJ, Corte Especial, REsp 905.771/CE, Rel. Min. Teori Albino Zavascki, j. 29/06/2010, DJe 19/08/2010. Na doutrina, cf.: CUNHA, Leonardo Carneiro da. A contumácia das partes

– Ok, agora entendi.

10.6. EXCEÇÕES AO CABIMENTO DO REEXAME NECESSÁRIO

Vamos ver agora as exceções ao reexame necessário, afinal, em tese, toda e qualquer decisão contra o poder público estaria sujeita a reanálise pelo tribunal, mas, com o passar do tempo, o legislador foi diminuindo as hipóteses em que esse regime de revisão seria necessário. Isso se relaciona bastante com o fortalecimento das procuradorias, que atualmente têm condições de acompanhar melhor os processos.

– Justo. É muita proteção para a Fazenda Pública.

São dois eixos primordiais que impedem o reexame necessário: i) o valor e ii) a decisão estar baseada em alguns precedentes específicos. Veremos primeiro as limitações relativas ao valor, em que a lógica é: apenas se ultrapassado determinado valor, haverá a remessa necessária:

Valor da condenação ou o proveito econômico obtido na causa for de valor certo e líquido inferior a (art. 496, §3º)	Ente público
1.000 salários mínimos	União e as respectivas autarquias e fundações de direito público
500 salários mínimos	Estados, o Distrito Federal, as respectivas autarquias e fundações de direito público e os **Municípios** que constituam CAPITAIS dos Estados
100 salários mínimos	Todos os demais Municípios e respectivas autarquias e fundações de direito público

como ato-fato processual. In: DIDIER JR., Fredie; GOUVEIA, Roberto; NOGUEIRA, Pedro Henrique Pedrosa. (Orgs.). *Pontes de Miranda e o direito processual*. Salvador: Juspodivm, 2013, p. 642-646.

– Ué, mas porque essa diferenciação nos valores?

Ela ocorre tendo por base a presumida condição financeira do Ente. Assim, para que haja reexame necessário, apenas seria considerado relevante ao ponto de impor uma nova análise do tema pelo tribunal, mesmo que não haja recurso do ente na União, se a condenação alcançar ou ultrapassar 1000 salários mínimos. Para um pequeno município, uma condenação de 100 salários mínimos já pode ser considerada relevante.

Note ainda que no caso do Município é variável. Para a maioria é de 100 salários mínimos, mas para os Municípios que forem CAPITAIS, o valor mínimo é de 500 salários mínimos. **Não importa a população do Município, mas o fato de ser capital ou não.**

– Percebi que o CPC fala em valor "inferior a". E se for igual? Se contra o Estado a condenação for de exatamente 500 salários mínimos, o que acontece?

Nesse caso, deverá haver a submissão ao reexame necessário. Afinal, como bem percebido, só há a sua dispensa se o valor for **inferior**.

Uma questão importante é analisar o que fazer com as sentenças ilíquidas. Para essa situação, podemos resolver com o próprio art. 496, §3º, que **exige a liquidez da decisão** para a dispensa do reexame necessário, consolidando o que já dizia a súmula 490 do STJ: "**A dispensa de reexame necessário, quando o valor da condenação ou do direito controvertido for inferior a sessenta salários mínimos, não se aplica a sentenças ilíquidas**".

– Mas não dá para usar nesse caso o valor da causa?

Não, esse entendimento foi superado pela súmula 490 do STJ e pelo art. 496, §3º, do CPC. No entanto, naturalmente, já foi criada uma espécie de exceção pelo STJ.

– Misericórdia, lá vem. Tem reexame na decisão ilíquida, mas não tem...

Vamos lá. O STJ tem dispensado o reexame necessário naquelas decisões em que **há apenas uma "aparente iliquidez" em casos de natureza previdenciária, que jamais atingiria o valor para impor a remessa necessária.**

– Como assim?

Seguinte: imagine um rurícola que vem requerer um benefício previdenciário contra a União, cujo valor é por volta de 1 salário mínimo e, no momento da sentença a ele favorável, a dívida da União abrange por volta de 50 parcelas desse benefício.

Essa decisão ainda precisa ser liquidada, com análise de correção monetária e juros, mas, de acordo com o STJ, "a sentença que defere benefício previdenciário é espécie absolutamente mensurável, visto que pode ser aferível por simples cálculos aritméticos, os quais são expressamente previstos na lei de regência, e são realizados pelo próprio INSS".[8]

Nesses casos, em que é possível identificar, com segurança, que o valor não tem como atingir mais de 1000 salários mínimos a impor o reexame necessário nos casos que envolvem a União, se a sentença detiver apenas uma aparente iliquidez e for de natureza previdenciária, poderá ser dispensada a remessa necessária.

– Certo, então é para os casos em que seria fácil identificar que não tem como a condenação, mesmo ilíquida, chegar no valor para obrigar o duplo grau!

Em 10 de março de 2021, o STJ afetou o tema 1.081, que visa exatamente discutir "se a demanda previdenciária cujo valor da condenação seja aferível por simples cálculos aritméticos deve ser dispensada da remessa necessária, quando for possível estimar que será inferior ao montante previsto no artigo 496, § 3º, inc. I do Código de Processo Civil". É importante ficar de olho nesse tema, porque ele pode consolidar ou superar o entendimento que acabamos de analisar.

8. STJ, 1ª T., REsp 1.735.097, Rel. Min Gurgel de Faria, j. 08/10/2019, DJ 11/10/2019, info. n. 658; STJ, 1ª T., AgInt no REsp 1.873.359/PR, Rel. Min. Gurgel De Faria, j. 31/08/2020, DJe 17/09/2020.

– Opa, vou acompanhar!

Agora podemos passar para os casos de dispensa do reexame necessário em que **independe** do valor da condenação, pois o importante é que a decisão que condena a Fazenda Pública esteja baseada em algum precedente obrigatório.

– Então a dispensa do reexame necessário ocorre se for pelo baixo valor OU por estar baseada em um desses precedentes?

Sim. **Lembre-se disso: mesmo que a condenação ultrapasse o valor mínimo do art. 496, §3º, do CPC, não será submetida ao reexame necessário se estiver fundada em alguns dos precedentes que veremos a partir de agora.**

Precisamos compreender que a inserção dessas exceções ao reexame necessário está conectada com o fato de que o CPC de 2015 tem um objetivo considerável de valorizar a aplicação dos precedentes obrigatórios.

– Mas qual o fundamento para dispensar o reexame necessário nesses casos?

A lógica é a de que, estando a decisão fundada em alguns precedentes obrigatórios, a probabilidade de revisão do entendimento seria muito baixa, violando a duração razoável do processo impor o reexame.

– Certo, mas quais são esses precedentes?

De acordo com o art. 496, §4º, se a decisão estiver fundada nos seguintes precedentes, não haverá reexame:

1) súmula de tribunal **superior**;
2) acórdão proferido pelo Supremo Tribunal Federal ou pelo Superior Tribunal de Justiça em julgamento de recursos repetitivos;

3) entendimento firmado em incidente de resolução de demandas repetitivas ou de assunção de competência;

4) entendimento coincidente com orientação vinculante firmada no âmbito administrativo do próprio ente público, consolidada em manifestação, parecer ou súmula administrativa.

– Oxi, mas não são os mesmos do art. 927 do CPC que fala dos precedentes obrigatórios.

Realmente não são. O regime dos precedentes no Brasil é meio confuso...

Veja essa tabela até para comparar:

PRECEDENTES OBRIGATÓRIOS DO ART. 927	PRECEDENTES QUE DISPENSAM O REEXAME NECESSÁRIO
As decisões do Supremo Tribunal Federal em controle concentrado de constitucionalidade (927, I)	Não dispensa
Enunciados de súmula vinculante (927, II)	Súmula de tribunal superior (496, §4º, I)
Acórdãos em incidente de assunção de competência ou de resolução de demandas repetitivas e em julgamento de recursos extraordinário e especial repetitivos (927, III)	Acórdão proferido pelo Supremo Tribunal Federal ou pelo Superior Tribunal de Justiça em julgamento de recursos repetitivos (art. 496, §4º, II) e entendimento firmado em incidente de resolução de demandas repetitivas ou de assunção de competência (art. 496. §4º, II)
Enunciados das súmulas do Supremo Tribunal Federal em matéria constitucional e do Superior Tribunal de Justiça em matéria infraconstitucional (927, IV)	Súmula de tribunal superior (496, §4º, I)
Orientação do plenário ou do órgão especial aos quais estiverem vinculados (927, V)	Não dispensa
Não é precedente obrigatório	Entendimento coincidente com orientação vinculante firmada no âmbito administrativo do próprio ente público, consolidada em manifestação, parecer ou súmula administrativa

– Estranho... não coincidem mesmo. Falta a decisão da ADIN e do plenário para dispensa o reexame e no reexame ainda tem esse entendimento do próprio órgão.

De fato, os precedentes que dispensam o reexame são em menor quantidade do que aqueles considerados obrigatórios... Por outro lado, tem-se o acrescimento da orientação vinculante do próprio ente público, que não é exatamente um precedente vinculante.

– Como assim?

Essa orientação vinculante o é tão apenas para o próprio órgão, em nada vinculando o Poder Judiciário. São manifestações, pareceres ou súmulas administrativas do próprio órgão a ele vinculante e não faria sentido impor um reexame de uma sentença baseada em decisão vinculante do próprio órgão. Afinal, se a sentença está fundada nessa orientação, e o órgão não recorre, parece possível presumir que, a princípio, ele concorda com ela.

CAPÍTULO 11

Prescrição contra a Fazenda Pública

Vamos estudar agora um tema envolto em várias dificuldades em relação à Fazenda Pública, que é a prescrição.

– Professor, você poderia, antes de falar desse tema em relação à própria Fazenda Pública, dar uma revisada geral?

Claro. Primeiro, precisamos entender que a prescrição tem o objetivo de impedir a eternização dos conflitos na vida social, diminuindo as incertezas e impedindo que os titulares de uma determinada posição jurídica possam exercê-la após ultrapassado um dado período temporal. Ora, do contrário, por exemplo, alguém poderia cobrar uma dívida 60 anos depois, quando ninguém mais lembra de onde veio, não havendo estabilidade nas relações sociais.[1]

A prescrição atualmente é compreendida como extintiva da pretensão do titular da posição jurídica após um determinado período de tempo, não interferindo no direito material.

– Opa, não entendi foi nada. Que pretensão é essa?

É o seguinte: Quando alguém tem uma dívida com você, já estando ela vencida, é possível exigir o seu pagamento judicialmente. A prescrição só vai atingir esse seu **poder** de exigir o cumprimento da obrigação judicialmente, que é a pretensão.

1. CAHALI, Yussef Said. *Prescrição e decadência*. São Paulo: RT, 2008, p. 18-19.

O direito subjetivo ao cumprimento daquela obrigação permanece vivo.

– Tá, mas qual a relevância disso, se eu não posso cobrar?

A relevância é enorme, porque, se a pessoa pagar dívida prescrita, ela é uma dívida que existe, não podendo alegar depois que pagou errado ou coisa do tipo e pedir o ressarcimento do valor. É exatamente isso que está no art. 882 do Código Civil. No entanto, se alguém faz um pagamento de uma dívida que simplesmente não existe, quem pagou errado pode exigir judicialmente a sua restituição (art. 876, CC).

Portanto, veja: uma dívida prescrita não pode mais ser exigida, mas, se cumprida, quem pagou, não pode depois alegar que não devia.

– Entendi professor. Se prescreveu, eu vou ter de contar com a bondade do devedor, mas se ele pagar, pagou, não pode reclamar depois.

É esse o raciocínio!

11.1. PRAZO

A primeira questão envolvendo a prescrição contra a Fazenda Pública é o seu prazo. De acordo com o art. 1º, do Decreto n. 20.910/1932: "As dívidas passivas da União, dos Estados e dos Municípios, bem assim **todo e qualquer direito ou ação** contra a Fazenda federal, estadual ou municipal, seja qual for a sua natureza, **prescrevem em cinco anos contados da data do ato ou fato do qual se originarem**".

O mesmo conteúdo está no art. 2º, do decreto-Lei 4.597/1942, segundo o qual, "O Decreto nº 20.910, de 6 de janeiro de 1932, que regula a **prescrição qüinqüenal**, abrange as dívidas passivas das autarquias, ou entidades e órgãos paraestatais, criados por lei e mantidos mediante impostos, taxas ou quaisquer contribuições, exigidas em virtude de lei federal, estadual ou municipal, bem como a todo e qualquer direito e ação contra os mesmos".

Essa mesma disposição foi reproduzida no art. 1º-C, da Lei 9.494/1997, segundo a qual "Prescreverá em **cinco anos** o direito de obter indenização dos danos causados por agentes de pessoas jurídicas de direito público e de pessoas jurídicas de direito privado prestadoras de serviços públicos", até já afirmado como constitucional pelo STF.[2]

O artigo é bem claro: **o prazo é de cinco anos, sendo aplicável a todo e qualquer direito de ação contra a Fazenda Pública**. Ao contrário do que ocorre no direito privado, mais especificamente no direito civil, que existem prazos diferentes para cada situação, contra o poder público, o prazo, em geral é único, **de cinco anos**.

– Tá, cinco anos. Mas esse prazo é para todas as obrigações?

Praticamente sim. Chegou a existir certa polêmica no que se refere às ações indenizatórias, porque o prazo delas no Código Civil de 2002 é de três anos (art. 206, §3º, V). Mas já faz algum tempo que o STJ consolidou o posicionamento em recurso repetitivo (tema 553) de que, contra a Fazenda Pública, mantém o prazo de cinco anos, uma vez que o Decreto 20.910/1932 é especial em relação ao Código Civil e não foi por ele alterado.[3]

– Ou seja, no fim das contas o prazo da ação indenizatória também é de cinco anos?

Isso mesmo.

Outra situação importante é que o STJ tem o posicionamento de que a prescrição quinquenal "não se aplica às ações indenizatórias por danos morais, em face de perseguição política e tortura, ocorridos durante o regime militar, decorrentes de violação de direitos fundamentais, sendo, no caso, imprescritível a pretensão indenizatória".[4] Assim uma ação de dano moral decorrente de tortura da di-

2. STF, Tribunal Pleno, ADI 2.418, rel. min. Teori Zavascki, j. 04/05/2016, DJE 17/11/2016.
3. STJ, 1ª Seção, REsp 1.251.993/PR, Rel. Min. Mauro Campbell Marques, j. 12/12/2012, DJe 19/12/2012, info. n. 512.
4. STJ, 2ª T., AgRg no AREsp 816.972/SP, Rel. Min. Assusete Magalhães, j. 10/03/2016, DJe 17/03/2016; STJ, 1ª T., AgRg no AREsp 611.952/SC, Rel. Min. Sérgio Kukina, DJe de 10/12/

tadura militar ocorrida na década de 70 do século passado pode ser judicializada em 2020 sem que haja prescrição.

Esse entendimento foi consolidado na súmula 647 do STJ, segundo a qual "São imprescritíveis as ações indenizatórias por danos morais e materiais decorrentes de atos de perseguição política com violação de direitos fundamentais ocorridos durante o regime militar".

– E esse prazo é para toda a Administração Pública?

Não. **Apenas para as pessoas jurídicas de direito público.**

Não será aplicado para as dívidas das empresas públicas, sociedades de economia mista e eventuais fundações de direito privado.[5]

Esse é, por exemplo o raciocínio por trás da súmula 39 do STJ, segundo a qual "Prescreve em vinte anos a ação para haver indenização, por responsabilidade civil, de sociedade de economia mista". Como já afirmado expressamente pelo STJ, "**o Decreto nº 20.910/32 não se aplica às sociedades de economia mista**".[6]

– E o que faço nesses casos?

Será a mesma prescrição de uma pessoa jurídica de direito privado, sendo necessário ir buscar tais prazos no código civil.

11.2. PRESCRIÇÃO DE TRATO SUCESSIVO E PRESCRIÇÃO DE FUNDO DO DIREITO

Agora podemos passar a temas mais difíceis, ou seja, o estudo da **prescrição de trato sucessivo** e a **prescrição de fundo do direito**.

– Professor, nunca entendi direito essa diferenciação.

2014; STJ, 1ª T., AgRg no REsp 1.128.042/PR, Rel. Min. Sérgio Kukina, DJe de 23/08/2013; STJ, 2ª T., AgRg no AREsp 302.979/PR, Rel. Min. Castro Meira, DJe de 05/06/2013; STJ, 2ª T., AgRg no Ag 1.428.635/BA, Rel. Ministro Mauro Campbell Marques, DJe de 09/08/2012.

5. STJ, 2ª T., REsp 1.270.671/RS, Rel. Min. Castro Meira, j. 16/02/2012, DJe 05/03/2012.
6. STJ, 3ª T., REsp 1.539.689/DF, Rel. Min. Moura Ribeiro, j. 05/06/2018, DJe 14/06/2018.

Vamos ver com calma. Primeiro, precisamos entender que, normalmente, a prescrição deriva de um fato único, iniciando em um momento específico. Se um veículo da União atropela um indivíduo, o prazo prescricional para a ação de danos morais inicia daquele evento, que é único.

O problema para a contagem dos prazos aparece principalmente quando envolve as remunerações dos servidores públicos, que ocorre todo mês e pode ocorrer algum problema com esse pagamento.

Esse tema é tratado no art. 3º, do Decreto 20.910, segundo o qual "Quando o pagamento se dividir por dias, meses ou anos, a prescrição atingirá **progressivamente as prestações** à medida que completarem os prazos estabelecidos pelo presente decreto".

Denomina-se que esses casos são hipóteses em que há a **prescrição de trato sucessivo**.

– Então prescrição de trato sucessivo é relacionada com pagamentos devidos de tempos em tempos de forma contínua?

Sim. Um exemplo bom é o seguinte: Paulo é servidor público e obteve uma progressão funcional prevista em lei em maio de 2015. A Administração Pública, no entanto, esqueceu de inserir o aumento salarial no seu contracheque. Lembre-se que Paulo recebe a sua remuneração a menor todos os meses, de forma contínua e que a administração simplesmente foi omissa.

O prazo prescricional de cinco anos **não irá incidir sobre a pretensão de receber esses valores não pagos de forma a impedir a rediscussão do direito, mas ao limite da retroatividade dos cinco anos**. Se ele ajuizar a ação em maio de 2021, foram ultrapassados 6 anos, mais do que cinco anos. Ele ainda pode questionar a não realização dessa progressão funcional e requerer o recebimento dos valores?

– Acho que sim.

Veja só: ele deveria receber aquele valor todos os meses, sendo uma relação jurídica contínua, na qual a administração nunca chegou e disse: você não deve receber. Nesses casos, ele pode entrar com essa ação quando quiser, o que a prescrição vai limitar é apenas a retroatividade dos valores a serem recebidos, que serão contados do ajuizamento da ação para cinco anos retroativos.

Portanto, se ele ajuizar a ação em maio de 2021, tem eventual direito de receber retroativo até maio de 2016. Assim, ele deixa de receber por um ano (maio de 2015 a maio de 2016), mas não perde o direito de discutir se deve ou não receber aqueles valores.[7]

Isso tudo é o que quer dizer a súmula 85 do STJ, segundo a qual "Nas relações jurídicas de trato sucessivo em que a Fazenda Pública figure como devedora, **quando não tiver sido negado o próprio direito reclamado, a prescrição atinge apenas as prestações vencidas antes do qüinqüênio anterior a propositura da ação**".

– Tudo bem, agora eu entendi. Ele sempre pode discutir aquela questão. Ele pode ajuizar em 2030, mas só pode receber os últimos 5 anos! Agora eu notei que sempre se fala em caso de omissão do poder público... E o que acontece se ele diz que você não tem direito?

Você pegou bem a questão. Para reforçar, olha essa passagem de um julgado do STJ, sobre isso: "Em se tratando de relação continuada e **inexistindo recusa formal da administração ao reconhecimento do direito pleiteado,** a prescrição não atinge o fundo de direito, alcançando, tão só, as parcelas vencidas, anteriores ao quinquenio da propositura da ação".[8]

Há outros casos específicos em que o STJ afirmou atuar a prescrição de trato sucessivo, a exemplo do pedido de servidor público

7. STJ, 1ª T., AgInt no AREsp 1.459.785/RN, Rel. Min. Napoleão Nunes Maia Filho, j. 18/11/2019, DJe 26/11/2019.
8. STJ, 2ª T., REsp 10.110 SP, Rel. Min. Peçanha Martins, j. 10/02/1993, DJ 22/03/1993.

aposentado de equiparação de proventos com vencimento de servidores da ativa.[9]

Como apontado, isso só ocorre quando a Administração Pública não nega o direito. **Quando há negação expressa do direito, ocorre o que se convencionou denominar de prescrição do fundo do direito.**

> – Então essa prescrição de fundo do direito é quando tem uma **decisão expressa** no meio de uma relação de trato sucessivo?

Esse é o caminho. Voltemos ao exemplo de Paulo e sua progressão funcional. Imagine que, nessa hipótese, Paulo requereu administrativamente a progressão funcional e ela lhe foi negada. Se houve negativa expressa da Administração Pública, não há mais prescrição de trato sucessivo, mas sim a prescrição do próprio direito àquela verba.

É importante notar que, no caso da negativa, há um ato único e específico no tempo que diz: você não tem esse direito e o servidor irá impugnar judicialmente esse ato. Não há mais prescrição de trato sucessivo a partir desse momento.

Voltando ao exemplo, se a negativa ocorreu em maio de 2016, ele só poderá ajuizar a ação até maio de 2021, quando acaba o prazo prescricional de cinco anos. Dali para frente, ele não pode mais impugnar aquela decisão administrativa.

> – Então é tipo assim: o servidor deveria receber aquela verba todo mês e pode questionar a qualquer momento, mil anos depois, mas a prescrição só atua nos últimos cinco anos, quando a Administração Pública não diz nada. Se no meio disso tudo ele pede e leva um não na cara, deu ruim... O prazo para questionar é de cinco anos e depois acabou tudo.

9. STJ, 2ª T., AgInt no AREsp 1.584.743/SC, Rel. Min. Mauro Campbell Marques, j. 05/03/2020, DJe 17/03/2020.

É um bom resumo. Veremos ainda algumas situações peculiares onde parece que seria trato sucessivo, mas o STJ entende que não é bem assim e vice-versa.

O primeiro caso são os atos administrativos/normativos de enquadramento e reenquadramento, que são considerados atos únicos e de efeitos concretos, caso em que incide a prescrição do fundo do direito.[10]

– Opa, mas eu nem sei o que é enquadramento do servidor. Só consigo pensar em alguém ser enquadrado é levar uma repreensão do chefe...

O enquadramento do servidor é simplesmente a inserção dele no contexto do plano de sua carreira. Digamos que a carreira tem dez níveis, a cada nível, há um novo enquadramento do servidor.

O reenquadramento não é um esporro ao quadrado que ele leva do chefe, mas simplesmente a alteração do servidor na organização do poder público. Um exemplo interessante e que ocorreu em muitos entes foi a criação do regime jurídico único, que fez com que os celetistas fossem reenquadrados em outra carreira, porque agora seriam estatutários. Quaisquer questionamentos decorrentes dessa mudança estariam sujeitos ao prazo prescricional do fundo do direito de cinco anos.

– Certo, entendi.

Você pode ver a diferença entre as situações de prescrição comum, a de trato sucessivo e a do fundo do direito da seguinte forma:

10. STJ, 2ª T., AgInt no REsp 1.809.613/PR, Rel. Min. Herman Benjamin, j. 21/11/2019, DJe 19/12/2019; STJ, 1ª T., AgInt nos EDcl no AREsp 678.444/RJ, Rel. Min. Napoleão Nunes Maia Filho, j. 08/06/2020, DJe 16/06/2020.

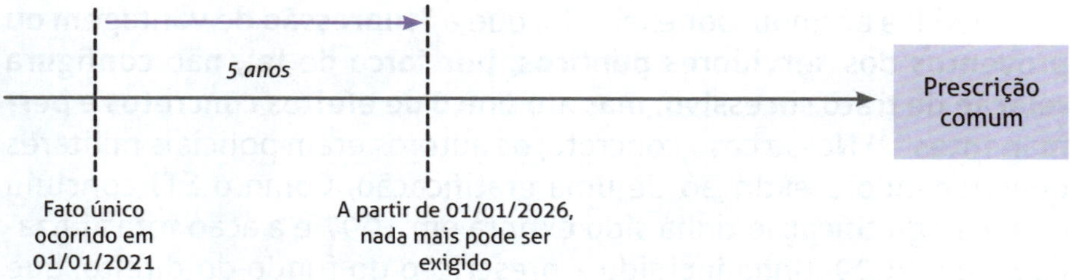

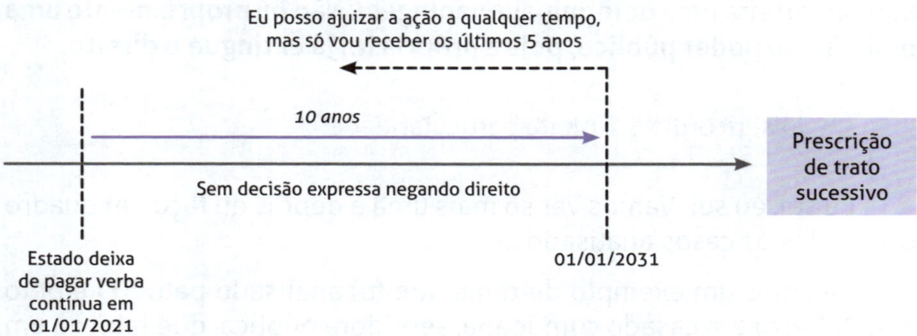

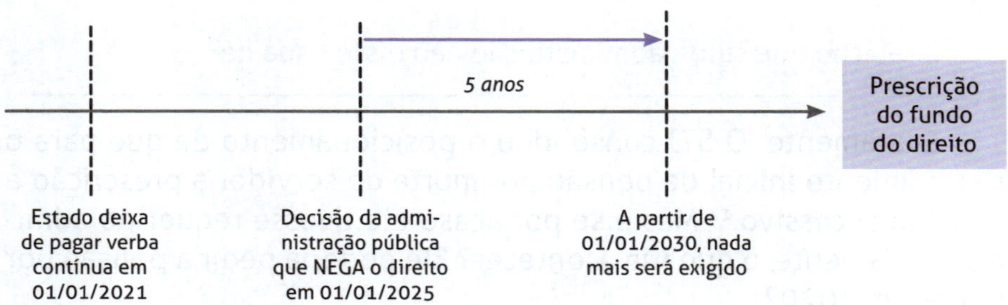

11.3. PRESCRIÇÃO NO CASO DAS LEIS DE EFEITOS CONCRETOS

Agora vamos ver a **lei de efeitos concretos**. Chamam-se assim as leis que, por si só geram efeitos concretos.

– Eu imaginei pelo nome... Mas o que isso significa?

O STJ já afirmou, por exemplo, que a "**supressão de vantagem ou proventos dos servidores públicos, por força de lei, não configura relação de trato sucessivo, mas ato único de efeitos concretos e permanentes**".[11] Nesse caso concreto, os autores eram policiais militares questionando a extinção de uma gratificação. Como o STJ concluiu que essa gratificação tinha sido extinta em 1997 e a ação fora ajuizada só em 2009, tinha incidido a prescrição do fundo do direito, que seria contada a partir da vigência da lei.

Veja que nessa situação há um ato normativo que extingue para aquela carreira uma determinava vantagem. **Não há propriamente uma omissão do poder público, pois a própria lei já extingue o direito.**

– Misericórdia.... É muita particularidade!

Eu sei, eu sei. Vamos ver só mais uma e depois eu faço um quadro com todos os casos analisados.

Vejamos um exemplo de tema que foi analisado pelo STJ e pelo STF. Roberto era casado com Joana, servidora pública, que faleceu em junho de 2010 e ele poderia pedir pensão por morte. Não o fez, apenas requerendo a pensão em junho de 2020. Ele poderia fazer isso?

– Acho que sim, a administração não disse nada né?

Exatamente. O STJ consolidou o posicionamento de que para o requerimento inicial de pensão por morte de servidor a prescrição é de trato sucessivo.[12] Mas e se por acaso ele tivesse requerido administrativamente, o que iria acontecer? Ele poderia pedir a pensão por morte em 2020?

– Ora, pela lógica não, já que teve indeferimento administrativo e a partir daí iria contar o prazo de cinco anos da prescrição do fundo do direito.

11. STJ, 1ª T., AgInt nos EDcl no REsp 1.723.691/BA, Rel. Min. Gurgel De Faria, j. 16/03/2020, DJe 27/03/2020.
12. STJ, Corte Especial, AgInt nos EREsp 1.742.252/RS, Rel. Min. Og Fernandes, j. 07/04/2020, DJe 17/04/2020; STJ, Corte Especial, AgInt nos EAREsp 1.119.625/RS, Rel. Min. Mauro Campbell Marques, j. 07/04/2020, DJe 17/04/2020.

Bem, seu raciocínio está correto, mas STF e STJ criaram uma exceção a essa lógica.

Depois que o STF afirmou que "o direito à previdência social constitui direito fundamental e, uma vez implementados os pressupostos de sua aquisição, não deve ser afetado pelo decurso do tempo",[13] o STJ passou a afirmar que "**Mesmo nas hipóteses em que tenha havido o INDEFERIMENTO administrativo, não se reconhece a perda do direito em razão do transcurso de tempo.** Isso porque a Administração tem o dever de orientar o administrado para que consiga realizar a prova do direito requerido, não havendo, assim, que se falar na caducidade desse direito em razão de um indeferimento administrativo que se revela equivocado na esfera judicial".[14]

Em outros termos, ao menos especificamente para a pensão por morte, não há prescrição do fundo do direito **nem se a administração negar o pedido**.

– Pô, essa aí é para confundir geral.

Concordo plenamente, por isso fiz questão de destacar. Há outra situação semelhante, que há o pedido de reintegração de servidor público que foi desligado por perseguição política no período da ditadura militar. Não haveria prescrição para o pedido de reintegração, por se entender que é uma defesa de direito inalienável à dignidade da pessoa humana, especialmente quando violado na época da ditadura militar. A única limitação seria que apenas poderiam ser cobradas as parcelas remuneratórias não recebidas durante os últimos cinco anos (prescrição de trato sucessivo).[15]

De forma resumida, essas são as situações em que há maior dificuldade de identificação se a situação é prescrição de trato sucessivo ou prescrição do fundo do direito:

---

13. STF, Plenário, RE 626.489, Rel. Min. Roberto Barroso, j. 16/10/2013, Dje 23/09/2014.
14. STJ, 1ª Seção, EREsp 1.269.726/MG, Rel. Min. Napoleão Nunes Maia Filho, j. 13/03/2019, DJe 20/03/2019.
15. STJ, 1ª T., REsp 1.565.166/PR, Rel. Min. Regina Helena Costa, j. 26/06/2018, DJe 02/08/2018.

PRESCRIÇÃO DE TRATO SUCESSIVO	PRESCRIÇÃO DO FUNDO DO DIREITO
Relações de trato sucessivo em que não há negativa expressa da Fazenda Pública	Relações de trato sucessivo em que **há negativa expressa** da Fazenda Pública
Pedido de benefício previdenciário, mesmo com negativa do poder público	Leis de efeito concreto (ex.: supressão de vantagem)
Pedido de reintegração decorrente de perseguição na ditadura militar	Enquadramento ou reenquadramento de servidor público

– Com a tabela dá para entender melhor mesmo. Tem uns casos que não fazem muito sentido...

Concordo, mas são as exceções à regra geral.

11.4. INTERRUPÇÃO DA PRESCRIÇÃO

Veremos agora outro tema que tem uma particularidade interessante quando referente à Fazenda Pública, que é a interrupção da prescrição. Lembremos que a prescrição é uma espécie de sanção àquele que ultrapassa o período inserido na lei para exigir um determinado direito.

A legislação insere diversas hipóteses em que há interrupção da prescrição, ocorrida por atos que demonstram o interesse do credor em exigir aquela prestação. De acordo com o art. 202 do Código Civil a interrupção da prescrição ocorre com (a) o despacho do juiz ordenando a citação em processo judicial, (b) o protesto judicial, (c) o protesto cambial, (d) a apresentação do título de crédito em juízo de inventário ou em concurso de credores, (e) o ato judicial que constitua em mora o devedor e, por fim, (f) qualquer ato inequívoco, ainda que extrajudicial, que importe o reconhecimento do direito pelo devedor.

Na relação jurídica entre pessoas físicas e pessoas jurídicas de direito privado, a interrupção da prescrição gera o **reinício do prazo** (art. 202, parágrafo único, CC), que recomeça a contar do início.

– Então, de certa forma, isso pode gerar um aumento do prazo? Vai somar os dois, não é?

Exato. Por exemplo, se Ravi era credor de Mozart de um crédito cujo prazo prescricional era de cinco anos e ele realizar um protesto judicial 4 anos e 11 meses depois do início do prazo, ele terá mais cinco anos para exigir aquela obrigação. No fim das contas, ele terá 9 anos e 11 meses para exigir aquela prestação. Preste atenção nisso, a regra é a de que o prazo recomeça do zero.

– Ele pode com 9 anos e 10 meses fazer um novo protesto judicial e recomeçar tudo de novo?

Não, senão vira uma bagunça e as dívidas iam acabar jamais prescrevendo... O art. 202, *caput*, do Código Civil afirma expressamente que a interrupção da prescrição "somente poderá ocorrer **uma vez**". Então ele não pode ficar renovando até o fim dos tempos essa prescrição.

– Certo, entendi.

Vamos ver agora que a interrupção do prazo tem uma particularidade em relação à Fazenda Pública, pois, de acordo com o art. 9º do Decreto n. 20.910/1932, "**A prescrição interrompida recomeça a correr, pela metade do prazo**, da data do ato que a interrompeu ou do último ato ou termo do respectivo processo".

– Pô, maldade com o credor da fazenda. Então uma prescrição de cinco anos, se tive um protesto judicial, só vai ter mais dois anos e meio.

Mas não é só isso. Em tese, você poderia ter uma situação esdrúxula de diminuição do prazo prescricional!

– Como assim?

Imagine que Roberval prestou um serviço para a Fazenda Pública e, um mês depois, ele faz o protesto cambial dessa dívida. Olha o que poderia acontecer: ele deveria ter prazo de cinco anos para exigir a dívida, mas, ao praticar ato que interrompe a prescrição um mês depois, ele deveria recomeçar pela metade, então, no fim das contas, ele só teria 2 anos e 6 meses (1 mês + 2 anos e meio) para cobrar a dívida!

Isso aconteceria em qualquer situação na qual a interrupção ocorresse até antes de dois anos e meio.

– Isso é uma maldade!

Concordo. E esse problema foi percebido pela jurisprudência, tanto é que o STF editou a súmula 383 que diz o seguinte: "A prescrição em favor da Fazenda Pública recomeça a correr, por dois anos e meio, a partir do ato interruptivo, **mas não fica reduzida aquém de cinco anos, embora o titular do direito a interrompa durante a primeira metade do prazo**".

– Eu não entendi muito bem...

Veja, a súmula não disse que aquela lei era inconstitucional nem nada, apenas limitou a sua atuação. A prescrição contra a Fazenda Pública não pode gerar diminuição do prazo de cinco anos, só pode aumentar, que é basicamente a função da interrupção do prazo prescricional.

Em outros termos, no exemplo que vimos, pela interpretação do STF, a prescrição interrompida no primeiro mês iria voltar a contar por 4 anos e 11 meses, que totalizaria o prazo de cinco anos. **A lógica da súmula é a de impedir que a prescrição seja diminuída pela sua interrupção**!

Por outro lado, **ela permite o aumento do prazo**. Ora, se no caso de Roberval ele protestasse o título com 4 anos e 11 meses, a prescrição seria interrompida, voltando a contar pela metade. No fim das contas, ele teria 7 anos e 4 meses total de prazo prescricional (4 anos e 11 meses mais 2 anos e meio).

– Ah tá, foi uma boa solução. O que importa é que no mínimo ela tenha o prazo de cinco anos no total!

CAPÍTULO 12

Procedimentos especiais do CPC e a Fazenda Pública

12.1. AÇÕES POSSESSÓRIAS

No direito brasileiro, há um instrumento específico para a proteção posse, que são as ações possessórias.

– Mas o que é posse?

Essa é a pergunta de um milhão de reais. Até hoje a doutrina ainda briga sobre o tema e o próprio código civil não quis se meter na confusão. Por isso, ele se limita a dizer que "Considera-se possuidor todo aquele que tem de fato o exercício, pleno ou não, de algum dos poderes inerentes à propriedade" (art. 1.196, CC).

– E que poderes são esses?

São os poderes de "usar, gozar e dispor da coisa, e o direito de reavê-la do poder de quem quer que injustamente a possua ou detenha" (art. 1.228, CC).

Enfim, a ação possessória é útil caso você esteja lá na sua fazenda e chegue alguém e simplesmente comece a morar por lá e não queira sair mais.

– Que cara de pau!

Isso mesmo. Para isso existem os interditos possessórios, que, na verdade, são subdivididos em reintegração de posse, manutenção de posse e interditos possessórios.

– Mas qual a diferença entre essas ações?

Bem, todas tutelam a mesma coisa: posse. A diferença entre elas é só no grau em que a sua posse está sendo ameaçada:

AÇÕES POSSESSÓRIAS		
REINTEGRAÇÃO DE POSSE	**MANUTENÇÃO DE POSSE**	**INTERDITO PROIBITÓRIO**
Esbulho: perda da posse	*Turbação:* perturbação no exercício da posse.	Probabilidade de iminente agressão à posse.

– Professor, e como eu diferencio na prática essas três? Digamos que meu terreno tem 100 hectares. O sujeito invadiu 2 hectares. Já é turbação?

Felizmente, o próprio legislador sabe como é difícil essa diferenciação na prática e afirmou que "A propositura de uma ação possessória em vez de outra não obstará a que o juiz conheça do pedido e outorgue a proteção legal correspondente àquela cujos pressupostos estejam provados" (art. 554, CPC).

– Então, eu posso dizer que não importa o nome da ação?

Exatamente. Basta que você comprove alguma bagunça na sua posse.

– Finalmente uma bondade do legislador. O que tem de especial nessas ações possessórias?

O especial delas, para os temas que vamos estudar são: a) "Estando a petição inicial devidamente instruída, o juiz deferirá, sem ouvir o réu, a expedição do mandado liminar de manutenção ou de reintegração" (art. 562, CPC), que independe até da alegação de urgência; b) "Na pendência de ação possessória é vedado, tanto ao autor quanto ao réu, propor ação de reconhecimento do domínio, exceto se a pretensão for deduzida em face de terceira pessoa" (art. 557, CPC).

– Professor, eu até entendi essa parte da liminar. Mas que ação de domínio é essa?

É basicamente uma ação que discute o direito de propriedade. Em regra, na ação possessória, ninguém pode discutir a propriedade, só se permitindo a discussão da posse.

– Curioso.

Um dos fundamentos seria o de proteção específica do direito à posse, que pode até ser oposto contra o proprietário, que invade a posse de outrem. Se não houvesse essa vedação, todo proprietário poderia simplesmente tomar a posse para si, mesmo que ilegítima, com a alegação de propriedade, esvaziando a tutela da posse.[1]

– Quando é que isso acontece? Não consigo nem imaginar.

Imagine a situação do proprietário (Batman) que vendeu o bem que já está na posse do comprador (Super-homem), que ainda não passou o bem para o seu nome. Se for imóvel, mesmo você pagando o preço e estando na posse não será considerado formalmente proprietário, até registrar (art. 1.245, §1º, CC). Então, caso o Batman tente tomar o bem imóvel que foi vendido, mas ainda não registrado pelo Super-homem, a ação possessória vai servir para resolver essa situação.

– Entendi. Mas tinha um outro jeito de resolver essa briga.

Qual?

1. NEVES, Daniel Amorim Assumpção. *Manual de direito processual civil.* 9ª ed. Salvador: Juspodivm, 2017, p. 940; GOUVEIA FILHO, Roberto P. Campos; COSTA FILHO, Venceslau Tavares. Comentários ao art. 557. In: CUNHA, Leonardo Carneiro da; STRECK, Lenio Luiz; NUNES, Dierle (orgs). FREIRE, Alexandre (coord.). *Comentários ao código de processo civil.* 2ª ed. São Paulo: Saraiva, 2017, p. 826.

– Era só um deles falar Marta de forma dramática, que é o nome da mãe dos dois!

Seria uma boa opção, mas daria uma péssima cena de filme.[2]

– É verdade.

Ocorre, no entanto que surgem algumas exceções a essa vedação da alegação do domínio, como veremos em breve.

– Certo.

Lembre-se ainda que, embora seja uma ação voltada à discussão da posse, o autor ainda pode cumular a esse pedido possessório: a) condenação em perdas e danos (art. 555, I, CPC) e b) indenização dos frutos (art. 555, II, CPC).

12.1.1. A Fazenda Pública e as ações possessórias

– Mas o que isso tem a ver com o poder público?

Existem algumas importantes peculiaridades nas ações contra o poder público. Uma primeira é apenas procedimental: "Contra as pessoas jurídicas de direito público não será deferida a manutenção ou a reintegração liminar sem prévia audiência dos respectivos representantes judiciais" (art. 562, parágrafo único, CPC).

– Então tá tranquilo. É só isso?

2. Se você não entendeu esse diálogo, assista o filme Batman vs. Superman, que, fora essa cena, é legal.

Expressamente, pelo CPC, sim. Mas há algumas peculiaridades nas ações possessórias ajuizadas contra o poder público, que são relacionadas com a própria admissibilidade da posse do bem público.

– De que jeito?

Imagine que o Estado do Rio de Janeiro tenha um terreno e algumas pessoas chegam lá e constroem suas casas. Isso sem autorização, sem nada. Há posse por parte dessas pessoas de um bem público?

– Acho que sim.

Não verdade, não há. A tendência do STJ é a de afirmar que essa situação não é admitida no direito brasileiro. Isso porque "admitir que o particular retenha imóvel público seria reconhecer, por via transversa, **a posse privada do bem coletivo, o que não se harmoniza com os princípios da indisponibilidade do patrimônio público e da supremacia do interesse público** (...) e que incumbe ao Poder Público, na forma de inafastável dever e sob pena de cometer improbidade administrativa, mandar que, de imediato, se restitua o imóvel ao integral benefício da coletividade, irrelevante o tempo da ocupação".[3]

– E o que isso significa?

Significa que não se pode admitir a posse de bem público porque seria a mesma coisa de admitir que alguém possa se apropriar de um bem coletivo, que é o que representa o bem público. Assim, a invasão de um terreno público não merece uma tutela jurídica possessória perante o poder público.

Em resumo, o poder público pode chegar lá e tomar a posse, que o invasor não vai poder pedir ajuda ao Poder Judiciário.

3. STJ, 1ª T., AgInt no REsp 1.670.186/CE, Rel. Min. Regina Helena Costa, j. 04/08/2020, DJe 07/08/2020.

– Isso significa que o particular não pode ajuizar a possessória contra o poder público?

Exatamente. Assim, não pode o particular se utilizar de uma ação possessória perante o poder público proprietário.

Como afirmou o STJ, a ação possessória pressupõe "genuína posse direta ou indireta. Descabe, pois, ajuizá-lo contra o Estado em casos de detenção consentida (tolerância ou permissão) ou de ocupação de fato de bem público, pouco importando seja curta ou longa, mansa e pacífica".[4]

Por isso que se pode dizer que **quem invade o bem público terá APENAS DETENÇÃO e não posse**.

– Detenção? E qual a diferença disso para a posse?

Como bem destacado pela doutrina, "A detenção é uma posse degradada, juridicamente desqualificada pelo ordenamento jurídico vigente. O detentor não poderá manejar ações possessórias (...). O legislador entendeu que, em determinadas situações, alguém possui poder fático sobre a coisa sem que sua conduta alcance repercussão jurídica, a ponto de ser negada ao detentor a tutela possessória".[5] Em suma, o sujeito exerce um poder sobre a coisa que é desqualificado pelo direito.

– Entendi.

Podemos ir até além nas consequências.

De acordo com o código civil, o possuidor, mesmo aquele de má-fé, ou seja, o que conhece o vício que impede a aquisição da coisa, sabendo que a possui indevidamente tem direito ao ressarcimento

4. STJ, 2ª T., AgInt no AREsp 1.605.083/RS, Rel. Min. Herman Benjamin, j. 06/05/2020, DJe 14/05/2020.
5. FARIAS, Cristiano Chaves de; ROSENVALD, Nelson. *Curso de direito civil.* 5ª ed. Salvador: Juspodivm, 2012, v. 5, p. 128.

das benfeitorias necessárias, que são melhoramentos, obras, despesas, plantações, construções na coisa.

– Certo.

Para o STJ, **não há qualquer direito a indenização por parte do particular em relação ao poder público,**[6] uma vez que ele sequer exerce posse, mas simples detenção que, como vimos é uma posse desqualificada pelo direito. Assim, mesmo que ele construa no terreno, ficará a ver navios.

Do mesmo jeito também não pode pedir retenção, direito reconhecido quando as benfeitorias necessárias e úteis (art. 1.219, CC) não lhe são indenizadas.

– Esse STJ não tem dó de ninguém. Quer dizer que se tem um imóvel caindo aos pedaços no terreno público e o particular invade e faz um tríplex, sai com uma mão na frente e outra atrás?

Exatamente. E todos sabemos como triplex tende a complicar a vida das pessoas...

Agora vamos analisar uma situação curiosa. Até agora, vimos que o particular que invade o terreno público não tem direito a nada. Mas e se, por acaso, Godzilla está lá no terreno público do INSS, e King Kong invade a sua posse, o que Godzilla pode fazer?

– Liga para o INSS.

Mas aí os dois serão expulsos.

– Eita, verdade. Má ideia. Então faz o quê?

6. STJ, 2ª T., AgRg no REsp 1.470.182/RN, Rel. Min. Mauro Campbell Marques, j. 04/11/2014, DJe 10/11/2014.

O STJ já enfrentou essa questão e entendeu que Godzilla tem evidente objetivo de obter o domínio perante aquele terreno, exercendo a posse, só que não oponível perante o poder público. NO ENTANTO, será oponível em face de King Kong que, todo folgado, quer perturbar a posse de Godzilla.

Isso significa que "**Ainda que a posse não possa ser oposta ao ente público senhor da propriedade do bem, ela pode ser oposta contra outros particulares, tornando admissíveis as ações possessórias entre invasores**".[7] Em suma, a proteção possessória é um instrumento adequado para pacificar o conflito entre os particulares.[8]

– Que confusão.

Bem, basicamente a posse de Godzilla pode ser oposta a King Kong, mas não ao INSS. Afinal, quem tem o dever de zelar pelo bem público e que ele pertença à coletividade é o INSS. Se King Kong invade a posse de Godzilla, a relação deste com o poder público será irrelevante.

Mas veja, a confusão ainda não acabou. Até porque, o que é ruim, sempre pode piorar.

– Eu já estou imaginando alguma discussão em que um alienígena invadiu o terreno público!

Antes fosse. No nosso caso concreto, imagine que Godzilla, inocente, além de ajuizar a ação possessória contra King Kong, ligue para o INSS para informar da confusão.

– Misericórdia, lá vem treta.

E como. O INSS chega e descobre que há uma ação possessória entre Godzilla e King Kong em relação AO SEU TERRENO.

7. STJ, 3ª T., REsp 1.484.304/DF, Rel. Min. Moura Ribeiro, j. 10/03/2016, DJe 15/03/2016.
8. ARAÚJO, Fabio Caldas de. *Curso de processo civil.* São Paulo: Malheiros, 2018, t. III, p. 138.

– Eu, sendo o INSS, já chegava metendo trator pra cima de tudo que tivesse lá e expulsava todo mundo.

Calma. Temos que ver a solução jurídica aqui.

No caso analisado pelo STJ, o INSS ajuizou **oposição** no meio da ação possessória, que é um procedimento especial em que um terceiro ingressa em uma demanda afirmando: olhe, isso aí que vocês estão discutindo é meu.

Ocorre que isso gerou a maior confusão.

– Por qual razão?

Porque em alguns casos, se entendia que o INSS estava alegando a propriedade, o domínio, que, como vimos, é vedado enquanto pendente ação possessória.

– Faz algum sentido.

Ocorre que o STJ realizou um interessante raciocínio para admitir a oposição.[9] Na verdade, o INSS está alegando a posse por meio do domínio e que aplicar a vedação da discussão do domínio, nesse caso, iria gerar uma violação do acesso à justiça. Isso porque, indiretamente, impediria a discussão da posse.

Como restou consignado em outro julgado, "a forma do exercício de posse de bens públicos dominiais por parte do Poder Público não depende da verificação de atos concretos de posse, o que faz com que seja impossível para a União levantar discussão possessória sem que, ao mesmo tempo, fale do próprio domínio que legitima essa posse".[10]

9. STJ, Corte Especial, EREsp 1.134.446/MT, Rel. Min. Benedito Gonçalves, j. 21/03/2018, DJe 04/04/2018, info. n. 623.
10. STJ, 1ª T., AgInt no REsp 1.820.051/PA, Rel. Min. Napoleão Nunes Maia Filho, j. 11/11/2020, DJe 17/11/2020.

Dito de outra forma: **não há como fugir da discussão do domínio porque, nesses casos, ele é o próprio fundamento da posse.**

– Poxa professor, esse argumento do STJ me conquistou!

Também achei muito bom. Em resumo, temos a seguinte situação:

1. O particular que esteja ocupando um bem público não pode ajuizar ação possessória contra o poder público e nem tem direito à indenização por benfeitorias.
2. O particular que esteja ocupando um bem público, no entanto, pode ajuizar ação possessória contra outro particular que invadir a sua posse.
3. O poder público pode ajuizar oposição na ação possessória dos particulares para discutir a sua posse tendo por base o direito de propriedade.

– Ótimo professor, não esqueço mais.

12.2. AÇÃO MONITÓRIA

Agora veremos a ação monitória e suas particularidades em relação ao poder público.

– Professor, eu não lembro como é essa ação monitória. Você ajuíza para monitorar alguém?

Não, tem nada a ver. Você errou mais do que quando Roberto Baggio bateu o último pênalti na final da Copa do Mundo de 1994.

– Tem pena de mim professor, é só que eu estava cansado. Mas, afinal, o que é essa ação monitória?

Ela é um procedimento especial no qual alguém possui uma "prova escrita sem eficácia de título executivo" (art. 700, CPC), com o objetivo de formar rapidamente um título executivo judicial, seja de uma quantia em dinheiro, obrigação de fazer ou não fazer e ainda de entrega de coisa.

– Como assim?

Pense em um cheque. Ele tem o prazo de apresentação de 30 dias na mesma praça e de 60 dias em diferentes praças (art. 33 da Lei 7.357/1985) e, a partir do fim desse prazo, mais 6 meses para ser executado (art. 59 da Lei 7.357/1985). O que você vai fazer depois desses 6 meses?

– Chorar, porque não executei?

Essa é uma das opções. Mas uma outra opção, muito melhor, é pegar esse cheque e ingressar com uma ação monitória. O cheque será literalmente uma "prova escrita sem eficácia de título executivo".

– Mas e aí, magicamente, eu executo?

Não, deixe de ser apressado. Essa é uma ação de conhecimento. Mas, "Sendo evidente o direito do autor, o juiz **deferirá a expedição de mandado de pagamento, de entrega de coisa ou para execução de obrigação de fazer ou de não fazer**" (art. 701, CPC).

– Assim, sem mais nem menos? Agora já virou execução?

Você está muito apressado. Esse mandado de pagamento é expedido, mas o réu ainda terá o prazo de 15 dias para apresentar os embargos à ação monitória, sem necessidade de garantir o juízo (art. 702, CPC) ou para pagar a dívida.

– Tem alguma vantagem para a pessoa que resolver pagar logo?

Sim, várias: 1) "O réu será isento do pagamento de custas processuais se cumprir o mandado no prazo" (art. 701, §1º, CPC) e 2) "pagamento de honorários advocatícios de cinco por cento do valor atribuído à causa" (art. 701, *caput*, CPC).

– Mas fora essa "promoção" para quem paga logo, qual a diferença disso para uma ação comum? Até o prazo é igual ao da contestação.

Duas coisas: 1) a citação é para PAGAR e 2) agora vem o pulo do gato. De acordo com o art. 701, §2º, do CPC, "Constituir-se-á de pleno direito o título executivo judicial, independentemente de qualquer formalidade, se não realizado o pagamento e não apresentados os embargos" à ação monitória.

– Então quer dizer que se o réu não fizer nada, eu já ganho um título executivo judicial?

Exatamente! Já pode ser iniciado o cumprimento de sentença.

Perceba que a situação é bem diferente do processo de conhecimento comum. Você entra com a petição inicial, o juiz cita o réu. Se o réu não contestar, ainda pode haver a fase de instrução, para, no final, o juiz analisar se você tem razão ou não e, somente quando prolatada a sentença procedente e esgotados os recursos é que poderá ser iniciada a fase executiva.

Na ação monitória, a situação é diferente. Ele analisa o seu direito já na petição inicial e determina o pagamento. Se o réu não fizer nada, o juiz simplesmente vai transformar aquela decisão inicial em título executivo judicial, iniciando-se prontamente a fase executiva.

– Isso tá bom demais para ser verdade.

Claro que tudo depende da robustez da prova escrita da obrigação, ou o juiz vai indeferir aquele mandado de pagamento. Do contrário, o juiz determinará a intimação do autor para emendar a petição inicial, adaptando-a ao procedimento comum (art. 700, §5º, CPC).

– E se o réu apresentar os embargos?

Nesse caso, aquele mandado de pagamento será suspenso "até o julgamento em primeiro grau" (art. 702, §4º, CPC), transformando esse procedimento especial em procedimento comum, podendo haver a fase de instrução probatória, além da necessidade de nova análise do pedido na sentença que julgará os embargos.[11]

12.2.1. A ação monitória e a Fazenda Pública

– Certo, mas o que isso tem a ver com a Fazenda Pública

Durante certo tempo, houve discussão sobre a admissibilidade ou não da ação monitória contra o poder público,[12] até que o STJ consolidou essa possiblidade por meio da súmula 339: "**É cabível ação monitória contra a Fazenda Pública**". O CPC de 2015 acabou incorporando a súmula e afirmando, no art. 700, §6º, que "É admissível ação monitória em face da Fazenda Pública".

– Mas é só isso em relação ao poder público?

Não. Tem algumas diferenças no procedimento. A primeira delas é referente ao prazo para apresentar embargos à monitória, caso em que se aplica o art. 183, portando, na ação monitória, a Fazenda Pública terá o prazo de 30 dias para se defender.

– Essa é fácil.

Outro detalhe é a submissão ao reexame necessário.

11. CUNHA, Leonardo Carneiro da. *A Fazenda Pública em juízo.* 17 ed. Rio de Janeiro: Forense, 2020, p. 552.
12. Ver, sobre a discussão: TALAMINI, Eduardo. *Tutela monitória.* 2ª ed. São Paulo: RT, 2001, p. 179-184.

– Mas de qual decisão? Da que defere o mandado de pagamento ou daquela outra que constitui o título executivo se não tiver os embargos?

De acordo com o art. 701, §4º, do CPC, **o reexame necessário será aplicado (se cabível) da decisão que iria constituir o título executivo judicial, ou seja, da segunda.**

– Mas vai ser de qualquer decisão que condene o poder público?

Não. Aplicam-se todas aquelas exceções do art. 496, §§ 3º e 4º, do CPC, que vimos no item 10.6.

– Ok

Uma última particularidade é a de que há uma parte da ação monitória que é simplesmente incompatível com o poder público.

– Qual?

Como vimos, se a petição inicial tem um juízo positivo, o juiz vai expedir um mandado de pagamento e, se o réu cumprir, tem algumas diminuições no valor. Isso simplesmente não se aplica ao poder público.

– Mas por qual razão?

Simplesmente porque o poder público precisa seguir o regime dos precatórios/RPV e só vai poder pagar depois do trânsito em julgado. Assim, essa parte da ação monitória é simplesmente incompatível com o funcionamento dos pagamentos do poder público. Apenas se pode cogitar da sua aplicação para o cumprimento das obrigações de fazer/não fazer e entregar coisa.

Por fim, observe o fluxograma para entender o procedimento da ação monitória contra o poder público e vamos para o mandado de segurança em seguida:

A ação monitória em face da Fazenda Pública

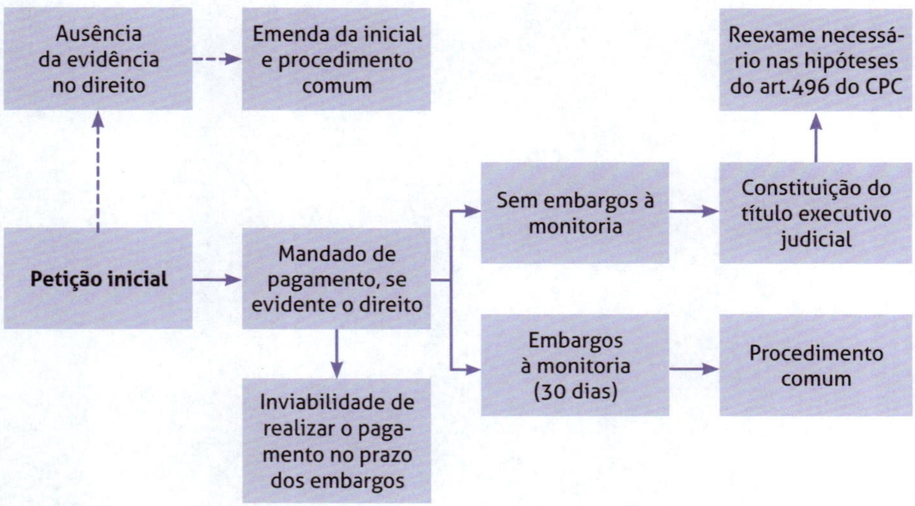

CAPÍTULO 13

Mandado de segurança

– Professor, o que eu posso fazer se uma autoridade praticar um ato ilegal ou abusivo que afete meus direitos?

Veja, uma das possibilidades é utilizar o mandado de segurança, que é usado para "proteger direito líquido e certo, **não amparado por *habeas corpus* ou *habeas data***, quando o responsável pela ilegalidade ou abuso de poder for autoridade pública ou agente de pessoa jurídica no exercício de atribuições do Poder Público"

– Eu lembro que ele tem um sinônimo bem conhecido, vejo muito chamarem ele de remédio heroico. Posso usar?

Por favor, nunca use isso aí. Segundo várias pesquisas, toda vez que alguém chama o mandado de segurança de "remédio heroico", morre um panda na natureza e é por isso que eles estão em extinção.

– Tudo bem professor, prometo não usar. Agora como assim uma possibilidade?

Isso ocorre porque o sujeito tem o **direito**, não o dever de escolher a via do mandado de segurança, que é um procedimento especial, com suas vantagens e desvantagens. Embora tenha um procedimento mais simples, ele possui uma séria restrição cognitiva no que se refere às provas. O sujeito, sendo atingido por um ato de autoridade ilegal ou abusivo pode escolher entre ajuizar uma ação ordinária ou um mandado de segurança.

Portanto, o mandado de segurança é um instrumento processual **que é opcional para o indivíduo**. Caso escolha utilizar o mandado de segurança precisará ultrapassar os requisitos de admissibilidade desse procedimento. Vamos ver cada um deles, indo por partes, ok? O primeiro deles é o caráter subsidiário do mandado de segurança.

13.1. REQUISITO DA SUBSIDIARIEDADE

– Em que sentido? Eu preciso fazer alguma coisa antes de entrar com o mandado de segurança?

Não exatamente. Mas você precisa verificar antes se não é o caso de utilizar *habeas corpus*, para as hipóteses em que ocorrer violação da liberdade de locomoção por ato ilegal ou abusivo (art. 5º, LXVII, CF) ou *habeas data*, cujo objetivo é o de "assegurar o conhecimento de informações relativas à pessoa do impetrante, constantes de registros ou bancos de dados de entidades governamentais ou de caráter público" (art. 5º, LXXII, *a*, CF) ou de retificar dados (art. 5º, LXXII, *b*, CF).

Se o ato ilegal por você sofrido não for uma restrição ilegal à liberdade de locomoção e nem tiver por objetivo o acesso a informação ou retificação de dados, você pode usar o mandado de segurança.

– E o que acontece se eu não seguir essa lógica?

Seu mandado de segurança deverá ser extinto por inadequação da via eleita. Note que o **requisito da subsidiariedade** existe porque, do contrário, sempre caberia o mandado de segurança, que cabe contra qualquer ato de autoridade ilegal ou abusivo. Não havendo a previsão da subsidiariedade, o sujeito poderia tranquilamente impetrar mandado de segurança para tutelar a liberdade de locomoção por ato ilegal de autoridade.

Em resumo, se você sofrer ato ilegal ou abusivo de autoridade, verifique antes se ele não viola a liberdade de locomoção, caso em que utilizará o *habeas corpus* ou o seu acesso à informação, caso em que deve utilizar o *habeas data*.

13.2. DIREITO LÍQUIDO E CERTO

– Entendi. Um requisito que falam muito no mandado de segurança é o tal do direito líquido e certo que eu nunca entendi direito o que é. Ele é aquele direito que eu tenho certeza que vou ganhar, não é?

Não, é bem diferente. Essa é uma forma antiga de se conceituar o direito líquido e certo. Ela deriva das origens do Mandado de Segurança, que, na Constituição de 1934 afirmava que a segurança seria concedida para a "defesa do direito, certo e incontestável". Acabou prevalecendo durante algum tempo essa posição, mas que mudou com o passar do tempo e com a alteração da legislação.

– Mas se não é um super direito, o que é?

Atualmente, entende-se que **direito líquido e certo é aquele que não tem controvérsia quanto aos fatos**. Portanto, líquido e certo refere-se à afirmação de fato feita pelo impetrante, que deve estar devidamente comprovada com base em *provas documentais* que acompanhem a petição inicial.

A prova, no mandado de segurança, deve ser *documental* e *pré-constituída*, o que significa a inadmissão da dilação probatória (em regra) no âmbito do mandado de segurança.[1]

– Como assim?

Significa que a certeza apenas se refere aos fatos. **Se precisa de dilação probatória, o mandado de segurança será extinto sem exame do mérito.**

Imagine que Paulo, servidor público, alega que está sofrendo assédio moral do seu chefe, Roberto. Já na petição inicial do Mandado de Segurança ele alega que várias pessoas testemunharam e, na

1. STJ, 1ª Seção, AgInt no MS 24.635/DF, Rel. Min. Herman Benjamin, j. 12/06/2019, DJe 01/07/2019.

própria inicial, insere um rol de testemunhas, não havendo documento capazes de comprovar sua afirmação. O mandado de segurança pode ser usado nesse caso?

– Acho que não, ele fala da produção de várias provas né?

Exatamente. Mas preste atenção, nesses casos, quando o pedido depende da produção de provas, a parte pode ajuizar uma ação pelo procedimento comum, porque o juiz não vai analisar o mérito do pedido. Voltaremos a isso quando formos falar sobre a coisa julgada.

– Mas eu poderia, por exemplo, entrar com uma ação de produção antecipada de provas, produzir a prova testemunhal e depois ajuizar o Mandado de Segurança com essa prova testemunhal pré-constituída?

Não, não pode. Entende-se que as provas não documentais quando forem transformadas em documentos, não se tornam provas documentais, mas documentadas. Elas mantem a sua natureza de prova testemunhal, não se transformando em prova documental só porque foram documentadas. Assim, como não são provas documentais, não podem ser utilizadas para a impetração do mandado de segurança.[2]

– Eu ainda estou com uma dúvida. Eu posso discutir qualquer direito no mandado de segurança, mesmo que seja supercomplexo?

Sim, com certeza. De acordo com a súmula 625 do STF, "**Controvérsia sobre matéria de direito não impede concessão de mandado de segurança**". Imagine que há uma cobrança de ICMS e o contribuinte ajuíza demanda requerendo a recuperação do ICMS pago a maior nas operações sujeitas à Substituição Tributária, não havendo, no caso, qualquer discussão fática, poderia ser utilizado o mandado de segurança?

2. CUNHA, Leonardo Carneiro da. *A fazenda pública em juízo.* 15ª ed. Rio de Janeiro: Forense, 2018, p. 550-552.

– Professor, é o que o ICMS na substituição de quê?

Pois é, o tema é bem complexo, mas veja, se não há discussão sobre os fatos, cabe tranquilamente o MS!

– Entendi o que é direito líquido e certo. Eu posso usar o mandado de segurança em toda e qualquer hipótese? Posso entrar com um Mandado de Segurança por um problema na conta da internet?

13.3. AUTORIDADE COATORA

Não. De acordo com o art. 5º, LXIX, da CF, o mandado de segurança poderá ser utilizado "quando o responsável pela ilegalidade ou abuso de poder for autoridade pública ou agente de pessoa jurídica no exercício de atribuições do Poder Público". Em resumo, apenas cabe contra atos **praticados por autoridade, no exercício do poder público**. Você não vai poder usar contra atos ilegais ou abusivos praticados por uma pessoa jurídica de direito privado de forma geral.

– Ah, ok, que pena. Mas como eu identifico quem é essa autoridade? Se o poder público for fechar uma empresa por ausência de licença para funcionamento, quem é a autoridade coatora?

A autoridade coatora é entendida como aquele agente público que tem poder de decisão, sendo competente para praticar o ato questionado ou para desfazê-lo. Nesse exemplo, não adianta você impetrar um mandado de segurança contra o funcionário que foi fisicamente fechar o estabelecimento.

Você vai precisar identificar quem é o agente público que **determinou** o fechamento do estabelecimento. Esse funcionário que foi fechar é chamado de **mero agente executor**.

– Eu posso chegar e colocar, nesse caso, o prefeito da cidade no polo passivo?

Também não. **Tem que ser o agente específico, não pode ser superior e nem inferior hierárquico**, provavelmente o secretário da pasta que cuida da fiscalização dos estabelecimentos.

Por exemplo, em caso concreto no qual um secretário de saúde municipal negou fornecimento de medicamento a um cidadão e houve a inserção do Ministro da Saúde como autoridade, pois este seria o gestor Federal do SUS com aptidão para determinar a aquisição do medicamento, afirmou o STF que não se pode indicar superior hierárquico que não praticou o ato. Se assim o fosse, o Presidente da República poderia ser indicado como autoridade coatora para todas as ações ou omissões danosas ocorridas no âmbito federal.[3]

Também precisamos prestar atenção na indicação da autoridade correta no caso de **delegação de competência**.

– Eita, lá vem mais uma complicação nesse danado do mandado de segurança.

Calma, vamos devagar.

Pois bem, de acordo com a súmula 510 do STF, "Praticado o ato por autoridade, no exercício de competência delegada, contra ela cabe o mandado de segurança ou a medida judicial".

Assim se, por exemplo, o PGR delega uma determinada competência para o Vice-procurador-geral da república, a autoridade é o segundo, não o próprio PGR![4]

– Mas o que acontece se, depois de praticado o ato, a competência para a prática daquele ato específico for alterada, por exemplo, acaba a delegação do ato? Eu preciso trocar a autoridade coatora?

Não. A verificação da autoridade coatora competente para praticar o ato ocorre **no momento do ajuizamento do mandado de**

3. STF, 1ª T., RMS 26.211, Rel. Min. Luiz Fux, j. 27/09/2011, DJe 11/10/2011.
4. STF, 2ª T., MS 24.732 AgR, Rel Min. Celso De Mello, j. 11/03/2014, DJE 27/03/2014.

segurança, sendo irrelevante a realização de alterações posteriores na competência dos agentes públicos.[5]

13.4. ESPÉCIE DE MANDADO DE SEGURANÇA

– Ainda no caso do fechamento do estabelecimento (é para um amigo que está com esse problema...). Eu só posso impetrar o mandado de segurança depois que o funcionário vier fechar ou posso fazer isso antes do ato?

Avise ao seu "amigo" que ato pode ter sido praticado ou ter um caráter inibitório, ou seja, o mandado de segurança pode ser **repressivo** ou **preventivo**, no sentido de que o ato pode ter sido praticado ou não.

Imagine a edição de um decreto relativo funcionamento de um determinado ramo empresarial recentemente editado, mas ainda não aplicado em nenhum caso concreto. A empresa poderia ajuizar mandado de segurança, sob o argumento de que aquele decreto iria impedir o seu funcionamento e seria inconstitucional, requerendo ao juiz que impeça a realização da fiscalização com base no ato normativo. Esse é um mandado de segurança **preventivo**.

– Ótimo. Ele vai gostar de saber. Mas e se, por algum motivo, mesmo depois de ajuizado o mandado de segurança de forma preventiva, o processo demorar a ser analisado e ocorrer o fechamento do estabelecimento? Ele vai perder o objeto?

Não, no caso de utilização do mandado de segurança preventivo, "a circunstância de a ameaça de lesão ao direito pretensamente titularizado pelo Impetrante ter-se convolado em dano concreto não acarreta perda de objeto da ação".[6]

5. STF, 2ª T., RMS 28.193, Rel. Min. Eros Grau, j. 11/05/2010, DJe 04/06/2010.
6. STF, Tribunal Pleno, MS 30.260, Rel. Min. Cármen Lúcia, j. 27/04/2011, DJe 30/08/2011.

– Professor, um outro exemplo. Um amigo está querendo autorização para realizar um evento em uma praça na próxima semana. Ele fez o pedido administrativo mais de um mês atrás e nada. O mandado de segurança cabe contra atos omissivos?

Sim, perfeitamente. **O ato pode ser omissivo ou comissivo**, no sentido de que foi praticado o ato abusivo ou ilegal. Em outros termos, também será cabível o mandado de segurança em face de omissões, situação que pode ser observada em caso de inércia da autoridade em apreciar recurso administrativo regularmente apresentado pela parte, hipótese na qual a ordem pode consistir na fixação de prazo para a análise do recurso.[7]

13.5. MANDADO DE SEGURANÇA E ATOS DO PODER LEGISLATIVO

– Professor, já entendi que o mandado de segurança é superpoderoso. Eu posso usar ele para sair impugnando as leis? Tem muita lei por aí que eu acho que elas são inconstitucionais. Elas também são atos do poder público, já que feitas pelo Poder Legislativo e imagino que uma lei inconstitucional seja também um ato ilegal ou abusivo.

A coisa não é tão simples assim. O STF já afirmou por meio da súmula 266 que "Não cabe mandado de segurança contra lei em tese".

– Sim, entendi foi nada. Como assim lei em tese? É aquela lei que ainda não existe, só em tese?

Não! O problema é diferente.

Veja, o que não pode no mandado de segurança é, por exemplo, sair uma lei de um município impedindo os bares de funcionar após as 23h e você, apenas como cidadão indignado pela violação do direito

7. Trata-se de caso concreto apreciado pelo STF: MS 24.167, rel. min. Joaquim Barbosa, j. 05/10/2006, DJ 02/02/2007.

de beber, impetrar um mandado de segurança em que o pedido seja simplesmente que essa lei seja declarada inconstitucional.

Por outro lado, um bar poderia impetrar o mandado de segurança alegando inconstitucionalidade da lei, em que o pedido seja o de que ele possa funcionar após esse horário.

– Professor, uma lei dessa é um absurdo!! Mas como eu diferencio os casos em que eu impugno uma lei em tese e quando eu posso impugnar a lei pelo mandado de segurança?

Em geral, a melhor forma é **analisando o pedido**. Lembre-se que o pedido de declaração de inconstitucionalidade só pode ser feito nas ações do controle concentrado de constitucionalidade. **Nas ações individuais, a inconstitucionalidade atua apenas como causa de pedir, como fundamento da ação.** Precisa existir um direito individual ou coletivo representado no pedido da ação. No nosso exemplo, no mandado de segurança impetrado pelo bar, o pedido é o de manutenção do funcionamento do bar por inconstitucionalidade da lei.

Se o mesmo bar impetrasse mandado de segurança e o seu único pedido fosse: declaração da inconstitucionalidade da lei, haveria inadequação da via eleita. **Haveria impugnação da lei em tese, ou seja, em abstrato, descolada de uma situação concreta.**

Ou seja, você precisa analisar o pedido! Se a inconstitucionalidade é no pedido, não pode, apenas se ela vier na causa de pedir.

– Tem mais algum exemplo de possibilidade de impugnação de lei por mandado de segurança?

Tem sim, tem um importante exemplo. Admite-se ainda, dentro do processo legislativo, a impetração do mandado de segurança pelo parlamentar, com o objetivo de **impedir atos praticados no processo de aprovação de lei ou emenda constitucional incompatíveis com disposições constitucionais que disciplinam o processo legislativo ou manifestamente ofensiva a cláusula pétrea.**[8] É uma importan-

8. STF, Tribunal Pleno, Rel. Min. Moreira Alves, J. 08/10/1980, DJ 27/02/1981; STF, Tribunal Pleno, MS 24.667 AgR, Rel. Min. Carlos Velloso, j. 04/12/2003, DJ 23/04/2004; STF,

tíssima exceção à regra de que o controle de constitucionalidade só pode ser repressivo e não preventivo!

– Como assim professor? O parlamentar impugnar a lei antes de ela ser aprovada? Eu também posso fazer isso?

O STF entende que **só o parlamentar pode fazer isso**. No caso da violação à PEC, o fundamento seria o de que a Constituição, no art. 60, §4º, afirma que projetos de lei que violem cláusulas pétreas sequer podem ser objeto de **deliberação**.

Se não podem ser objeto de deliberação, podem ser impugnadas mesmo antes de aprovada a lei. Em relação ao processo legislativo, entende-se que a violação à Constituição ocorre desde a tramitação do projeto de lei, seja ele aprovado ou não. Afinal, alega-se violação a regra do processo legislativo constitucional.

13.6. VARIAÇÕES NO CONCEITO DE ATO DE AUTORIDADE E PESSOAS JURÍDICAS DE DIREITO PRIVADO

– Professor, desculpa aperrear, mas não tem nenhuma hipótese em que eu possa impetrar mandado de segurança contra pessoa jurídica privada?

Tem sim, mas são bem excepcionais. O primeiro exemplo são **os atos de "representantes ou órgãos de partidos políticos" (art. 1º, §1º, da Lei 12.016/2009)**, que são pessoas jurídicas de direito privado. Por exemplo, se um cidadão faz parte do Diretório Estadual de um determinado Partido e é destituído sem a obediência às regras do próprio partido, ele poderia impetrar um mandado de segurança.

– Tem mais algum caso?

Alguns. Vamos aos poucos.

Tribunal Pleno, MS 32.033, Rel. Min. Gilmar Mendes, Rel. p/ Acórdão: Min. Teori Zavascki, j. 20/06/2013, DJe 17/02/2014.

Importante entender que o mesmo raciocínio é utilizado para o ato praticado no exercício de atividade delegada do poder público. De acordo com o art. 1º, §1º, da Lei 12.016/2009, "Equiparam-se às autoridades, para os efeitos desta Lei, "as pessoas naturais no exercício de atribuições do poder público, **somente no que disser respeito a essas atribuições**".

– Mas quando é que isso acontece?

Um conhecido exemplo é a impugnação de ato de reitor de Universidade Privada, que obviamente é pessoa jurídica de direito privado, mas que em várias de suas atuações, atua por delegação de função pública federal. Um exemplo de ato que pode ser impugnado é na hipótese de o Reitor da Universidade se negar a efetuar a matrícula do aluno sob o argumento de que este não comprovou a conclusão do ensino médio.

– Eu lembro que tinha algo sobre as empresas públicas e sociedades de economia mista na lei do Mandado de Segurança. Posso sempre impugnar os atos dessas empresas porque elas fazem parte da Administração Pública indireta?

Não. Vai depender da situação concreta, do tipo de ato. Por exemplo, como se sabe, as empresas públicas e as sociedades de economia mista estão sujeitas à exigência de licitações e de concursos públicos (art. 37, II, XXI e 173, §1º, CF), mas são pessoas jurídicas de direito privado.

Portanto, os atos praticados no âmbito de tais procedimentos possuem natureza de direito público e podem ser impugnados por meio do mandado de segurança, nos termos do art. 1º, §2º, da Lei 12.016/2009. Inclusive, é posicionamento sumulado do STJ (n. 333), no sentido do cabimento do "mandado de segurança contra ato praticado em licitação promovida por sociedade de economia mista ou empresa pública".

– Então, se, no meu concurso de advogado da Petrobrás, eu passar em primeiro lugar e for nomeado o segundo lugar, posso ajuizar o Mandado de Segurança.

Exatamente!

– Mas em que casos não se pode ajuizar o Mandado de Segurança contra essas pessoas jurídicas?

Por exemplo, de acordo com o art. 1º, §2º, da Lei do Mandado de Segurança, "Não cabe mandado de segurança contra os **atos de gestão comercial** praticados pelos administradores de empresas públicas, de sociedade de economia mista e de concessionárias de serviço público".

Por exemplo se ocorrer uma transferência de ações, da Petrobrás para um acionista e esse alegar alguma ilegalidade nessa conduta, não cabe o mandado de segurança porque o que ocorre nesse caso é um simples ato de gestão comercial e não de direito público.

– Então, pelo que entendi, mesmo uma pessoa jurídica de direito privado pode ter seus atos impugnados pelo mandado de segurança quando praticar, de alguma forma, atos de direito público?

Exatamente.

13.7. LIMITAÇÕES EXPRESSAS À UTILIZAÇÃO DO MANDADO DE SEGURANÇA

13.7.1. Mandado de segurança contra decisão da qual cabe recurso administrativo com efeito suspensivo

– Ainda tem mais alguma situação de limitação à utilização dos mandados de segurança?

Tem, porque o artigo 5º da lei do mandado de segurança trata de algumas hipóteses em que expressamente é proibida a utilização do mandado de segurança mesmo contra alguns atos de poder público. Vamos ver inciso por inciso certo?

– Tudo bem.

O primeiro deles é a vedação nos casos de "de ato do qual caiba recurso administrativo **com efeito suspensivo**, independentemente de caução" (art. 5º, I). O raciocínio que fundamenta a previsão normativa está relacionado com a inexistência de ameaça ou lesão a direito líquido e certo enquanto o ato a ser impugnado estiver suspenso.

– Eu preciso esgotar a instância administrativa?

Não. Não há qualquer obrigatoriedade de que a parte esgote as vias administrativas ou mesmo que se utilize do recurso, podendo optar pela impetração do mandado de segurança.[9] **O que se impede é tão apenas a utilização concomitante do recurso com efeito suspensivo e o mandado de segurança.**[10] Você pode até desistir do recurso administrativo e impetrar o mandado de segurança.

– Se o recurso administrativo não tem efeito suspensivo, eu posso ficar esperando o resultado para usar o mandado de segurança?

Não, é muito arriscado, porque caso o recurso não tenha efeito suspensivo, o prazo decadencial do mandado de segurança não será interrompido e nem suspenso pela sua interposição.[11] A mesma situação ocorre com o pedido de reconsideração.[12]

9. CUNHA, Leonardo Carneiro da. *A fazenda pública em juízo*. 15ª ed. Rio de Janeiro: Forense, 2018, p. 601.
10. STF, 2ª T., MS 30.822, Rel. Min. Ricardo Lewandowski, j. 05/06/2012, DJE 26/06/2012.
11. STJ, 2ª T., AgInt no RMS 050.056/MS, Rel. Min. Herman Benjamin, j. 15/12/2016, DJE 01/02/2017; STJ, 1ª T., AgRg nos EDcl no RMS 37.365/SC, Rel. Min. Sérgio Kukina, j. 01/12/2016, DJE 16/12/2016.
12. STJ, 2ª T., AgInt no RMS 050.056/MS, Rel. Min. Herman Benjamin, j. 15/12/2016, DJE 01/02/2017; STF, 1ª T., RMS 30990, Rel. Min. Marco Aurélio, j. 08/05/2012, DJe 05/06/2012.

13.7.2. Mandado de segurança contra ato judicial

– Professor, tem aquela situação bem complicada que trata do mandado de segurança contra ato judicial.

Esse é um ponto que sempre é alvo de considerável polêmica doutrinária. O art. 5º, II, afirma que não é possível a utilização do mandado de segurança de "decisão judicial da qual caiba recurso com efeito suspensivo".

– Então, por exemplo, o CPC diz que o agravo de instrumento não tem efeito suspensivo (art. 995 e 1.019, I). Eu posso impetrar o mandado de segurança de uma decisão agravável?

Não. Essa não é a melhor interpretação. Como afirma Leonardo Carneiro da Cunha, o que define esse cabimento não é a exigência do efeito suspensivo *ope legis*, mas que o regime recursal legal seja incapaz de "conferir, adequadamente e com eficiência, solução à pretensão recursal".[13] Em outros termos, quando o regime recursal seja insuficiente, deixando "furos" no sistema.[14]

Essa, inclusive, é a interpretação correta da súmula 267 do STF, que afirma que "Não cabe mandado de segurança contra ato judicial passível de recurso ou correição". Além disso, verifica-se a tendência de que se exija que, além da incapacidade de o regime recursal comum resolver o problema, que a decisão consista "em ilegalidade, teratologia ou abuso de poder".[15]

– O que seria uma decisão teratológica?

---

13. CUNHA, Leonardo Carneiro da. *A fazenda pública em juízo*... cit., p. 602.
14. ALVIM, Teresa Arruda. Mandado de segurança contra ato judicial e o CPC de 2015. *Revista ANNEP de Direito Processual*, v.1, n. 2, 2020, disponível em: https://revistaannep.com.br/index.php/radp/article/view/56/pdf, acessado em 11/02/2021, p. 233.
    De forma semelhante: STJ, Corte Especial, AgInt no MS 25.623/DF, Rel. Min. Napoleão Nunes Maia Filho, j. 16/12/2020, DJe 18/12/2020.
15. STJ, 1ª T., AgInt no RMS 61.893/MS, Rel. Min. Regina Helena Costa, j. 06/04/2020, DJe 13/04/2020; STJ, 2ª T., RMS 60.735/SP, Rel. Min. Francisco Falcão, j. 05/03/2020, DJe 19/03/2020.

A decisão teratológica é aquela decisão absurda, manifestamente ilegal.

– Entendido, mas em que caso seria possível utilizar essa modalidade de mandado de segurança?

Atualmente, no procedimento comum, é muito difícil de conceber o cabimento do mandado de segurança contra ato judicial, ainda mais porque, de acordo com o STJ "Não é admissível, nem excepcionalmente, a impetração de mandado de segurança para impugnar decisões interlocutórias após a publicação do acórdão em que se fixou a tese referente ao tema repetitivo 988, segundo a qual 'o rol do art. 1.015 do CPC é de taxatividade mitigada, por isso admite a interposição de agravo de instrumento quando verificada a urgência decorrente da inutilidade do julgamento da questão no recurso de apelação'".[16]

Em resumo, após a publicação do acórdão do STJ que definiu a tese da taxatividade mitigada (Tema 998 - REsp 1.704.520-MT - DJe 19/12/2018), ou cabe agravo de instrumento, ou espera a sentença.

– Eita, complicou.

Um exemplo admitido ao menos em tese pelo STJ seria a possibilidade de mandado de segurança contra decisão de ministro do próprio STJ que concede efeito suspensivo a recurso especial antes de realizado o juízo de admissibilidade no tribunal local.[17] Isso porque, de acordo com o art. 1.029, §5º, III, do CPC, enquanto não realizado o juízo de admissibilidade pelo tribunal local, compete ao presidente ou vice-presidente do tribunal a análise do efeito suspensivo. Ressalte que, de acordo com a decisão, o pedido de efeito suspensivo foi realizado minutos depois da interposição do recurso especial na origem.

Seria uma hipótese na qual o sistema recursal não resolveria o problema de forma adequada e a decisão é manifestamente ilegal.

16. STJ, 3ª T., RMS 63.202/MG, Rel. Min. Marco Aurélio Bellizze, Rel. p/ Acórdão Min. Nancy Andrighi, j. 01/12/2020, DJe 18/12/2020.
17. STJ, MS 25676, decisão monocrática do Min. Mauro Campbell Marques, j. 06/03/2020, DJe 09/03/2020.

– Agora entendi professor. Então o que define o cabimento do mandado de segurança contra ato judicial não é propriamente caber recurso com efeito suspensivo, mas **o fato de os recursos previstos não serem capazes de resolver o problema surgido pela decisão de forma efetiva e a decisão ainda precisa ser ilegal, teratológica ou abusiva**?

Exatamente. Há ainda um outro caso parecido com esse, mas que envolve o terceiro prejudicado, que, atualmente, é a situação mais comum de utilização do mandado de segurança contra ato judicial. Isso porque, de acordo com a súmula 202 do STJ, "a impetração de segurança por terceiro, contra ato judicial, não se condiciona a interposição de recurso".

– Pelo que eu entendi da súmula o terceiro sempre pode utilizar do mandado de segurança quando tiver uma decisão que lhe prejudique?

Calma. Não é bem assim. O STJ vem reinterpretando a súmula para afirmar que só é possível a utilização do mandado de segurança por terceiro quando "não tenha obtido condições de tomar ciência do ato judicial que lhe prejudicou, a impossibilitar a utilização do recurso cabível".[18]

– Tudo bem, então ele não precisa usar o recurso cabível, podendo usar o mandado de segurança, mas essa possibilidade só é aberta a ele no caso de o terceiro não ter tido ciência da decisão, não é?

Exato. Imagine que há uma ação por danos morais de Paulo contra o Município do Recife. Na sentença, por equívoco, o juiz condena o Estado de Pernambuco, terceiro, que não é notificado da decisão. O Estado de Pernambuco poderá se utilizar do mandado de segurança, mesmo que não tenha se utilizado do recurso correto, que seria a apelação, por não ter sido notificado. Por outro lado, se o Estado de Pernambuco

18. STJ, AgInt no RMS 50.779/SP, Rel. Min. Marco Aurélio Bellizze, j. 18/02/2019, DJe 21/02/2019; STJ, 3ª T., AgInt no RMS 53.499/SP, Rel. Min. Nancy Andrighi, DJe 01/08/2018.

fosse notificado da decisão, caberia a ele usar a apelação, sendo impedido de usar posteriormente o mandado de segurança.

13.7.3. Mandado de segurança contra decisão judicial transitada em julgado

– Professor, mas e no caso da decisão transitada em julgado? Se não cabe mais nenhum recurso, posso usar o mandado de segurança?

Não. Mais uma hipótese em que a lei é expressa em afirmar que não será cabível o mandado de segurança em face de "decisão judicial transitada em julgado" (art. 5º, III). Trata-se de posicionamento já consolidado no âmbito do STF, segundo qual, de acordo com a súmula n. 268, "Não cabe mandado de segurança contra decisão judicial com trânsito em julgado".

– E o que eu posso fazer então?

Você vai ter que procurar o instrumento específico para o seu caso. Por exemplo, poderá utilizar a ação rescisória (art. 966 e ss., CPC). Ressalto uma exceção que veremos no capítulo de juizados (item 14.2.7), que é o **cabimento de mandado de segurança para impugnar a competência mesmo após o trânsito em julgado nos juizados.**

– Tá, tudo bem, vou esperar para entender que maluquice é essa. Mas e se eu impetro o mandado de segurança contra um ato judicial e, no meio do caminho, transita em julgado a decisão? Deu ruim?

Não. O STJ já afirmou expressamente que uma vez impetrado o mandado de segurança em face de decisão judicial, o trânsito em julgado superveniente da decisão impugnada não gera a perda do objeto.[19]

19. STJ, Corte Especial, EDcl no MS 22.157-DF, Rel. Min. Luis Felipe Salomão, Corte Especial, por maioria, j. 14/03/2019, DJe 11/06/2019, info. n. 650.

Em resumo, o mandado de segurança não pode ser usado como sucedâneo de recurso e nem de esses outros mecanismos de impugnação da coisa julgada.

– Certo.

Podemos afirmar, de forma resumida, que, para que se admita o mandado de segurança contra ato judicial, devem estar presentes três requisitos: "I) inexistência de instrumento recursal idôneo para a necessária defesa do direito lesado ou ameaçado; II) inocorrência de coisa julgada; e III) ocorrência de teratologia na decisão impugnada".[20]

– Ótimo professor. Agora, quando ele pode ser usado contra decisões judiciais, o prazo é o mesmo do recurso?

13.8. PRAZO DECADENCIAL DO MANDADO DE SEGURANÇA

Opa, calma. Precisamos entrar em outro subtema do Mandado de Segurança, que é o prazo para sua utilização. Isso de forma genérica tá?

– Tá, tudo bem. É só eu observar os prazos prescricionais e decadenciais gerais, não é?

A coisa não é tão simples para o mandado de segurança. Isso ocorre porque se entende que ele é um instrumento específico que está à disposição do cidadão prejudicado por ato do poder público. Veja que o cidadão escolhe se quer usar o mandado de segurança ou uma ação ordinária, então ele é um procedimento especial e específico colocado à disposição do cidadão.

20. THEODORO JÚNIOR, Humberto. *Lei do mandado de segurança comentada artigo por artigo.* 2ª ed. Rio de Janeiro: Forense, 2019, versão digital, tópico 40.

– Então é como ele se fosse uma forma mais simples de impugnar os atos do poder público, mais rápido?

Pois é. Nessa lógica, o legislador optou por inserir um prazo específico para a utilização do Mandado de Segurança, que não interfere no prazo prescricional ou decadencial material. **Esse prazo é de 120 dias** (art. 23, Lei 12.016/2009).

– E esse prazo é constitucional?

Sim, de acordo com a súmula 632 do STF, "É constitucional lei que fixa o prazo de decadência para a impetração de mandado de segurança", mesmo que não haja menção a esse prazo na constituição.

– Tudo bem. Então, por exemplo, se sou aprovado em um concurso em primeiro lugar e uma autoridade pratica um ato ilegal nomeando o segundo lugar, mas eu acabo perdendo esse prazo de 120 dias, eu ainda posso ajuizar uma ação ordinária?

Sim. O prazo de 120 dias vale apenas **para o direito ao uso do procedimento do mandado de segurança, nada mais, nada menos**. Nesse caso específico, por exemplo, ultrapassado o prazo de 120 dias, você ainda teria o prazo prescricional quinquenal que seria iniciado na nomeação do outro servidor[21] para ajuizar a ação ordinária.

– E se um advogado desavisado ajuizar no local errado? Por exemplo, era para ajuizar no Tribunal de Justiça e ele ajuíza no primeiro grau, e o mandado de segurança só chega no tribunal competente 120 depois da ciência do ato.

É posição pacífica da do STF "que o prazo decadencial para ajuizamento do mandado de segurança, mesmo que tenha ocorrido perante juízo absolutamente incompetente, há de ser aferido **pela data**

21. STJ, 2ª T., AgInt no REsp 1.643.048-GO, Rel. Min. Assusete Magalhães, por unanimidade, j. 05/03/2020, DJe 17/03/2020.

em que foi originariamente protocolizado".[22] Ou seja, nesse caso, você precisa analisar quando foi impetrado o mandado de segurança e não quando ele chegou no juízo competente. Se no momento inicial, não tinha se passado 120 dias, não tem problema o momento temporal em que vai chegar no juízo competente.

– Entendi, professor. E se, por exemplo, quando eu for servidor público, e vá requerer remoção para voltar para minha cidade e ela fosse denegada de forma ilegal, de quando começa a contar o prazo? Desde o momento da decisão?

Gostei da confiança. Tenho certeza que em breve será aprovado. Sobre a pergunta, a resposta for negativa. **O que importa não é o momento da prática do ato, mas sim "da ciência, pelo interessado, do ato impugnado" (art. 23, Lei 12.016/2009).** Ou seja, por exemplo, se o ato for praticado no dia 20 de março, mas você apenas é notificado em 20 de maio, o prazo só começa nesse momento.

Naturalmente, você precisa ficar atento para situações específicas, pois nem sempre é simples identificar quando se considera que o interessado teve ciência do ato.

– Misericórdia professor. Pode pelo menos dar algum exemplo para eu me situar?

Claro, um importante caso é o prazo para impetração do mandado de segurança contra penalidade disciplinar. De acordo com o STJ, "o termo inicial do prazo decadencial para impetração de mandado de segurança contra aplicação de PENALIDADE DISCIPLINAR **é a data da publicação do respectivo ato no Diário Oficial**, e não a posterior intimação pessoal do servidor".[23]

Portanto, é bom prestar atenção que, se de alguma forma a parte deveria ter ciência do ato, o prazo começa a contar, mesmo que, por exemplo, ela ainda tenha direito de ser notificada pessoalmente do

22. STF, 1ª T., MS 26.792 AgR, Rel. Min. Dias Toffoli, j. 04/09/2012, Dje 27/09/2012.
23. STJ, 1ª Seção, AgInt no MS 24.647/DF, Rel. Min. Regina Helena Costa, j. 27/02/2019, DJe 11/03/2019.

ato. Afinal, se houve publicação do diário oficial, a parte já tem condições de ter ciência da penalidade.

– Professor, eu lembro que o CPC diz que os prazos agora só são contados em dias úteis. Isso vale para o prazo do Mandado de Segurança também?

Prevalece a posição de que não vale, porque o art. 219 só vale para atos praticados dentro do processo e nele contados, o que não seria o caso do Mandado de Segurança, que terá os 120 dias contados de forma corrida.[24]

– Tá, mas e os Mandados de Segurança contra decisões judiciais, como fica?

Me parece que, nesses casos específicos, como eles são atos praticados no processo e nele contados, é inevitável que sejam contados em dias úteis.

– E o prazo continua sendo de 120 dias?

Essa me parece a interpretação correta, especialmente porque prevista expressamente em lei. No entanto, é importante registrar entendimento do STJ no sentido de que, em face de uma decisão em que seria cabível apenas os embargos de declaração, o prazo para a impetração do mandado de segurança seria de cinco dias, sob pena de tornar-se imutável a decisão.[25]

– Professor, e no caso em que faça um requerimento de concessão de autorização para a realização de uma atividade e a administração me dê um gelo? Como eu faço para contar o prazo?

24. CUNHA, Leonardo Carneiro da. A fazenda pública em juízo... cit., p. 607.
25. STJ, 3ª T., RMS 43.439/MG, Rel. Ministra Nancy Andrighi, j. 24/09/2013, DJe 01/10/2013. STJ, 2ª T., RMS 58.297/CE, Rel. Min. Assusete Magalhães, j. 04/10/2018, DJe 11/10/2018.

Nesses casos, quando há omissão, o prazo simplesmente não começa. Enquanto houver a omissão, pode haver a utilização do mandado de segurança.

– Professor, mas tem um amigo que passou em um concurso, mas acabou o prazo de validade do concurso e nada. O prazo dele não acaba nunca?

Nesse caso específico, apesar de ser um ato omissivo, o STJ entende que "o prazo decadencial para impetrar Mandado de Segurança contra omissão da Administração em nomear candidato aprovado em concurso público é a data de expiração da validade do certame". Embora seja um ato omissivo, como após o fim do prazo do concurso não tem mais como nomear o candidato, o prazo é iniciado.[26]

Uma questão importante, tanto para a vida profissional, quanto para concursos, é entender como funciona o prazo decadencial do mandado de segurança nas relações de trato sucessivo.

– O que são essas relações de trato sucessivo professor?

São aquelas relações que se perpetuam no tempo, que até já vimos no capítulo de prescrição. Por exemplo, o recebimento da remuneração do servidor é uma relação de trato sucessivo, que ocorre todo mês. Nesse ponto, precisamos analisar como ocorre a contagem do prazo de 120 dias em duas situações diferentes: a primeira no caso de supressão e a segunda no caso de redução de uma determinada vantagem financeira ou reajuste em valor inferior ao devido ao servidor público.

– Qual a diferença entre essas situações?

Vamos lá, imagine hipótese na qual o servidor receba uma gratificação de escolaridade decorrente de ter terminado o mestrado.

26. STJ, 2ª T., RMS 58.299/BA, Rel. Min. Herman Benjamin, j. 17/09/2019, DJe 11/10/2019.

Existem três possibilidades danosas que podem ocorrer: 1) a administração **suprime** a gratificação e não paga mais nada; 2) a administração estava pagando e **reduz** esse valor e 3) a administração implementa a gratificação, mas com valor **inferior** ao correto.

O STJ vem entendendo que o ato que **suprime** a gratificação é único e, portanto, a contagem do prazo é iniciada do momento em que o sujeito é notificado,[27] no entanto, se há **redução**[28] ou implantação em valor **inferior**,[29] o prazo é renovado mês a mês.

– Mas professor, não é tudo omissão?

Não. É como se a total retirada, por exemplo, o cancelamento da gratificação decorrente da conclusão do mestrado, ao invés da simples redução, fosse um ato concreto no tempo e, a partir daquele momento resta iniciado o prazo, tornando-se não um ato omissivo, mas comissivo. Por outro lado, "o prazo decadencial para impetração de mandado de segurança atacando ato consistente na **redução** da remuneração de servidor público a título de teto remuneratório é renovado mensalmente por envolver relação de trato sucessivo".[30]

De forma resumida, é possível resumir o entendimento da seguinte forma:

TIPO DE ATO	FORMA DE CONTAGEM DO PRAZO
Supressão de vantagem	Ato único – prazo único contado da ciência
Redução de vantagem	Prestação de trato sucessivo, com renovação mensal
Reajuste inferior de vantagem	Prestação de trato sucessivo, com renovação mensal

27. STJ, 2ª T., AgInt no REsp 1.777.700/CE, Rel. Ministro Herman Benjamin, j. 25/06/2019, DJe 02/08/2019.
28. STJ, 1ª T., AgInt no AREsp 1209783/RJ, Rel. Ministro Benedito Gonçalves, j. em 23/03/2020, DJe 25/03/2020.
29. STJ, 2ª T., AgRg no AREsp 243.070-CE, Rel. Min. Humberto Martins, julgado em 7/2/2013, info. n. 517.
30. STJ, 2ª T., AgRg no AREsp 243.070-CE, Rel. Min. Humberto Martins, julgado em 7/2/2013, info. n. 517.

Conseguimos analisar os principais elementos que envolvem o prazo para a utilização do mandado de segurança e agora podemos passar às partes.

13.9. PARTES NO MANDADO DE SEGURANÇA

– Mas professor, tem diferença das partes de um processo normal para um mandado de segurança?

Sim, várias, especialmente no polo passivo que decorrem da própria lógica de o mandado de segurança ser um procedimento que visa a proteção de um ato ilegal ou abusivo de um agente público.

– E no polo ativo?

O art. 1º da Lei do mandado de segurança é bem aberto, porque permite a "qualquer pessoa física ou jurídica (que) sofrer violação" a utilização do procedimento. Isso abrange também os próprios entes públicos.

– Como assim? O próprio ente pode ajuizar mandado de segurança?

Claro, basta imaginar o que mencionamos, do mandado de segurança para impugnar as tutelas provisórias no processo do trabalho. Também nada impede que haja um conflito envolvendo um governador e um prefeito, que se encaixe em hipótese de utilização do mandado de segurança.

– Ah, tudo bem. Mas professor e aqueles entes que não possuem personalidade jurídica? Eles não podem usar o mandado de segurança?

Sim, podem. A interpretação do art. 1º da lei do mandado de segurança deve ser ampliativa. Nada impede que entes despersonalizados, como a massa falida, e órgãos que possuem apenas personalidade judiciária, a exemplos da Câmara de Vereadores, possam se utilizar do mandado de segurança. Como destaca o STJ na súmula 525, "A Câmara de Vereadores não possui personalidade jurídica, apenas personalidade judiciária, somente podendo demandar em juízo para defender os seus direitos institucionais".

– Entendido

13.9.1. Impetração do mandado de segurança do titular de direito líquido e certo decorrente

Vejamos agora uma situação bastante particular do mandado de segurança, que está prevista no art. 3º, que permite ao

> (...) titular de direito líquido e certo decorrente de direito, em condições idênticas, de terceiro poderá impetrar mandado de segurança a favor do direito originário, se o seu titular não o fizer, no prazo de 30 (trinta) dias, quando notificado judicialmente. Parágrafo único. O exercício do direito previsto no caput deste artigo submete-se ao prazo fixado no art. 23 desta Lei, contado da notificação.

Ele permite que o impetrante utilize o mandado de segurança não para defender o seu imediato direito líquido e certo, mas daquele que teve o direito violado em primeiro lugar.

– Entendi foi nada. Eu vou entrar no lugar do outro com o mandado de segurança? Para que eu vou ter esse trabalho todo?

Vamos com calma que você vai entender.

Como destaca Fredie Didier Júnior, na substituição processual, "ocorre que um sujeito tem o poder (legitimidade) de estar legitimamente em um processo defendendo interesse de outrem".[31] Tem-se, na hipótese do art. 3º da lei do mandado de segurança uma hipótese

31. DIDIER JR., Fredie. *Curso de direito processual civil.* 20ª ed. Salvador: Juspodivm, 2018, v. 1, p. 414.

de legitimação extraordinária onde um sujeito pode atuar, em nome próprio, na defesa de direito alheio.

Podemos sistematizar o tema, afirmando que, para permitir a atuação do terceiro:

1) O direito do terceiro, substituto processual, deve ser decorrente do direito do substituído;

2) Os dois direitos devem ser líquidos e certos;

3) O titular do direito originário deve ser notificado judicialmente e restar omisso pelo prazo de 30 dias. Aponta ainda a doutrina que esse prazo pode ser reduzido caso o titular do direito originário apresente documento afirmando expressamente que não irá propor o *writ*.[32]

– Professor, continuo sem entender nada.

Vamos lá, um exemplo concreto analisado pelo STJ pode ajudar na compreensão desse tema.[33] Foi realizado concurso para analista judiciário do TJMG apenas para cadastro reserva. Márcio foi aprovado em primeiro lugar e Eider em segundo. Ocorre que ocorreu uma remoção para aquela localidade, preenchida por um servidor, não ocorrendo nomeação de nenhum dos aprovados. Eider, segundo colocado, ajuizou mandado de segurança alegando a ilegalidade dessa remoção por diversos motivos.

O STJ afirmou que, em tese, essa nomeação seria ilegal, no entanto, Eider, segundo colocado, não teria legitimidade para impetrar o mandado de segurança. No caso, não teria ocorrido a notificação judicial para que iniciasse o prazo, mas esse exemplo nos permite compreender a disposição legal.

Pense comigo: O concurso era para cadastro reserva. Em tese não havia vaga para ninguém, no entanto, ocorreu uma remoção ilegal,

32. THEODORO JÚNIOR, Humberto. *Lei do mandado de segurança comentada artigo por artigo*... cit., tópico 33.
33. STJ, RMS 57.196/MT, Rel. Ministro Mauro Campbell Marques, j. 19/02/2019, DJe 26/02/2019.

preenchendo cargo vago, que geraria direito adquirido ao candidato tido por preterido. Mas veja, o candidato preterido não foi Eider, segundo lugar. Foi Márcio, o primeiro colocado! Eider, nesse caso, teria legitimidade extraordinária para defender direito alheio, em nome próprio, para que fosse reconhecida a ilegalidade da remoção, sendo determinada a nomeação do primeiro lugar.

Note que não foi violado seu imediato direito líquido e certo, mas é óbvio que ele tem interesse indireto na demanda. Basta imaginar que ele ficará mais próximo de ser nomeado e Márcio, primeiro lugar, pode não querer tomar posse, fazendo com que ele Eider seja nomeado.

Assim, percebemos que a autorização do art. 3º permite que se proteja direito líquido e certo alheio violado diretamente por ato de autoridade por alguém que tenha interesse indireto na demanda. Lembrando sempre que esse titular direto precisa ter sido **notificado judicialmente** para que se abra essa possibilidade. Assim, não basta que o ato ilegal ou abusivo seja notificado, pois ele precisa ser formalmente notificado judicialmente e ficar inerte por 30 dias para que o terceiro possa ajuizar o mandado de segurança.

> – Professor, agora eu entendi. O sujeito vai defender direito alheio que lhe interessa indiretamente. Agora como fica o prazo do mandado de segurança desse terceiro, vai contar do mesmo prazo do titular ou tem alguma especificidade?

Como afirmar o parágrafo único do art. 3º da lei do mandado de segurança, "O exercício do direito previsto no caput deste artigo submete-se ao prazo fixado no art. 23 desta Lei, contado da notificação".

Aqui há divergência doutrinária.

Parte da doutrina afirma que o prazo do terceiro inicia com o prazo do titular originário. Assim ele terá de correr para notificar judicialmente nos 30 dias e ainda ter prazo para impetrar o mandado de segurança.[34]

34. THEODORO JÚNIOR, Humberto. *Lei do mandado de segurança comentada artigo por artigo*... cit., tópico 35.

Outra corrente doutrinária afirma que o prazo de 120 dias não será iniciado igualmente com o prazo do titular, mas tão apenas depois da notificação do titular. Uma situação curiosa é que, na verdade, o prazo para o mandado de segurança será efetivamente de 90 e não de 120 dias, afinal, ele precisa esperar 30 dias antes de ajuizar o seu mandado de segurança.[35]

– E aí professor? Qual a correta?

Veja, sendo bem sincero, o texto normativo é mais adequado à segunda interpretação, mas ele cria um sério problema, porque, em tese, criaria um prazo infinito do mandado de segurança mais 120 dias. Em outros termos, no nosso exemplo a remoção ocorreu em 1 de março. Se o prazo fosse de 120 dias, o prazo do titular do direito terminaria no início de agosto.

Se formos usar a segunda interpretação, o prazo do terceiro apenas seria iniciado quando ocorresse a notificação... Que poderia ocorrer em agosto, ressuscitando o prazo. Assim, me parece mais adequada a primeira interpretação, para evitar uma situação esdrúxula de prazo quase infinito do mandado de segurança.

13.9.2. A sucessão processual no mandado de segurança

Há, ainda, um elemento particular na legitimidade ativa do mandado de segurança, que é a consequência da morte do impetrante.

– Como assim? Não podem os sucessores assumirem a ação?

Pois é. Essa é a lógica do CPC, em que sendo transmissível o direito, deve ocorrer a suspensão do processo (art. 313, I), para que ocorra a sucessão pelo espólio ou sucessores. Apenas no caso de o direito ser intransmissível é que há a extinção do processo sem exame do mérito (art. 485, IX, CPC).

35. CAVALCANTI, Francisco. *O novo regime jurídico do mandado de segurança.* São Paulo: MP Editora, 2009, p. 57.

– Então, em regra, no mandado de segurança vai ter a sucessão, não é?

Não. Tanto o STF[36] quanto o STJ[37] entendem que **o direito ao procedimento do mandado de segurança é intransmissível**. Não importa o direito material. **Ou seja, morreu o autor, morreu o mandado de segurança.**

– Nesse caso, os sucessores também perdem o direito material?

Pelo menos isso não. Não há problema algum em que seja ajuizada posteriormente a ação ordinária. Veja que o processo será extinto sem exame do mérito.

– Poxa, e se o autor morrer no meio da execução, os sucessores vão ter de ajuizar a ação ordinária e discutir tudo de novo?

Nesses casos, a jurisprudência criou uma exceção. **Quanto o evento morte ocorre já na fase de execução, não tem problema, pode ocorrer a sucessão no processo.**[38] Por exemplo, se um servidor ajuíza um mandado de segurança requerendo a concessão de uma progressão denegada administrativamente, se ele vier a falecer na execução, os sucessores podem se habilitar para ter acesso aos reflexos financeiros do processo.

Conseguimos verificar a legitimidade ativa, agora poderemos passar a um tema um pouco mais complicado que é a identificação da legitimidade passiva.

---

36. STF, Tribunal Pleno, MS 22.355, Rel. Eros Grau, j. 22/06/2006, DJ 04-08-2006.
37. STJ, 1ª Seção, PET no MS 21.743/DF, Rel. Ministro Napoleão Nunes Maia Filho, j. 27/11/2019, DJe 09/12/2019; STJ, 1ª Seção, PET no MS 20.157/DF, Rel. Ministro Herman Benjamin, j. 12/06/2019, DJe 11/09/2019.
38. STJ, 1ª Seção, PET no MS 20.157/DF, Rel. Ministro Herman Benjamin, j. 12/06/2019, DJe 11/09/2019.

13.9.3. Legitimidade passiva

– Professor, eu lembro que é a maior confusão na doutrina, se é a pessoa jurídica, se é a autoridade, se são os dois, nunca entendi isso.

De fato, há essa divisão doutrinária. Quem entende que é a autoridade o faz sob o argumento de que a legislação aponta que é ela em face da qual se impetra o mandado de segurança.[39] No entanto, essa não parece ser a melhor interpretação.

– Poxa professor, mas faz sentido. Eu preciso sempre identificar a autoridade.

Sim, precisa, mas essa indicação tem por objetivo apenas o de identificar a competência, como veremos em breve e para indicar quem deve prestar as informações e tem o poder de cumprir a decisão. É uma forma de permitir o melhor cumprimento da ordem decorrente do mandado de segurança.

Veja, quem é que vai suportar as consequências financeiras e operacionais da decisão?

– Acho que vai ser a pessoa jurídica.

Exato. Portanto, o legitimado passivo vai ser a pessoa jurídica[40] e não a autoridade ou uma espécie de litisconsórcio passivo entre eles.[41] Recorde ainda que a autoridade presenta a pessoa jurídica, mas não a substitui.

39. MEIRELLES, Helly Lopes; MENDES, Gilmar Ferreira; WALD, Arnoldo. *Mandado de segurança e ações constitucionais*. 32ª ed. São Paulo: Malheiros, 2009, p. 62.
40. CUNHA, Leonardo Carneiro da. *A fazenda pública em juízo...* cit., p. 570-573; RODRIGUES, Marco Antonio. *A fazenda pública no processo civil*. 2ª ed. São Paulo: Atlas, 2016, p. 225.
41. SCARPINELLA BUENO, Cassio. Mandado de segurança e a regra de competência do art. 52, parágrafo único, do CPC. *Revista de Processo*, n. 305, p. 323.

13.10. INTERVENÇÕES DE TERCEIRO NO MANDADO DE SEGURANÇA

Relacionado ao tema das partes, precisamos também verificar o tema das intervenções de terceiros no mandado de segurança.

– Massa Professor. Deve ser possível a utilização de várias das intervenções de terceiro. Qual a diferença?

Exatamente o contrário... A jurisprudência tem entendido que "o rito do mandado de segurança é incompatível com a intervenção de terceiros".[42] Isso porque isso faria com que o processo acabasse demorando, bem como criando fases procedimentais incompatíveis com o procedimento do mandado de segurança que, como veremos, é bem simples.

– Mas nem a assistência? O assistente só fica lá de boa ajudando a parte...

Nem a assistência... Na verdade, nem a assistência litisconsorcial.[43] No entanto, acredito ser possível a intervenção do *amicus curiae* que primordialmente atua para trazer uma contribuição à discussão jurídica e, como já vimos, no mandado de segurança, pode haver qualquer espécie de discussão jurídica. Além do mais, se é um terceiro que é admitido até nas ações do controle concentrado, não faria sentido que não fosse admitido também no mandado de segurança.

Uma vez ultrapassada a questão das possíveis intervenções de terceiros, podemos analisar outro tema que tem particularidades, no que se refere ao mandado de segurança, que é a competência.

42. STJ, 1ª T., AgInt nos EDcl no RMS 52.066/BA, Rel. Min. Gurgel de Faria, j. 03/05/2018, DJe 07/06/2018; STJ, 1ª T., MS 32.074/DF, Relator Min. Luiz Fux, DJ 05/11/2014.
43. STJ, 1ª T., AgInt nos EDcl no RMS 52.066/BA, Rel. Min. Gurgel de Faria, j. 03/05/2018, DJe 07/06/2018; STJ, 1ª T., MS 32.074/DF, Relator Min. Luiz Fux, DJ 05/11/2014.

13.11. COMPETÊNCIA NO MANDADO DE SEGURANÇA

– Professor, eu lembro que a competência é determinada a partir da autoridade.

Sim, esse é o caminho, mas você sabe dizer como eu analiso a autoridade para definir a competência?

– Eu lembro que precisa ver a hierarquia dela algo assim.

Esse é um dos aspectos a serem observados. Precisamos identificar três elementos principais: a) a qualificação da autoridade, se ela é federal ou local e b) a sua graduação hierárquica. A Constituição Federal é cheia dessas regrinhas de competência, no que se refere às demandas cíveis e mais especificamente à competência dos tribunais, valendo a pena fazer referência a um entendimento sumulado do STJ também:

TRIBUNAL	COMPETÊNCIA PARA ANALISAR MANDADO DE SEGURANÇA
STF	Atos do Presidente da República, das Mesas da Câmara dos Deputados e do Senado Federal, do TCU, do Procurador-Geral da República e do STF (art. 102, I, *d*)
STJ	Ato de Ministro de Estado, dos Comandantes da Marinha, do Exército e da Aeronáutica ou do STJ (art. 105, I, *b*)
TRF	Ato do próprio Tribunal ou de juiz federal (art. 108, I, *c*)
Turmas Recursais	S. 376. Compete a turma recursal processar e julgar o mandado de segurança contra ato de juizado especial.

Se não há previsão em nenhuma dessas hipóteses, o mandado de segurança deve ser impetrado na primeira instância.

– Professor, eu não vi como fica nos tribunais de justiça. A Constituição não fala nada?

O artigo 125, §2º, afirma que "A competência dos tribunais será definida na Constituição do Estado". Isso significa que você vai precisar olhar em cada Constituição Estadual para verificar se a autoridade tem foro no tribunal para efeitos do mandado de segurança.

– Certo. Uma dúvida. Como fica a competência se a autoridade não tiver nenhum foro privilegiado?

Nesse caso, devemos voltar às regras gerais de competência contra as pessoas jurídicas de direito público, sejas as opções dadas nas ações contra Estados[44] e a União, com seus respectivos entes de direito público.[45] No caso da União, prevalece a competência constitucional e, dos Estados, na ausência de regramento específico, aplica-se o CPC.[46] Vou até colocar a tabela para você relembrar.

ENTE PÚBLICO COMO RÉU	COMPETÊNCIA
União e suas autarquias	1) no foro de domicílio do autor, 2) no de ocorrência do ato ou fato que originou a demanda, 3) no de situação da coisa ou 4) no Distrito Federal.
Estados e DF	1) no foro de domicílio do autor; 2) no de ocorrência do ato ou fato que originou a demanda; 3) no de situação da coisa ou 4) na capital do respectivo ente federado.
Municípios	Lugar da sede da pessoa jurídica, ou seja, no próprio Município

44. STJ, 2ª T., AgInt no RMS 64.292/SP, Rel. Min. Herman Benjamin, j. 30/11/2020, DJe 09/12/2020.
45. STJ, 1ª Seção, AgInt no CC 170.533/DF, Rel. Min. Mauro Campbell Marques, j. 02/06/2020, DJe 05/06/2020; STJ, 1ª Seção, AgInt no CC 150.371/DF, Rel. Min. Napoleão Nunes Maia Filho, j. 27/05/2020, DJe 09/06/2020; STJ, 1ª Seção, AgInt no CC 148.082/DF, Rel. Min. Francisco Falcão, j. 13/12/2017, DJe 19/12/2017.
46. SCARPINELLA BUENO, Cassio. Mandado de segurança e a regra de competência do art. 52, parágrafo único, do CPC... cit., p. 326-327.

13.12. PETIÇÃO INICIAL

A partir de agora, veremos os aspectos principais do procedimento do mandado de segurança. Lembre-se que, em termos gerais, o procedimento comum ordinário possui a petição inicial, a audiência de mediação ou de conciliação, contestação, a fase de requerimento e produção de provas e, posteriormente, a sentença. Por outro lado, em termos gerais, o procedimento do mandado de segurança será bem mais simples, pois terá apenas a petição inicial, a apresentação das informações e a sentença.

Vamos começar pelo primeiro ato, que é a petição inicial.

– Tem alguma coisa de diferente?

Pela lei, a única particularidade é a previsão do artigo 4º, que permite, no caso de urgência, a impetração do mandado de segurança por telegrama, radiograma, fax ou outro meio eletrônico de autenticidade comprovada, devendo o texto original da petição ser apresentado nos cinco dias úteis seguintes, como destaca o §2º. Mas é uma previsão para um período de autos físicos, o que hoje em dia é cada vez mais raro.

Há ainda uma outra particularidade. Lembra do direito líquido e certo?

– Perfeitamente, agora sei tudo. O mandado de segurança só pode ser utilizado se a parte tiver prova documental e pré-constituída, não admitida dilação probatória!

Exato, mas, como sempre, no direito há exceções!

– Pelo amor de Deus, como assim professor? Aprendi errado?

Não, seu raciocínio está perfeito, mas há uma exceção, que está no art. 6º, §1º, da Lei do mandado de segurança. Veja que pode acontecer de o impetrante não ter todos os documentos para a prova do alegado, que estão de posse do poder público, que se recusa a fornecê-lo.

Basta pensar no caso do servidor que foi teve indeferido um pedido reclassificação na carreira, mas não tem o processo administrativo. Nesse caso, ele pode, na petição inicial, pedir que o juiz determine que o poder público forneça esses documentos.

– Certo, então para isso acontecer, eu preciso alegar que esses documentos estão com a Fazenda Pública e que ela se recusou a me fornecer?

Exato. Se o juiz concordar com a sua argumentação, mesmo sem a documentação, ele não vai extinguir o mandado de segurança e vai ordenar "preliminarmente, por ofício, a exibição desse documento em original ou em cópia autêntica e marcará, para o cumprimento da ordem, o prazo de 10 (dez) dias".

13.13. TEORIA DA ENCAMPAÇÃO

– Bom saber professor, acho muito justo. Muitas vezes a Administração Pública dificulta o acesso aos documentos e ia complicar para o impetrante que não tivesse todos os documentos.

– Eu lembrei de uma outra coisa que pode acontecer. Você precisa indicar a autoridade coatora na sua petição inicial. E se por acaso eu errar? O mandado de segurança vai ser extinto?

Depende.

– Depende da boa vontade do juiz?

Calma, nos casos em que ocorre a indicação errônea da autoridade coatora, podemos ter a utilização da **teoria da encampação**, que já foi admitida expressamente pelo STJ na súmula n. 628.

– E o que precisa para a **teoria da encampação** ser utilizada?

Segundo o entendimento do STJ (S. 628), os requisitos **cumulativos** são: **a) existência de vínculo hierárquico entre a autoridade que prestou informações e a que ordenou a prática do ato impugnado; b) manifestação a respeito do mérito nas informações prestadas; e c) ausência de modificação de competência estabelecida na Constituição Federal.**

– Certo... Então, se, por exemplo, a autoridade correta era o secretário de educação do município, mas eu coloco o prefeito e ele se manifesta sobre o mérito do pedido, então tudo certo?

Exato. Mas lembre-se que esses requisitos são todos cumulativos e da nossa tabela de competência. Se, por exemplo, você impugnar ato do Presidente da República, que é competência do STF, mas insere Ministro de Estado, que é competência do STJ, não adianta de nada que exista vínculo hierárquico entre eles e que o presidente analise o mérito da demanda. Isso porque na teoria da encampação não é aplicada se há necessidade de alteração da competência constitucional.

– Percebi a necessidade do vínculo hierárquico, mas ele pode ser de baixo para cima e de cima pra baixo?

Como é?

– Eita professor, foi mal, veja só: pode ocorrer encampação pelo superior hierárquico e pelo inferior hierárquico ou há alguma restrição?

Ah tá, agora entendi. O STJ já afirmou expressamente e de forma bastante didática, que "A chamada "teoria da encampação" não pode ser invocada quando a autoridade apontada como coatora (e que "encampa" o ato atacado), é hierarquicamente subordinada da que deveria, legitimamente, figurar no processo. Não se pode ter por eficaz, juridicamente, qualquer "encampação" (que melhor poderia ser qualificada como usurpação) de competência superior por autoridade hierarquicamente inferior".[47]

47. STJ, 1ª T., RMS 28.745/AM, Rel. Min. Teori Albino Zavascki, j. 19/05/2009, DJe 01/06/2009.

– E se ainda assim não for possível aplicar a teoria da encampação? Se, por exemplo, a mudança da autoridade implicar alteração da competência?

Bem, nesses casos, vem entendo o STJ que o mandado de segurança deve ser extinto.[48] No entanto, esse me parece um posicionamento radical, uma jurisprudência defensiva. Note que na aplicação da teoria da encampação você tem uma considerável economia processual, porque apresentada a informação e aplicável a teoria, "segue o jogo". Não precisa alterar a autoridade, ou realizar qualquer medida para sanear o processo. Por outro lado, se não é aplicável a teoria da encampação, tem-se o radicalismo da extinção do mandado de segurança, quando a autoridade sequer faz parte do polo passivo.

– Mas fazer o que então?

Uma possibilidade interessante é proposta por Leonardo Carneiro da Cunha.[49] O art. 338 do CPC permite que o réu, na contestação, alegue que é parte ilegítima, permitindo ao autor a correção do polo passivo e o art. 339 ainda impõe que o réu indique qual o sujeito passivo correto da relação jurídica. Note que no CPC de 73 isso era uma intervenção de terceiro chamada nomeação a autoria, que agora virou uma possibilidade de defesa, regulada no capítulo que regula a contestação.

– Tá, mas isso não é de algum jeito uma intervenção de terceiros?

Não, tanto é que o CPC expressamente retirou essa alteração do polo passivo da parte de intervenção de terceiros. Assim, não há mais a desculpa de afirmar que essas disposições legais seriam inaplicáveis ao mandado de segurança por inadmitir as intervenções de terceiro.

48. STJ, 1ª T., RMS 43.239/GO, Rel. Min. Gurgel de Faria, j. 26/04/2016, DJe 11/05/2016.
49. CUNHA, Leonardo Carneiro da. *A fazenda pública em juízo*... cit., p. 578-580.

– Mas em que casos ela poderia ser utilizada?

Me parece que ela poderia atuar exatamente para as hipóteses não abarcadas pela teoria da encampação. Portanto, se a autoridade apenas alegar a ilegitimidade passiva, basta que se permita a correção do polo passivo, mesmo que ela gera a alteração da competência. Não será tão simples quanto ocorre no caso da teoria da encampação, mas veja que basta ocorrer a exclusão da autoridade – desde que com ela concorde o impetrante, que, não concordando, assume o risco da extinção do mandado de segurança – com nova notificação da autoridade correta.

Mesmo no caso da alteração da competência, há uma nítida proteção do princípio da primazia do mérito (art. 4º, CPC), impedindo uma extinção sem análise do mérito, impondo que seja ajuizado novo mandado de segurança.

É exatamente essa a conclusão do enunciado n. 511 do FPPC, segundo o qual "A técnica processual prevista nos arts. 338 e 339 pode ser usada, no que couber, para possibilitar a correção da autoridade coatora, bem como da pessoa jurídica, no processo de mandado de segurança".

– Entendi professor, parece uma boa ideia. Daria um trabalhão ter que fazer outro mandado de segurança só para trocar a autoridade e também lembro que mesmo na mudança da competência absoluta, em uma ação ordinária não ia ocorrer a extinção do processo.

13.14. DESISTÊNCIA NO MANDADO DE SEGURANÇA

– Eu lembrei aqui de outra coisa.... Tem alguma discussão em relação à desistência do mandado de segurança, não é? No processo normal, eu lembro que a desistência independe da concordância do réu até oferecida a contestação (art. 485, §4º) e que só pode ser apresentada até a sentença (art. 485, §5º). É assim também no mandado de segurança?

Não, o STF adotou uma interpretação ampliativa dos poderes do autor para desistir, afirmando que é lícito ao impetrante **desistir da ação de mandado de segurança, independentemente da aquiescência da autoridade apontada como coatora ou da entidade estatal interessada ou, ainda, quando for o caso, dos litisconsortes passivos necessários a qualquer momento antes do término do julgamento e mesmo após a sentença ou mesmo acórdão, desde que antes do trânsito em julgado.**[50]

– Caramba professor, mesmo que o pedido seja julgado improcedente ele pode pedir a desistência? E o Poder Público fica a ver navios, se sujeitando a outra ação?

Exatamente. E ele pode depois ajuizar ação ordinária com a mesma causa de pedir e pedido sem problema nenhum.

– Mas qual a razão disso?

Pelo que se pode entender das decisões do STF, a lógica seria a de que não haveria propriamente direitos em confronto, tendo sido um procedimento criado para tutelar o indivíduo perante o estado, permitindo que dele disponha a qualquer momento.

– Então não tem nenhum limite?

No acórdão que consolidou essa posição, a Ministra relatora Rosa Weber destacou que seria possível impedir essa desistência tão apenas se comprovados os elementos configuradores da litigância de má-fé.

50. STF, Plenário, RE 669.367, Rel. Min. Luiz Fux, Rel. p/ Acórdão: Min. Rosa Weber, j. 02/05/2013. O STJ adota a mesma posição: STJ, 1ª T., AgInt na DESIS no AREsp 1202507/SP, Rel. Min. Gurgel De Faria, j. 01/07/2019, DJe 07/08/2019.

– Então, seria, por exemplo, o caso do impetrante que está perdendo desde a primeira instância, apelou, fez recurso extraordinário, agravo para subir o recurso, agravo interno, embargos de declaração, sempre perdendo e com multa por litigância de má-fé e, no segundo embargos de declaração, um dia antes do julgamento pede desistência?

Bom, acho que esse seria um bom caso de litigância de má-fé.... Se isso não for, não sei o que é...

– O STF já veio a analisar esse tema depois?

Sim. Ele tem afirmado, em outros casos, que pode ocorrer o indeferimento do pedido de desistência quando a desistência resulte no **afastamento de jurisprudência pacífica do tribunal.**[51] Em um caso específico, o impetrante tinha o objetivo de se manter vinculada ao regime próprio de previdência, no período em que ocupava exclusivamente cargo em comissão, que é entendimento contrário ao adotado pelo STF, tendo obtido liminar no órgão de origem.

– Mas nesse caso, o pedido de desistência não ia fazer cair a liminar? Qual o problema?

No caso específico, ela tinha conseguido a liminar e, de acordo com o ministro relator, a mera cessação da eficácia não bastaria para o desfazimento das situações jurídicas consolidadas durante a sua vigência. Em realidade, levaria à consolidação da contabilização das contribuições vertidas ao regime próprio. Seria necessária, por essa razão, solução de mérito para que se assente a impossibilidade de vinculação da impetrante ao regime próprio de previdência no período anterior à sua investidura em cargo efetivo. Por conta disso, o pedido de desistência foi indeferido para que fosse julgado o mérito do recurso extraordinário.[52]

51. STF, 2ª T., MS 29032 ED-AgR, Rel. Min. Teori Zavascki, j. 24/05/2016, DJ 07/06/2016.
52. STF, RE 434.519 AgR, Rel. Min. Marco Aurélio, Rel. p/ Acórdão: Min. Roberto Barroso, j. 03/09/2019, DJ 05/12/2019.

Em outro caso, a desistência foi indeferida porque, para a Corte, era evidente que o único objetivo do impetrante era o de fugir da aplicação do entendimento do STF, para tentar a sorte em ação ordinária, tanto que a desistência só veio após a interposição do agravo regimental no recurso extraordinário.[53]

– Entendi professor, então posso concluir que eu **posso pedir a desistência do mandado de segurança em qualquer momento, até o trânsito em julgado, exceto se restar demonstrada a minha má-fé ou que estou tentando fugir da aplicação da jurisprudência do STF.**

Perfeito! Não resumiria melhor.

13.15. PROCEDIMENTO APÓS O DESPACHO INICIAL

Podemos partir agora para a notificação da autoridade coatora e para a ciência da pessoa jurídica (art. 7º, I e II, da lei do mandado de segurança).

– Lembro que no procedimento comum o réu é citado para comparecer à audiência de mediação ou de conciliação e que, não sendo o caso, a contestação no procedimento comum tem o prazo de 30 dias, 60 no caso do poder público. É diferente no mandado de segurança?

Sim. Não temos audiência de mediação ou de conciliação no mandado de segurança pela incompatibilidade com o rito e nem contestação. Além do mais, o prazo e a forma de contagem serão diferentes.

– Como assim?

Primeiro, vamos lembrar que a citação da Fazenda Pública não será feita pelos correios (art. 247, III), mas por oficial de justiça (art.

53. STF, 2ª T., MS 29.032 ED-AgR, Rel. Min. Teori Zavascki, j. 24/05/2016, Dje 07/06/2016.

246, II, CPC). Nesse caso, o dia do começo do prazo é o da "data de juntada aos autos do mandado cumprido, quando a citação ou a intimação for por oficial de justiça" (art. 231, II, CPC).

– Até aí entendi, então não importa quando ocorre a citação, mas o momento da juntada do mandado. Mas o que isso tem a ver com as informações da autoridade? Não é igual?

Pois é, não. Note que pela dicção do art. 7º, I, da lei do mandado de segurança, o coator é notificado pessoalmente e prestará ele mesmo as informações. Em outros termos, não será o advogado público que vai assinar o ato, mas a própria autoridade, então ele próprio produzirá as informações.

– Professor, mas isso aí tá meio fantasioso. Não vai ser a advocacia pública que vai fazer as informações?

Isso pode até acontecer, mas o ato é considerado praticado formalmente pela autoridade e isso muda tudo na contagem do prazo. Isso porque, de acordo com o art. 246, §3º, do CPC, "Quando o ato tiver de ser praticado diretamente pela parte ou por quem, de qualquer forma, participe do processo, sem a intermediação de representante judicial, **o dia do começo do prazo para cumprimento da determinação judicial corresponderá à data em que se der a comunicação**".

– Eita professor, verdade.

Exato. Veja, então que, na citação normal da Fazenda Pública, o prazo começa da juntada do mandado e, no caso da autoridade, o prazo já começa da sua notificação!

Outra coisa, é importante percebermos qual a natureza jurídica das informações da autoridade coatora.

– Como assim? Não é uma defesa?

Não tem como considerar tecnicamente uma defesa porque, como vimos ele não é parte. Do ponto de vista das informações, a autoridade deve ser considerada como um meio de prova e a autoridade como um informante.[54] Uma consequência importante é a de que a ausência das informações não gera os efeitos da revelia, não se presumindo verdadeiros os fatos alegados pelo autor.

Lembre-se ainda que, no momento de despachar a petição inicial, o juiz ainda pode conceder a tutela provisória caso haja fundamento relevante e risco de ineficácia da medida, caso espere o final (art. 7º, §2º, da lei do mandado de segurança). Existem algumas limitações à concessão da tutela provisória no mandado de segurança, como vimos no capítulo 8.

Ele pode ainda exigir do impetrante caução, fiança ou depósito, com o objetivo de assegurar o ressarcimento à pessoa jurídica.

– Mas professor, ele precisa sempre exigir ou depende?

A lei fala que ele pode, assim, ele tem que analisar se há fundamento para que haja necessidade de caução. A caução não é um requisito a mais. Ela só deve ser exigida se houver considerável risco de considerável prejuízo aos cofres públicos.

13.15.1. Limitações ao litisconsórcio ativo

Vimos até agora o que acontece no momento imediatamente posterior ao despacho da petição inicial. Agora vamos ver algo que não pode mais acontecer depois desse momento.

– Opa, tem uma pegadinha no procedimento é?

Não. Trata-se de um mecanismo para proteger o juiz natural, que consiste na proibição do ingresso de litisconsorte ativo após o despacho da petição inicial (art. 10, §2º, da lei do mandado de segurança).

– Não entendi o problema.

54. Araújo, José Henrique Mouta. A teoria da encampação no procedimento do mandado de segurança e o entendimento do STJ. *Revista de Processo*, n. 302, abr.-2020, p. 312.

Vou te explicar com um exemplo. Imagine que vários servidores estão discutindo o mesmo tema, que consiste no direito ou não a uma determinada gratificação e eles atuam da mesma forma e no mesmo local. Um deles ajuíza a demanda e os outros esperam. Se não existisse essa restrição, seria possível que os demais ficassem esperando a análise da tutela provisória – que ocorre no despacho da inicial – para só entrar depois se souberem que o juiz concorda com o pedido deles.

– Ahhh professor, entendi. É justamente para driblar a malandragem, do contrário bastava ajuizar uns quatro e ficar esperando que juiz ia dar a liminar e depois todo mundo entrava no mesmo juízo. De fato, ia ser uma bagunça.

13.15.2. Atuação do Ministério Público

Pois bem, após as informações da autoridade, há apenas mais um passo no procedimento, que é a notificação do Ministério Público dentro do prazo **improrrogável** de 10 dias (art. 12 da lei do mandado de segurança).

– Eita, nesse caso, o Ministério Público terá prazo preclusivo para se manifestar? E se ele não se manifestar nesse prazo?

O processo simplesmente deverá ser concluso ao juiz. Se ele não se manifestar nesse prazo, em resumo, fica sem se manifestar e o processo segue. Essa é uma situação curiosa, porque, em geral, quando há previsão de participação do ministério público como fiscal da ordem jurídica, ele não tem prazo para apresentar o parecer.

13.15.3. Fase decisória

Enfim, apresentada ou não a manifestação do ministério público, o processo passará para a fase de sentença, que deve ser proferida em 30 dias (art. 12, parágrafo único, da lei do mandado de segurança) na qual há apenas um detalhe digno de nota, não porque seja específico, mas porque há súmula.

No procedimento comum, é evidente que, eventualmente concedida uma tutela provisória, caso a sentença seja em sentido contrário, tem-se automaticamente a revogação da tutela provisória.

– Porque isso acontece professor?

Veja, de forma bem resumida, a tutela provisória é concedida com base em cognição sumária, no meio do processo. O juiz em geral não tem todas as provas, muitas vezes o réu nem se defendeu. A sentença é proferida com cognição exauriente, no final do processo, com todas as provas, desenvolvimento adequado do contraditório e aprecia, necessariamente abordando o mesmo tema da tutela provisória anterior. Mesmo que não haja menção expressa, se houve concessão da tutela provisória e julgamento de improcedência, há revogação da tutela provisória (art. 302, I, CPC). Além disso, o CPC é claro em destacar que há responsabilidade objetiva (art. 302, CPC). Então, pelas regras do CPC, a sentença em sentido contrário da tutela provisória a revoga e tem efeitos retroativos, gerando responsabilidade objetiva do requerente.

– Certo professor. Entendi que a sentença revoga automaticamente a tutela provisória anterior, mesmo que de forma implícita. Além disso, tem efeitos retroativos. Mas o que isso tem a ver com o mandado de segurança? Tem alguma diferença?

Pois é. Já houve essa discussão, o que levou o STF a editar uma súmula para deixar o tema mais claro, no sentido de que no mandado de segurança, a lógica é a mesma dos demais processos. Assim, destaca a súmula 405 do STF, que "Denegado o mandado de segurança pela sentença, ou no julgamento do agravo dela interposto, fica sem efeito a liminar concedida, retroagindo os efeitos da decisão contrária".

Em resumo, sendo denegada a segurança, é revogada a liminar que tenha sido concedida, com a retroação dos efeitos, gerando a responsabilidade objetiva do impetrante.

Faço ainda uma observação quanto ao julgamento nos mandados de segurança mais especificamente quanto ao julgamento colegiado quando for de competência originária de tribunal.

De acordo com o art. 16 da lei do mandado de segurança, "Nos casos de competência originária dos tribunais, caberá ao relator a instrução do processo, sendo assegurada a defesa oral na sessão do julgamento do mérito ou do pedido liminar".

– Professor, isso é tipo uma sustentação oral, mas sem precisar do recurso?

Exatamente. E veja que coisa interessante, o texto normativo permite que você faça a defesa oral tanto no julgamento do mérito quanto do pedido de tutela provisória. Essa é uma oportunidade que você não tem quando ele começa no primeiro grau.

13.16. HONORÁRIOS NO MANDADO DE SEGURANÇA

Vamos ver uma particularidade do procedimento do mandado de segurança que aparece na sentença, relativa aos honorários

– Qual é? Tem super honorários?

Infelizmente é o contrário. Não tem nenhum. Esse entendimento já vinha da súmula 512 do STF[55] e 105 do STJ[56], consolidada no art. 25 da lei do mandado de segurança que afirma não caber, nesse procedimento, a condenação "ao pagamento de honorários advocatícios". Ora, lembre-se que isso também foi pensado para o impetrante, que litiga com menos riscos de perder e ter que pagar honorários.

– Mas professor, comigo é garantido. Sempre ganho. Queria meus honorários... Mas veja, eu lembro que o CPC fala de honorários recursais e a lei do mandado de segurança não fala nisso. Posso aplicar esses honorários recursais para esse procedimento?

Bem, veja só, apenas para recordar, o art. 85, §11º, do CPC, diz que "O tribunal, ao julgar recurso, **majorará** os honorários fixados

55. S. 512: Não cabe condenação em honorários de advogado na ação de mandado de segurança.
56. S. 105: Na ação de mandado de segurança não se admite condenação em honorários advocatícios.

anteriormente levando em conta o trabalho adicional realizado em grau recursal (...)". Note o verbo MAJORARÁ. Ele não usa fixar. Sabe o que isso significa?

– Professor, acho que entendi.... Como no mandado de segurança não tem a fixação dos honorários advocatícios na sentença, não tem como majorar o que não existe.

Perfeito! Esse foi exatamente um dos requisitos definidos pelo STJ para que possa haver a condenação em honorários recursais: a) decisão recorrida publicada a partir de 18.3.2016, quando entrou em vigor o novo Código de Processo Civil; b) recurso não conhecido integralmente ou desprovido, monocraticamente ou pelo órgão colegiado competente; e **c) condenação em honorários advocatícios desde a origem no feito em que interposto o recurso.**[57] Assim, como na origem não há honorários, também não haverá majoração decorrente da interposição de recursos.

– Professor, essa dispensa geral de honorários inclui aquelas sanções de litigância de má-fé. Não que eu me preocupe com isso viu...

Opa, a lei diz exatamente o contrário, porque o art. 25 afirma expressamente a possibilidade "da aplicação de sanções no caso de litigância de má-fé", então cuidado com os recursos que você vai utilizar... Pode não ter honorários, mas pode ter litigância de má-fé.

13.17. CUMPRIMENTO DE SENTENÇA

Agora veremos algumas observações no caso de concedida a segurança e a execução no mandado de segurança. No geral, a sentença terá caráter mandamental, ou seja, será uma ordem, como, no caso do pedido de nomeação em concurso porque expirou o prazo e você

57. STJ, 2ª Seção, AgInt nos EREsp 1539725/DF, Rel. Min. Antonio Carlos Ferreira, j. 09/08/2017, DJe 19/10/2017. No mesmo sentido: STJ, 3ª T., AgInt no AREsp 1.349.182/RJ, Rel. Ministro Moura Ribeiro, j. 10/06/2019, DJe 12/06/2019.

não foi nomeado, apesar de estar nas vagas. O juiz basicamente dirá: nomeie o impetrante.

No entanto, por vezes, o pedido do mandado de segurança pode ser condenatório. Imagine quando você estiver no seu concurso, exercendo cargo de chefia, mas não esteja recebendo por isso. Você impetra o mandado de segurança e ganha. A questão particular do mandado de segurança refere-se à cobrança das parcelas vencidas.

– Opa, como assim? Vou ganhar, mas não levar?

Calma. Veja, na ação ordinária, você pode pedir as prestações retroativas, desde que não estejam abarcadas pela prescrição. Portanto, se você estava como chefe por dois anos e depois ajuizada a ação, pode pedir o retroativo desses dois anos, mais o que for vencendo no decorrer da ação.

– Sim, claro.

No mandado de segurança não! Veja o que diz o art. 14, §4º: "O pagamento de vencimentos e vantagens pecuniárias assegurados em sentença concessiva de mandado de segurança a servidor público da administração direta ou autárquica federal, estadual e municipal **somente será efetuado relativamente às prestações que se vencerem a contar da data do ajuizamento da inicial**". Não é por acaso que a súmula 269 do STF afirma que "O mandado de segurança não é substitutivo de ação de cobrança", não produzindo efeitos retroativos.

– Então quer dizer que deu ruim para o retroativo? O que eu posso fazer?

Essa resposta está na súmula 271 do STF, segundo a qual a "Concessão de mandado de segurança não produz efeitos patrimoniais em relação a período pretérito, **os quais devem ser reclamados administrativamente ou pela via judicial própria**". Ou seja, você não vai poder cobrar o retroativo no mandado de segurança, mas nada impede que depois venha a requerer tais valores administrativamente ou por meio de ação judicial.

– Pelo menos isso professor. Mas pelo menos agora vou ficar ligado quando for usar o mandado de segurança para alguma verba de servidor. Se tiver muito período retroativo, melhor fazer uma ação ordinária, do contrário vou acabar tendo que fazer duas ações...

Pois é, vale a pena pensar bem nesses casos.

13.18. REEXAME NECESSÁRIO

Agora vamos ver as particularidades do reexame necessário no mandado de segurança.

Não custa relembrar, como vimos no capítulo 10, no CPC, o reexame necessário apenas existe nas sentenças proferidas contra "a União, os Estados, o Distrito Federal, os Municípios e suas respectivas autarquias e fundações de direito público" (art. 496, I, CPC) e possui uma série de exceções relacionadas aos valores das condenações e o fato de a decisão estar fundada em precedentes (art. 496, §§3º e 4º).

No mandado de segurança o regulamento do tema é bem mais lacônico, apenas afirmando o art. 14, §1º, que "Concedida a segurança, a sentença estará sujeita obrigatoriamente ao duplo grau de jurisdição".

– Professor, eu lembro que no começo dessa aula nos vimos quem pode ser alvo do mandado de segurança e às vezes ela pode ser contra empresas públicas e sociedades de economia mista. Como fica no caso dessas sentenças no mandado de segurança?

Temos no procedimento do mandado de segurança um funcionamento excepcional do reexame necessário. Não importa quem está no polo passivo, se é pessoa jurídica de direito público ou não, basta apenas que a segurança concedida. Portanto, ao contrário do que ocorre no CPC, no mandado de segurança, pode ocorrer o reexame necessário mesmo que o polo passivo seja ocupado por pessoa de direito privado.

– E as exceções ao reexame necessário, também se aplicam ao mandado de segurança?

Veja, eu adoto o posicionamento de que as exceções do CPC ao reexame necessário se aplicam ao mandado de segurança. Importante compreender que o mandado de segurança é procedimento feito de forma a ser favorável ao autor, como se viu na questão da desistência, sendo contraditório que não se admita a aplicação das exceções do CPC ao reexame necessário. Além disso, se a lógica do mandado de segurança é a de ser um procedimento com maior celeridade, é incoerente impor que toda e qualquer sentença esteja submetida ao reexame necessário.[58]

– Tudo bem, entendi seu argumento. Mas qual a interpretação dos tribunais?

Sim, preciso deixar isso claro. Embora essa seja uma interpretação doutrinária coerente, as decisões do STJ são no sentido de que **as exceções do CPC ao reexame necessário não se aplicam ao mandado de segurança, sob o argumento de que há regra específica na legislação do mandado de segurança.**[59]

13.19. COISA JULGADA

Agora vamos para uma parte mais complicada, que é o regime da coisa julgada, que é *secundum eventum probationis*.

– Como é professor? Segundo evento de que?

Secundum eventum probationis, ou seja, a depender do tipo de prova apresentado. Lembre-se que, no processo comum, se a parte ajuizar uma ação que dependa de prova testemunhal e não fizer nada, ela terá um julgamento de improcedência do pedido, ou seja, terá coisa julgada contra ela. Esse regime em que sempre há coisa julgada é chamado *pro et contra*.

58. CUNHA, Leonardo Carneiro da. *A fazenda pública em juízo*... cit., p. 629.
59. STJ, 2ª T., AgRg nos EDcl no AREsp 302.656/SP, Rel. Min. Herman Benjamin, j. 15/08/2013, DJe 16/09/2013; STJ, Corte Especial, EREsp 687.216/SP, Rel. Ministro Castro Meira, DJe 4/8/2008; STJ, 2ª T., REsp 1.274.066/PR, Rel. Ministro Mauro Campbell Marques, DJe 9/12/2011; STJ, 2ª T., REsp 1.047.540/MT, Rel. Ministra Eliana Calmon, DJe 14/8/2008.

– Professor, mas não entendi nada desse tal de *secundum eventum probationis.*

Lembra do direito líquido e certo? A prova deve ser documental e pré-constituída. Se há necessidade de outras provas, **o juiz não deve julgar o pedido improcedente, mas sim extinguir o processo sem exame do mérito**, o que não ocorreria em uma ação ordinária, caso em que o pedido seria julgado improcedente, com coisa julgada.

É exatamente assim que vamos interpretar o art. 19 da lei do mandado de segurança que diz o seguinte: "A sentença ou o acórdão que **denegar** mandado de segurança, **sem decidir o mérito, não impedirá** que o requerente, por ação própria, pleiteie os seus direitos e os respectivos efeitos patrimoniais".

– Então não é toda sentença que denega a segurança que impede o ajuizamento da ação ordinária?

Exatamente. Veja: se a parte ajuíza o mandado de segurança e traz toda a documentação necessária, com o processo administrativo, mas o seu pedido é de aumento de vencimento com base na isonomia, o julgamento será pela improcedência, com base na súmula vinculante n. 37.[60] Ela não pode, nesse caso, simplesmente ajuizar outra ação ordinária com esse mesmo objeto.

– Certo, então como eu interpreto a súmula 304 do STF que diz que "Decisão denegatória de mandado de segurança, não fazendo coisa julgada contra o impetrante, não impede o uso da ação própria"?

Exatamente como vimos. É que o verbo denegar no mandado de segurança deve ser entendido simplesmente como não concessivo do pedido do mandado de segurança, o que abrange caso de análise do mérito e casos de extinção do processo sem análise do mérito.

---

60. Súmula vinculante n. 37: Não cabe ao Poder Judiciário, que não tem função legislativa, aumentar vencimentos de servidores públicos sob o fundamento de isonomia.

A parte mais complicada é relativa à eventual necessidade de outras provas, mas precisamos lembrar que existem muitos motivos para que um processo seja extinto sem coisa julgada material. Só lembrar do art. 485 do CPC, que é plenamente aplicável ao mandado de segurança, que, por exemplo, pode ser extinto por falta de interesse de agir, o que não impede o ajuizamento de ação ordinária.

– Então, na verdade, quando se fala em denegar segurança e possibilidade de ajuizar outra ação, eu sempre preciso analisar o que foi decidido?

Isso aí, você matou a charada. Na ação ordinária isso é mais fácil porque quando o juiz não analise o mérito, ele não diz: denego a segurança, ele diz julgo extinto sem análise do mérito.

No mandado de segurança, infelizmente tem essa confusão, porque se usa denegação para tudo. Por isso é necessário analisar o conteúdo da decisão: se ela analisa o mérito e denega a segurança, você tem coisa julgada material, não podendo ajuizar outra ação; se ela denega a segurança, mas não analisa o mérito, seja pela necessidade de outras provas ou outro motivo, incide o art. 19 da lei do mandado de segurança e a súmula 304 do STF e você pode ajuizar outra ação!

13.20. RECURSOS

Podemos ingressar agora nos recursos. Uma primeira questão específica se refere à legitimidade recursal. Isso porque, em geral, o recurso é interposto pela pessoa jurídica, no entanto, o art. 14, §2º, da lei do mandado de segurança estende essa legitimidade a autoridade coatora.

Lembremos que a autoridade coatora não é legitimado passivo, detendo essa legitimidade como um terceiro interessado.[61]

– Ele sempre pode recorrer?

Me parece que nem sempre. Mais uma vez, ele não é legitimado passivo e, em regra, não sofrerá consequências da decisão; quem arca

61. ARAÚJO, José Henrique Mouta. *Mandado de segurança*. 5ª ed. Salvador: Juspodivm, 2015, p. 242.

com as consequências será a pessoa jurídica. A questão sobre a legitimidade recursal da autoridade será verificada a partir do interesse recursal, ou seja, em que casos aquela decisão interfere na sua esfera jurídica para que haja algum sentido na interposição do recurso.

Em outros termos, ele só poderá recorrer nas hipóteses em que, por exemplo, lhe seja imputada uma multa dirigida pessoalmente a ele para cumprir uma decisão, quando a decisão lhe impuser alguma responsabilidade ou repercutir em sua condição funcional. Fora desses casos, sendo uma simples concessão da segurança, por exemplo, para permitir a participação de uma empresa em uma licitação, não há interesse recursal da autoridade.[62]

– Certo, então a autoridade pode recorrer, mas eu preciso verificar caso a caso se ela tem interesse recursal?

Exatamente. Por fim, um aviso. A autoridade coatora não é pessoa jurídica de direito público, por conseguinte, não tem prazo em dobro para recorrer, nos termos do art. 183 do CPC.

Partindo para os recursos em espécie, em termos bastante gerais, todos os recursos do CPC podem ser utilizados no mandado de segurança, como a apelação, o agravo de instrumento, os embargos de declaração, os agravos, recursos extraordinário e especial.

13.20.1. Agravo de instrumento

– Eu lembro de ter visto algo sobre o cabimento do agravo de instrumento. Tem alguma particularidade?

A particularidade aqui é apenas histórica. Antes da atual Lei do mandado de segurança (lei 12.016/2009), discutia-se o cabimento do agravo de instrumento da decisão que concede ou denega tutela provisória. Essa discussão perdeu sentido, eis que o art. 7º, §1º, da lei do mandado de segurança prevê o cabimento do agravo de instrumento contra a decisão de tutela provisória no primeiro grau e o art. 16, parágrafo único, aponta o cabimento do agravo interno quando o mandado de segurança for originário do tribunal.

62. CUNHA, Leonardo Carneiro da. *A fazenda pública em juízo*... cit., p. 638-639.

– Então a lógica é a mesma do CPC? Agravo de instrumento contra a decisão de tutela provisória de primeiro grau e agravo interno contra a decisão de tutela provisória no tribunal.

13.20.2. Apelação

Isso mesmo. Passamos agora a apelação. De acordo com o art. 14 da lei do mandado de segurança, "Da sentença, denegando ou concedendo o mandado, cabe apelação", isso quando for no primeiro grau.

– Professor, então é a mesma coisa do processo comum. Da sentença cabe apelação. Tem alguma coisa diferente no mandado de segurança?

A única particularidade da apelação é referente aos seus efeitos, quando concedida a segurança. Lembre-se que, de acordo com o art. 1.012, caput, do CPC, "A apelação terá efeito suspensivo", o que significa que, como regra, ela terá efeito suspensivo *ope legis*, que é aquele automático. Nesses casos, a sentença não pode ser executada provisoriamente e a interposição da apelação faz com que esse impedimento à execução seja prolongado.

No mandado de segurança, a lógica é diferente. Como afirma o art. 14, §3°, da lei do mandado de segurança, "A sentença que conceder o mandado de segurança **pode ser executada provisoriamente**, salvo nos casos em que for vedada a concessão da medida liminar".

Por consequência, a apelação **não terá efeito suspensivo, mas apenas devolutivo.**[63] Ou seja, a regra é diferente do procedimento comum, pois normalmente a apelação não terá efeito suspensivo.

– Não tem como conseguir o efeito suspensivo?

Tem, claro. Como afirma o STJ, "**a apelação em mandado de segurança possui efeito devolutivo, sendo concedido, apenas excepcionalmente, eventual efeito suspensivo, na hipótese de risco de**

63. STJ, 1ª T., AgInt no AREsp 1.109.220/RJ, Rel. Min. Sérgio Kukina, j. 17/05/2018, DJe 24/05/2018; STJ, AgRg no Ag 1.316.482/SP, Rel. Min. Cesar Asfor Rocha, DJe 18/05/2012.

dano irreparável ou de difícil reparação".[64] O parágrafo único do art. 995 do CPC afirma exatamente como conseguir o efeito suspensivo, prevendo que a eficácia da decisão pode "ser suspensa por decisão do relator, se da imediata produção de seus efeitos houver risco de dano grave, de difícil ou impossível reparação, e ficar demonstrada a probabilidade de provimento do recurso".

13.20.3. Recurso ordinário

Agora veremos o irmão da apelação, que é o recurso ordinário. Ele é, salvo algumas particularidades, regido pelas mesmas regras da apelação.

– Mas em que casos vamos usar esse outro recurso?

Você pode chamar o recurso ordinário de apelação nos tribunais, eis que ele só vai ser utilizado quando o mandado de segurança for originário de tribunais.

A regra é a seguinte: a) será cabível recurso ordinário ao STF quando o mandado de segurança for decidido em única instância por tribunal superior (art. 1.027, I, CPC) e b) será cabível recurso ordinário ao STJ quando o mandado de segurança for decidido em única instância por TRF ou TJ (art. 1.027, II, CPC).

Lembre-se também de outra particularidade: nesses dois casos, o mandado de segurança só pode ser utilizado se **denegatória a decisão**.

– E quem está no polo passivo pode fazer o que se for sucumbente?

Nesses casos, ele não tem ao seu dispor o recurso ordinário, que, como visto só pode ser utilizado para a decisão denegatória. É isso que está previsto no art. 18 da Lei do Mandado de Segurança: "Das decisões em mandado de segurança proferidas em única

64. STJ, 1ª T., AgInt no AREsp 1.109.220/RJ, Rel. Min. Sérgio Kukina, j. 17/05/2018, DJe 24/05/2018; STJ, AgRg no Ag 1.316.482/SP, Rel. Min. Cesar Asfor Rocha, DJe 18/05/2012.

instância pelos tribunais cabe recurso especial e extraordinário, nos casos legalmente previstos, e recurso ordinário, quando a ordem for **denegada**".

Ele terá de recorrer como se fosse um acórdão de tribunal em procedimento comum, ou seja, deverá se utilizar do recurso especial ou extraordinário, a depender da matéria tratada na decisão. Claro que se o mandado de segurança for originário de tribunal superior, só vai sobrar o recurso extraordinário. Podemos resumir o regime recursal da decisão final no mandado de segurança da seguinte forma:

COMPETÊNCIA ORIGINÁRIA DO MS	NATUREZA DA DECISÃO	RECURSO CABÍVEL
Primeiro grau	Denega a segurança	Apelação
Primeiro grau	Concede a segurança	Apelação
TJ ou TRF	Denega a segurança	Recurso ordinário
TJ ou TRF	Concede a segurança	RE ou Resp
Tribunal superior	Denega a segurança	Recurso ordinário
Tribunal superior	Concede a segurança	RE

– Curioso professor essa diferença dos tipos de recursos que podem ser utilizados a depender do resultado da decisão! E se por acaso a parte errar o recurso cabível? Tem salvação?

Nesse caso, entende-se **inaplicável** o que se chama de princípio da fungibilidade recursal, que tem como pressupostos "i) dúvida objetiva quanto ao recurso a ser interposto; ii) inexistência de erro grosseiro; e iii) que o recurso interposto erroneamente tenha sido apresentado no prazo daquele que seria o correto".[65]

Como destaca a súmula 272 do STF, "Não se admite como ordinário recurso extraordinário de decisão denegatória de mandado de

65. STJ, 1ª T., AgInt nos EDcl no REsp 1.857.915/PR, Rel. Min. Regina Helena Costa, j. 28/04/2020, DJe 04/05/2020.

segurança", fazendo com que a troca de um pelo outro seja tida como um erro grosseiro. O STJ já afirmou expressamente isso quando a parte interpôs recurso ordinário quando seria recursal especial.[66]

Portanto, preste muita atenção no regime recursal do mandado de segurança para não se complicar!

– Uma última dúvida: o que eu faço quando o mandado de segurança for originário do STF?

Aí você senta e chora porque não tem mais para onde ir...

– Eita... então é ter esperança que vai ser concedida a segurança!

13.20.4. A técnica de ampliação do julgamento

Faço mais uma observação quanto ao regime recursal. No CPC de 1973 havia a previsão do recurso de embargos infringentes no art. 530, que era recurso cabível de decisões não unânimes. Por opção legislativa, o art. 25 da lei do mandado de segurança excluía essa modalidade recursal do seu procedimento. Ocorre que o CPC/2015 deixou de ser prever o cabimento dos embargos infringentes, fazendo com que o art. 25 deixe de ser aplicável.

– Mas professor, eu lembro que agora tem o que chamam em embargos infringentes *cover*. Como é isso?

Veja, o art. 942 do CPC afirma que "Quando o resultado da apelação for não unânime, o julgamento terá prosseguimento em sessão a ser designada com a presença de outros julgadores, que serão convocados nos termos previamente definidos no regimento interno, em número suficiente para garantir a possibilidade de inversão do resultado inicial, assegurado às partes e a eventuais terceiros o direito de sustentar oralmente suas razões perante os novos julgadores".

---

66. STJ, 4ª T., AgInt no RMS 59.641/SP, Rel. Ministro Marco Buzzi, j. 23/03/2020, DJe 25/03/2020.

O que se tem nesse caso é uma técnica de julgamento e não um recurso. Embora, de certa forma ele tenha sido inserido no lugar dos embargos infringentes, não é recurso e não tem como ser abrangido pelo art. 25 da lei do mandado de segurança, de forma a não ser aplicável ao mandado de segurança. Portanto, a técnica de ampliação do julgamento colegiado é compatível com o procedimento do mandado de segurança.[67]

Para finalizar, uma revisão do procedimento do mandado de segurança por meio do seguinte fluxograma:

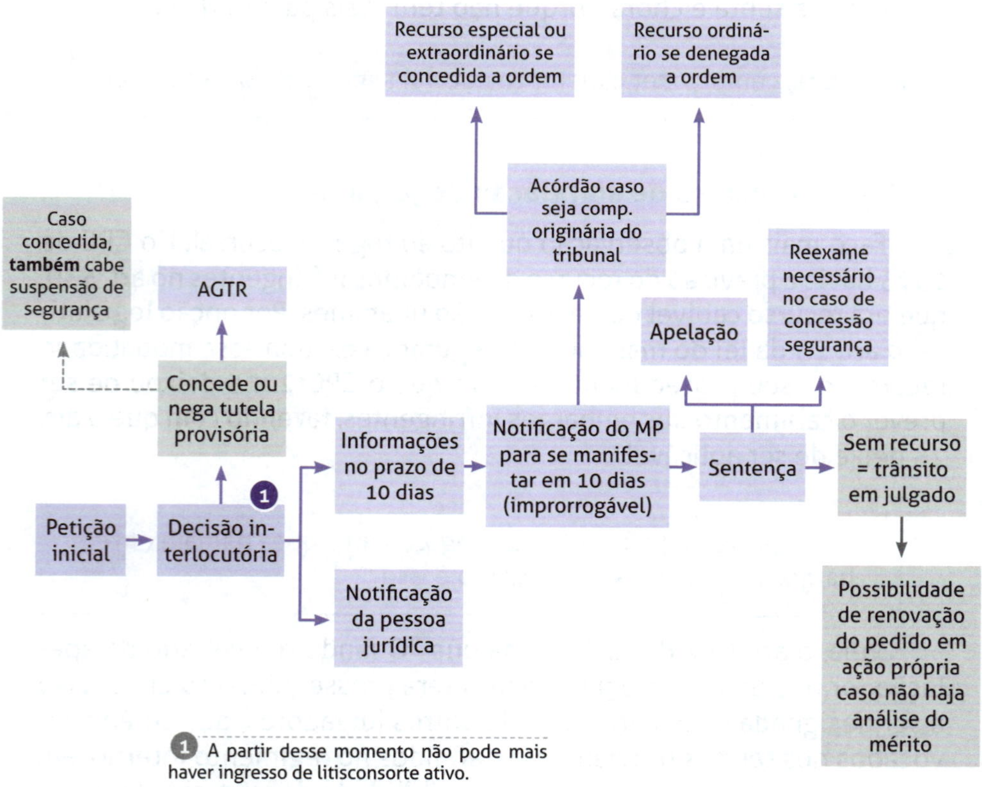

67. CUNHA, Leonardo Carneiro da. *A fazenda pública em juízo*... cit., p. 648.

CAPÍTULO 14

Juizados Especiais Federais e da Fazenda Pública

14.1. PRINCÍPIOS FUNDAMENTAIS

Agora iremos estudar um tema que tem uma importância prática considerável, mas que muitas vezes é negligenciado e, talvez mesmo por isso, para muitos pareça um direito *free-style*.

– Eita, vamos ver o quê?

Vamos estudar os juizados especiais. Mais especificamente os Juizados Especiais Federais e os Juizados Especiais da Fazenda Pública.

– Agora entendi.

O quê?

– A parte do direito *free-style*. Sempre dizem que no juizado só há uma regra.

Qual?

– Que não há regras!

Opa, calma, também não é assim. Não podemos exagerar. De fato, o procedimento dos juizados é mais simples e com menos recursos do que no procedimento comum, mas tem algumas regras. Na verdade, em relação ao procedimento, vamos, antes de passar aos procedimentos das duas espécies de juizados, entender um pouco os fundamentos dos juizados.

– Como assim?

Iremos analisar os princípios que fundamentam a instituição dos juizados e que justificam esse procedimento mais simplificado e que as vezes incomoda tanto os processualistas.

Bem, primeiro vamos entender a razão pela qual foram criados os juizados.

A ideia dos juizados, prevista constitucionalmente (art. 98), tem por base a ideia de criar um procedimento mais simples, para causas cíveis de menor complexidade. Como veremos, nos juizados, há várias características que facilitam o acesso à justiça, como a simplicidade do procedimento, a dispensa de utilização de advogado até um certo valor, a gratuidade do procedimento etc.

O fundamento dos juizados basicamente é: tem muitas causas em que a pessoa não ia querer se utilizar do complexo e mais custoso procedimento comum, tendo sempre custas, honorários, necessidade de advogado, sendo geralmente mais complexos e demorado. Para evitar tudo isso, criaremos um procedimento mais simples, até mais sujeito a eventuais erros, mas que facilite o acesso à justiça para causas mais simples e de menor valor. Foi dessa lógica, de maior acesso à justiça que nasceram os juizados.

– Então os juizados são simplesmente um procedimento comum simplificado, não é?

É esse o objetivo, de forma a facilitar o acesso à justiça. Para uma simples causa de consumidor, talvez não valesse a pena contratar advogado, esperar vários anos para o procedimento terminar. A pessoa pode ir no juizado, sem advogado e iniciar o procedimento.

Também precisamos entender o microssistema dos juizados especiais.[1]

1. MADUREIRA, Claudio Penedo; RAMALHO, Lívio Oliveira. Microssistema dos juizados especiais brasileiros. *Revista Dialética de Direito Processual*, n. 113, 2012; CÂMARA, Alexandre Freitas. *Juizados especiais cíveis estaduais, federais e da fazenda pública*: uma abordagem crítica. 7ª ed. Rio de Janeiro: Lumen Juris, 2012, p. 5.

– Microssistema? Misericórdia. Qual é essa agora?

É simples. Temos três leis que regulam os juizados especiais, a Lei 9.099/1995, que regula os Juizados Especiais Cíveis e Criminais. Essa é, digamos, a lei geral dos juizados, a mais completa.

Também temos a Lei 10.259/2001, que regula os Juizados Especiais Cíveis e Criminais na Justiça Federal e a Lei 12.153/2009, que regula o Juizado Especial da Fazenda Pública.

O tal do microssistema significa que é possível uma influência recíproca entre essas leis para a aplicação de textos normativos de uma na outra, nos casos em que inexista incompatibilidade. A utilização do CPC ocorreria apenas em caso de omissão das três leis que compõem o microssistema, de forma subsidiária, baseada tal aplicação na possibilidade de aplicação do art. 27, da Lei 12.153/2009 aos demais juizados.

Isso será particularmente importante para os nossos estudos porque nos permite compreender algumas coisas: as leis dos Juizados Especiais Federais e da Fazenda Pública são incompletas; elas não regulam todo o procedimento. Isso significa que eu vou ter de ir buscar uma solução na Lei 9.099/1995. Além disso, eu só irei aplicar o CPC se não tiver uma solução nos juizados *e* se não houver incompatibilidade com a lógica dos juizados.

– De que forma eu poderia identificar essa compatibilidade com os juizados?

O desafio é verificar se a aplicação de determinada norma do CPC não vai acabar bagunçando a lógica dos juizados, que é a de um procedimento simples, informal e célere. Veja que tudo isso que falei está também no enunciado n. 161 do FONAJE: "Considerado o princípio da especialidade, o CPC/2015 somente terá aplicação ao Sistema dos Juizados Especiais nos casos de expressa e específica remissão ou na hipótese de compatibilidade com os critérios previstos no art. 2º da Lei 9.099/95".

Esse estudo é muito importante porque a legislação dos juizados é bastante lacunosa, então é muito comum que haja necessidade de verificar o que fazer com base no CPC e se há compatibilidade.

– Não tem tipo, umas decisões que já indicam esse caminho?

Não há tantas, porque, como veremos, é bem difícil que algum processo chegue no STJ a partir do juizado, ainda mais em matéria processual. No STF é um pouco mais fácil, mas ainda é complicado. Mas temos os enunciados do FONAJE, FONAJEF e FONAJEFP, que são um instrumento muito importante para verificar o que é ou não aplicado no juizado.

– E o que são essas siglas?

FONAJE é Fórum Nacional de Juizados Especiais, FONAJEF é Fórum Nacional de Juizados Especiais Federais e FONAJEFP é Fórum Nacional de Juizados Especiais da Fazenda Pública. Eles remetem respectivamente à Lei 9.099/1995, Lei 10.259/2001 e 12.153/2009.

– Mas porque eles são tão importantes? O que são eles na verdade?

Esses fóruns, que foram iniciados pelo FONAJE, em 1997, consistem em reuniões dos magistrados que atuam no sistema dos juizados especiais. Nesses eventos, eles debatem e criam esses enunciados que servem como orientação para os seus próprios julgamento.

– São como uma súmula?

Não. Veja que a súmula nasce de casos concretos e fazem, ao menos quando se verifica no site do STF ou STJ, remissão a vários casos. Esses enunciados são formulados em abstrato, então não tem julgados que deram origem a eles.

– Mas assim, porque eles são tão importantes?

Me parece que a resposta é bem simples. Os juízes criam e eles mesmos aplicam esses enunciados. Então de certa forma eles são legitimados por quem aplica o direito, e como não tem muita forma de controle, afinal, como veremos, é muito difícil conseguir que um processo do juizado chegue a um tribunal superior, esses enunciados são quase lei.

Então durante a aula vamos sempre tê-los como orientação para tentar compreender adequadamente a interpretação da legislação dos juizados, bem como eventual compatibilidade de algum instituto do CPC.

– Mais uma coisa para decorar.

Pense bem: pelo menos no juizado, não tem aquele vai e vem do STJ. Basta saber a Lei, os enunciados, uns raros julgados do STF e STJ. É mais simples que no CPC.

– É, vendo por esse lado...

Vamos em frente. Agora, antes de chegarmos nos institutos dos juizados vamos precisar analisar os princípios setoriais dos juizados, que nos ajudam a compreender o seu funcionamento e como se fundamentam alguns afastamentos de normas do procedimento comum.

– Princípios setoriais?

É que esses princípios possuem maior força ou mesmo só são reconhecidos para o sistema dos juizados. E, dessa forma, seriam a justificativa para que muitas das regras processuais do procedimento comum não se apliquem ao sistema dos juizados, como veremos.

O primeiro **princípio é o da oralidade** (art. 1º, *caput*, da Lei 9.099/1995), que gera uma prevalência da comunicação oral, ocorrida em audiência, em relação à palavra escrita.

– Ué, então o que eu falo é mais importante do que as minhas peças?

Não é para tanto, mas é que se verifica que, nos juizados, muitos atos podem ser praticados de forma oral, simplificando o procedimento. Alguns exemplos, como a possibilidade: i) do mandato verbal ao advogado (art. 9º, §3º, Lei 9.099/1995); ii) e de o processo ser iniciado por pedido oral à secretaria do juizado (art. 14, *caput*, da Lei 9.099/1995).

A oralidade também traz consigo outros subprincípios ou seus filhotes. São eles: i) a concentração, que seria a concentrar a prática de vários atos na audiência; ii) a imediação, que requer a produção das provas diretamente pelo juiz e em audiência e iii) a irrecorribilidade em separado das interlocutórias, que seria a imposição de que as decisões interlocutórias só serão recorridas no final.

– Como assim só no final?

Você espera a sentença e recorre de tudo em apenas um recurso, mesmo que as decisões sejam anteriores. Na verdade, esse princípio foi parcialmente adotado pelo procedimento comum, com a diminuição da recorribilidade das interlocutórias, só que no juizado ele é mais forte; voltaremos a ele na parte recursal.

O outro é o **princípio da simplicidade** (art. 2º da Lei 9.099/1995). O princípio da simplicidade é fácil de entender: o processo deve ser o mais simplificado possível, com o mínimo de formalidade, tentando aproximar os cidadãos do Poder Judiciário.

O seu irmão é o **princípio da informalidade** (art. 2º da Lei 9.099/1995), que tem como objetivo fazer com que se busque a finalidade do ato praticado, sendo de menor importância se a forma correta foi utilizada, o que fica bem evidente no art. 13 da Lei 9.099/1995.

– Mas eles não acabam sendo a mesma coisa?

Bem, são irmãos, mas não gêmeos. A simplicidade rege a própria organização dos atos, permitindo que a parte faça um pedido oral, com a requisição de que haja utilização, no pedido, de "forma simples e em linguagem acessível" (art. 14, §1°, da Lei 9.099/1995).

Por sua vez a informalidade vai indicar que se, mesmo usando essas formas simples eu nomear um ato de contestação com outro nome, o que importa é a finalidade do ato. Assim, o seu objetivo é o de salvar atos que não seguem as formas legais, o que é basicamente a imposição do **princípio da instrumentalidade das formas** do procedimento comum, mas que nos juizados é maximizado na última potência.

Temos ainda o **princípio da economia processual** (art. 2° da Lei 9.099/1995), que requer um maior rendimento do processo, com o menor número de atos possíveis. Assim, por exemplo, tem-se a permissão de realização imediata da sessão de conciliação se ambas as partes comparecerem para a instauração do Processo e a de que, havendo pedidos contrapostos, pode ser dispensada a própria contestação formal, sendo tudo apreciado na mesma sentença (art. 17 da Lei 9.099/1995).

– É muito princípio. Já não basta os normais do CPC...

Sim, é verdade, mas tem mais um, que muitas vezes é aplicado na forma turbo nos juizados, que é o princípio da celeridade. A sua finalidade, como se pode compreender do próprio nome, é a de que o procedimento do juizado deve ser rápido, com a solução sem delongas do direito material.

– Mas e aí vai de qualquer jeito?

Bem, não deveria. Celeridade não significa rolo compressor dos direitos e garantias processuais, mas as vezes acaba parecendo justamente isso, que prevalece a decisão rápida a uma garantia dos direitos fundamentais das partes.

Em resumo, temos os seguintes princípios nos juizados:

PRINCÍPIOS	CONTEÚDO
Oralidade	Prevalência da palavra oral sobre a escrita
Simplicidade	Utilização de linguagem acessível e simples
Informalidade	Prevalência da finalidade sobre a forma dos atos
Economia processual	Maior eficiência na prática de atos
Celeridade	Procedimento ágil e rápido

– Em resumo, a ideia do juizado é a de resolver tudo de forma simples e rápida

É uma boa forma de resumir todos esses princípios.

14.2. JUIZADOS ESPECIAIS CÍVEIS FEDERAIS

Agora, depois dos princípios, vamos começar a analisar os procedimentos dos juizados. Primeiro os Juizados Especiais Federais e depois os Juizados Especiais da Fazenda Pública e, durante essas análises poderemos verificar a atuação desses princípios e eventuais conflitos com o CPC.

Eles foram criados pela Lei 10.259/2001, que foi elaborada por conta do disposto no art. 98, I e §1º, da CF. Como já apontamos anteriormente, essa legislação não regula detalhadamente todos os procedimentos, por vezes sendo necessário buscar a solução na Lei 9.099/1995 e, eventualmente, no CPC, mas só se houver compatibilidade.

Esse é o exato entendimento do enunciado n. 151 do FONAJEF: "O CPC/2015 só é aplicável nos Juizados Especiais naquilo que não contrariar os seus princípios norteadores e a sua legislação específica".

– Isso eu lembro professor, mas ainda não vi nenhum exemplo.

Tenha calma, veremos em breve. É que as vezes eu já preparo o aluno para ele não se chocar tanto quando houver algum conflito muito estranho. Então já vou acalmando aos poucos.

– #tenso

14.2.1. Competência

Pois bem, o primeiro dos temas é a competência. Uma primeira observação é a de que a competência dos juizados é absoluta (art. 3º, §3º, Lei 10.259/2001).

– E o que isso significa?

Significa que, **se o caso entra em alguma das hipóteses de competência do juizado, a pessoa não tem escolha**. Ela obrigatoriamente precisa usar o procedimento dos juizados.

– Posso dizer que é praticamente um procedimento obrigatório?

Sim, isso é importante porque, muitas vezes, como ocorre no mandado de segurança, a utilização de um procedimento especial é facultativa, o que não é o caso dos Juizados Especiais Federais. Além disso, é importante destacar, embora não seja nosso objeto de estudo, que os Juizados Especiais Cíveis Estaduais são **opcionais**. Se a demanda está na competência desses juizados, a parte escolhe se quer usar o procedimento dos juizados ou o procedimento comum

– Esses juizados só querem ser os diferentes.

De certa forma sim. Mas veremos que essa regra também se aplica aos Juizados Especiais Da Fazenda Pública. Em resumo, quando o procedimento é de juizado contra a Fazenda Pública, a competência é absoluta, ok?

– Ok, entendi. Mas e finalmente, quando o caso é de competência do juizado?

O primeiro requisito é relativo ao valor, uma vez que o juizado tem competência para conhecer de processos cujo **valor da causa seja de até sessenta salários mínimos**, bem como pode executar essas decisões (art. 3º, *caput*, Lei 10.259/2001).

– Mas como eu cálculo esse salário mínimo? Deve ser o da época do fato ou de quando eu ajuízo a demanda?

De acordo com o enunciado n. 15 do FONAJEF, "Na aferição do valor da causa, deve-se levar em conta o valor do salário mínimo em vigor **na data da propositura de ação**". Assim, irrelevante o valor do salário mínimo de quando ocorreu o fato.

– Tá, entendi. Pensei em outro problema. A competência do juizado é absoluta, e geralmente é mais rápido do que o procedimento comum. E se a pessoa não quer de jeito nenhum o procedimento comum e coloca o valor lá embaixo, só vai ter problema se a outra parte impugnar? O juiz não pode fazer nada??

Pode! Esse já era o entendimento do enunciado n. 49 do FONAJEF que diz o seguinte: "O controle do valor da causa, para fins de competência do Juizado Especial Federal, pode ser feito pelo juiz a qualquer tempo". Essa possibilidade foi até ampliada pelo CPC de 2015 que permite expressamente o controle do valor da causa de ofício pelo juiz, nos termos do art. 292, §3º.

Portanto, se a parte quiser dar uma de malandro e alterar o valor da causa, o juiz pode alterar de ofício, remetendo o processo para o procedimento comum.

Há mais uma questão problemática em relação ao valor, que é na situação do litisconsórcio e o que deve ser feito se o valor ultrapassa no total os sessenta salários mínimos.

– Ué, se passou do limite, passou, não é?

Não é bem assim. Lembremos que o litisconsórcio são várias pessoas reunidas em um dos polos do processo e, pensando em uma ação de servidor público, se forem reunidos vários, cada um vai ter seu crédito, certo?

– Sim.

Então veja que, **na verdade, são várias demandas em uma só**. Se o crédito de cada um é de 40 salários mínimos, poderiam ser ajuizadas 10 ações separadas no juizado. Se for ajuizada apenas uma, com esses 10 servidores, o valor para efeitos do juizado não será de 400 salários mínimos, mas calculado a partir de cada litisconsorte.

Esse é o entendimento do STJ, segundo o qual "Em se tratando de litisconsórcio ativo facultativo, para que se fixe a competência dos Juizados Especiais, deve ser considerado o valor da causa individualmente por autor, não importando se a soma ultrapassa o valor de alçada".[2]

Esse também é o entendimento do enunciado n. 18 do FONAJEF, segundo o qual, "**No caso de litisconsorte ativo, o valor da causa, para fins de fixação de competência deve ser calculador por autor**".

– Tá, entendi. Então como autor, é bom eu deixar isso bem explicado, indicando o valor da cada um para não dar confusão...

Exatamente. Por fim, em relação ao valor da causa, precisamos analisar o que fazer nas ações que objetivam **cobrar parcelas ainda não vencidas**, como ocorre nas relações de trato sucessivo, a exemplo da remuneração de servidores, aposentados e pensionistas, que se renovam mês a mês.

2. STJ, 3ª T., AgInt no AREsp 1.464.001/PR, Rel. Min. Marco Aurélio Bellizze, j. 19/10/2020, DJe 26/10/2020; STJ, 1ª T., AgInt no AREsp 1.648.417/SP, Rel. Min. Sérgio Kukina, j. 14/09/2020, DJe 17/09/2020.

De acordo com a legislação, "Quando a pretensão versar sobre obrigações vincendas, para fins de competência do Juizado Especial, a soma de doze parcelas não poderá exceder o valor referido no art. 3º, caput.".

– Não entendi.

Na verdade, para começar a explicação, eu vou usar o art. 2º, §3º, da Lei 12.153/2009, que é do Juizado Especial da Fazenda Pública e me ajuda a explicar melhor: "Quando a pretensão versar sobre obrigações vincendas, para fins de competência do Juizado Especial, a soma de 12 (doze) parcelas vincendas e de eventuais parcelas vencidas não poderá exceder o valor referido no caput deste artigo".

– Explica, por favor, que esse artigo tá uma confusão.

Imagine que fulano é servidor e não está recebendo a gratificação de chefia, que é no valor de R$ 2 mil reais, por 2 anos, com salário mínimo de R$ 1 mil reais. Ele precisa ver se a ação dele pode tramitar no juizado.

Para tanto, ele deve verificar tudo que já deveria ter recebido (parcelas vencidas), somadas a 12 parcelas ainda não pagas (vincendas).

– Mas por que 12 vincendas?

Esse é exatamente o elemento particular do juizado. **Você precisa, nas causas de prestações sucessivas, somar ao valor da causa, além das parcelas já vencidas, 12 parcelas vincendas**, que é a posição do STJ.[3] No nosso caso, teríamos, no fim das contas, 36 parcelas, de R$ 2 mil reais, totalizando R$ 72 mil reais. Perceba que essa obrigatoriedade de somar mais 12 parcelas futuras (vincendas) é mais específica do juizado.

3. STJ, 3ª Seção, CC 91.470/SP, Rel. Min. Maria Thereza De Assis Moura, j. 13/08/2008, DJe 26/08/2008.

– Complicado essa análise aí...

Não tanto. Basta que você se lembre que, se for pedir prestações sucessivas no juizado, deve levar em conta **todas as parcelas vencidas, somadas com doze parcelas vincendas.**

– E se eu renunciar a uma parcela dos valores, para poder entrar no juizado?

Pode renunciar. Como afirmado pelo STJ na tese 1.030, "Ao autor que deseje litigar no âmbito de juizado especial federal cível, é lícito renunciar, de modo expresso e para fins de atribuição de valor à causa, ao montante que exceda os 60 salários mínimos previstos no artigo 3º, caput, da Lei 10.259/2001, aí incluídas, sendo o caso, as prestações vincendas".[4]

Mas preste atenção, você está renunciado mesmo. O valor que ultrapassaria 60 salários mínimos não poderá mais ser cobrado!

– Certo, entendi.

Há um questionamento ainda a ser analisado. E se Marcos quiser ajuizar uma ação contra a União no juizado que abranja, por exemplo, parcelas vencidas, mas o valor ultrapasse os sessenta salários mínimos. O juiz pode presumir que ele renunciou ao que estiver acima do teto do juizado?

– Poxa, acho que não. Não dá para entender que ele renunciou só porque se utilizou do juizado que limita o valor da causa.

Essa é uma questão importante, porque, no juizado especial cível (art. 3º, §3º, da Lei 9.099/1995), tem-se uma previsão de renúncia tácita.

4. STJ, 1ª Seção, Resp 1.807.665, Rel. Min. Sergio Kukina, j. 28/10/2020, tema 1030.

– Muito estranha essa renúncia tácita.

Também acho estranha, mas é a ideia de que, se a parte der a entender que renunciou de alguma forma, ela não precisa dizer isso expressamente.

Não é assim que se entende ocorrer nos juizados especiais federais, pois o art. 17, §4º, da Lei 10.259/2001 faz menção a uma necessidade de renúncia expressa. É isso que aponta o enunciado n. 16 do FONAJEF, segundo o qual, "Não há renúncia tácita nos Juizados Especiais Federais para fins de fixação de competência".

Bem, vimos que o limite da competência do juizado em relação ao valor é de sessenta salários mínimos, mas esse não é o único requisito para que a demanda possa tramitar no juizado. Precisamos analisar também o requisito relativo às matérias que podem tramitar no juizado.

– Não entendi...

Veja só, a primeira coisa que vou destacar é: a causa deve ter até sessenta salários mínimos? Ok, passou na primeira fase da competência. Agora veremos a fase final, pois deve ser até esse valor e ainda **não tratar de nenhuma das matérias que veremos a seguir.**

– Ah, ok, vamos lá.

Vamos com calma que são muitos casos.

Uma primeira questão óbvia é a de que a causa deve ser de competência federal. Basta voltar à nossa aula sobre competência da Fazenda Pública para dar uma revisada.

O primeiro grupo de causas que estão **excluídas** dos juizados são aquelas em que: i) versam sobre Estado estrangeiro ou organismo internacional e Município ou pessoa domiciliada ou residente no país; ii) as causas fundadas em tratado ou contrato da União com Estado

Estrangeiro ou organismo internacional e iii) disputa sobre direitos indígenas (art. 3º, §1º, I, Lei 10.259/2001).

– É muita coisa já...

Calma, essa é a primeira da primeira hipótese. Mas é simples: **se tem Estado estrangeiro ou versa sobre direito indígena não pode ser em juizado.**

A segunda hipótese é muito importante, pois não podem tramitar no juizado "as ações de **mandado de segurança**, de **desapropriação**, de **divisão e demarcação**, **populares**, **execuções fiscais** e por **improbidade administrativa**" (art. 3º, §1º, I, Lei 10.259/2001). Veja que são todos procedimentos especiais e há uma tendência geral de exclusão deles dos juizados por uma incompatibilidade de ritos.

Não por acaso tem-se o enunciado n. 9 do FONAJEF segundo o qual "Além das exceções constantes do § 1º do artigo 3º da Lei n. 10.259, não se incluem na competência dos Juizados Especiais Federais, **os procedimentos especiais previstos no Código de Processo Civil**, salvo quando possível a adequação ao rito da Lei nº 10.259/2001". Portanto, a regra geral é a de que procedimentos especiais não podem tramitar nos juizados[5] ok?

– Ok, vou gravar essa regra. Foi procedimento especial, vou logo para o procedimento comum!

Ótimo, mas antes precisamos verificar uma situação particular no que se refere ao mandado de segurança.

– Não cabe professor, acabamos de ver isso.

Como já afirmou o STJ, "O art. 3º, § 1º, I, da Lei nº 10.259/2001 exclui da competência do Juizado Especial Cível as ações de mandado de segurança, **mas não vedou que as Turmas Recursais as apreciem**

5. GAJARDONI, Fernando da Fonseca; LIMA, Renato Brasileiro de. *Competência cível e criminal da justiça federal.* Salvador: Juspodivm, 2020, p. 63.

quando impetradas em face de decisões dos Juizados Especiais contra as quais não caiba recurso".[6]

– E quando eu faria isso?

Um exemplo expressamente admitido é para "o controle da competência do Juizado Especial, vedada a análise do mérito do processo".[7] Como veremos mais para frente, apenas cabe recurso da decisão que analisa a tutela provisória, então as demais ficam para serem impugnadas na sentença, então acabou ocorrendo a admissibilidade do mandado de segurança contra atos judiciais em algumas situações.

– Entendido.

Outra classe de situações que não podem tramitar no juizado especial são as **"demandas sobre direitos ou interesses difusos, coletivos ou individuais homogêneos"** (art. 3º, §1º, I, Lei 10.259/2001), o que se soma à **vedação de ações populares e de ação por improbidade administrativa**.

– Isso é outro nome para ação coletiva?

Nem sempre. Isso porque a lei não fala em demandas **coletivas**, mas demandas sobre esses direitos, então surgiu a questão: essa limitação seria só para ações coletivas ou também para ações individuais?

– Não faz o menor sentido limitar para as ações individuais.... Se fosse assim, quase nenhuma ação poderia ir para o juizado, afinal, muitas delas são repetitivas e acho que poderiam ser requeridas por meio de ação coletiva.

6. STJ, 6ª T., AgRg no RMS 17.283/RS, Rel. Min Paulo Gallotti, j. 25/08/2004, DJ 05/12/2005.
7. STJ, 3ª T., RMS 53.602/AL, Rel. Min. Nancy Andrighi, DJe de 07/06/2018.

O raciocínio é por aí. Já afirmou o STJ que "Ao excetuar da competência dos Juizados Especiais Federais as causas relativas a direitos individuais homogêneos, a Lei 10.259/2001 (art. 3º, § 1º, I) **se refere apenas às ações coletivas para tutelar os referidos direitos, e não às ações propostas individualmente pelos próprios titulares**".[8]

O ministro Zavascki explicou que, para que um direito individual seja homogêneo, isso só pode ocorrer quando visto sob o prisma coletivo. Quando exercido individualmente ele é apenas um direito subjetivo individual, não se podendo dar um tratamento mais rigoroso (exigir procedimento comum) só porque eventualmente aquele direito pode ser exercido coletivamente.

O STJ também já afirmou a mesma coisa em relação aos direitos difusos e coletivo.[9]

– Professor, pode explicar melhor?

Claro. Imagine uma ação que requerer o fornecimento do medicamento X contra COVID-19 contra o Município Z. Essa mesma ação pode ser requerida por seu zé, que está doente ou por algum legitimado coletivo para que o medicamente seja fornecido para todos os munícipes, certo?

– Sim.

Pois bem, há direito individual homogêneo nas duas. Mas apenas no segundo ele é exercido coletivamente. E, para a jurisprudência, apenas nesses casos é que não será de competência dos juizados.

Assim, essas ações individuais podem tranquilamente tramitar no âmbito dos juizados especiais.

8. STJ, 1ª Seção, CC 83.676/MG, Rel. Min. Teori Albino Zavascki, j. 22/08/2007, DJ 10/09/2007, p. 179.
9. STJ, 2ª T., REsp 1.653.288/MG, Rel. Min. Herman Benjamin, j. 25/04/2017, DJe 05/05/2017.

– Certo, então o mais importante aí é a forma de tutela do direito e não o direito em si?

Isso aí, ótimo resumo. Essa é também a conclusão do enunciado n. 22 do FONAJE: "A exclusão da competência dos Juizados Especiais Federais quanto às demandas sobre direitos ou interesses difusos, coletivos ou individuais homogêneos somente se aplica quanto a ações coletivas".

A próxima matéria que não pode tramitar no juizado são as causas "sobre **bens imóveis da União, autarquias e fundações públicas federais**" (art. 3º, § 1º, II). Há, aqui, uma situação curiosa, não sei se você percebeu.

– Que não fala de bens móveis?

Não, não é isso. É que tem bens imóveis de um ente de competência da justiça federal que não está aí.

– Mas estão todas as pessoas de direito público da União.

Exatamente! Está faltando a categoria dos **bens imóveis das empresas públicas federais**, que fazem parte da competência dos Juizados Especiais Federais.

– Será que esqueceram de colocar no artigo?

Provavelmente não. É que, como visto, a empresa pública federal é uma pessoa jurídica privada, então eles possuem um regime jurídico diferente, com maior alienabilidade, podem ser alvo de usucapião, dentre outras particularidades. Provavelmente por isso acharam que podiam deixar essas ações tramitar nos juizados mesmo.

Temos agora mais uma matéria excluída dos juizados, que é a vedação de utilização do procedimento para **"a anulação ou cancelamento de ato administrativo federal, SALVO o de natureza**

previdenciária e o de lançamento fiscal" (art. 3º, § 1º, I). Veja que é uma vedação bastante ampla, assim, por exemplo, se um servidor é removido e ele alega que houve algum abuso nesse ato de remoção, a ação de anulação desse ato precisa ser no procedimento comum.

– Agora pode para anular atos de natureza previdenciária e lançamento fiscal?

Sim. É curioso que a execução fiscal não pode seguir o rito dos juizados especiais, mas a respectiva ação de anulação pode...

A última hipótese de causa fora dos juizados são relativas às que "tenham como objeto a impugnação da pena de **demissão** imposta a **servidores públicos civis** ou de **sanções disciplinares aplicadas a militares**".

– Curioso que varia a depender do servidor.

Exato. Portanto, vamos lá, se o servidor é suspenso, ele pode usar o juizado?

– Pode.

E se for um militar?

– Não. Militar não pode nunca pela lei.

Exato. Servidor só não pode impugnar punição quando essa é, digamos a mais severa, que é a **demissão**.

Uma última observação que devo ressaltar é que, para que haja competência dos juizados, o requisito do valor e da matéria devem ocorrer simultaneamente.

– Como assim?

Veja: digamos que alguém ajuíza um mandado de segurança requerendo a anulação de ato administrativo no valor de 50 salários mínimos. É possível?

– Professor, tem menos de 50 salários mínimos, então pode.

Sim, tem. Mas lembre-se que não pode, no juizado, mandado de segurança. Não adianta que o valor seja baixo, mas a matéria não possa ser analisada pelos juizados. **Em resumo, deve ser respeitado o teto de 60 salários mínimos e deve ser matéria que pode ser conhecida pelo juizado ao mesmo tempo.**

– Tranquilo. Agora entendi.

Para facilitar, vou fazer um quadro com essas competências das matérias para você não esquecer.

MATÉRIAS QUE NÃO PODEM SER VEICULADAS NOS JUIZADOS
i) Estado estrangeiro ou organismo internacional vs Município ou pessoa domiciliada ou residente no país; ii) as causas fundadas em tratado ou contrato da União com Estado Estrangeiro ou organismo internacional e iii) direitos indígenas
Mandado de segurança, desapropriação, divisão e demarcação, ação popular, execuções fiscais e improbidade administrativa
Demandas **coletivas** sobre direitos ou interesses difusos, coletivos ou individuais homogêneos
Causas que versem sobre bens imóveis da União, autarquias e fundações públicas federais (não inclui empresas públicas)
Anulação ou cancelamento de ato administrativo federal, salvo o de natureza previdenciária e o de lançamento fiscal
Impugnação da pena de DEMISSÃO imposta a servidores públicos civis
Impugnação de QUALQUER SANÇÃO disciplinar imposta a militares

14.2.1.1. *Conflito de competência*

Vimos as competências dos juizados, mas agora precisamos saber o que acontece se ocorre algum problema entre ela e a competência do procedimento comum. Mais especificamente, quem deve conhecer de conflito competência entre juizado especial federal e juiz de vara federal. Alguma ideia?

– Professor, nenhuma. Imagino que deve ser TRF, mas não tenho certeza.

Essa discussão ocorreu por um certo tempo na jurisprudência, tanto é que o STJ chegou a editar uma súmula n. 348 afirmando que seria da sua competência esse conflito de competência.

Mas o STF, posteriormente, veio a afirmar que essa competência seria o respectivo TRF e não do STJ.

– Mas qual a razão de ser um e não outro?

De acordo com o STF, tanto o juizado especial quanto a vara federal estariam sujeitos ao TRF.[10] Para chegar a essa conclusão, afirma que: a) crimes comuns cometidos por juízes do primeiro grau e da turma recursal são julgados pelo TRF e ii) quem institui os juizados são os próprios tribunais regionais federais aos quais os juizados são vinculados administrativamente.

Destacou ainda que as turmas recursais não podem ser consideradas como tribunais, o que impediria a afirmação de que os juízes dos juizados estão a elas vinculados, para além da possibilidade de interposição de recurso. Assim, não faria sentido impor ao STJ a análise de tais conflitos de competência, afinal, ambos os juízos estão submetidos a um mesmo tribunal, qual seja, o TRF.

Uma última observação é a de que esse entendimento só serve se o juizado especial e o juízo federal forem da mesma seção judiciária.

10. STF, Tribunal Pleno, RE 590.409, Rel. Min. Ricardo Lewandowski, j. 26/08/2009, DJe 29/10/2009.

– Como?

Imagine a seguinte situação: há um conflito de competência entre uma vara do juizado especial de Pernambuco e uma vara da justiça federal do Distrito Federal. Tem algum TRF que possa analisar isso? Veja que Pernambuco tem o TRF da 5ª Região como tribunal e o Distrito Federal tem o TRF da 1ª Região.

– Não tem como o TRF julgar mesmo... porque ele não é o superior hierárquico das duas varas.

Exatamente. Nesse caso, a competência para analisar esse conflito de competência sobra para o STJ, pois ele é o primeiro tribunal que está acima das duas varas.

– Ah, ok. Entendi.

A situação, então, é a seguinte:

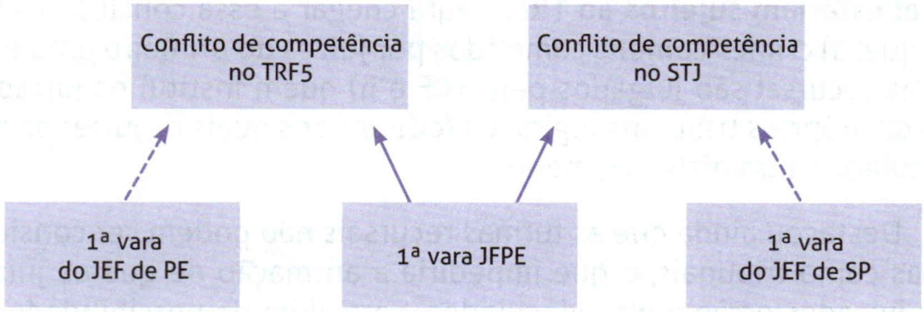

14.2.1.2. *Competência territorial*

Vimos até agora os casos em que a demanda pode ser processada pelo rito dos juizados, mas precisamos analisar agora outro aspecto da competência, que é a competência territorial.

Será aplicável aqui uma regra que já estudamos no capítulo de competência, que é o art. 109, §2º, da Constituição Federal. De acordo com aquele texto normativo, o autor pode escolher onde irá propor a demanda, tendo quatro opções de seções judiciárias: i) no que for domiciliado; ii) na que ocorreu o ato ou fato que deu origem à demanda; iii) naquele em que esteja situada a coisa e iv) no Distrito Federal.

Lembrem ainda que essa regra só será aplicada quando for ente público no polo passivo, não se aplicando quando for Empresa Pública Federal.

– Ué, e aí faz o que?

Nesses casos, será aplicado o art. 4º da Lei 9.099/1995, que estabelece os seguintes foros: i) domicílio do réu ou, a critério do autor, do local onde aquele exerça atividades profissionais ou econômicas ou mantenha estabelecimento, filial, agência, sucursal ou escritório; ii) do lugar onde a obrigação deva ser satisfeita; ou iii) do domicílio do autor ou do local do ato ou fato, nas ações para reparação de dano de qualquer natureza.

– Ah, ok. Preciso prestar atenção exatamente em quem está no polo passivo.

Há mais uma observação em relação à competência territorial, que é a consequência do reconhecimento da incompetência. O que acontece, em regra, quando o juiz se reconhece incompetente?

– Simples, ele remete o processo para o juízo competente.

Correto. Mas não é assim que ocorre no sistema dos juizados, eis que, de acordo com o art. 51, III, da Lei 9.099/1995, **a simples incompetência territorial gera uma sentença de extinção do processo sem julgamento do mérito.**

– Que estranho... Isso só vai fazer demorar mais o processo, porque a parte vai ter de ir na competência correta para ajuizar a mesma ação.

Concordo plenamente com você. Não faz muito sentido e é uma regra que faz o processo demorar mais do que o procedimento comum.

Uma outra observação é que essa regra gera uma interpretação curiosa, que foi cristalizada no enunciado n. 89 do FONAJE, segundo o qual "A incompetência territorial pode ser reconhecida de ofício no sistema dos Juizados Especiais Cíveis".

– Professor, mas pelo que eu lembro, isso é o contrário do CPC.

Sim, é basicamente o que afirma o art. 65 do CPC. No entanto, como no juizado a incompetência territorial gera a extinção do processo, acabou prevalecendo a interpretação de que seria uma regra de ordem pública e que poderia ser conhecida de ofício pelo juiz.

– Mais uma coisa para não esquecer... Incompetência territorial gera extinção do processo e ainda pode ser conhecido de ofício pelo juiz...

14.2.1.3. Conexão e continência

Ainda na competência, há um último tema para analisarmos, que é a conexão e a continência. Em termos gerais, a conexão ocorre quando dois processos possuem, em comum, o pedido ou a causa de pedir (art. 55, *caput*, CPC). Um exemplo do próprio CPC são duas execuções fundadas em um mesmo título executivo (art. 55, §2º, II, CPC).

A continência ocorre quando entre duas ações "houver identidade quanto às partes e à causa de pedir, mas o pedido de uma, por ser mais amplo, abrange o das demais" (art. 56, CPC).

O que nos interessa especificamente é um dos efeitos da conexão e da continência, que é a reunião dos processos. Quando os dois são do juizado, não há problema. Ambos podem ser reunidos. A bronca surge quando um é do juizado e o outro do procedimento comum.

Imagine que Roberto servidor público, foi demitido do serviço público e ajuizou uma ação pedindo sua reintegração ao serviço público. Essa ação pode ser no Juizado Especial Federal?

– Não! É pena de demissão, aí não pode.

Correto. Mas digamos que Roberto também ingresse com outra ação, também alegando vícios em sua demissão e realize pedido de danos morais no valor de 40 salários mínimos. Onde vai tramitar?

– Ele está alegando vícios na demissão... Mas não está impugnando a pena de demissão. Eu acho que pode ser no juizado.

Isso mesmo. Mas note, ambas têm por base a mesma causa de pedir, que são vícios no procedimento de demissão. Essas duas ações podem ser reunidas por conexão?

– Ué, reúne, não tem conexão?

Tem, mas lembre-se do art. 54 do CPC que diz o seguinte: "A competência relativa poderá modificar-se pela conexão". A competência dos juizados não é absoluta?

– É.

Então não tem como reunir. Só poderia se ambas estivessem no procedimento do juizado, onde a diferenciação é de competência relativa. Aplica-se por analogia o enunciado n. 68 do FONAJE: "Somente se admite conexão em Juizado Especial Cível quando as ações puderem submeter-se à sistemática da Lei 9099/1995".

– Então vai acabar uma tramitando no Juizado Especial Federal e a outra no procedimento comum?

Exato, o que também não é uma situação muito boa porque acaba permitindo decisões contraditórias. Imagine que o juiz do juizado pode condenar por danos morais a União e o juiz do procedimento comum denegar a reintegração ao cargo... Enfim, coisas do processo.

14.2.2. Partes

Agora veremos outro tema bastante importante que são as partes nos juizados.

Sabemos que, no procedimento comum, em geral, não temos nenhuma restrição específica, mas não é o que acontece nos juizados. A primeira limitação que temos é no polo ativo.

14.2.2.1. Polo ativo

A primeira parte é consideravelmente óbvia, que é a autorização para que pessoas físicas tenham legitimidade ativa para atuar nos juizados especiais federais cíveis (art. 6º, I, da Lei 10.259/2001).

– Professor, essa dava para imaginar...

Sim, claro, senão não seria útil para muita coisa mesmo. Mas há uma particularidade aqui, que é a possibilidade de participação do incapaz. Na verdade, é isso exatamente o que está no enunciado n. 10 do FONAJEF, segundo o qual, "o incapaz pode ser parte autora nos Juizados Especiais Federais".

– Mas e por qual razão não poderia ser?

É o seguinte: no art. 8º, I, da Lei 9.099/1995, ou seja, no Juizado Especial Cível, o incapaz não tem legitimidade ativa. Por isso surgiu a discussão no Juizado Especial Federal, no entanto, como o art. 6º não traz qualquer impedimento a atuação dos incapazes, não faria sentido limitar sua atuação.

– Ah, tudo bem. Então basta ser **pessoa física**, incapaz ou não.

Exato. Além das pessoas físicas também podem atuar no polo ativo dos juizados **algumas** pessoas jurídicas. De forma expressa, o art. 6º, I, da Lei 10.259/2001, faz menção às **microempresas** e às **empresas de pequeno porte**.

Um detalhe importante é o que de elas precisam provar que são esses tipos específicos de pessoas jurídicas!

– Mas como assim provar? Por quê?

Simples, porque existem muitos tipos de pessoas jurídicas, a exemplo das Sociedades Anônimas, Sociedades Limitadas etc. Então essa pessoa jurídica precisa provar que é microempresa ou empresa de pequeno porte com a documentação hábil já na petição inicial, nos termos do enunciado n. 11 do FONAJEF.

– Ok. Mas então só podem esses dois tipos de pessoas jurídicas?

Pela Lei dos Juizados Especiais Federais sim, mas há o entendimento de que esse rol é apenas exemplificativo.

Dessa forma, podemos ter, também, as Organizações da Sociedade Civil de Interesse Público (art. 8º, III, da Lei 9.099/1995) e as sociedades de crédito ao microempreendedor (art. 8º, IV, da Lei 9.099/1995).

– Mas por qual fundamento?

É que o art. 1º da Lei dos Juizados Especiais Federais permite a aplicação da Lei 9.099/1995 de forma subsidiária e, como não há previsão em sentido contrário, seria possível admitir tais pessoas jurídicas.

– Mais alguma?

Existem duas situações específicas. Isso porque tanto o Condomínio quanto o Espólio não são propriamente pessoas jurídicas nem físicas. São entidades despersonalizadas que não possuem personalidade jurídica, mas titularizam várias relações jurídicas.

– Como assim?

Ora, basta você pensar que o condomínio vai ser empregador, vai ser sujeito ativo e passivo de relações contratuais etc. Mas, de toda forma, eles possuem capacidade processual, como faz referência expressa o CPC tanto ao condomínio, quanto ao espólio (art. 75, XI e VII).

Assim, vem se entendendo que tanto o **condomínio** (Enunciado n. 128 do FONAJEF) quanto o **espólio** (Enunciado n. 82 do FONAJEF) são legitimados ativos para atuar nos Juizados Especiais Federais, não sendo o art. 6º uma lista taxativa.

De forma resumida, esses são os legitimados ativos para os juizados especiais federais:

LEGITIMADOS ATIVOS
Pessoas físicas (inclui incapazes)
Microempresas e empresas de pequeno porte
Organização da Sociedade Civil de Interesse Público e a sociedade de crédito ao microempreendedor
Condomínio e espólio

14.2.2.2. Polo passivo

Agora os legitimados passivos. Aqui é bem mais simples. São apenas as seguintes, nos termos do art. 6º, I, da Lei 10.259/2001: **União, Autarquias, fundações e empresas públicas federais**. É a mesma lógica dos entes que atraem a competência federal.

– Ok. Então confusão só tem para a legitimidade ativa.

Sim, felizmente.

Mas há uma observação importante quanto ao polo passivo. Imagine uma ação em que um cidadão almeja o fornecimento de um medicamento. Sabemos que, nesse caso, ele pode inserir quem ele quiser no polo passivo, podendo, por exemplo, inserir a União, o Estado e o Município. Nesse caso, tem como ele usar o sistema dos juizados?

– Acho que não. Não tem legitimidade passiva de estado e município no Juizado Especial Federal.

Sim, não tem. Mas se entende que eles apenas não podem litigar sozinhos no polo passivo. Se ocorrer atuação em **litisconsórcio passivo necessário**, não tem problema. De acordo com o enunciado n. 21 do FONAJEF, "As pessoas físicas, jurídicas, de direito privado ou de direito público estadual ou municipal podem figurar no polo passivo, **no caso de litisconsórcio necessário**".

14.2.2.3. Capacidade postulatória

Ainda temos que ver algo que é bem peculiar no sistema dos Juizados Especiais Federais, que é a capacidade postulatória. Veja, se você for entrar com um processo no procedimento comum, pode só chegar com uma petição e ajuizar?

– Só se for advogado!

Sim, nos termos do art. 103 do CPC. Mas, no juizado, a lógica é diferente. Como vimos, o objetivo aqui é a simplificação do procedimento, facilitando o acesso à justiça e, seguindo essa lógica, o art. 10 da Lei 10.251/2001 afirma que "**As partes poderão designar, por escrito, representantes para a causa, advogado ou não**".

– Então o cara pode ir sem advogado para o juizado?

Sim. O que ele vai fazer é chegar com alguma petição pronta ou falar com a parte de atendimento no juizado que vai preparar uma petição a partir da sua narrativa oral.

Uma observação é a de que a parte só pode atuar sem advogado **no primeiro grau de jurisdição.**

– Isso significa o que?

Como exatamente diz o art. 41, §2º, da Lei 9.099/1995, "No **recurso**, as partes serão OBRIGATORIAMENTE representadas por advogado". Isso significa que a atuação "solo" da parte só pode ocorrer no primeiro grau; proferida a sentença, precisará de advogado para recorrer.[11]

– Se ela perder, entendi que ela precisa do advogado para fazer alguma coisa. Mas e se for a recorrida?

Bom, nesse caso, ela pode até não constituir advogado, mas não vai poder apresentar contrarrazões e nem atuar no grau recursal...

14.2.3. Intervenção de terceiros

Ainda em relação às partes, vamos falar agora sobre as intervenções de terceiro.

– Eita, lá vem, essa parte é muito chata.

Bom, então eu tenho uma ótima notícia.

– Qual?

A de que, de acordo com o art. 10 da Lei dos Juizados Especiais Cíveis "**Não se admitirá, no processo, qualquer forma de intervenção de terceiro nem de assistência**", sendo admissível apenas o litisconsórcio.

11. CARREIRA ALVIM, J. E.; CABRAL, Luciana Gontijo Carreira Alvim. *Leis dos juizados especiais federais cíveis.* 5º ed. Curitiba: Juruá, 2018, p. 156.

O enunciado n. 14 do FONAJEF reforça o não cabimento da assistência e das intervenções de terceiro.

– Então estou livre dessas intervenções de terceiro nos juizados?

Quase.

– Ué, mas a lei é clara! Não pode.

É que esqueceram de combinar com o CPC, que é lei posterior... O art. 1.062 do CPC afirma expressamente que "**O incidente de desconsideração da personalidade jurídica aplica-se ao processo de competência dos juizados especiais**". Essa aplicação é confirmada pelo enunciado n. 60 do FONAJE: "É cabível a aplicação da desconsideração da personalidade jurídica, inclusive na fase de execução".

Assim, a única intervenção de terceiros **expressamente** admitida nos juizados será o incidente de desconsideração da personalidade jurídica.

– Bem, pelo menos estou livre da maioria delas.

Pois é. Uma última consideração é a de que alguns autores admitem mais uma intervenção de terceiros.

– Eu já estava comemorando que estava livre dessas coisas.

Para alguns autores, seria possível a intervenção do *amicus curiae*, porque, nesse caso, o terceiro tem uma atuação muito limitada e poderia ser admitido até nos juizados.[12]

12. TALAMINI, Eduardo. Comentários ao art. 138. In: DIDIER JR., Fredie *et alli* (coord). São Paulo: RT, 2015, p. 440-441.

14.2.4. Despesas e honorários advocatícios

Outro elemento importante nos juizados, são as custas e honorários advocatícios. No processo judicial, normalmente, você pode simplesmente entrar em juízo sem pagar nada?

> – Em regra não. Tem de pagar as custas iniciais, tem de pensar nos honorários se perder, várias coisas.

Correto. Mas no juizado, seguindo a lógica de facilitação do acesso à justiça, o art. 54 da Lei 9.099/1995 prevê o seguinte: "O acesso ao Juizado Especial **independerá, em primeiro grau de jurisdição, do pagamento de custas, taxas ou despesas**".

Portanto, para iniciar a ação, não há pagamento de custas, taxas ou despesas. Ou seja, mesmo que não haja pedido de justiça gratuita, não há qualquer pagamento inicial.

> – Bom saber. Mas eu notei que esse artigo só fala no primeiro grau de jurisdição. E quando tem recurso, volta à lógica normal, com pagamento de custas, taxas e outras despesas?

Sim, mas há uma exceção importante, relativa às custas e honorários de advogado. De acordo com o art. 55 da Lei 9.099/1995, **pode** haver condenação em honorários de advogado e custas **ainda na sentença de primeiro grau**, mas apenas se o juiz constatar que houve "**litigância de má-fé**".

> – Então no primeiro grau, a condenação não é pela simples sucumbência?

Exato. Ela depende **necessariamente** de o juiz reconhecer litigância de má-fé.

Bem, vimos que essa é a lógica do primeiro grau de jurisdição. Tudo muda quando há o recurso da sentença. Isso porque, de acordo com o parágrafo único do art. 54, "O preparo do recurso, na forma do § 1º do art. 42 desta Lei, compreenderá todas as despesas processuais, inclusive aquelas dispensadas em primeiro grau de jurisdição, ressalvada a hipótese de assistência judiciária gratuita".

– Mas o que tem nesse art. 42?

É simples, há nele mais uma previsão curiosa dos juizados. No CPC, quando deve ser feito o preparo?

– Que eu lembre, junto com a petição. Sempre tem de juntar o comprovante com a peça.

Correto. Mas no juizado, há uma facilitação, pois o art. 42, §1º, permite que "O preparo será feito, independentemente de intimação, nas quarenta e oito horas seguintes à interposição, sob pena de deserção". Em outros termos, você pode comprovar o preparo nas 48 horas seguintes à interposição do recurso.

– É né, se esquecer pelo menos dá tempo de arrumar.

Enfim, voltando, veja que toda aquela gratuidade inicial acaba depois da sentença. Se quiser recorrer, precisa fazer o preparo do recurso, recolhendo as custas.

– Tudo bem, mas pode pedir justiça gratuita?

Sim, sem nenhum problema. Isso está expressamente no art. 54, parágrafo único, da Lei 9.099/1995.

No grau recursal, como vimos, a lógica da gratuidade é alterada e, por isso, de acordo com o art. 55 da Lei 9.099/1995, "Em segundo grau, **o recorrente, vencido, pagará as custas e honorários de advogado, que serão fixados entre dez por cento e vinte por cento** do valor de condenação ou, não havendo condenação, do valor corrigido da causa".

– Então sempre vai ter condenação de honorários no grau recursal?

Opa, não é para tanto. Veja o que diz a lei "o recorrente, vencido, pagará as custas e honorários de advogado".

– Sim, não entendi qual a particularidade.

Vamos lá, podem ocorrer duas situações no segundo grau: 1) Mozart perde, recorre e perde de novo (recorrente vencido e recorrido vencedor); 2) Mozart ganha e Ravi perde. Ravi recorre e ganha (recorrente vencedor e recorrido perdedor).

Na primeira hipótese, temos exatamente a situação da lei, recorrente vencido, ou seja, ele perdeu duas vezes ok?

– Certo. Então é condenado porque ficou aperreando demais o judiciário.

Mas veja na segunda hipótese. Mozart ganhou em primeiro grau. Ele não recorre. Quem recorre é Ravi e ele ganha. Mozart não é recorrente perdedor, ele é recorrido. Quem foi que gerou o novo trabalho do segundo grau?

– Foi Ravi. Ele que recorreu. Mas ele ganhou!

Sim, ele ganhou. Mas **Mozart não deu causa ao procedimento recursal**, que é a lógica para a condenação em honorários no juizado. Por isso que já afirmou o STF que "**Não há falar em condenação ao pagamento de honorários de advogado em processos dos juizados especiais nas hipóteses em que o recorrido restar vencido**".[13]

– Então a condenação no grau recursal só ocorre se o perdedor for a pessoa que estiver insistindo depois de perder?

Sim. Em resumo, **para ter a condenação em honorários, deve ocorrer a dupla sucumbência.** Se você só perde uma vez (quando

13. STF, 2ª T., ED-AgR ARE: 1072504 SP, Rel. Min. Dias Toffoli, j. 18/12/2017, Dje 15/02/2018.

você ganha no primeiro grau e perde no segundo) não vai precisar pagar honorários. É como se a lei tivesse a previsão: tá, pode reclamar uma vez de graça, mas, se insistir, vai ter que pagar!

– Ok, agora entendi. Agora esse vencido é qualquer tipo de vencido?

Em que sentido?

– E se o recurso for intempestivo, vai ter condenação?

Ah, se o recurso não ultrapassar o juízo de admissibilidade, também haverá condenação em honorários. É exatamente essa a conclusão do enunciado n. 122 do FONAJE: "É cabível a condenação em custas e honorários advocatícios na hipótese de não conhecimento do recurso inominado". Portanto, se o recurso for improvido no mérito ou não for conhecido, a consequência é a mesma: condenação em honorários.

Agora veja, tudo isso que falamos é no processo de conhecimento. Na execução, a previsão é um pouco diferente.

– Eita, mais coisa. Mas é muito diferente?

Na verdade, não. A regra é a mesma. De acordo com o parágrafo único do art. 55, como regra, "na execução não serão contadas custas".

As exceções são quase iguais às do processo de conhecimento. Lembra que nele, só terá custas se houve litigância de má-fé no primeiro grau ou se o recorrente perder?

– Sim.

Aqui podemos ter condenação em custas em três hipóteses: i) quando houver litigância de má-fé; ii) o recorrente vencido **no processo de conhecimento** estiver sendo executado e iii) os embargos do devedor forem julgados **improcedentes**.

Veja que a lógica é parecida. Má-fé também gera condenação em custas no processo de conhecimento.

– Sim, verdade.

Se aquele cara insistente, que recorreu e perdeu de novo for executado, deverá pagar custas, porque deu muito trabalho ao judiciário. Então essa execução terá custas.

– Então é a continuação daquele processo que teve condenação de honorários no processo de conhecimento?

Sim. Esse mesmo. A última hipótese é quando o executado se defende e perde.

– Mas essa não é a primeira defesa na execução? Seria como a pessoa ser condenada na sentença do processo de conhecimento.

Sim e não. Sim, é o primeiro grau; mas veja que é a execução. Aquela pessoa já perdeu no processo de conhecimento e agora ainda está insistindo na execução. De certa forma é o mesmo raciocínio do recurso: o cara já perdeu uma vez no processo de conhecimento e agora insistiu e perdeu de novo!

– Então essa condenação em custas é meio que para aquele que insiste em perder ou litigante de má-fé.

Exatamente.

14.2.5. Atos processuais

Agora veremos de forma bem resumida algumas observações sobre as formas de citação e os prazos processuais.

Primeiro, a citação da Fazenda Pública Federal. O art. 7º da lei dos juizados especiais federais remete à LC 73/1993, que trata o tema da seguinte forma, afirmando que a União será citada na pessoa i) do Advogado-Geral da União, privativamente, nas hipóteses de competência do STF; ii) do Procurador-Geral da União, nas hipóteses de competência dos tribunais superiores; iii) do Procurador-Regional da União, nas hipóteses de competência dos demais tribunais; iv) do Procurador-Chefe ou do Procurador-Seccional da União, nas hipóteses de competência dos juízos de primeiro grau.

– Certo. E as intimações?

As intimações devem ser feitas "na pessoa dos advogados ou dos Procuradores que oficiem nos respectivos autos, pessoalmente ou por via postal" (art. 8º, §1º, da Lei 10.259/2001). Mas essa disposição perdeu muito da importância por conta do §2º do mesmo artigo, que permite a organização de "serviço de intimação das partes e de recepção de petições por meio eletrônico", que é a regra atualmente por conta do processo eletrônico.

– E o que isso significa?

Que precisa analisar a Lei 11.419/2006 para analisar as formas de intimação. Outra questão importante aqui é relativa aos prazos da Fazenda Pública.

– Professor, essa eu sei, vai dobrar os prazos.

Você está correto na regra geral, mas o juizado é um sistema específico, como vimos no capítulo 4. Aqui há uma outra regra, pois, de acordo com o art. 9º da Lei dos Juizados Especiais Federais, "Não haverá prazo diferenciado para a prática de qualquer ato processual pelas pessoas jurídicas de direito público, inclusive a interposição de recursos".

– Isso significa que não tem dobra de prazos?

Sem nenhuma dobra de prazos, seja contestação, recursos e contrarrazões.

– Ok, acho justo. Se o juizado é para ser rápido, que seja.

Uma última observação é em relação à contagem dos prazos. No CPC de 2015 os prazos são contados em dias úteis. Houve certa confusão nos juizados como seria a contagem, mas em 2018 foi inserido o art. 12-A na Lei 9.099/1995 que resolveu o problema afirmando que "**Na contagem de prazo em dias**, estabelecido por lei ou pelo juiz, para a prática de qualquer ato processual, inclusive para a interposição de recursos, **computar-se-ão somente os dias úteis**".

– Ou seja, igual ao CPC?

Sim, igual ao CPC.

14.2.6. Procedimento

Passamos agora ao procedimento do Juizado Especial Federal. Primeiro a petição inicial, quando teremos de analisar a Lei 9.099/1995 porque a Lei dos Juizados Especiais Federais é omissa. A exigência dos juizados é bem menor do que a do CPC de 2015.

Aqui, basta apontar nome, qualificação e endereço das partes, os fatos e fundamentos, de forma sucinta, o objeto (pedido) e o seu valor (art. 14, §1º).

– Professor, tô vendo aqui o art. 319 do CPC e não tem tanta diferença.

É verdade. O 319 do CPC só insere a mais a indicação das provas e do interesse na realização da audiência de conciliação ou de mediação. O que se deve entender do juizado é que o seu objetivo é o de aceitar petições mais simples.

Até porque, como já vimos, nem de advogado você precisa no juizado. A Lei do juizado permite expressamente que o pedido pode ser escrito ou oral (art. 14, *caput*).

– E como faz quando é oral?

Nesse caso, a própria secretaria do Juizado deve reduzir esse pedido a escrito (art. 14, §3º). Veja que é preciso simplificar os requisitos da petição inicial, porque não tem como exigir os mesmos rigores de um advogado e de um leigo.

– Sim, concordo.

14.2.6.1. Tutela provisória

No juizado, tal como no procedimento comum, a parte pode requerer a concessão de tutela provisória, que pode ser cautelar ou antecipatória sem qualquer problema, embora a lei faça menção expressamente apenas à tutela cautelar (art. 4º), ao afirmar que "O Juiz poderá, de ofício ou a requerimento das partes, deferir **medidas cautelares** no curso do processo".

– Há uma interpretação para ampliar o alcance da legislação?

Exatamente, o que me parece correto. Afinal, se a lógica do juizado é de simplificar e acelerar o procedimento não faria sentido limitar a concessão de tutelas provisórias...

– Também acho. Mas eu também poderia propor uma cautelar autônoma ou usar aquela tutela antecipada antecedente?

Não. É que esses ritos seriam incompatíveis com o rito dos juizados. Temos o enunciado n. 89 do FONAJEF, segundo o qual "Não cabe processo cautelar autônomo, preventivo ou incidental, no âmbito do JEF" e também o n. 163 do FONAJE afirmando que "Os procedimentos de tutela de urgência requeridos em caráter antecedente, na forma prevista nos arts. 303 a 310 do CPC/2015, são incompatíveis com o

Sistema dos Juizados Especiais". **Em resumo, tutela provisória só se for incidental.**

– Ok.

Temos ainda uma questão importante no contexto da tutela provisória nos juizados. Isso porque, como visto antes, tem-se a regra da irrecorribilidade em separados das decisões interlocutórias nos juizados, no entanto, **é possível apresentar recurso da decisão que defere tutela provisória (art. 4º c/c 5º da Lei 10.259/2001).** Em resumo, só cabe recurso da sentença final, exceto da interlocutória sobre tutela provisória.

– Não vou esquecer.

Enfim, concedida ou não a tutela provisória, deve o réu ser citado para apresentar a defesa e comparecer à audiência de conciliação.

14.2.7. O problema do cabimento do mandado de segurança contra ato judicial nos juizados

Como vimos no capítulo sobre mandado de segurança (item 13.7), há grande divergência sobre o cabimento desse instrumento para impugnar atos judiciais. O problema é agravado nos juizados porque, mais uma vez, tem-se a irrecorribilidade em separado das interlocutórias.

– E ainda tem a previsão de incompetência dos juizados para processar mandado de segurança.

Esse, felizmente, é o menor dos problemas, porque já se consolidou a possibilidade do mandado de segurança contra decisões dos juizados.

– Isso quer dizer que eu vou poder usar o mandado de segurança contra qualquer interlocutória?

Longe disso. Como vimos no item 13.7, o mandado de segurança apenas é cabível quando a decisão é teratológica e não há um recurso apto a resolver o problema. Essa é, de certa forma, a interpretação do enunciado n. 88 do FONAJEF: "Não se admite Mandado de Segurança para Turma Recursal, exceto na hipótese de ato jurisdicional teratológico contra o qual não caiba mais recurso".

– Posso dizer com segurança que cabe mandado de segurança contra decisão do juizado?

Quase. Não podemos ignorar uma decisão do STF em repercussão geral, a qual concluiu que "Não cabe mandado de segurança das decisões interlocutórias exaradas em processos submetidos ao rito da Lei n. 9.099/95".[14]

– Agora pronto, não entendo mais nada. O STF quer me endoidar.

Calma. Precisamos interpretar direito a decisão, porque ela foi proferida analisando um caso específico, que é o da ausência de recurso para impugnar a decisão de tutela provisória concedida nos Juizados Especiais Cíveis, ao contrário do que ocorre no Juizado Especial Federal.

Assim, é possível interpretar que essa decisão apenas veda o mandado de segurança para impugnar a tutela provisória no Juizado Especial Cível, que terá de esperar a sentença para interpor o recurso inominado.

– Menos mal. Pensei que ia ter de esquecer todo o resto. Mas, no fim das contas, como funciona esse mandado de segurança nos juizados?

Primeiro, vamos ver a questão da competência. De acordo com a súmula n. 376, segundo a qual "Compete a turma recursal processar e julgar o mandado de segurança contra ato de juizado especial".

14. STF, Tribunal Pleno, RE 576.847, Rel. Min. Eros Grau, j. 20/05/2009, DJe 07/08/2009.

O mesmo entendimento foi consolidado no enunciado n. 62 do FONAJE: "Cabe exclusivamente às Turmas Recursais conhecer e julgar o mandado de segurança e o habeas corpus impetrados em face de atos judiciais oriundos dos Juizados Especiais".

– Vou gravar, competência para conhecer de mandado de segurança dos juizados especiais é da turma recursal.

Calma. Tem uma exceção.

– Olhe, sei não viu. Não se pode mais decorar uma coisa em paz.

De acordo com o STJ, **no caso de mandado de segurança para impugnar a competência do juizado, mesmo que já esteja na execução, será competente o respectivo tribunal (TJ ou TRF), sendo uma exceção à súmula n. 376 do STJ.** Sempre é ressaltado na decisão que não se pode ingressar no mérito do processo.[15]

– E o fundamento disso?

Do que se pode compreender das decisões do STJ, seria porque, do contrário poderia prevalecer, no sistema dos juizados, decisões proferidas por juiz absolutamente incompetente, sem nenhum mecanismo de controle para tanto.

– Pelo visto, a turma não tem muita fé nas decisões do juizado. Em que casos poderia ser utilizado o mandado de segurança, para além da competência?

Alguns exemplos podem ser mencionados, a partir da jurisprudência das turmas recursais, como a impugnação de decisões no decorrer do cumprimento de sentença, pela ausência da previsão de

15. STJ, Corte Especial, RMS 17.524/BA, Rel. Min. Nancy Andrighi, j. 02/08/2006, DJ 11/09/2006; STJ, 1ª T., AgInt no RMS 47.325/GO, Rel. Min. Regina Helena Costa, j. 05/06/2018, DJe 08/06/2018STJ, 3ª T., RMS 53.602/AL, Rel. Min. Nancy Andrighi, DJe de 07/06/2018.

qualquer recurso,[16] a exemplo do valor acumulado de multa coercitiva[17] e do momento de incidência dos juros de mora.[18]

Uma última observação refere-se, novamente, à questão da impugnação da competência nos juizados.

– Esse negócio só veio para complicar a vida do concurseiro e do advogado.

Parece mesmo. Bem, sabemos que o prazo para impetração do mandado de segurança é de 120 dias e também que ele não pode ser utilizado para impugnar decisões já transitadas em julgado.

– Ainda lembro disso, professor.

Pois bem, tudo isso se aplica ao mandado de segurança contra atos judiciais nos juizados, EXCETO, no caso da competência que ele pode ser utilizado em ATÉ 120 DEPOIS DO TRÂNSITO EM JULGADO DA DECISÃO SOBRE A COMPETÊNCIA.[19]

– Agora pronto, depois a turma reclama que juizado é terra de ninguém. Mataram a Lei do Mandado de Segurança.

Exatamente. Lembre-se ainda, que, como veremos, não cabe ação rescisória nos juizados, mas esse mandado de segurança contra decisão de competência atua praticamente como uma ação rescisória, mas que só tem 120 dias e apenas um fundamento, a incompetência.

16. TRF4 – Primeira Turma Recursal do PR, MANDADO DE SEGURANÇA TR 5048563-73.2019.4.04.7000, Márcia Vogel Vidal De Oliveira, DJ 14/11/2019.
17. TRF4 – Quinta Turma Recursal do PR, MANDADO DE SEGURANÇA TR 5061220-38.2019.4.04.7100, Giovani Bigolin, DJ 29/01/2020.
18. TRF4 – Primeira Turma Recursal do PR, MANDADO DE SEGURANÇA TR 5040385-38.2019.4.04.7000, Márcia Vogel Vidal de Oliveira, DJ 11/10/2019.
19. STJ, 3ª T., RMS 46.955/GO, Rel. Min. Moura Ribeiro, j. 23/06/2015, DJe 17/08/2015.

14.2.8. Defesa e audiência de conciliação

– E qual o prazo para realização da audiência e apresentação da defesa?

Os prazos são iguais. Não ocorre, como no CPC, que o prazo da contestação começa depois da audiência. De acordo com o art. 9º da Leis dos Juizados Especiais Federais, a citação para a audiência deve ser efetuada com "antecedência mínima de trinta dias".

– Como eu conto isso?

É simples, da data da citação é que começa a contar o prazo regressivo para a audiência e esse prazo deve ser de, no mínimo, trinta dias. Assim, garante-se igualmente ao réu o prazo de trinta dias para apresentar a sua contestação.

Essa é uma contestação como qualquer outra. Cabe ao réu alegar todas as matérias do art. 337 do CPC. Há, no entanto, uma particularidade: **não se admite o pedido contraposto.**

– Isso é tipo a reconvenção, não é? Mas por qual razão não pode?

A ideia é a de que esses entes que atuam no polo passivo não podem ser atores nos juizados especiais federais. Se alguém formula pedido contraposto, o que ocorre é justamente isso, uma transformação do réu em autor.

Por isso há o enunciado n. 12 do FONAJEF, segundo o qual "No Juizado Especial Federal, não é cabível o pedido contraposto formulado pela União Federal, autarquia, fundação ou empresa pública federal".

– Entendi.

Há mais uma peculiaridade dessa fase do procedimento, que é a existência de um dever de apresentação, pelo réu, de toda a "documentação de que disponha para o esclarecimento da causa" até a audiência de conciliação (art. 11 da Lei 10.259/2001).

– Mas isso significa o quê?

O que o legislador quis fazer foi exigir, diante da simplicidade do procedimento e da possibilidade de que a parte atue sem advogado, que o réu se adiante no sentido de trazer toda a documentação importante para o caso sem que haja qualquer pedido. Significa, basicamente, que ele deve juntar qualquer processo administrativo ou outra espécie de documento importante para o caso.

– É algo como uma ajuda para o autor?

Sim, é por aí mesmo. Pois bem, apresentada a defesa até o início da audiência de conciliação, é importante destacar que a Lei 10.259/2001 afirma que "Os representantes judiciais da União, autarquias, fundações e empresas públicas federais, bem como os indicados na forma do *caput*, ficam autorizados a **conciliar, transigir ou desistir**".

– Mas professor, essa de poder público conciliar não é lá uma grande novidade.

Sim, hoje não. Mas em 2001 era bem revolucionário. Deve ser compreender ainda que essa permissão não é uma autorização geral; cada ente regula os seus requisitos para a realização da autocomposição e desistência. Como vimos no capítulo 6, a realização de acordos pela Fazenda Pública evoluiu bastante deste então.

Um outro detalhe é a consequência da ausência do autor nessa audiência.

– Eita, o que acontece com ele?

De acordo com o art. 51, I, da Lei 9.099/1995, "**Extingue-se o processo**, além dos casos previstos em lei: I – quando **o autor deixar de comparecer a qualquer das audiências do processo**".

– Que violência. Ainda mais pensando que o pobre do autor pode estar sem advogado.

Exatamente, mas essa foi a escolha da legislação, não tem muito o que fazer.

– E se for o réu que não aparecer?

Nesses casos, de acordo com o art. 20 da Lei 9.099/1995, "Não comparecendo o demandado à sessão de conciliação ou à audiência de instrução e julgamento, **reputar-se-ão verdadeiros os fatos alegados no pedido inicial, salvo se o contrário resultar da convicção do Juiz**".

– Seria uma revelia?

Sim, note que ela vai ocorrer mesmo que apresentada a defesa.

– A lei não brincou com quem falta as audiências.

Isso mesmo. **Se o autor faltar, o processo é extinto, se o réu faltar, é revelia.**

14.2.9. Procedimento probatório

Em relação às provas, o que há de específico no juizado especial federal é a possibilidade de uma prova pericial simplificada.

– Misericórdia, o que é prova pericial simplificada e não simplificada?

Calma. É o seguinte. No CPC, a prova pericial, em geral, está cheia de regras, com tempo para apresentação de assistentes técnicos, maior prazo para apresentação do laudo etc.

Por outro lado, no juizado especial cível, há uma prova pericial bem mais simples, em que há apenas a inquirição do técnico em audiência, sem laudo.

Aqui, no juizado especial federal, de acordo com o art. 12, *caput*, a prova pericial pode ser produzida, caso em que o perito deverá apresentar o laudo **até cinco dias antes da audiência, independentemente de intimação das partes**. Assim, é uma prova especial mais simples que a do CPC, porém mais complexa que a do juizado especial cível.

– Ah tá, agora entendi.

Note que, em regra, sequer há intimação das partes para apresentação de quesitos, nem nada. Isso só está previsto para as **ações previdenciárias e relativas à assistência social**, situação em que, sendo designado exame, as partes serão intimadas para apresentar quesitos e indicar assistentes (art. 12, §2º).

– Então nos demais casos as partes só descobrem na audiência sobre a perícia?

É bem possível... Mas é o que está previsto na lei. Ainda sobre essa perícia, o art. 12, §1º impõe que a remuneração do perito seja adiantada pela "verba orçamentária do respectivo Tribunal e, quando vencida na causa a entidade pública, seu valor será incluído na ordem de pagamento a ser feita em favor do Tribunal".

– Então ninguém precisa adiantar esses valores?

Não, fica a cargo do tribunal fazê-lo. A questão depois, é ver quem vai ressarcir o tribunal.

– E como fica isso?

Há duas possibilidades. Como destaca o art. 12, §1º, se o ente público ou empresa pública for vencido, deverá ressarcir o Tribunal. Mas não há referência quando o autor restar vencido.

– E faz o quê?

Nesse caso, entende-se que o pagamento feito fica definitivamente sob a responsabilidade do tribunal, não havendo previsão de ressarcimento.[20]

14.2.10. Sentença

O próximo ato será a sentença. Em relação ao procedimento comum, temos aqui duas particularidades. É que, de acordo com o art. 38 da Lei 9.099/1995, será "**dispensado** o relatório" e, em relação à fundamentação, basta a menção aos "elementos de convicção do juiz", o que se entende como uma fundamentação simplificada.

– Mas o que significa uma fundamentação simplificada?

Bem, um exemplo disso é o enunciado n. 153 do FONAJEF, segundo o qual "A regra do art. 489, parágrafo primeiro, do NCPC deve ser mitigada nos juizados por força da primazia dos princípios da simplicidade e informalidade que regem o JEF". Em resumo, o juiz vai apontar os fundamentos e não adianta muito reclamar.

– Mas ele pode fundamentar de qualquer jeito?

Também não é para tanto. Mas seguindo a lógica da simplicidade, ele não vai, por exemplo, ser obrigado a analisar todos os fundamentos e nem todos os precedentes suscitados. Basta que ele organize um raciocínio coerente para chegar na conclusão.

– Complicado isso.

20. CARREIRA ALVIM, J. E.; CABRAL, Luciana Gontijo Carreira Alvim. *Leis dos juizados especiais federais cíveis.* 5° ed. Curitiba: Juruá, 2018, p. 147.

É, mas foi uma escolha. Um procedimento mais rápido, mas também mais simples, com uma atuação um pouco menor dos direitos fundamentais processuais. E é seguindo essa lógica de simplicidade que saímos da sentença e passamos à esfera recursal.

14.2.11. Meios de impugnação

14.2.11.1. Remessa necessária

A primeira questão a ser analisada é a remessa necessária. Lembra que vimos que ela se aplica às sentenças desfavoráveis ao poder público?

– Sim, mas também lembro que tem várias exceções.

Correto. No juizado há uma especificidade muito importante, porque, de acordo com o art. 13 da Lei 10.259/2001, "**Nas causas de que trata esta Lei, não haverá reexame necessário**". Assim, simplesmente não há reexame necessário no procedimento do juizado, independentemente da matéria.

– Então o poder público precisa recorrer para ter alguma espécie de revisão.

14.2.11.2. Recurso inominado

Sim. O principal recurso em relação à sentença é denominado geralmente de recurso inominado.

– Inominado? Tem esse nome na lei?

Não. É que a lei só fala no cabimento do recurso, mas não diz o nome, então acabou prevalecendo na doutrina e na prática a nomenclatura de recurso inominado.[21] Mas pode chamar ele de irmão da apelação.

21. Por exemplo: ASSIS, Araken. *Manual dos recursos*. 9ª ed. São Paulo: RT, 2017, p. 105.

– Irmão da apelação? Mas é irmão gêmeo?

Não chega a tanto. Vamos ver que ele, tal qual a apelação, é o recurso a ser interposto da sentença e tem muitas semelhanças com ela, fazendo com que várias das suas regras sejam aplicadas ao recurso inominado. Lembro, antes de tudo, o que já falamos: para recorrer a parte precisa ter advogado (art. 41, §2º, da Lei 9.099/1995). Ou seja, pode entrar sem advogado, mas para recorrer, só com ele.

– E esse recurso vai para quem analisar?

Essa é uma questão importante. É que nos juizados não tem um tribunal, por isso se diz que não há um órgão de segundo grau.

– Então quem julga?

O recurso será dirigido ao próprio juizado, e "será julgado por uma turma composta por três Juízes togados, em exercício no primeiro grau de jurisdição, reunidos na sede do Juizado" (art. 41, §1º, da Lei 9.099/1995).

– Ele não vai ser julgado por desembargadores?

Não. Simplesmente existirão turmas recursais, formadas por juízes do primeiro grau, do mesmo jeito que os juízes do juizado, que vão analisar o recurso inominado.

Assim, não podemos falar que há um tribunal nos juizados. Tem recurso da sentença, mas o seu julgamento é por simples turma recursal. Guarde essa informação que vai ser importante.

– Para quê?

Tenha calma. Confie em mim. Não tem tribunal no juizado.

14.2.11.2.1. Cabimento

Passando para outro tema, especificamente quanto ao cabimento, de acordo com o art. 41 da Lei 9.099/1995, "Da sentença, **excetuada a homologatória de conciliação** (...), caberá recurso para o próprio Juizado".

– Então não cabe de toda sentença?

Não, ao contrário da apelação, **se a sentença for apenas homologatória da conciliação, não será possível a interposição do recurso inominado.**

14.2.11.2.2. Prazo e preparo

Uma particularidade é o seu prazo, que será de **10 dias** (art. 42 da Lei 9.099/1995). Lembre-se que esse prazo é igual para os autores e a Fazenda Pública, pois não há prazos diferenciados.

– Mas a apelação é 15, não é?

Sim, mas aqui no juizado foi fixado prazo menor. Tal qual a apelação, o recurso deve ser realizado de forma escrita, na qual devem constar as razões e o pedido do recorrente (art. 42 da Lei 9.099/1995). Aqui, nada de novo.

Relembro aqui uma particularidade que já estudamos: ao contrário da apelação, e demais recursos do CPC, no recurso inominado, "**O preparo será feito, independentemente de intimação, nas quarenta e oito horas seguintes à interposição**" (art. 42, §1º, da Lei 9.099/1995) e não no momento de interposição do recurso.

– Pelo menos tem um prazo a mais para fazer o preparo. E as contrarrazões? Tem?

Sim, o juizado é mais simples, mas não tanto. Será no mesmo prazo de dez dias, ocorrendo essa intimação após a comprovação do preparo (art. 42, §2º, da Lei 9.099/1995).

14.2.11.2.3. Inviabilidade do recurso adesivo

Há uma particularidade. Lembra o que é recurso adesivo?

> – É o que vai colado no outro?

Bem, não exatamente. Não é adesivo nesse sentido.

O recurso adesivo é aquele recurso que pode ser utilizado nos casos de sucumbência recíproca, autorizado para uso na apelação, recurso extraordinário e especial (art. 997, §§1º e 2º, CPC).

Vamos a um exemplo. Paulo ajuíza ação de danos morais contra a União no valor de R$ 100 mil reais e a sentença condenou a União a pagar R$ 50 mil reais. Os dois possuem interesse recursal?

> – Sim. Paulo deixou de ganhar R$ 50 mil e a União teve que pagar R$ 50 mil.

Correto. O CPC pensou o seguinte: vou criar uma forma de interposição para incentivar que a parte não recorra, que ela possa recorrer só se a outra também o fizer.

> – Como assim?

É o seguinte: o recurso adesivo não é um tipo recursal; ele é uma forma de interpor algum tipo de recurso, como a apelação. Assim, Paulo e a União poderiam já recorrer de imediato quanto intimados da sentença, mas pode ser que Paulo, que já ganhou algum dinheiro esteja razoavelmente satisfeito e não queira que o processo se alongue, então deixa de recorrer.

Mas a União apela da decisão. Paulo, quando for intimado para apresentar contrarrazões, poderá **também** interpor uma apelação na forma adesiva, que vai "colada" na apelação da União.

> – Então eu estava certo, recurso adesivo é o colado, só não deu tempo de definir melhor.

Não vamos exagerar. Mas veja, não há essa previsão nos juizados. Então será que é possível essa modalidade recursal?

> – Eu diria que não, é muita confusão. O juizado não é na lógica da simplicidade?

Sim, exato. E por conta disso, há o enunciado n. 59 do FONAJEF, segundo o qual "**Não** cabe recurso adesivo nos Juizados Especiais Federais". Portanto, recurso adesivo não é autorizado no juizado. Se for recorrer, só no seu prazo recursal mesmo.

> – Ok!

14.2.11.2.4. Efeitos do recurso

Faremos algumas considerações sobre os efeitos do recurso inominado. Lembra quais são os efeitos dos recursos?

> – Professor, eu lembro que tem uns 50.

Tem muitos mesmo, a doutrina é muito criativa. Mas, ao que nos interessa aqui, vamos ver o efeito devolutivo e o suspensivo.

O efeito devolutivo nada mais é do que a aptidão do recurso de permitir que a matéria seja novamente analisada pelo órgão que for analisar o recurso.

> – Então o recurso "devolve" a matéria para alguém?

Sim. Exatamente isso. No caso do recurso inominado, essa é uma devolução ampla, nos moldes da apelação. Isso porque, de acordo com o art. 1.013 do CPC, tudo que foi discutido no primeiro grau pode ser analisado na decisão recursal.

> – Então o efeito devolutivo da apelação é igual ao do recurso inominado?

Sim, mesma coisa. A ideia é de permitir uma ampla revisão mesmo. Agora, o efeito suspensivo, que impede a produção de efeitos pela decisão recorrida. Na verdade, ele pode ser dividido em *ope legis* e *ope judicis*.

– E qual a diferença entre eles?

Ope legis é o efeito suspensivo automático, ou seja, a interposição do recurso mantém a suspensão dos efeitos da decisão. Não há necessidade de pedido, nem nada.

– Como assim mantém? Não seria que o recurso suspende a decisão?

O correto é mantém, o que se entende por um exemplo. Carlos ajuíza uma ação de obrigação de fazer contra a União e ganha. Se o recurso é que gera o efeito suspensivo, o que corre entre a publicação da decisão e a interposição do recurso? Já pode produzir efeitos?

– Fica estranho professor. Ia produzir efeitos por 10 dias?

Ora, exatamente por isso que o recurso com efeito suspensivo *ope legis* simplesmente mantém o efeito suspensivo.

Há também o efeito suspensivo *ope judicis*, que ocorre no caso em que o recurso não tem naturalmente efeito suspensivo, dependendo de requerimento da parte e de decisão do juiz.

Agora vamos ao recurso inominado. A apelação, nos termos do art. 1.013 do CPC tem, como regra, o efeito suspensivo *ope legis*. No juizado, a questão é um pouco mais problemática. Isso porque, de acordo com o art. 43 da Lei 9.099/1995 "O recurso terá somente efeito devolutivo, podendo o Juiz dar-lhe efeito suspensivo, para evitar dano irreparável para a parte".

– Professor, mas o artigo é bem claro. Não tem efeito suspensivo.

Sim, o artigo é claro, e há doutrina afirmando que ele é aplicável aos Juizados Especiais Federais.[22] Mas há um problema nessa aplicação.

– Qual?

É que ele simplesmente é incompatível com os Juizados Especiais Federais. Isso por conta de dois textos normativos: i) o art. 16 afirma que o cumprimento de sentença que impõe obrigação de fazer, não fazer ou entregar coisa certa depende do trânsito em julgado e ii) o art. 17 impõe que, para o cumprimento de sentença que imponha obrigação de pagar quantia também tenha o trânsito em julgado.[23]

– Mas o que isso tem a ver com o efeito suspensivo?

Somente tudo. Como, para cumprir sentenças contra o poder público deve haver o prévio trânsito em julgado, por decorrência o recurso inominado precisa ter efeito suspensivo *ope legis*. Afinal, **não tem como ter a execução provisória**.

Em resumo, se não pode ter execução provisória, não tem como o recurso ser recebido apenas no efeito devolutivo.

– Certo, agora entendi. Mas isso acontece sempre? Porque na apelação eu lembro que tem várias exceções.

Boa pergunta. Na verdade, tem sim. Como bem destaca o enunciado n. 61 do FONAJEF "O recurso será recebido no duplo efeito, salvo em caso de antecipação de tutela ou medida cautelar de urgência".

Assim, é necessário verificar se é possível a tutela provisória naquele caso e se ela foi concedida. Se foi concedida, o recurso inominado da sentença será recebido apenas no efeito devolutivo.

22. CARREIRA ALVIM, J. E.; CABRAL, Luciana Gontijo Carreira Alvim. *Leis dos juizados especiais federais cíveis*... cit., p. 163.
23. CUNHA, Leonardo Carneiro da. *Fazenda pública em juízo.* 15 ed. Rio de Janeiro: 2018, p. 868.

– Mas o poder público não pode fazer nada?

Pode, claro. Ele se utilizará do próprio art. 43 da Lei 9.099/1995, que permite a concessão do efeito suspensivo *ope judicis*, "para evitar dano irreparável". Só haverá necessidade de alguns ajustes.

– Como assim?

É que o art. 43 afirma que o pedido de efeito suspensivo será dirigido ao juiz, mas, tal qual ocorreu com o CPC de 2015, o juízo de admissibilidade no recurso inominado foi alterado. Agora, o juiz que proferiu a sentença não faz mais o juízo de admissibilidade do recurso, só intima e manda para a turma recursal.

– Então eu peço para quem esse efeito suspensivo?

Depende.

– De quê?

De **quando** você fizer o pedido de efeito suspensivo, afinal, só quem faz o juízo de admissibilidade será a turma recursal, que será competente para conhecer do pedido de efeito suspensivo. Mas, por óbvio, demora um tempo para o recurso chegar lá.

Então temos duas situações: 1) você pede efeito suspensivo antes de o recurso ser distribuído na turma recursal; 2) você faz o pedido depois que o recurso chega no tribunal.

– Ah, mas sempre vai ser na turma recursal. Qual a diferença?

A diferença é que se o recurso ainda não chegou lá, você formulará um requerimento à turma recursal, que será livremente distribuído e que vai gerar prevenção do relator para conhecer do seu recurso inominado (art. 1.012, §3º, I, CPC).

Por outro lado, se o recurso inominado já estiver na turma recursal, basta requerer ao próprio relator (art. 1.012, §3º, I, CPC).

– Então muda pouca coisa, só quem vai analisar esse pedido?

Sim, exatamente. Mas veja que agora já conseguimos entrar no procedimento do recurso inominado.

14.2.11.2.5. Procedimento recursal

Após sua interposição, cabe ao juiz que proferiu a sentença tão apenas intimar a outra parte e remeter à turma recursal independentemente do juízo de admissibilidade (art. 1.010, §3º, CPC).

– Então nem se o recurso for super tosco ele pode fazer juízo de admissibilidade negativo?

De jeito nenhum, tem que receber e mandar o "presente" para a turma recursal. Sobre o julgamento do recurso, a disciplina legal é bastante lacônica, prevendo o art. 45 da Lei 9.099/1995 apenas que "As partes serão intimadas da data da sessão de julgamento", mas sequer aponta em que prazo.

– E agora? Como fica esse prazo?

O CPC de 2015 estabelece o prazo de 5 dias (art. 935, CPC), até para que o advogado possa se organizar para comparecer à sessão, preparar a sustentação oral etc. Mas, consoante relata a doutrina, parece prevalecer nos juizados a aplicação de que essa intimação basta ocorrer no prazo de 48 horas antes do julgamento, nos moldes do art. 549 do CPC de 1973[24]. No fim das contas, você deve analisar como isso foi regulado pela respectiva turma recursal.

24. CHINI, Alexandre *et al. Juizados especiais cíveis e criminais – lei 9.099/1995 comentada.* Salvador: Juspodivm, 2018, p. 211.

– Complicado isso.

É a vida. Sobre o acórdão em si, a legislação também é bastante lacônica, mencionando apenas que "O julgamento em segunda instância constará apenas da ata, com a indicação suficiente do processo, fundamentação sucinta e parte dispositiva" (art. 46 da Lei 9.099/1995). Assim, tal qual a sentença, a ideia é a de uma decisão simples.

Uma observação interessante é a de que aqui, tal qual ocorre na apelação, são admitidas decisões monocráticas.

– E isso seria possível em quais situações?

O enunciado n. 210 do FONAJEF é bastante esclarecedor, ao afirmar que "Cabe ao Relator, monocraticamente, atribuir efeito suspensivo a recurso, não conhecê-lo, bem assim lhe negar ou dar provimento nas hipóteses tratadas no artigo 932, IV, 'c', do CPC, e quando a matéria estiver pacificada em súmula da Turma Nacional de Uniformização, enunciado de Turma Regional ou da própria Turma Recursal, bem como em julgamento de pedido de uniformização de interpretação de lei federal pela Turma Nacional de Uniformização".

14.2.11.3. Embargos de declaração

– Mas se a decisão não precisa de muita fundamentação, isso significa que não cabe embargos de declaração?

Cabe, claro. De acordo com o art. 48 da Lei 9.099/1995, "Caberão embargos de declaração contra **sentença ou acórdão** nos casos previstos no Código de Processo Civil".

Veja que, pelo menos na Lei, não há referência ao cabimento de embargos de declaração em face de decisões interlocutórias.

– Então a decisão não precisa ser fundamentada?

Claro que precisa. Doutrinariamente é defendido o cabimento dos embargos de declaração também contra decisões interlocutórias,[25] mas é preciso destacar que, em uma interpretação literal, não é admitido.

– Fica complicado porque se não admitir é quase uma autorização para decidir de qualquer jeito...

Concordo plenamente. A outra particularidade dos embargos de declaração no sistema dos juizados é a de que eles podem ser "interpostos por escrito ou **oralmente** (...)" (art. 49 da Lei 9.099/1995).

– Recurso oral? Sério?

Sim, veja que no juizado não é o fim do mundo. A parte pode apresentar oralmente a própria petição inicial. É estranho, mas não é nada muito diferente de outras situações no sistema dos juizados.

No mais, atualmente, segue a mesma lógica do CPC, pois também deve ser interposto "no prazo de cinco dias, contados da ciência da decisão" (art. 49 da Lei 9.099/1995).

– Então aqui é igual. No recurso inominado são apenas 10 dias, quando na apelação são 15.

Isso aí. Além disso, "Os embargos de declaração INTERROMPEM o prazo para a interposição de recurso" (art. 50 da Lei 9.099/1995).

– O que isso significa?

Significa o seguinte: há uma sentença na ação de Marco contra a União. Se a União apresentar embargos de declaração no quinto dia, o prazo que Marco teria **recomeça** a contar do zero a partir da decisão em relação ao recurso. Então, na verdade, quando houver a decisão,

25. CHINI, Alexandre *et al. Juizados especiais cíveis e criminais – lei 9.099/1995 comentada...* cit., p. 225.

ele não terá cinco dias para recorrer, mas novamente dez dias para interpor o recurso.

– Certo.

Será cabível nas mesmas hipóteses do CPC, ou seja, para esclarecer **obscuridade**, eliminar **contradição**, suprir **omissão** e corrigir **erro material** (art. 1.022). Ressalte-se que, de acordo com parágrafo único do art. 48 da Lei 9.099/1995, os "erros materiais podem ser corrigidos de ofício".

Note que, no fim das contas, os embargos de declaração dos juizados só divergem daqueles do CPC por dois motivos: i) em tese, só cabe de sentença e acórdão e ii) também podem ser interpostos na forma oral.

– Entendi, quase uma cópia dos embargos de declaração tradicional.

14.2.11.4. Recurso especial e extraordinário

Pois bem, ultrapassados os embargos de declaração, temos o recurso especial e o extraordinário. Sobre o recurso especial, eu tenho uma má notícia: ele não é cabível.

– O que?? Como assim? Não tem violação a leis nos juizados? É o fim do mundo.

Lembra que eu falei para você que não há um Tribunal nos juizados e que essa informação seria importante?

– Sim.

Chegou o grande momento.

Veja que, de acordo com o art. 105, III, da Constituição, cabe ao STJ "julgar, em recurso especial, as causas decididas, em única ou última instância, pelos **Tribunais Regionais Federais** ou pelos **tribunais dos Estados, do Distrito Federal e Territórios**". Percebe que o texto afirma que só cabe recurso especial de TRIBUNAL?

– Sim...

Pois bem, **esse** é o grande problema. As turmas recursais simplesmente não são tribunais e, por isso, não é possível interposição do recurso especial.[26] Por conta disso, foi elaborada a súmula 203 do STJ, segundo a qual, "**Não cabe recurso especial contra decisão proferida por órgão de segundo grau dos Juizados Especiais**".

– Complicado...

Sim, concordo, há o risco de ausência de uniformização da legislação, mas é o que temos. Mas veremos em breve que temos uma outra espécie de instrumento para diminuir esse problema.

Agora vamos ao recurso extraordinário.

– Mas esse também não deve ser cabível. Afinal, não cabe o recurso especial.

Cuidado na extensão da lógica do cabimento do recurso especial. Não há nenhuma vedação ao cabimento do recurso extraordinário porque a sua previsão é diferente.

– Mas ele também não cabe só da decisão de tribunal?

Não. Veja que, de acordo com o art. 103, III, da Constituição, compete ao STF "julgar, mediante recurso extraordinário, as causas

26. ROCHA, Felippe Borring. *Manual dos juizados especiais cíveis estaduais.* 8ª ed. São Paulo: Atlas, 2016, versão digital, item 1.5.5.

decididas **em única ou última instância**". Perceba que o texto não fala em tribunal, mas em única ou última instância e a turma recursal é a última instância.

– Então cabe o recurso extraordinário?

Sim, o art. 15 da Lei dos Juizados Especiais Federais o prevê de forma expressa. Além disso, há a súmula n. 640 do STF, segundo a qual "**É cabível recurso extraordinário contra decisão proferida por** (...) **turma recursal de juizado especial cível e criminal**".

– Estranho só caber recurso extraordinário e não especial.

Concordo, mas isso decorre da Constituição, então não tem muito o que fazer.

Não existem consideráveis peculiaridades no processamento deste recurso extraordinário, quando comparado com o recurso extraordinário do procedimento comum, tendo inclusive o mesmo prazo de 15 dias.

Basta recordar que se manteve o juízo de admissibilidade prévio no órgão a *quo*, que, no caso, em regra, será do presidente da turma recursal, sendo admissíveis as mesmas espécies recursais em caso de inadmissibilidade, nos termos do art. 1.030 e 1.042 do CPC.

Note que até o momento os recursos dos juizados são bem parecidos com os recursos do procedimento comum. Agora, veremos um outro instrumento que é mais específico dos juizados, que é o pedido de uniformização.

14.2.11.5. Pedido de uniformização

– Mais um? Mas o que é isso?

Calma, já vou responder.

Antes disso, precisamos estabelecer algumas premissas. Já conhecemos as turmas recursais, que são o órgão recursal ordinário dos

Juizados Especiais Federais. No entanto, há outros dois níveis recursais paralelos, que são a Turma de Uniformização ou Turma Nacional de Uniformização dos Juizados Especiais Federais (TNU) e as Turmas Regionais de Uniformização (TRU). Seria assim:

Na verdade, elas são junções das demais turmas recursais. Por exemplo, a TNU é formada pela indicação de dois juízes das turmas recursais de cada uma das cinco regiões (art. 1º, §3º, da Res. 586/2019). As Turmas Regionais de Uniformização, por sua vez, serão regulamentadas por cada TRF (art. 14, §10º, da Lei 10.259/2001).

– Mas qual a função delas?

A função delas é basicamente, como o nome diz, o de uniformizar o entendimento das turmas recursais, mas calma, veremos a sua competência daqui a pouco. Para o momento, somente precisamos entender que esses órgãos existem.

14.2.11.5.1. Natureza jurídica

– No fim das contas, o que é esse pedido de uniformização?

O pedido de uniformização, de acordo com a Questão de Ordem (QO) n. 1 da TNU "**tem a natureza jurídica de recurso**, cujo julgado, portanto, modificando ou reformando, substitui a decisão ensejadora do pedido".[27]

O seu objetivo é o de substituir a impossibilidade de utilização do recurso especial, criando um mecanismo que sirva para uniformizar o entendimento da legislação federal no Juizado Especial Federal. Do contrário, seria possível a estranha situação (que pode ocorrer nos juizados especiais cíveis e, como veremos, em matéria processual) de o sistema dos juizados ter posicionamento diverso daquele do STJ.

27. Nesse sentido, na doutrina: SOUZA, Bernardo Pimentel. *Introdução aos recursos cíveis e à ação rescisória.* 10ª ed. São Paulo: Saraiva, 2014, p. 348; RODRIGUES, Marco Antonio. *A fazenda pública no processo civil.* 2ª ed. São Paulo: Atlas, 2016, p. 342. Entendendo tratar-se de um simples incidente processual: ASSIS, Araken de. *Manual dos recursos...* cit., p. 106.

– Isso seria muito estranho.

Completamente. Imagine que eventualmente o resultado do processo, ou seja, o entendimento a ser adotado iria mudar se a causa tramitasse no juizado ou na justiça comum, o que não faz o menor sentido.

14.2.11.5.2. Cabimento

– Mas nesse recurso eu vou impugnar exatamente o que?

Ele será cabível **das decisões das turmas recursais,** do mesmo jeito que o recurso extraordinário. Importante destacar que os pedidos de uniformização são realizados em relação à mesma decisão da qual se interpõe o recurso extraordinário.

– É como quando interponho recurso especial e extraordinário de uma mesma decisão?

Sim, é a mesma lógica. Eles são interpostos da mesma decisão e provavelmente, não por acaso, possuem o mesmo prazo, ao menos no caso do pedido de uniformização para a TNU, nos termos do art. 12 do RITNU.

Devemos entender esse pedido de uniformização como uma espécie de recurso especial dos juizados, que, afinal, possui a mesma lógica de sanar divergências e tem um quê de recurso especial.

– Como assim?

É que, tal qual ocorre com o recurso especial e extraordinário, é possível entender que é também um recurso de fundamentação vinculada e de direito estrito.

– E o que significa isso?

A doutrina sempre destaca que o recurso especial e o extraordinário "servem à impugnação da resolução de questões de direito; não se admite a interposição para reexame de prova ou de fatos. São recursos de estrito direito".[28]

Em resumo, não pode utilizar o recurso por qualquer motivo, simplesmente porque discordou da decisão, como ocorre com o recurso inominado.

– Explica melhor, por favor.

Primeiro, como falamos, você não pode alegar qualquer coisa. Não poderia, por exemplo, alegar violação do regimento interno da turma recursal. O pedido de uniformização só será cabível "quando houver divergência entre decisões sobre **questões de direito material** proferidas por Turmas Recursais **na interpretação da lei**".

Agora um detalhe. Não é qualquer direito material.

– E qual é essa limitação?

Não é tão complicado quanto parece. É que só é cabível divergência no que se refere à **LEGISLAÇÃO FEDERAL, não sendo viável pedido de uniformização relacionado com direito constitucional.**

– Mas por qual razão?

Não pode porque, para esses casos, você já tem o recurso extraordinário. Não faria sentido ter recurso extraordinário, para impugnar matéria constitucional, e pedido de uniformização com o mesmo objeto.

– Quanto mais meios de impugnar a decisão melhor. Não vejo problema.

Você só quer ver o caos...

28. DIDIER JR., Fredie; CUNHA, Leonardo Carneiro da. *Curso de direito processual civil.* 16 ed. Salvador: Juspodivm, 2019, v. 3, p. 370.

Até reforçando essa questão, foi editada a súmula n. 86 da TNU, segundo a qual, "**Não cabe incidente de uniformização que tenha como objeto principal questão controvertida de natureza constitucional** que ainda não tenha sido definida pelo Supremo Tribunal Federal (STF) em sua jurisprudência dominante".

– Agora entendi. Só legislação federal. Mas e o direito processual?

De acordo com a súmula n. 43 da TNU, "Não cabe incidente de uniformização que verse sobre matéria processual". Como um reforço desse entendimento, a súmula n. 7 da TNU afirma que "Descabe incidente de uniformização versando sobre honorários advocatícios por se tratar de questão de direito processual".

Em resumo, os pedidos de uniformização só cabem do direito material infraconstitucional, vedado a utilização para o direito processual, como já se manifestou o STJ.[29]

Por exemplo, vimos que há alguma divergência sobre o cabimento de embargos de declaração em relação às decisões interlocutórias.

– Não me conformo com isso.

Ok, entendo. Mas veja que um tema desses jamais poderia ser objeto de pedido de uniformização simplesmente porque se trata de direito processual.

– Então direito processual é meio terra de ninguém no juizado, não é?

Sim... Não cabe recurso especial, nem pedido de uniformização. Mas não é apenas essa vedação. Você também não pode se utilizar desse pedido de uniformização para requerer um **reexame de matéria de fato**. Isso está bem consolidado na súmula n. 42 da TNU: "Não se conhece de incidente de uniformização que implique reexame de matéria de fato". Assim, a discussão deve ser apenas jurídica.

29. STJ, 2ª Seção, AgInt na Pet 9.763/RS, Rel. Min. Raul Araújo, j. 22/03/2017, DJe 07/04/2017. STJ, 2ª Seção, AgRg na Pet 9.786/RJ, Rel. Min. Maria Isabel Gallotti, j. 26/06/2013, DJe 28/06/2013.

– Como funciona essa vedação de reexame de fato?

Pense no seguinte exemplo: você alega que tem direito a aposentadoria por idade rural, mas, a turma recursal não reconhece a caracterização de que houve atividade como rurícola. De que forma você vai rediscutir essa questão?

– Vou apontar os documentos que demonstram que houve essa atividade.

Pois é, isso não pode ser feito, porque demandaria reexame de matéria de fato, dos documentos. E, como vimos, o pedido de uniformização é um recurso de direito estrito.

Portanto, de forma bem resumida, no pedido de uniformização: **i) só pode alegar violação de direito material infraconstitucional e ii) não pode gerar reexame da matéria fática.**

Há outra questão importante na formulação desse recurso, que é até meio óbvio: a demonstração da divergência. Se uma decisão de uma turma recursal diverge de outra, você, recorrente, precisa demonstrar que isso existe.

– Mas como se faz isso?

Bem, primeiro, você precisa demonstrar que a divergência ocorre em relação ao mesmo direito material. Mas o mais importante é que o recorrente mencione "as circunstâncias que identifiquem ou assemelhem os casos confrontados", em aplicação do art. 1.029, §1º, do CPC, por analogia.

– E o que significa isso?

Significa que você deve fazer o que se chama de confronto analítico, entre o acórdão recorrido e a decisão divergente, transcrevendo os trechos de cada um dos acórdãos de forma a demonstrar que eles trataram de casos similares, mas com resultados diferentes. É com essa demonstração que você pode vir a requerer que essa divergência seja resolvida.

Há, ainda, outro requisito de admissibilidade para o pedido de uniformização, que é parente de um velho conhecido dos recursos especial e extraordinário.

– Lá vem mais trabalho nesse pedido de uniformização.

Sim, com certeza. Exige-se que haja o **prequestionamento**, a exigência de que o tema tenha sido analisado pela decisão recorrida.[30]

– Pode explicar melhor?

Sim. No caso concreto mencionado, a questão material referia-se ao direito de pensão por morte por uma viúva de ex-seringueiro, baseado no art. 54 do ADCT e art. 2º, da Lei 7.896/1989. No entanto, o pedido de uniformização não tinha sido conhecido, ou seja, não tinha analisado o mérito. Por óbvio, então, que o direito material não tinha como ser divergente porque sequer analisado.

– Então basicamente o tema precisa ter sido discutido?

Sim, na verdade, é um requisito óbvio. Veja: só cabe pedido de uniformização se há divergência. Só há divergência se a decisão recorrida e a que usamos para comparação discutem o mesmo tema, do contrário simplesmente não tem nenhuma divergência. Mais ainda, para o tema ser prequestionado, precisa ter sido tratado na decisão impugnada.

14.2.11.5.3. Competência

– É, faz sentido. Tudo bem, entendi os fundamentos, mas esse pedido de uniformização vai para onde?

Essa é uma questão importante. Primeiro, vamos fixar uma premissa: a TRU e a TNU, embora pareçam, **não possuem relação de hierarquia entre si**, mas apenas diferentes competências.

30. STJ, 1ª Seção, AgRg na Pet 9.631/PA, Rel. Min. Benedito Gonçalves, DJe 02/06/2014.

É possível a interposição do pedido de uniformização dirigido à TRU quando estiver "fundado em divergência entre Turmas da mesma Região" (art. 14, §1º, da Lei 10.250/2001).

Por sua vez, o pedido pode ser dirigido à TNU quando o pedido estiver fundado "em divergência entre decisões de turmas de diferentes regiões ou (...) proferida em contrariedade a súmula ou jurisprudência dominante do STJ" (art. 14, §2º, da Lei 10.259/2001).

Além disso, "Quando a orientação acolhida pela Turma de Uniformização, em questões de direito material, contrariar súmula ou jurisprudência dominante no Superior Tribunal de Justiça – STJ, a parte interessada poderá provocar a manifestação deste, que dirimirá a divergência" (art. 14, §3º, da Lei 10.259/2001).

– Professor, é muita informação. Tô mais perdido que cego em tiroteio.

Veja o seguinte quadro para poder entender quando e para onde vão esses pedidos:

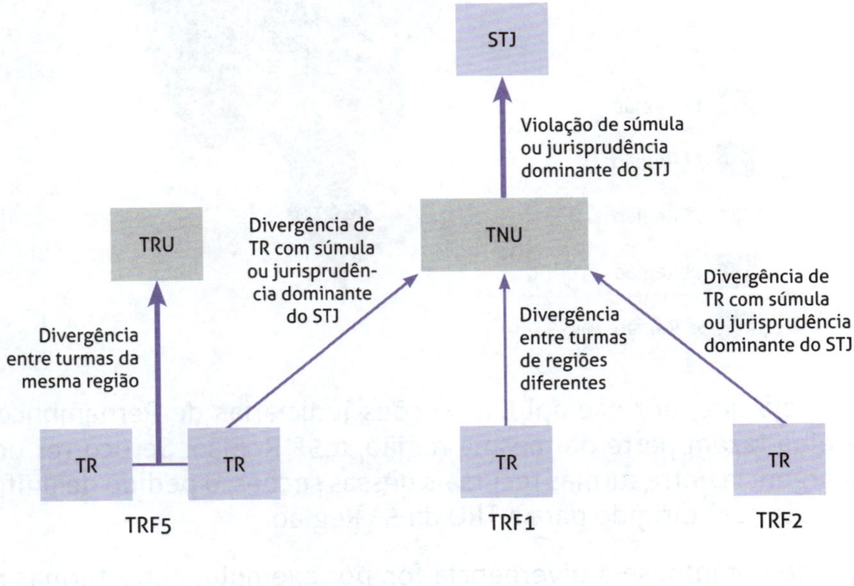

É muito importante perceber que a competência para conhecer do pedido de uniformização depende **de duas variáveis: a) quem está divergindo de quem e b) de quem se está divergindo.**

– Professor, esse quadro ajuda, mas pode explicar melhor o que o senhor falou?

A primeira parte é vem quem está divergindo de quem, sem importar o tema. De forma preliminar, se lembre que os Tribunais Regionais Federais são divididos em 5 regiões. Cada uma dessas regiões é dividida em várias seções judiciárias (que é o nome que se dá aos Estados). O mapa é o seguinte:

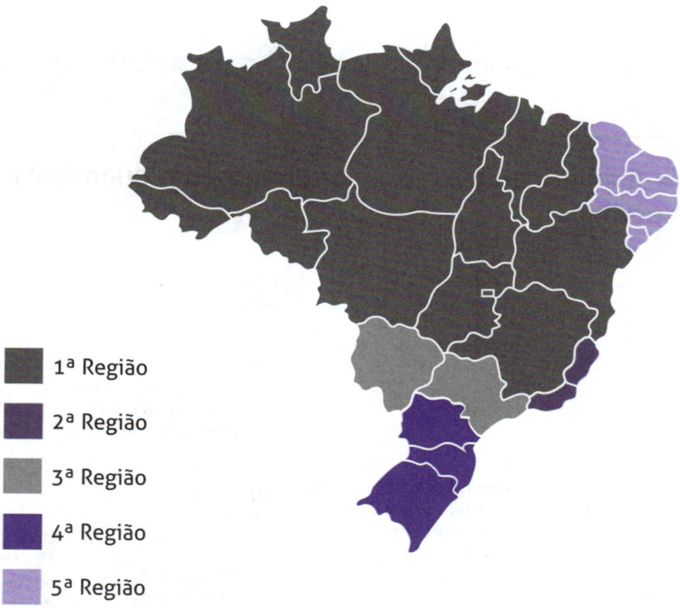

Veja que, por exemplo, as seções judiciárias de Pernambuco e Paraíba fazem parte da mesma região, a 5ª Região. Se ocorrer uma divergência entre turmas recursais dessas seções, o pedido de uniformização será dirigido para a TRU da 5ª Região.

No entanto, se a divergência for, por exemplo, entre turmas recursais de São Paulo (3ª Região) e Rio Grande do Sul (4ª Região), não tem como uma TRU analisar esse pedido.

– Por quê?

Porque a TRU é como se fosse um mini TRF. E não haveria TRF que estivesse hierarquicamente acima dessas duas seções judiciárias. Nesse caso, é necessário ir direito à TNU, porque ela tem competência para analisar essas divergências de sessões judiciárias de regiões diversas. A TNU, nesse caso, é como um mini STJ.

– Certo. Entendi essa questão das divergências.

A dificuldade é que essa é só a primeira parte do problema. A competência para conhecer do pedido de uniformização pode também ser alterada a depender **de quem se está divergindo.**

Como vimos, também pode ocorrer divergência de uma turma recursal não com outra turma recursal, mas diretamente com **súmula ou jurisprudência dominante do STJ.** Nesse caso, o pedido de uniformização deve ser dirigido diretamente à TNU.

– Certo.

Isso ocorre porque não há divergência entre turmas recursais da mesma região e caberia à TNU analisar esse tipo de divergência.

Então vimos os casos em que cabe o pedido de uniformização para a TRU e para a TNU. Mas há ainda uma última possibilidade, que é um pedido de manifestação do STJ em relação a uma decisão da TNU.

– Então ainda tem uma segunda chance se o primeiro pedido não der certo?

É basicamente isso, mas ele **só é possível quando o pedido de uniformização for dirigido à TNU, se ele for para a TRU, acaba lá mesmo, ok?**

– Certo. Só tem uma chance.

Pois bem, se a decisão da TNU contraria "**súmula ou jurisprudência dominante do STJ**" (art. 14, §4º, da Lei 10.259/2001), o STJ poderá ser provocado a se manifestar sobre o tema.

Lembre-se que a matéria continua limitada ao direito material.

– Então não basta eventual alegação de violação à lei?

Não. O cabimento limita-se **ESPECIFICAMENTE a súmula ou jurisprudência dominante do STJ**.

14.2.11.5.4. Procedimento

Agora vamos entender um pouco do seu processamento, mais uma vez comparando-o com o recurso especial e o extraordinário, tendo por base principalmente a Lei 10.259/2001 que aponta alguns elementos e o Regimento Interno da TNU (criado pela Res. 586/2019 do CJF), que organiza o pedido a ela dirigido.

Os pedidos de uniformização dirigidos à TRU podem variar a depender da região.

Tal qual ocorre nos recursos mencionados o pedido de uniformização de jurisprudência é interposto na própria turma recursal, que, primeiro, intimará o recorrido para se manifestar também em 15 dias (12, §2º, do RITNU).

Depois, deverá, tal qual no recurso extraordinário ou especial, realizar o exame prévio de admissibilidade (art. 13, RITNU), para, só então, encaminhar à TRU ou à TNU.

– Praticamente mesma coisa do recurso extraordinário ou especial.

Sim, é bem parecido. Temos, no entanto, algumas particularidades quando há o requerimento de manifestação que **vai da TNU para o STJ**, que é regulado tanto pelo art. 14, §§4º a 9º, da Lei 10.259/2001, quanto pela Resolução n. 10, de 21 de novembro de 2007, do STJ.

Tal qual ocorre no pedido de uniformização da TNU, ele terá um juízo de admissibilidade prévio pelo Presidente da TNU (art. 1º, Resolução n. 10, de 21 de novembro de 2007, do STJ). Em ocorrendo juízo positivo de admissibilidade será dirigido ao STJ.

– Até aí, parece igual ao outro.

Sim, mas aqui começam a aparecer diferenças previstas na própria leis dos Juizados Especiais Federais.

A primeira delas é a de que é possível o requerimento de concessão de uma tutela cautelar, **de ofício** ou a requerimento do interessado, para requerer a suspensão dos processos nos quais a controvérsia esteja sendo discutida (art. 14, §5º, da Lei 10.259/2001). Naturalmente, há necessidade de comprovação da plausibilidade do direito e do fundado receio de dano de difícil reparação.

– É como um pedido de efeito suspensivo?

De certa forma sim, só que de forma mais ampliada. É mais um instrumento para lidar com causas repetitivas, porque, como visto, não suspende só o caso concreto, mas todos os casos em que a matéria esteja sendo discutida. É mesma coisa que ocorre com o IRDR e os recursos repetitivos, pois suspende TODOS os processos em que a matéria esteja sendo discutida.

Se um tema está sendo discutido em muitos processos, melhor suspender todos para que haja uma só decisão sobre aquele tema, uniformizando o entendimento.

– Verdade, parece com o caso do IRDR.

Mais ainda, preocupado com essa repetição da divergência, e para evitar que o STJ acabe se afogando nesses pedidos, de acordo com o art. 14, §6º, da Lei dos Juizados Especiais Federais, "Eventuais pedidos de uniformização idênticos, recebidos subseqüentemente em quaisquer Turmas Recursais, ficarão retidos nos autos, aguardando-se pronunciamento do Superior Tribunal de Justiça".

Assim, se forem formulados outros pedidos de uniformização, devem ser sobrestados, esperando decisão do STJ.

– Parece bastante com os repetitivos.

Exato. É evidente a preocupação aqui com uma ampliação para o debate no julgamento, tendo por objetivo uma decisão mais qualificada.

Por conta disso, o relator poderá: (art. 14, §6º): i) pedir informações ao Presidente da Turma Recursal ou Coordenador da Turma de Uniformização; ii) ouvir o Ministério Público, no prazo de cinco dias e iii) permitir a manifestação de interessados, mesmo que não sejam parte no processo, pelo prazo de trinta dias.

– Quem seriam esses interessados?

Me parece possível interpretar que ele faz referência a dois grupos de pessoas: i) tanto a quem seja parte em outros processos com matéria idêntica, quanto ii) a *amici curiae*, que queiram atuar no processo para contribuir com o debate, mas de forma mais limitada do que no art. 138 do CPC. De toda forma, é uma ampliação do debate.

Depois disso, o relator deve incluir esse pedido em "pauta na Seção, com preferência sobre todos os demais feitos, ressalvados os processos com réus presos, os habeas corpus e os mandados de segurança" (art. 14, §8º).

– Tá com pressa de julgar..

Sim, veja que é bem parecido com o que acontece com o recurso extraordinário especial e repetitivos, que terá "preferência sobre os demais feitos, ressalvados os que envolvam réu preso e os pedidos de habeas corpus" (art. 1.037, §4º, CPC).

O objetivo é evitar que esses processos demorem muito e fiquem vários processos suspensos por um longo período de tempo, até porque aqui, no juizado, não há nenhum limite de tempo para essa suspensão, ao contrário dos repetitivos, que tem o prazo de um ano.

– Concordo. Ia ser muito ruim ficar anos e anos parado com o processo suspenso.

Pois bem, julgado esse incidente e publicado, ele pode ter efeitos para além do caso em que está sendo julgado. Lembra dos outros casos que ficaram sobrestados?

– Sim.

Pois bem, aqueles processos não iriam ficar sobrestados até o fim dos tempos. Isso porque, de acordo com o art. 14, §9º, da Lei 10.259/2001, depois de publicado o acórdão do STJ, aqueles pedidos devem ser apreciados pelas Turmas Recursais, "que poderão exercer juízo de retratação ou declará-los prejudicados, se veicularem tese não acolhida pelo Superior Tribunal de Justiça".

– E isso significa o que?

Significa simplesmente que, depois de publicado o acórdão, as turmas recursais devem analisar novamente esses casos e a partir disso: i) se retratar, quando a decisão impugnada estiver em sentido contrário do que decidiu o STJ e ii) declarar prejudicado, quando o objetivo seja fazer prevalecer a tese que foi acolhida pelo STJ, extinguindo-o.

Imagine a seguinte discussão: o prazo de prescrição deve ser suspenso ou interrompido caso formulado requerimento administrativo? Há súmula da TNU[31] sobre o tema, mas imaginemos que está havendo divergência e o tema chegou no STJ, porque algumas turmas dizem que interrompe e outras dizem que suspende e que tem vários outros iguais sobrestados.

O STJ analisa e chega à conclusão de que o caso é de suspensão do prazo prescricional. O que devem fazer as turmas recursais com os pedidos sobrestados?

31. Súmula n. 74: O prazo de prescrição fica suspenso pela formulação de requerimento administrativo e volta a correr pelo saldo remanescente após a ciência da decisão administrativa final.

– Depende.

Correto. O que ela deve fazer se o acórdão impugnado afirmar que havia interrupção da prescrição?

– Ela deve decidir novamente para se adequar ao julgado do STJ.

Exatamente. Mas e se, por acaso, a conclusão da turma recursal já tinha sido pela suspensão e a parte almejava alegar que era caso de interrupção?

– A turma recursal não faz nada?

Na verdade, a turma recursal vai declarar o pedido de uniformização prejudicado, fazendo com que ele seja extinto.

– Professor, já estou com saudade do recurso especial e extraordinário. Esse pedido de uniformização é só mais um recurso para bagunçar a cabeça.

Sim, de certa forma concordo, mas veja que foi o jeito para evitar que houvesse uma dispersão de entendimento sobre a legislação federal, já que não cabe o recurso especial. Seria muito ruim para o sistema que cada turma recursal tivesse seu próprio entendimento sobre o direito material.

– É, vendo por esse lado é melhor mesmo.

14.2.12. Ação rescisória

Por fim, uma última observação quanto aos meios de impugnação é referente à ação rescisória.

– Qual a particularidade nos juizados?

Uma só. Não cabe.

– Eita, como assim? Então transitou em julgado, senta e chora?

Exatamente. Isso porque se aplica aos juizados especiais federais o art. 59 da Lei 9.099/1995, segundo o qual, "**Não se admitirá ação rescisória** nas causas sujeitas ao procedimento instituído por esta Lei".

Bem, vistos os meios de impugnação, podemos passar para o próximo tema, que é a execução nos juizados especiais federais.

14.2.13. Execução

A primeira hipótese a ser analisada refere-se ao cumprimento de obrigações de fazer, não fazer e entregar coisa certa. Não há muitas particularidades no procedimento do Juizado Especial Federal, mas deve se prestar atenção ao fato de que, em regra, exige-se o trânsito em julgado para o cumprimento da ordem (art. 16 da Lei 10.259/2001).

– Mas não tem exceção?

Claro, até como vimos anteriormente, nada impede a concessão de tutela provisória, podendo ser adiantado esse cumprimento, como costuma ocorrer, por exemplo, nas ações de fornecimento de medicamento pelo poder público.

Além disso, o dispositivo legal deixa claro que essa execução pode ser cumprida de ofício, tratando-se de simples fase do procedimento, cabendo ao juiz oficiar à "autoridade citada para a causa, com cópia da sentença ou do acordo".

– Quem é essa autoridade?

Entende a doutrina que essa autoridade deve ser o agente público que tenha autoridade para cumprir a ordem judicial,[32] até como

32. RODRIGUES, Marco Antonio. *A fazenda pública no processo civil*... cit., p. 346.

forma de acelerar o processo de cumprimento. Também se afigura possível a intimação do advogado público que atua no processo, que terá a incumbência de cientificar a autoridade responsável pelo cumprimento.[33]

– Então um ou outro.

Basicamente, o que for mais rápido. Até porque as vezes o juiz pode não saber exatamente quem é a autoridade.

Situação semelhante verificamos no caso das obrigações de pagar quantia. Como veremos no capítulo 15, o procedimento desses tipos de obrigações contra o poder público é diferente, pelo simples fato de impenhorabilidade dos bens, que deve se utilizar do procedimento dos precatórios ou das requisições de pequeno valor.

O art. 17 da Lei dos Juizados Especiais Federais deixa bastante claro que esse procedimento de execução depende do trânsito em julgado do processo.

– Então qualquer tipo de cumprimento nesses juizados depende do trânsito em julgado?

Em regra, sim, salvo concessão de tutela provisória. Tal qual no cumprimento de obrigações de fazer e não fazer, o art. 17 permite que o cumprimento dessa decisão também seja iniciado de ofício.

A mesma lógica de outros procedimentos deve ser utilizada aqui: a depender do valor, haverá utilização da RPV, que tem o limite de 60 salários mínimos para a União ou do precatório.

– Mas o limite do juizado não é 60 salários mínimos?

Sim, mas esse é o limite para que seja **ajuizada a ação**. Nada impede, por exemplo, que no decorrer do procedimento, como ocorre

33. CUNHA, Leonardo Carneiro da. *Fazenda pública em juízo*... cit., p. 883.

nas prestações de trato sucessivo, como a falta do pagamento de uma gratificação, aquele valor se acumule e ultrapasse esse valor.

Assim, a competência dos juizados para a execução pode ser acima dos 60 salários mínimos.

– Certo, entendi.

Se o valor não ultrapassar os 60 salários mínimos, o juiz deverá determinar que o seu pagamento seja "efetuado no prazo de sessenta dias, contados da entrega da requisição, por ordem do Juiz, à autoridade citada para a causa, na agência mais próxima da Caixa Econômica Federal ou do Banco do Brasil" (art. 17, *caput*).

A ideia é a de acelerar o cumprimento das decisões.

– E o que faz se ultrapassado o prazo para o pagamento?

Nessas hipóteses, tal qual se faz também no procedimento comum, é a determinação do "sequestro do numerário suficiente ao cumprimento da decisão" (art. 17, §2º). Basicamente ele vai mandar sequestrar o valor das contas públicas para cumprimento da decisão.

– Então de um jeito ou de outro a pessoa vai receber!

Sim, mas esse é o procedimento da RPV, que é mais rápido, agora vamos ver o que acontece se o valor ultrapassa os 60 salários mínimos. Nessas situações, só resta o pagamento por meio de precatório, que, como sabemos, é mais demorado.

– Não seria possível receber até 60 salários mínimos em RPV e o resto em precatórios?

Não. Há vedação expressa a essa possibilidade, nos termos do art. 17, §4º, da Leis dos Juizados Especiais Federais, que afirma estarem "vedados o fracionamento, repartição ou quebra do valor da execução, de modo que o pagamento se faça, em parte, na forma estabelecida no § 1º deste artigo[RPV], e, em parte, mediante expedição do precatório, e a expedição de precatório complementar ou suplementar do valor pago".

– Então vai ter que esperar até o fim dos tempos para receber por precatório?

A lei autoriza que a parte renuncie ao que ultrapassar os 60 salários mínimos para receber por RPV (art. 17, §4º).

– Mas isso significa que o que ultrapassar já era?

Sim, é o único jeito de receber o valor de forma mais rápida. Vai caber à parte analisar se vale a pena esperar o precatório ou se vai aceitar mais rápido, mas receber menos dinheiro.

14.3. JUIZADOS ESPECIAIS DA FAZENDA PÚBLICA

Os Juizados Especiais da Fazenda Pública foram criados pela Lei 12.153/2009. O fundamento é o mesmo dos demais juizados: facilitar o acesso à justiça com um procedimento mais simples, com a diferença de que agora são incluídos os entes públicos estaduais e municipais.

– Então agora tem juizado para todas as fazendas públicas?

Sim, mas cada uma no seu quadrado. E lembre-se que eles vão um pouco além da Fazenda Pública porque o federal abrange as empresas públicas também.

14.3.1. Competência

Vamos começar analisando a competência. Lembra do que acabamos de ver para os Juizados Especiais Federais?

– Claro.

Então se eu tenho um processo que é de competência do juizado especial federal eu posso escolher utilizar o procedimento ou é obrigatório?

– É obrigatório.

Exato. A mesma coisa no Juizado Especial da Fazenda Pública (art. 2º, §4º). Então lembre-se: nos Juizados Especiais Federais e da Fazenda Pública a competência é absoluta.

Agora o valor: lembra qual o valor limite para ingressar com a ação?

– Professor, acho que era 40 salários mínimos.

Quase. Esse é o valor dos Juizados Especiais Cíveis. Para os federais é o valor limite é de 60 salários mínimos, que é o **mesmo** do Juizado Especial da Fazenda Pública (art. 2º, *caput*).

– Ótimo, menos confusão.

Você pode até cumular pedidos, desde que eles não ultrapassem o valor de sessenta salários mínimos, aplicando-se o art. 15 da Lei 9.099/1995. Assim, você pode fazer uma cumulação própria de pedido de danos morais e materiais, mas não pode ultrapassar o teto somando os dois.

– Certo, então seria, por exemplo, danos morais de 40 salários mínimos e danos morais de 20 salários mínimos, no máximo?

Sim, isso mesmo. O teto também se aplica se forem pedidos alternativos ou subsidiários.

– Mas nesses casos eu não vou somar, não é?

Sim, lembre-se que no pedido alternativo eu faço dois pedidos sem preferência entre eles ou no subsidiários, há uma preferência por um deles. Em todos os casos, o juiz só pode conceder um dos pedidos, na cumulação imprópria. O que importa é que nenhum dos pedidos **isoladamente** ultrapasse os sessenta salários mínimos.

– Não entendi bem a diferença entre os dois.

Resumidamente: na cumulação própria, você soma o valor de cada pedido; na cumulação imprópria, você pega o valor de cada um de forma isolada.

– Certo!

Temos uma questão bem importante aqui no que se refere ao litisconsórcio. Lembra como é nos juizados especiais federais?

– Sim, o valor é calculado por autor!

Perfeito. Ocorre que esse tema é polêmico nos Juizados Especiais Da Fazenda Pública.

– Eita, lá vem.

Bem, há uma primeira corrente que diferencia a situação no Juizado Especial Federal e no Juizado Especial da Fazenda Pública. Para eles, o que importa é o valor global, não o valor de cada litisconsorte.

– Mas professor, qual a razão disso? Não faz sentido essa diferenciação.

Não faz, mas veja a seguinte situação: no juizado especial federal, tem julgados nesse sentido, bem como enunciados do FONAJEF. Tentou-se colocar exatamente essa previsão na Lei dos Juizados Especiais da Fazenda Pública, especificamente no art. 2º, §3º, mas foi vetado pelo Presidente da República.

– Eita. Por quê?

O fundamento foi justamente o de evitar demandas que juntassem muitas pessoas com valores da causa não tão altos, mas que, com a soma de todos, fosse uma demanda de alto valor. Entendeu o Presidente da República que essas causas não deveriam tramitar nos juizados.

– Então como seria o cálculo?

No Juizado Especial da Fazenda Pública, seria calculado pelo valor total, somando o valor de todos os litisconsortes. Não posso fazer como nos juizados federais, em que eu posso calcular o valor de cada litisconsorte em separado.[34]

– Certo, mas o senhor disse que tinha polêmica...

Exato, a segunda corrente entende que, apesar do veto, nada mudou. Permanece válido o raciocínio dos juizados especiais federais, afinal, não há nenhuma lei proibindo esse raciocínio, ele só não está expresso.[35] Inclusive o enunciado n. 02 do FONAJEFP afirma que "É cabível, nos Juizados Especiais da Fazenda Pública, o litisconsórcio ativo, ficando definido, para fins de fixação da competência, o valor individualmente considerado de até 60 salários mínimos".

– E agora?

Agora, acho melhor se guiar pelo que prevaleceu no enunciado do FONAJEFP, pois, como se verifica, não há nenhum texto expressamente vetando esse raciocínio. Por isso, acredito que acabe prevalecendo a segunda corrente.

– Certo, vou lembrar disso.

34. CUNHA, Leonardo Carneiro da. *Fazenda pública em juízo*... cit., p. 888-889.
35. CUNHA, Maurício; MANUCCI, Renato. *Juizados especiais cíveis e criminais*. 2º ed. Salvador: Juspodivm, 2020, p. 389.

Temos ainda que apenas lembrar como calcular o valor da causa no que se refere às obrigações de trato sucessivo, ou seja, que se repetem no tempo, pois ocorre a mesma coisa que o juizado especial federal.

– Opa, eu lembro, são as parcelas devidas, somadas com mais doze parcelas do que ainda não venceu.

Isso mesmo. Devo somar todas as parcelas vencidas (ou todas que quero cobrar), somadas, de forma obrigatória, com doze parcelas que ainda não venceram.

Agora as matérias que **não** podem ser analisadas nos juizados. Para facilitar, vou colocar um quadro para compararmos os juizados especiais federais os estaduais:

Matérias que não podem ser analisadas nos juizados especiais da Fazenda Pública	Matérias que não podem ser analisadas nos juizados especiais federais
ações de mandado de segurança, de desapropriação, de divisão e demarcação, populares, por improbidade administrativa, execuções fiscais e as demandas sobre direitos ou interesses difusos e coletivos;	**referidas no art. 109, incisos II, III e XI, da Constituição Federal**, as ações de mandado de segurança, de desapropriação, de divisão e demarcação, populares, execuções fiscais e por improbidade administrativa e as demandas sobre direitos ou interesses difusos, coletivos ou **individuais homogêneos;**
causas sobre bens imóveis dos Estados, Distrito Federal, Territórios e Municípios, autarquias e fundações públicas a eles vinculadas;	sobre bens imóveis da União, autarquias e fundações públicas federais;
causas que tenham como objeto a impugnação da pena de demissão imposta a servidores públicos civis ou sanções disciplinares aplicadas a militares;	que tenham como objeto a impugnação da pena de demissão imposta a servidores públicos civis ou de sanções disciplinares aplicadas a militares;
–	**para a anulação ou cancelamento de ato administrativo federal, salvo o de natureza previdenciária e o de lançamento fiscal;**

– A competência em relação à matéria é quase igual nos dois casos.

Sim, verificando essa tabela, as matérias são extremamente parecidas. Existem apenas duas diferenças que ampliam a competência dos juizados especiais estaduais: a possibilidade de anulação de qualquer ato administrativo estadual ou municipal e a possibilidade de utilização de demandas sobre direitos individuais homogêneos.

– Professor, lembro da discussão que teve nos Juizados Especiais Federais, sobre esses direitos individuais homogêneos, coletivos e difusos, que o que não poderia era se ele fosse uma ação coletiva.

Sim, exato.

– Eu sigo essa mesma lógica aqui?

Sim.

– Mas se pode direito individual homogêneo, pode essas ações coletivas?

Aí também não. Vamos lá, a lógica de excluir ações coletivas dos juizados é porque elas são mais complexas, não sendo compatíveis com os ritos dos juizados.

– Certo.

Continuamos no sistema dos juizados, então a mesma sistemática deve também ser aplicada ao Juizado Especial da Fazenda Pública. Ou seja, não podem ser ajuizadas ações coletivas nos juizados, seja direito individual homogêneo, coletivo ou difuso.

– Mas então qual a relevância de não impedir a utilização do direito individual homogêneo?

A relevância é, basicamente, a de consolidar a interpretação jurisprudencial que vimos antes, a de que direitos individuais homogêneos, quando exercidos individualmente, podem utilizar a via dos juizados.

Em outros termos, eu posso entrar com uma ação repetitiva de servidor no juizado. Só que essa mesma ação, se fosse ajuizada apenas uma coletiva, não poderia tramitar no juizado.

– Tá, então ela é útil para esclarecer o que já se fazia desde a leis dos juizados especiais federais. Isso acontece bastante nessa nova lei.

Sim, isso fica bem claro. O legislador fez um ctrl+c ctrl+v na lei dos Juizados Especiais Federais com alguns ajustes.

14.3.1.1. Competência territorial

Precisamos ver agora a competência territorial.

– É igual ao juizado federal?

Não, na verdade, temos uma pequena polêmica nesse caso.

– Meu Deus, na competência territorial?

Sim, a situação é a seguinte. A lei do Juizado Especial da Fazenda Pública é omissa, ok?

– Certo.

Então, precisamos buscar em outra lei. E temos duas opções: o art. 4º da Lei 9.099/1995, que tem a previsão genérica da competência territorial dos juizados **ou** o art. 52 do CPC que versa sobre a competência dos entes públicos. A questão é, qual deve ser aplicado?

– Professor, não sei. Mas chutaria que é a do juizado porque é a lei mais próxima, seguindo a lógica do microssistema.

Opa, bom caminho. Vejamos: quem defende a aplicação do CPC afirma que o art. 52 é específico do poder público, o que afastaria a aplicação da lei do juizado.[36] Não gosto dessa argumentação porque a lógica dos juizados é sempre a de buscar primeiro uma solução *no próprio sistema dos juizados e não no CPC.*

– Então estou certo?

Sim, vamos buscar a resposta no próprio sistema dos juizados no art. 4º da Lei 9.099/1995.[37] Isso significa que serão utilizadas as seguintes regras:

1) foro do domicílio do réu ou, a critério do autor, do local onde aquele exerça atividades profissionais ou econômicas ou mantenha estabelecimento, filial, agência, sucursal ou escritório;
2) foro do lugar onde a obrigação deva ser satisfeita;
3) foro do domicílio do autor ou do local do ato ou fato, nas ações para reparação de dano de qualquer natureza.

– Eu posso escolher qualquer um?

Quase. Na verdade, o que você pode fazer é sempre usar a primeira opção, nos termos do parágrafo único do art. 4º. Isso significa

36. CHINI, Alexandre *et al. Juizados especiais da fazenda pública – lei 12.153/2009 comentada.* Salvador: Juspodivm, 2019, p. 44.
37. CUNHA, Leonardo Carneiro da. *A fazenda pública em juízo...* cit., p. 890.

que, mesmo em uma ação de reparação de dano (hipótese 3), ainda assim você pode escolher propor a ação no foro do domicílio do réu. Assim, as opções nesse juizado são menos favoráveis do que aquelas do juizado especial federal, porque aqui vai depender do tipo de ação.

14.3.2. Polo ativo

Passaremos agora ao tema das partes, que é bem semelhante ao que já vimos nos Juizados Especiais Federais. Expressamente, pela lei 12.153/2009, de acordo com o art. 5º, I, podem ser autores **pessoas físicas, microempresas e empresas de pequeno porte**.

– Professor, e os incapazes, podem?

Não temos um enunciado específico para isso, mas, a princípio, me parece que deve ser utilizado o mesmo entendimento que vimos no Juizado Especial Federal. Isso porque a lei não veda a atuação do incapaz, não havendo omissão que venha a requerer a aplicação subsidiária do art. 8º da Lei 9.099/1995, que veda a participação do incapaz.

Além disso, posso ressaltar o Estatuto da Pessoa com Deficiência, que se volta a valorizar a pessoa do deficiente, dando-lhe toda autonomia possível, priorizando a igualdade de oportunidades com as demais pessoas (art. 4º).

– Mas o que tem a ver com esse caso?

Me parece que ele vai exigir uma interpretação bastante restritiva de qualquer limitação aos incapazes. E, como a lei não proíbe sua atuação de forma expressa, ela deve ser permitida.

– Faz sentido. Lembro que tinham várias outras pessoas jurídicas e entes despersonalizados que podiam atuar com base na Lei dos Juizados Especiais Federais.

Sim, verdade, temos a Organização da Sociedade Civil de Interesse Público, a sociedade de crédito ao microempreendedor, o condomínio e o espólio. Todas as considerações que fizemos naquele momento, servem igualmente para a leis dos Juizados Especiais da Fazenda Pública, permitindo que eles também possam atuar no polo ativo.

– Ok.

14.3.3. Polo passivo

Agora o polo passivo, em que a situação é mais simples. Isso porque, estão previstos como legitimados passivos "os Estados, o Distrito Federal, os Territórios e os Municípios, bem como autarquias, fundações e empresas públicas a eles vinculadas" (art. 5º, II).

– As sociedades de economia mista podem atuar?

Não, como se verifica, a legislação não concede autorização para que elas possam atuar. Veja que essa legitimidade é igual àquela existente para o juizado especial federal, a única mudança e a de que, neste caso, são pessoas jurídicas estaduais e municipais e, naquele, de pessoas jurídicas federais.

14.3.4. Intervenções de terceiro

Ainda quanto às partes, precisamos investigar as intervenções de terceiro.

– Professor, essa eu lembro: não pode!

Mas não pode e ponto final?

– Se não pode, não pode!

Bom, quase isso. De fato, o art. 10 da Lei 9.099/1995 afirma que "Não se admitirá, no processo, qualquer forma de intervenção de terceiro nem de assistência". Mas, como vimos, ocorreu uma mudança a partir do CPC. Lembra?

– Esqueci...

É bem simples: não cabe intervenção de terceiro, **com exceção da desconsideração de personalidade jurídica**, nos termos do art. 1.062 do CPC. E há ainda a discussão sobre o *amicus curiae*.

– Poxa, é verdade.

Mas é bom, que agora não esquece mais.

– Com certeza!

14.3.5. Tutelas provisórias

Veremos agora algumas observações sobre a tutela provisória. De acordo com o art. 3º da Lei 12.153/2009 "O juiz poderá, de ofício ou a requerimento das partes, deferir quaisquer providências cautelares e antecipatórias no curso do processo, para evitar dano de difícil ou de incerta reparação".

– Então pode cautelar e antecipatória?

Sim, a lei é bem clara. Lembra de que a Lei dos Juizados Especiais Federais era meio limitada?

– Sim, ela só falava nas cautelares.

Exato. Mas, por meio da interpretação, elas chegam no mesmo canto, qual seja, o cabimento de qualquer espécie de tutela provisória.

Isso deve incluir, também, a tutela de evidência, que não é mencionada pela legislação, mas apenas com o CPC, que veio depois, mas é previsão compatível com os juizados.

– Certo. E os procedimentos de tutela cautelar e tutela antecipada antecedente?

Não devem ser admitidos. Afinal, não há previsão legal expressa para seu cabimento no juizado[38] e haveria considerável dificuldade na sua adaptação ao procedimento dos juizados.

Importa destacar que esse juizado, como os demais, é regido pelo princípio da **irrecorribilidade em separado das interlocutórias**, mas que não é absoluto. Isso porque, de acordo com o art. 4º da Lei 12.153/2009, "Exceto nos casos do art. 3º, somente será admitido recurso contra a sentença".

– Mas o que tem no art. 3º?

É o que vimos, a previsão do cabimento de tutela provisória. Assim, só vai caber recurso da decisão interlocutória sobre tutela provisória.

– E as outras?

Faz como no CPC, espera a sentença e, no recurso dela, impugna as demais decisões.

– Certo. Mas qual é esse recurso?

A lei não aponta nenhuma espécie de recurso específico, mas a doutrina costuma fazer referência ao cabimento do agravo de

38. CHINI, Alexandre; LEITE, Alexandre Corrêa; FLEXA, Alexandre; PORTO, Fábio Ribeiro; LIMA, João Luiz Ferraz de Oliveira; HARTMANN, Rodolfo Kronemberg. *Juizados especiais da fazenda pública – lei 12.153/2009 comentada*... cit., p. 61, 67.

instrumento.[39] No entanto, aponto que, na prática, por vezes, os estados utilizam nomenclaturas diferentes.

– Misericórdia, e como fica isso?

Recomendo que siga, como regra geral, os requisitos do agravo de instrumento, a exemplo da interposição do recurso já na turma recursal, formação do instrumento etc. Também é bem possível o juizado acabe regulando o procedimento desse recurso, então é bom prestar atenção.

– Certo, mas e o prazo? É de 15 dias como no CPC?

Bem, sabemos que o recurso inominado, que é o recurso da sentença tem prazo de 10 dias (art. 42 da Lei 9.099/1995). Muito por conta disso, foi elaborado o enunciado n. 05 do FONAJEFP, segundo o qual "É de 10 dias o prazo de recurso contra decisão que deferir tutela antecipada em face da Fazenda Pública".

Assim, mesmo que o recurso seja o de agravo de instrumento, importante lembrar que o prazo é diferente. Enquanto o agravo de instrumento do CPC tem prazo de 15 dias, o recurso do juizado terá o prazo de 10 dias.

– Ok, 10 dias.

14.3.6. Atos processuais

Vamos agora analisar brevemente as formas de comunicação e os prazos em geral nos juizados.

Primeiro, a forma de intimação. Aqui, na verdade, não há nenhuma novidade, porque o art. 6º afirma apenas que "Quanto às citações

39. CHINI, Alexandre; LEITE, Alexandre Corrêa; FLEXA, Alexandre; PORTO, Fábio Ribeiro; LIMA, João Luiz Ferraz de Oliveira; HARTMANN, Rodolfo Kronemberg. *Juizados especiais da fazenda pública – lei 12.153/2009 comentada...* cit., p. 73.

e intimações, aplicam-se as disposições contidas na Lei no 5.869, de 11 de janeiro de 1973 – Código de Processo Civil".

– Mas esse é o CPC velho, não é?

Sim, claro. O que se deve compreender, então, é que se remete ao CPC para analisar a forma de intimação seja dos autores, seja dos réus. Para tanto, se esquecer de algo, basta voltar ao capítulo 4 em que falamos especificamente sobre citação e intimação da Fazenda Pública.

– Tá tranquilo, lembro de tudo.

Espero que sim... Confio em você.

O que preciso destacar aqui é algo que os Juizados Especiais Federais também fizeram, que é a previsão de que "Não haverá prazo diferenciado para a prática de qualquer ato processual pelas pessoas jurídicas de direito público, inclusive a interposição de recursos(...)" (art. 7º). Isso significa, em resumo, que o art. 183 do CPC não se aplica.

– Então sem prazo em dobro?

Exatamente. Sem prazo em dobro. Então recursos em geral serão com prazo de 10 dias, embargos de declaração em 5 dias etc. Será o mesmo prazo do autor.

– E outros pessoas? Por exemplo, aquele representado pela defensoria pública?

Bem, nesse caso, sabemos que a defensoria pública também tem, em regra, prazo em dobro (art. 128, I, LC 80/1994 e art. 186, CPC). Em tese, também, o art. 7º da Lei 12.153/2009 não faz referência expressa à defensoria, então a questão é: essa previsão é compatível com os juizados?

– Professor, não sei, mas que vai demorar um pouco mais o processo, vai...

Bem, esse é basicamente o raciocínio que levou à elaboração do enunciado n. 03 do FONAJEFP: "Não há prazo diferenciado para a Defensoria Pública no âmbito dos Juizados Especiais da Fazenda Pública". O seu fundamento basicamente é o de que a dobra do prazo não é compatível com a celeridade do sistema dos juizados.

Portanto, sem prazo em dobro para a defensoria.

– Pelo menos fica todo mundo igual no juizado.

14.3.7. Procedimento

Agora vamos analisar o procedimento do Juizado Especial da Fazenda Pública. Bem, tal qual qualquer outro procedimento, ele será iniciado por uma petição inicial, que seguirá a mesma lógica da petição inicial do Juizado Especial Federal: pode ser escrita ou oral, com as mesmas regras anteriores.

– Certo, vamos em frente.

Bem, a pessoa jurídica agora vai ser citada. Ela será citada para comparecer a audiência de conciliação, no prazo de 30 dias (art. 7º, Lei 12.153/2009). A primeira coisa a ser analisada é qual o termo inicial do prazo.

– Professor, eu lembro que, pelo CPC, o prazo começa a contar da juntada do mandado de citação.

Sim, essa é a regra do CPC (art. 231, I e II). No entanto, nos juizados prevalece uma interpretação diferente, pois, de acordo com o enunciado n. 13 do FONAJE, "Os prazos processuais nos Juizados Especiais

Cíveis, **contam-se da data da intimação ou ciência do ato respectivo**, e não da juntada do comprovante da intimação, observando-se as regras de contagem do CPC ou do Código Civil, conforme o caso".

– Mas de onde veio isso?

Bem, a lógica é a de que com a maior simplicidade e celeridades dos procedimentos do juizado, se fosse esperar a juntada do mandado iria demorar muito. Portanto, esse prazo de 30 dias será iniciado da citação do ente público e não da juntada do mandado, preste atenção.

– Tudo bem.

Outra coisa muito importante nesse prazo é que ele é o mesmo prazo que a pessoa jurídica terá para contestar. A lógica é diferente daquela do processo comum, que a contestação é depois da audiência.

– Tem alguma especificidade nessa contestação?

Não. É mesma da contestação no juizado especial federal. Vamos voltar agora a audiência, porque acontece muita coisa ao mesmo tempo nela.

– Mas ela não é só de conciliação?

Muito longe disso, é uma audiência em que tudo acontece, da conciliação à instrução e julgamento. Mas vamos começar do básico, que é a própria questão da conciliação.

Essa audiência será conduzida pelo conciliador, com a supervisão do juiz (art. 16, *caput*, da Lei 12.153/2009) e há a previsão de que "Os representantes judiciais dos réus presentes à audiência poderão conciliar, transigir ou desistir nos processos da competência dos Juizados Especiais, nos termos e nas hipóteses previstas na lei do respectivo ente da Federação".

– Isso significa que podem conciliar tal qual nos juizados especiais federais?

Sim, mas veja que a previsão é bem genérica. Tudo depende do ente, que vai prever em que hipóteses pode ter essa conciliação. Para entender melhor isso, recomendo voltar ao capítulo específico sobre a autocomposição do poder público.

– Tudo bem. Já entendi que pode ter conciliação, mas e o resto dos acontecimentos, como fica?

A primeira questão para além da conciliação que ocorre nessa audiência é a de que o poder público deve apresentar até esse momento a contestação e também "fornecer ao Juizado a documentação de que disponha para o esclarecimento da causa" (art. 9º da Lei 12.153/2009). É basicamente a ideia de que, pela simplicidade do procedimento, cabe o poder público trazer os documentos relativos ao caso concreto.

– Isso é a mesma coisa que nos Juizados Especiais Federais, não é?

Sim, teve mais um copia e cola aqui.

Ocorre que, além disso, essa é também uma audiência de instrução e julgamento, havendo uma previsão curiosa, pois ela permite que o próprio conciliador possa ouvir as testemunhas (art. 16, §1º, da Lei 12.153/2009).

– Como assim professor, quem vai conduzir a audiência toda é o conciliador? E o juiz?

O juiz deve obrigatoriamente estar supervisionando a atuação do conciliador, como previsto no §2º do art. 16. Ultrapassada essa fase, o juiz poderá eventualmente admitir novos depoimentos, ou mesmo até inquirir novamente as testemunhas, até porque os atos são contínuos.

– Estranho isso.

É, mas segue a lógica do juizado. O conciliador já adianta a instrução e depois o juiz analisar se há necessidade de mais alguma prova.

Inclusive, é bom destacar que aqui, tal qual ocorre nos juizados especiais federais, também é possível uma prova pericial simplificada, pois, de acordo com o art. 10 da Lei 12.153, "Para efetuar o exame técnico necessário à conciliação ou ao julgamento da causa, o juiz nomeará pessoa habilitada, que apresentará o laudo até 5 (cinco) dias antes da audiência".

– E quem arca com esses custos?

Na Lei 12.153/2009 não há previsão expressa, no entanto, deve ser aplicada a mesma sistemática dos Juizados Especiais Federais, em que cabe ao Tribunal a antecipação dos valores da perícia, por força do art. 27 da Lei 12.153/2009.[40] Qualquer dúvida, só voltar na parte que comentamos o tema.

– Ok.

Agora, a sentença, que é a mesma que comentamos nos Juizados Especiais Federais. Da mesma forma, também "não haverá reexame necessário" (art. 11 da Lei 12.153/2009).

14.3.8. Recursos

– Mas tem os demais recursos, não é?

Sim, é quase a mesma coisa dos Juizados Especiais Federais, que já vimos. O primeiro é o recurso inominado, que é a mesma coisa, mas vale mencionar que, ao contrário do que vimos nos outros Juizados, aqui há uma maior regulamentação da formação das turmas recursais.

Eles devem ser juízes de primeiro grau, com preferência para aqueles que já atuam no Sistema dos Juizados Especiais, com **mandatos de dois anos** (art. 17, *caput*, da Lei 12.153/2009)

40. CHINI, Alexandre; LEITE, Alexandre Corrêa; FLEXA, Alexandre; PORTO, Fábio Ribeiro; LIMA, João Luiz Ferraz de Oliveira; HARTMANN, Rodolfo Kronemberg. *Juizados especiais da fazenda pública – lei 12.153/2009 comentada...* cit., p. 150.

– E como são escolhidos?

Embora o art. 17, *caput*, aponte que cabe à legislação de cada Estado e do Distrito Federal, ela impõe, no §2º, que essa designação obedeça aos critérios de antiguidade e merecimento. Além disso, a lei ainda veda a recondução, "salvo quando não houver outro juiz na sede da Turma recursal" (art. 17, §2º).

Agora, vamos aos recursos em espécie. O principal dele é o recurso inominado, que segue exatamente as mesmas regras vistas anteriormente. Da mesma forma é a situação dos embargos de declaração, recurso extraordinário e especial (no último caso, a sua não admissão). Basta relembrar o que já vimos e o problema está resolvido.

Por fim, insiro um fluxograma para relembrar o procedimento até a decisão da turma recursal.

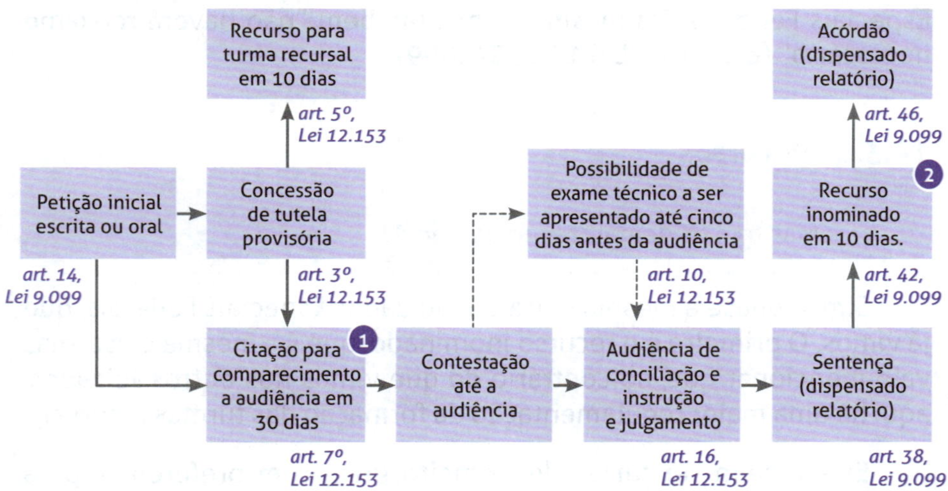

1 Prazo inicia da citação, não da juntada do mandado (E. 13, FONAJE).

2 Não há reexame necessário (art. 11 da Lei 12.153/2009).

14.3.8.1. Pedido de uniformização

Agora, temos de ver o pedido de uniformização de interpretação de lei.

– Não é a mesma coisa do Juizado Especial Federal?

Veremos que é parecido, mas há algumas diferenças, até pela mudança de estrutura da Justiça Federal para a Estadual e até porque essa sistemática de uniformização foi melhor organizada na nova lei.

Trata-se igualmente de um recurso e precisamos ver os seus requisitos de cabimento. Devemos assumir a mesma premissa existente no sistema dos Juizados Especiais Federais, ou seja, a de que é um recurso de fundamentação vinculada, mais ainda, de estrito direito.

– Mas vai ser nos mesmos termos do Juizado Especial Federal?

Bem parecido, mas vamos aos poucos, até porque as vezes a fundamentação é um pouco diferente. Primeiro, da mesma forma, só será cabível quando a divergência ocorrer sobre "questões de direito MATERIAL" (art. 17, *caput*, da Lei 12.153/2009).

Lembra a consequência disso?

– Não cabe sobre direito processual.

Isso aí, nos juizados a matéria processual é terra de ninguém, não cabendo pedido de uniformização, como já reconhecido pelo STJ.[41] Além disso, **esse direito material pode ser municipal, estadual ou federal,[42] quando o conflito for entre turmas do mesmo Estado; se for entre Turmas de Estados diferentes, deve ser direito federal.**

41. STJ, 1ª Seção, AgInt no PUIL 43/RO, Rel. Min. Gurgel de Faria, j. 28/02/2018, DJe 03/04/2018.
42. CHINI, Alexandre; LEITE, Alexandre Corrêa; FLEXA, Alexandre; PORTO, Fábio Ribeiro; LIMA, João Luiz Ferraz de Oliveira; HARTMANN, Rodolfo Kronemberg. *Juizados especiais da fazenda pública – lei 12.153/2009 comentada...* cit., p. 186.

– Qual a razão disso?

O motivo é o seguinte: se a lei é estadual ou municipal, simplesmente não tem como existir divergência entre dois estados. Por isso que, entre Turmas de Estados diferentes, a divergência deve ser de Lei Federal.

Além disso, a matéria não pode ser constitucional, pelo simples motivo de que, para esse tema é cabível o recurso extraordinário.[43]

Há ainda outra limitação ainda vinculado à ideia de que se trata de um recurso de direito estrito. Lembra?

– Não, esqueci.

Você pode, por exemplo, rediscutir se está caracterizada ou não uma união estável em um pedido de pensão por morte em pedido de uniformização?

– Acho que não.

Por quê?

– Porque seria necessário rever a matéria fática.

Exato, essa é justamente a outra situação na qual não é possível a utilização do pedido de uniformização da jurisprudência. Por fim, lembre-se que, tal qual nos Juizados Especiais Federais, há necessidade de demonstrar adequadamente que essa divergência existe comparando a decisão recorrida com o acórdão paradigma.

– Não vou esquecer.

43. CHINI, Alexandre; LEITE, Alexandre Corrêa; FLEXA, Alexandre; PORTO, Fábio Ribeiro; LIMA, João Luiz Ferraz de Oliveira; HARTMANN, Rodolfo Kronemberg. *Juizados especiais da fazenda pública – lei 12.153/2009 comentada*... cit., p. 185.

Há, ainda, outro requisito que já vimos, que é a exigência do prequestionamento, ou seja, "quando há debate sobre a questão de mérito pela turma que proferiu o julgado impugnado".[44]

– Pode explicar de novo?

Sim. No caso citado, a discussão envolvia a súmula 421 do STJ, segundo a qual "Os honorários advocatícios não são devidos à Defensoria Pública quando ela atua contra a pessoa jurídica de direito público à qual pertença". No entanto, no caso concreto, a Turma Recursal se limitou a indicar que essa súmula não seria obrigatória, não debatendo a questão do cabimento ou não dos honorários para a defensoria pública. Por conta disso, não poderia ser admitido o pedido de uniformização.

– Certo, lembrei. É a exigência de que o tema seja discutido na decisão recorrida.

Esses são os principais requisitos para a interposição do pedido de uniformização. Agora vamos entender para onde ele vai e quais os requisitos para que isso ocorra.

14.3.8.1.1. Cabimento

Existem duas possibilidades inicias de utilização do pedido de uniformização: 1) se houver divergência entre **duas turmas do mesmo Estado**, será julgado pela reunião delas, sob a presidência de um Desembargador indicado pelo Tribunal de Justiça (art. 18, §1º); 2) se houver divergência entre **Turmas de diferentes Estados** sobre Lei Federal **ou** quando a decisão proferida estiver em contrariedade com súmula do Superior Tribunal de Justiça, será julgado pelo STJ (art. 18, §3º).

Não existe aqui uma equivalente à TNU dos Juizados Especiais Federais.

44. STJ, 1ª Seção, AgInt na Pet 11.350/RO, Rel. Min. Gurgel De Faria, j. 27/09/2017, DJe 27/11/2017.

Por fim, se, no primeiro caso, se na decisão da reunião das turmas do mesmo Estado, ocorrer violação de súmula do STJ, há uma segunda chance e o STJ pode ser provocado para se manifestar (art. 19, *caput*).

– Pra variar, são muitas as possibilidades.

Vou colocar um quadro para facilitar.

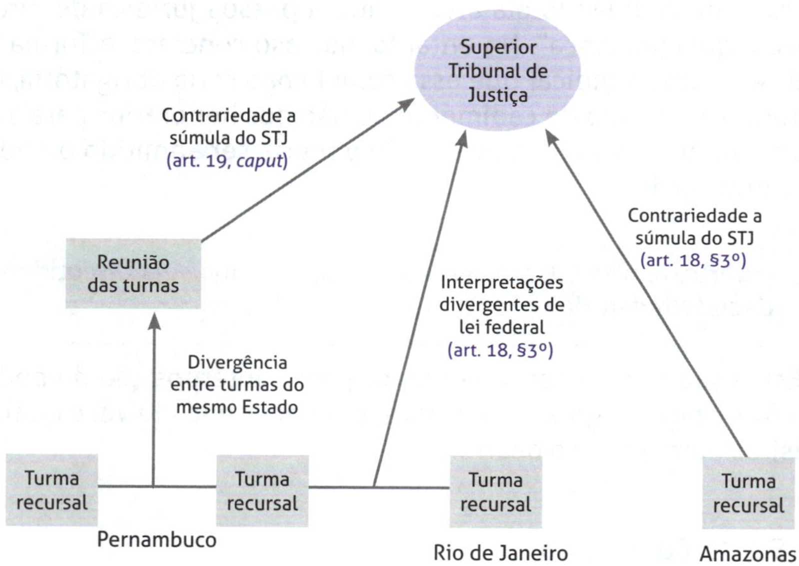

Vamos de caso em caso.

Primeiro, vamos ver a hipótese em que o pedido se dirige à Reunião das turmas recursais: basta haver qualquer divergência de lei municipal, estadual ou federal para caber o pedido de uniformização.

– Certo, o primeiro caso é simples.

Pois bem, dessa decisão, caso haja violação à súmula do STJ, há uma nova chance, pois agora o STJ pode ser provocado, ok?

– Certo.

Agora só sobram duas outras possibilidades, que vão direto para o STJ, não tem reunião de turmas no meio.

1) Divergência entre turmas de Estados DIFERENTES, **sobre Lei federal**;

2) Quando a própria decisão da Turma recursal já viola diretamente **súmula do STJ**.

– Então, no fim das contas, se violar súmula do STJ, sempre acaba indo para o STJ.

Sim, é por aí.

14.3.8.1.2. Procedimento do pedido de uniformização nas turmas recursais

Agora vamos verificar o procedimento. Primeiro, aquele dirigido à reunião das turmas recursais do mesmo Estado, que é regulamentado pelo provimento n. 22, de 5 de setembro de 2012, do CNJ e, depois, aquela dirigida ao STJ, já que possuem diferenças importantes.

– Certo.

Inicialmente, aquele que é de competência da Turma Recursal deverá ser dirigido ao presidente da turma recursal, no prazo de 10 dias da publicação da decisão recorrida (art. 12, §2º), que deverá instaurar o prévio contraditório (art. 12, §4º).

Há, aqui, uma particularidade do juízo de admissibilidade, pois ele *pode ou não* ter juízo de admissibilidade prévio pela turma recursal originária.

– Como assim pode ou não?

É que o regimento interno da Turma de Uniformização PODE delegar o juízo de admissibilidade para o Presidente da Turma Recursal, mas não é obrigatório (art. 12, §6º). Se houve essa delegação, garante-se a possibilidade de um pedido de reapreciação dirigido ao Presidente da Turma de Uniformização.

– Curioso, então depende de cada Turma de Uniformização esse outro juízo de admissibilidade.

Correto. Uma vez admitido o pedido de uniformização, admite-se a possibilidade de sobrestamento de todos os processos e recursos nos quais esse tema objeto de divergência esteja sendo analisado, a pedido das partes, ou mesmo de ofício (art. 14, parágrafo único).

– Tem algo parecido com isso nos Juizados Especiais Federais.

Exato. Veremos que é uma tendência nesses pedidos de uniformização. Eles se assemelham ao que se faz com recursos repetitivos e IRDR, suspendendo os processos para impedir que, caso demore a ocorrer a análise do pedido, sejam proferidas decisões conflitantes.

– Faz sentido.

Curiosamente, de acordo com o art. 16, o julgamento do Pedido de Uniformização será realizado em tese, ou seja, apenas será analisada a divergência e será dada a interpretação a ser adotada pelas turmas recursais, mas o processo em si não será julgado.

– Como assim?

A Turma de Uniformização apontará a interpretação correta, mas quem julgará efetivamente o caso, será a turma recursal, que deve ter como vinculante o posicionamento da Turma de Uniformização. É o que se chama de causa modelo.

– Curioso...

De fato, vimos algo parecido no pedido de uniformização nos Juizados Especiais Federais, mas há uma diferença importante: o processo do pedido de uniformização é julgado, a diferença é que aqueles outros pedidos posteriores ficam sobrestado e os julgadores devem eventualmente revisar o processo ou não.

Mas veja que um dos pedidos é julgado pelo STJ; aqui nenhum será, haverá apenas a análise da divergência em tese.

– Bem peculiar, no estilo dos juizados mesmo.

Verdade. Uma última particularidade é a de que, nos termos do art. 11, §4º, do provimento n. 22, de 5 de setembro de 2012, do CNJ, nessas reuniões das turmas, as decisões são tomadas pelo voto da maioria absoluta dos seus membros, cabendo ao Presidente atuar apenas em caso de desempate.

Ou seja, se forem seis membros, precisam ao menos de quatro votos. Isso significa, por exemplo, se faltarem dois, não adiante que sejam três votos (maioria relativa).

– Ok.

14.3.8.1.3. Procedimento do pedido de uniformização no STJ

Passamos agora ao procedimento do pedido de uniformização dirigido ao STJ.

Uma primeira observação bastante importante é a de que "Compete ao Superior Tribunal de Justiça o exame dos pressupostos legais do pedido de uniformização, **não prevendo a lei a existência de juízo prévio de admissibilidade pela Turma Recursal**".[45]

Esse ponto é importante, porque a tendência é a de comparar esse recurso com o pedido de uniformização dos juizados especiais

45. STJ, 1ª Seção, Rcl 24.258/SP, Rel. Min. Og Fernandes, j. 08/02/2017, DJe 14/02/2017.

federais e com o recurso especial e extraordinário, que possuem juízo de admissibilidade prévio no órgão de origem.

– Mas então, o que fazem os juízes da turma recursal?

Eles terão postura assemelhada ao dos juízes no recurso inominado. Vão apenas dar processamento ao pedido e remetê-lo para o STJ. Eles não podem fazer qualquer juízo de admissibilidade.

– Mas e se fizerem?

Pode ser utilizada a reclamação por usurpação de competência (art. 988, I, CPC). Já afirmou o STJ, que "A negativa de processamento do pedido de uniformização dirigido ao STJ enseja violação do art. 18, § 3º, da Lei n. 12.153/2009 e usurpação da competência da Egrégia Corte, que pode ser preservada mediante a propositura da reclamação constitucional".[46]

Uma questão problemática aqui é a ausência de previsão expressa do contraditório, pois não consta qualquer necessidade de intimação do recorrido.

– E o que fazer nesse caso?

A postura correta deveria ser a de, respeitando uma garantia mínima de contraditório, intimar o recorrido para se manifestar sobre o pedido.

– Seria o mínimo mesmo.

Uma vez utilizado o primeiro pedido de uniformização dirigido ao STJ, os demais que versem sobre "questões idênticas", ficarão necessariamente retidos nos autos, esperando o pronunciamento do STJ (art. 19, §1º, Lei 12.153/2009).

46. STJ, 1ª Seção, Rcl 24.258/SP, Rel. Min. Og Fernandes, j. 08/02/2017, DJe 14/02/2017.

– Eu já vi isso.

Acabou de ver. Sempre aparece nos pedidos de uniformização; apenas não tem previsão no pedido de uniformização para a TRU nos Juizados Especiais Federais. Eles vão ficar esperando o julgamento do STJ, para, depois, se adequarem à decisão por ele proferida, seja declarando que estão prejudicados, ou se retratando, caso tenham decidido de forma diversa do STJ (art. 19, §6º).

– Ok.

Nesse pedido de uniformização também é possível que o relator venha a conceder, de ofício ou a pedido, desde que presente a plausibilidade do direito e o fundado receio de difícil reparação, a suspensão dos processos nos quais a controvérsia esteja sendo discutida (art. 19, §2º, da Lei 12.153/2009).

Veja que essa suspensão é maior que o simples sobrestamento.

– De que forma?

Porque o sobrestamento só atinge outros pedidos de uniformização; a suspensão atinge **todos os processos**, mesmo que estejam ainda no início, sem sentença.

– Bem radical.

Sim, a ideia é a de garantir maior isonomia, fazendo com que todos os indivíduos que esteja discutindo a mesma questão tenham a mesma posição por parte do Poder Judiciário.

Bem, seguindo no procedimento, embora não haja previsão de contraditório para o recorrido (!), permite-se ao relator requerer informações ao Presidente da Turma Recursal ou ao Presidente da Turma de Uniformização e, nos casos previsto em lei, do MP, no prazo de cinco dias.

– Estranho isso.

Me parece claramente que esqueceram de prever o contraditório para o recorrido. Enfim, tem-se essa abertura ao contraditório, que, na versão originária da Lei era maior, pois havia a previsão de manifestação de interessados no prazo de trinta dias (art. 18, §4º), mas foi vetado.

Lembra que já vimos isso?

– Lembro, na parte dos Juizados Especiais Federais.

Exatamente, a previsão era igual, mas foi vetada pelo Presidente da República, não sendo, portanto, admissível essa intervenção aqui no sistema dos Juizados Especiais da Fazenda Pública. Há quem defenda sua manutenção do cabimento dessa intervenção, pela sua importância, já que servirá de paradigma para outros casos.[47]

– Mas não tem previsão legal, não é?

Sim, a lei não prevê essa intervenção. Uma última observação é a de que, tal qual no sistema dos Juizados Especiais Federais, uma vez pronto para o julgamento, o pedido terá "preferência sobre todos os demais feitos, ressalvados os processos com réus presos, os habeas corpus e os mandados de segurança" (art. 19, §5º).

– Me pergunto se essa preferência é mesmo relevante.

Sinceramente, hoje em dia é tanta preferência que ninguém tem preferência...

47. CHINI, Alexandre; LEITE, Alexandre Corrêa; FLEXA, Alexandre; PORTO, Fábio Ribeiro; LIMA, João Luiz Ferraz de Oliveira; HARTMANN, Rodolfo Kronemberg. *Juizados especiais da fazenda pública – lei 12.153/2009 comentada...* cit., p. 192.

14.3.9. Execução

Por fim, quanto à execução, não há nenhuma particularidade digna de nota, seguindo o mesmo regime dos Juizados Especiais Federais. O único elemento possível de destaque é o de que os valores das requisições de pequeno valor são diferentes, como vimos no capítulo de execução contra a Fazenda Pública.

Há apenas uma particularidade, decorrente de precedente do STJ e que, provavelmente, também se aplicará ao sistema dos Juizados Especiais Federais.

– Eita, vamos lá.

Antes, vamos entender como funciona uma execução de sentença genérica proferida em título executivo sobre direitos individuais homogêneos.

– Eu quero ver como isso vai chegar no juizado.

Vai chegar lá, calma. Imagine que a Associação dos Médicos do Estado do Mato Grosso ajuíze ação cobrando o pagamento de gratificação concedida pela atuação em hospitais que lidem com o COVID-19. Onde tramitará essa ação?

– Seria no procedimento comum.

Perfeito, não pode ação coletiva no procedimento dos juizados. Agora, quando esse processo transitar em julgado, de acordo com o art. 97 do CDC, a liquidação pode ser promovida pelas vítimas, no caso, os médicos.

– Faz sentido.

Agora, mais ainda, vamos considerar que o valor a receber da médica Natasha Romanoff seja de 20 salários mínimos. Será que ela poderia requerer esse cumprimento de sentença nos juizados e não no procedimento comum?

– Diria que não.

Por quê?

– Foi o anjo bom que deu a dica, ele não deu as razões.

Ele está certo, mas incompleto. Para o STJ, "Não é possível propor nos Juizados Especiais da Fazenda Pública a execução de título executivo formado em Ação Coletiva que tramitou sob o rito ordinário, assim como impor o rito sumaríssimo da Lei 12.153/2009 ao juízo comum da execução".[48]

O fundamento para isso são dois: 1) não podem tramitar processos coletivos nos juizados, por consequência, também não podem tramitar execuções de processos coletivos e 2) embora não haja regulação expressa da competência para execução na Lei 12.153/2009, o art. 27 da mesma lei aponta a aplicação subsidiária das outras leis dos juizados e o art. 3º, caput, da Lei 10.259/2001, delimita a competência executória a "executar as suas sentenças".

Em resumo: não tem como executar tais decisões no juizado porque você não pode pegar uma sentença de outro procedimento e trazer para o juizado.

– Ravi, achei isso meio óbvio, nem entendi a confusão no STJ.

Concordo com você, talvez até por isso só tenha o voto do relator mesmo. Mas enfim, lembre-se dessa tese do STJ, que também será aplicável nos Juizados Especiais Federais.

48. STJ, 1ª Seção, REsp 1.804.186/SC, Rel. Min. Herman Benjamin, j. 12/08/2020, DJe 11/09/2020, tema 1.029.

CAPÍTULO 15

Execução contra o Poder Público

Agora vamos estudar um tema bastante importante, que é a execução contra o poder público, ou seja, quem foi condenado foi a própria Fazenda Pública.

– Eita, que esse tema não é fácil.

De fato, tem bastante coisa para estudar, mas vamos com calma e pelos temas mais fáceis até chegar no bicho-papão dos precatórios.

– Professor, já passou aqui um vento gelado só de ouvir falar em precatórios.

Vamos devagar, que uma hora chegamos lá e você verá que não tem nada demais.

15.1. EXECUÇÃO DE OBRIGAÇÕES DE FAZER, NÃO FAZER E ENTREGAR COISA

Primeiro, a parte mais fácil, que é o cumprimento de decisões que consistem em obrigação de fazer, não fazer ou dar coisa. Para essas decisões, o que precisa ser salientado é que devem ser executadas da mesma forma que ocorre para com os particulares.

– Então, não tem nenhuma especificidade?

Não. O poder público deve cumprir as decisões tais quais as pessoas jurídicas de direito privado, então, por exemplo, pode ser alvo de multa,[1] e mesmo de medidas atípicas para que a decisão judicial seja cumprida.

– Menos mal.

15.2. EXECUÇÃO DAS OBRIGAÇÕES DE PAGAR QUANTIA

O problema surge nas decisões de obrigação de pagar quantia. Quando pensamos em uma decisão desse tipo contra um particular, a lógica é a de que o cumprimento será iniciado com uma ordem de pagamento. Não sendo essa ordem cumprida, passamos à fase de expropriação dos bens do devedor, que depois serão alienados e, a partir daí esses valores servirão para pagar a dívida do executado.

Ocorre que essa forma de funcionamento não serve quando estamos falando do poder público.

– Por qual razão?

Por conta do regime jurídico dos bens públicos. Ao contrário dos bens dos particulares, os bens públicos são impenhoráveis, imprescritíveis (não podem ser usucapidos), possuem uma alienação condicionada, ou inalienabilidade relativa.[2]

Essa alienação condicionada significa que os bens públicos só podem ser alienados casos satisfeitas diversas condições, a exemplo da necessidade de ser desafetado, quando deixa de ter uma finalidade pública.

– Se não pode penhorar o bem público, como o poder público faz para pagar suas dívidas?

1. STJ, 2ª T., REsp 1.838.195/AM, Rel. Min. Herman Benjamin, j. 21/11/2019, DJe 19/12/2019; STJ, 2ª T., AgRg no AREsp 196.946/SE, Rel. Min. Humberto Martins, j. 02/05/2013, DJe 16/05/2013.
2. OLIVEIRA, Rafael Carvalho. *Curso de direito administrativo.* 8ª ed. São Paulo: Método, 2020, versão digital, tópico 22.5.

É necessário um procedimento especial, que termina com o pagamento por meio do precatório ou da requisição de pequeno valor, já que inviável a penhora dos bens. Quando a execução é de título judicial, o procedimento é regulado pelos arts. 534 e 535 do CPC e, quando extrajudicial, pelo art. 910 do CPC.

– Entendi. E por qual razão segue esse procedimento de precatórios?

Veremos um pouco mais para frente, mas o fundamento principal para a utilização do pagamento por meio de precatórios, que nada mais é do que uma fila, é porque o poder público insere no orçamento as dívidas inscritas naquele ano para pagar no próximo.

Guarde essas informações porque elas serão importantes para entendermos quem se submete ao rito da execução contra a Fazenda Pública.

15.2.1. Pessoas jurídicas submetidas ao rito do cumprimento das execuções contra a Fazenda Pública

– Mas professor, não basta ser pessoa jurídica de direito público para se submeter ao procedimento de execução contra a Fazenda Pública?

Bem, como vimo no capítulo 1, o conceito de Fazenda Pública nem sempre é tão óbvio, especialmente no que se refere a esse procedimento de execução contra a Fazenda Pública e ao pagamento por meio de precatórios. Chegou o momento de entender melhor toda essa confusão.

– Quer dizer que não basta eu dizer "pessoa jurídica de direito público" para concluir que só essas seguem o regime de execução contra a Fazenda Pública?

Não. Isso porque tem pessoa jurídica de direito público que não paga por precatórios e pessoa jurídica de direito privado que paga por precatório.

– Agora pronto, lascou.

Calma, você vai entender. Primeiro, lembremos que sociedades de economia mista e empresas públicas são pessoas jurídicas de direito privado, então não podemos dizer que fazem parte da Fazenda Pública.

– Certo.

A regra geral é: sociedades de economia mista e empresas públicas pagam como qualquer outra empresa, não estando submetidas ao regime dos precatórios.[3] Um bom exemplo disso é a Petrobras, que tem objetivo de lucro e atua em regime concorrencial e, por isso, suas execuções são iguais às de outras empresas privadas.

– Faz todo sentido.

Ocorre que há algumas pessoas jurídicas de direito privado que prestam serviço público, em regime de monopólio, ou seja, sem concorrência, sem intuito de lucro.

– Sério?

Sim, pense nos Correios, nas companhias de fornecimento de água etc.

– E qual a diferença delas no regime de pagamento?

3. STF, Tribunal Pleno, RE 599.628, Rel. Min. Ayres Britto, Rel. p/ Acórdão: Min. Joaquim Barbosa, j. 25/05/2011, DJe 17/10/2011.

Pois bem, de acordo com o STF, "o pagamento dos débitos judiciais de sociedades de economia mista e empresas públicas prestadoras de serviço público próprio do Estado e de natureza não concorrencial sujeita-se ao regime de precatórios previsto no art. 100 da Constituição Federal".[4] Por vezes, é possível ainda verificar a exigência de que, no caso das sociedades de economia mista, que "o capital social seja majoritariamente público".[5]

Perceba, são exigidos dois requisitos para que essas pessoas jurídicas de direito privado sigam o regime de precatórios: atuação de natureza não concorrencial e prestação de serviço público próprio do Estado.

– Mas por qual fundamento elas magicamente passam a pagar por precatórios?

Parece-me possível compreender que o fundamento para esse entendimento é o de que, como essas empresas não atuam com intuito de lucro, acabam sendo mantidas pelo ente público ao qual pertence o seu capital.

Por conseguinte, como são mantidas por recursos públicos, acabam seguindo a mesma lógica dos gastos públicos: elaboração do orçamento em um ano para o pagamento no outro.

– Certo.

De toda forma, importante destacar, não são todas as empresas públicas e sociedades de economia mista que se submetem ao regime de pagamento por precatório, mas tão apenas aquelas com **atuação de natureza não concorrencial e prestação de serviço público próprio do Estado**.

---

4. STF, 2ª T., Rcl 41.079 AgR, Rel. Min. Ricardo Lewandowski, j. 20/10/2020, DJe 04/11/2020. No mesmo sentido: STF, Tribunal Pleno, ADPF 524 MC-Ref, Rel. Min. Edson Fachin, Rel. p/ Acórdão: Alexandre de Moraes, j. 13/10/2020, DJe 23/11/2020.
5. STF, 1ª T., RE 627.242 AgR, Rel. Marco Aurélio, Rel. p/ Acórdão: Roberto Barroso, j. 02/05/2017, DJe 25/05/2017.

– Professor, lembro que se falou também que tinha pessoa jurídica de direito público que não pagava por meio de precatórios. Como é isso? É punição se ela demorar demais a pagar?

Antes fosse... Ia ter muito ente fora dos precatórios. Relembrando o que vimos no capítulo I, os conselhos de fiscalização profissional passaram por um vai e volta na sua natureza jurídica. A legislação os colocou como entes privados, mas o STF acabou afirmando que eram autarquias especiais.

– Eu lembro disso.

Ora, automaticamente, pensaríamos que iam se submeter ao regime dos precatórios, pois parecem ser Fazenda Pública. Só que tem uma pegadinha no funcionamento deles.

– Qual?

Vimos que o regime dos precatórios é fundamentado no regime do orçamento público, no planejamento anual. A questão é que os conselhos de fiscalização profissional seguem lógica diversa.

– E por acaso eles funcionam de que jeito?

Eles funcionam através do pagamento dos seus associados. Assim, como reconhecido pelo STF, "sua dívida é autônoma em relação ao poder público", e eles não tem esse regime de orçamento público. Por consequência, não pagam pelo regime de precatórios. [6]

Em resumo: **em regra, apenas os entes de direito público seguem o regime de pagamento por precatórios. Como exceção, temos as empresas públicas e sociedades de economia mista que prestam serviço público próprio, em regime não concorrencial, que são**

6. STF, Tribunal Pleno, RE 938.837, Rel. Edson Fachin, Rel. p/ Acórdão: Marco Aurélio, j. 19/04/2017, DJe 25/09/2017.

pessoas de direito privado, mas pagam por precatórios e os conselhos de fiscalização profissional, que são pessoas jurídicas de direito público, mas não pagam pela sistemática dos precatórios.

15.2.2. Cumprimento de sentença contra a Fazenda Pública

Pois bem, inicialmente, destaca-se que agora o cumprimento de sentença é apenas mais uma fase do processo. Atualmente, não precisa a parte ajuizar uma nova ação para executar seu título executivo judicial, bastando requerer tal cumprimento no mesmo processo, para que seja dado início à execução.

– Então basta chegar e dizer: seu juiz, quero meu dinheiro?

Não é para tanto né. Uma primeira observação é a de que você precisará **pedir** (art. 534, *caput*, CPC), ou seja, o cumprimento de sentença de pagar quantia não pode ser iniciado de ofício.

– Tem algum limite de tempo para que eu peça para iniciar o cumprimento de sentença?

Sim, você não pode esperar até o fim dos tempos. De acordo com a súmula 150 do STF, "Prescreve a execução no mesmo prazo de prescrição da ação", que será de cinco anos como vimos no capítulo 11.

– Mas, nesse caso, a partir de quando começa a contar o prazo? Porque não tem, nesse caso, como na responsabilidade civil, o evento danoso....

De acordo com o STJ, o termo inicial do prazo prescricional para a execução contra a Fazenda Pública **é o trânsito em julgado da sentença condenatória,** se não for necessária a liquidação da sentença, mas apenas a realização de meros cálculos aritméticos (art. 509, §2º, CPC), ainda que ocorra atraso no fornecimento de fichas financeiras.[7]

7. STJ, 2ª T., AgRg no AgRg no AREsp 151.681/PE, Rel. Min. Humberto Martins, j. 18/10/2012, DJe 25/10/2012.

– Mas e se houver necessidade da prévia liquidação?

Bem, nesse caso, a prescrição apenas será iniciada a partir do encerramento da liquidação, momento a partir do qual passa a ser possível ser iniciado o cumprimento da sentença.[8]

– Certo. Isso significa que o início do prazo prescricional da execução sempre tem por base a necessidade ou não da liquidação.

Exato. Enfim, após definido o valor, a parte já pode iniciar o cumprimento de sentença. Mas como apontado anteriormente, não basta pedir, ele deve apresentar praticamente uma nova petição inicial, porque ela precisa apresentar todos os seguintes requisitos:

> Art. 534. No cumprimento de sentença que impuser à Fazenda Pública o dever de pagar quantia certa, o exequente apresentará demonstrativo discriminado e atualizado do crédito contendo:
>
> I – o nome completo e o número de inscrição no Cadastro de Pessoas Físicas ou no Cadastro Nacional da Pessoa Jurídica do exequente;
>
> II – o índice de correção monetária adotado;
>
> III – os juros aplicados e as respectivas taxas;
>
> IV – o termo inicial e o termo final dos juros e da correção monetária utilizados;
>
> V – a periodicidade da capitalização dos juros, se for o caso;
>
> VI – a especificação dos eventuais descontos obrigatórios realizados.

– É muita coisa professor!

8. STJ, 2ª T., AgInt no AREsp 1.703.370/MA, Rel. Min. Herman Benjamin, j. 23/11/2020, DJe 01/12/2020.

Nem é, se você olhar com calma. Basicamente a parte precisa indicar quem é o credor e qual o valor devido de forma razoavelmente detalhada. Ora, se o valor já foi liquidado antes, fica tranquilo, porque a parte exequente já terá todos esses dados.

– É verdade!

Um detalhe é o de que, de acordo com o art. 534, §1º, do CPC, se forem vários os exequentes, "cada um deverá apresentar o seu próprio demonstrativo" dos valores devidos.

– Não posso fazer uma petição juntando a galera toda?

Não. Mas, de qualquer forma, irão tramitar em conjunto e o poder público será intimado para apresentar apenas uma defesa. Mais ainda, quando tiver muita gente, pode dar problema.

– Que tipo de problema?

É que, de acordo com o art. 113, §1º, do CPC, o juiz poderá limitar o litisconsórcio facultativo quanto ao número de litigantes quanto este comprometer a rápida solução do litígio ou dificultar o cumprimento de sentença, o que é aplicável ao cumprimento de sentença contra o poder público (art. 534, §1º, CPC).

Basta imaginar uma ação com centenas de servidores, em que cada um vá receber um valor diferente. Seria inviável para o poder público se defender de todo mundo de uma vez no cumprimento de sentença.

– Mas e quem pode pedir essa limitação e qual o efeito dela?

Ela pode tanto ser realizada de ofício, quanto requerida no prazo para apresentação do cumprimento de sentença, situação em que irá interromper o prazo para a defesa, que recomeçará a contar a decisão que o resolver (art. 113, §4º, CPC).

Lembre-se: haverá interrupção, então se estava no 20º dia, não recomeça a contar do 21º, mas do primeiro dia.

Além disso, seu efeito será simplesmente o de desmembrar todos esses processos para que cada um tenha andamento separado, permitindo o seu adequado desenvolvimento.

– Entendi.

Vamos seguir, partindo do pressuposto de que não vai ter interrupção na hora de intimar o poder público, que será convocado para apresentar a impugnação ao cumprimento de sentença em 30 dias (art. 534, *caput*, CPC).

Aqui já percebemos uma diferença em relação ao cumprimento de sentença em face de entes privados, pois, em tais casos, o executado é citado para *pagar em 15 dias*, sob pena de multa de 10% e honorários também de 10% e, só depois desse prazo, começa a contar o prazo para impugnação ao cumprimento de sentença, também de 15 dias (art. 523 e 525, CPC).

– Isso significa que o poder público não deve seguir esse prazo de pagamento?

Exato. É que para que seja possível o pagamento por parte do poder público, deve ocorrer antes o trânsito em julgado da própria execução, não sendo compatível com o regime de cumprimento de sentença contra a Fazenda Pública a intimação para pronto pagamento no prazo de 15 dias, como ocorre nas execuções contra entes privados.

– Tem aplicação dessa multa?

Não. Nesse ponto, o CPC foi bem claro ao EXCLUIR a possibilidade da multa de 10% de forma expressa (art. 534, §1º, CPC).

Portanto, o que acontece no cumprimento contra a Fazenda Pública é a intimação pessoal do advogado público (art. 183, CPC), que terá o prazo de 30 dias para apresentar a impugnação ao cumprimento de sentença.

– E a dobra do prazo?

Nesse caso, ela não acontece, porque, como vimos no capítulo dos prazos, de acordo com o art. 183, §2º, do CPC, não tem a contagem em dobro quando a lei estabelece, de forma expressa, o prazo para o ente público. E é exatamente isso que faz o art. 543 do CPC, excluindo a dobra dos prazos.

15.2.2.1. Matérias alegáveis na impugnação ao cumprimento de sentença

Precisamos agora analisar o que pode ser alegado nessa impugnação ao cumprimento de sentença.

– Como assim, o que pode ser alegado? Não se pode alegar qualquer coisa?

Claro que não. A fase de execução não é a casa da sogra, não se pode sair fazendo qualquer coisa. Isso vai ser apenas na execução de título extrajudicial, que veremos um pouco mais para frente.

Lembre-se, sempre, que no cumprimento de sentença, o réu já teve todo um processo de conhecimento, para alegar 90 mil argumentos possíveis e imagináveis. Depois que transita em julgado, não pode sair repetindo os mesmos argumentos.

Em resumo, **só se pode alegar as matérias taxativamente previstas no art. 535 do CPC,**[9] nada mais.

– Mas o que significa isso?

9. CUNHA, Leonardo Carneiro da. *A fazenda pública em juízo.* 17 ed. Rio de Janeiro: Forense, 2020, p. 372.

Em resumo, o que você pode alegar são vícios, defeitos, ou questões da própria execução, ou que surgiram depois da sentença. Mas isso é uma regra geral, porque, no mesmo art. 535 do CPC, autoriza-se poder alegar ainda o vício, ou a ausência de citação no processo de conhecimento, ou ainda a coisa julgada inconstitucional.

– Então, eu não posso chegar e dizer que a pessoa não tem direito ao dano moral, porque não foi culpa da Fazenda Pública?

Não, de jeito nenhum. Isso é matéria do processo de conhecimento. Na verdade, sequer importa se alegou ou não por conta da eficácia preclusiva da coisa julgada. O que acontece no processo de conhecimento fica no processo de conhecimento.

– Pelo visto, fica complicado se defender na execução.

Fica, é claro que fica. E é para ser assim. A pessoa já tem um título judicial, já passou pelo sofrimento do processo de conhecimento. Vamos, então, passar a cada uma dessas possíveis alegações.

15.2.2.1.1. Falta ou nulidade da citação no processo de conhecimento, se ocorreu revelia.

A primeira alegação de defesa está no art. 535, I, do CPC, que é a alegação de "falta ou nulidade da citação se, na fase de conhecimento, o processo correu à revelia". Isso quer dizer, basicamente, que de algum jeito a Fazenda Pública não foi comunicada do processo e não teve condições de se defender.

– Muito justo professor. Se você nem pode participar, ter que pagar algo do nada é maldade.

Exatamente. A citação é um elemento crucial do processo, porque sem ela, o processo não é válido (art. 239, *caput*, CPC). E veja que ela é tão importante que, mesmo após o processo de conhecimento ela pode ser alegada, não sendo abrangida pela eficácia preclusiva da coisa julgada.

– Verdade, professor.

Mas é preciso ter algum cuidado com essa alegação. Isso porque não basta o vício da citação. Além disso, é imprescindível que o processo tenha corrido à revelia; se você participou mesmo assim, não pode ir depois alegar esse vício no cumprimento de sentença.

– Ué, mas se você não foi citado, como vai participar?

De várias formas. Isso porque vício na citação é, simplesmente, porque ela não foi realizada de forma correta. Por exemplo, se em autos físicos, a Fazenda Pública for intimada por diário de justiça. Está errado, não é?

– Sim, é intimação pessoal para a Fazenda Pública.

Exatamente. Mas pode ser que ela veja essa intimação e compareça ao processo. Nesses casos, o art. 239, §1º, do CPC é bastante claro: "o comparecimento espontâneo do réu ou do executado supre a falta ou a nulidade da citação". Então, por exemplo, se o poder público aparece e contesta, não pode alegar lá na execução que teve vício na citação.

– Ah tá, entendi. Precisa ser vício da citação e você não pode ter aparecido no processo.

Correto. É importante ainda compreender o alcance dessa previsão, porque ela diz pouco.

– Como assim?

Imagine a seguinte situação: processo contra a Fazenda Pública, que é regularmente citada, contesta, mas a sentença é desfavorável. Só que esquecem de intimar o poder público da sentença e ela transita em julgado. Nesse caso, teve vício de citação?

– Não.

Correto. Mas perceba que o poder público não teve oportunidade de participar do processo, porque não intimado e, assim, não pôde recorrer. Isso significa que essa alegação deve abranger também eventuais intimações não realizadas ou realizadas com defeito, e que impeçam a participação do ente público no decorrer do processo.

Ou seja, não é só o problema de citação que permite alegação no cumprimento de sentença, mas também outros vícios de intimação que acabem fazendo com que o processo tenha andamento à revelia do poder público.

– Faz sentido!

Veja que, nesses casos, acolhida a alegação, a execução deverá ser extinta e o processo voltar para o ponto em que deu problema na citação/intimação, para que ela seja realizada da forma correta e o processo tenha regular andamento.

– Basicamente, volta para quando deu problema.

Exato.

15.2.2.1.2. Ilegitimidade de parte

A próxima possível alegação é a de ilegitimidade de parte (art. 535, II, CPC). Mas aqui é preciso atenção: não se pode alegar a ilegitimidade de parte no processo de conhecimento, **mas apenas no cumprimento de sentença**. A razão já vimos: a eficácia preclusiva da coisa julgada.

– Então essa ilegitimidade é só no cumprimento de sentença? Mas e como isso acontece?

Basta você pensar em uma situação em que Fulano ajuizou ação contra uma autarquia, ganhou, mas, por qualquer motivo, requereu o cumprimento de sentença contra outro ente público. Haverá ilegitimidade de parte, mas tão apenas no que se refere ao cumprimento de sentença.

15.2.2.1.3. Inexequibilidade do título ou inexigibilidade da obrigação

Outra alegação é a de inexequibilidade do título ou inexigibilidade da obrigação (art. 535, III, CPC).

– Essa hipótese é tão complicada quanto o tamanho do nome?

Não é para tanto. Na verdade, essa alegação faz mais sentido para as execuções de título extrajudicial, quando, por exemplo, para que uma obrigação seja exigida, outra deva ser prestada primeiro. No caso do título judicial, o que se deve ter em mente é que a obrigação deve ser certa líquida e exigível.

Quando isso pode não ocorrer? Se a parte tentar executar uma sentença rescindida, ou mesmo uma sentença ainda não submetida ao reexame necessário quando seja o caso, a decisão é inexigível. No primeiro caso, ela foi rescindida; no segundo ainda não transitou em julgado.

– Certo.

15.2.2.1.3.1. Coisa julgada inconstitucional

Essas são as hipóteses simples. Mas há uma outra situação que traz maior complexidade, isso porque, de acordo com o art. 535, §5º, também é inexigível "a obrigação reconhecida em título executivo judicial fundado em lei ou ato normativo considerado *inconstitucional* pelo *Supremo Tribunal Federal*, ou fundado em aplicação ou interpretação da lei ou do ato normativo tido pelo Supremo Tribunal Federal como incompatível com a Constituição Federal, em controle de constitucionalidade *concentrado ou difuso*".

– Calma professor, esse artigo já deu um *bug* aqui no juízo.

Vamos lá. O dispositivo pode ser aplicado nas seguintes situações: (a) a aplicação de lei inconstitucional; ou (b) a aplicação da lei a uma situação considerada inconstitucional; ou, ainda, (c) a aplicação da lei com um sentido (= uma interpretação) inconstitucional. Enfim, todas essas situações podem ser resumidas como inconstitucionalidade da norma aplicada pela decisão.[10]

Ela é justificada porque a inconstitucionalidade reconhecida pelo STF seria um vício tão grave, que justificaria a sua admissão mesmo após o trânsito em julgado.

– Não teria um exemplo para facilitar?

Paulo, servidor público, ajuíza uma ação contra o poder público, requerendo aplicação de lei que impõe como base de cálculo o salário mínimo e sua ação é julgada procedente.

Essa decisão viola frontalmente a súmula vinculante n. 4 do STF: "Salvo nos casos previstos na Constituição, o salário mínimo não pode ser usado como indexador de base de cálculo de vantagem de servidor público ou de empregado, nem ser substituído por decisão judicial".

Lembra que falamos que você não pode ressuscitar temas discutidos no processo de conhecimento?

– Lembro.

Pois bem, essa é uma exceção, quando há coisa julgada inconstitucional, pois, é possível rediscutir o próprio mérito da decisão executada.

10. STF, Tribunal Pleno, ADI 2.418, Rel. Min. Teori Zavascki, j. 04/05/2016, DJe 17/11/2016.

Mas é importante compreender bem que não é qualquer inconstitucionalidade que serve como matéria de defesa no cumprimento de sentença, pois há vários requisitos para que o executado possa se valer dessa hipótese: i) a inconstitucionalidade deve ter sido reconhecida pelo STF; ii) em ação de controle concentrado ou no controle difuso e iii) a decisão deve ser ***anterior*** ao trânsito em julgado da decisão exequenda (art. 535, §7º, CPC), havendo uma espécie de *defeito genético.*[11]

– Opa, mas tenho várias perguntas! Não adianta que o tribunal local reconheça a inconstitucionalidade?

Não. Só o STF, ou viraria bagunça.

– Essas decisões do STF precisam ser das turmas ou precisa do plenário?

A lei não aborda esse tema. O STF, quando julgou o dispositivo constitucional não entrou nessa discussão.[12] No entanto, a doutrina tende a defender que se exige decisão do plenário do STF, para que se possa alegar a coisa julgada inconstitucional.[13]

– Certo.

Há também uma observação importante. A **decisão deve ser anterior ao trânsito em julgado**, no entanto, é possível que, o STF, ao analisar o tema, module os efeitos da decisão, "de modo a favorecer a segurança jurídica" (art. 535, §7º, CPC). Ou seja, a decisão é anterior, mas o STF pode chegar e dizer: "para não bagunçar as expectativas

11. CUNHA, Leonardo Carneiro da. *A fazenda pública em juízo...* cit., p. 377.
12. STF, Tribunal Pleno, ADI 2.418, Rel. Teori Zavascki, j. 04/05/2016, DJe 17/11/2016; STF, Tribunal Pleno, RE 611.503, Rel. Teori Zavascki, Relator(a) p/ Acórdão: Edson Fachin, j. 20/08/2018, DJE 19/03/2019; STF, Tribunal Pleno, ADI 3.740, Rel. Gilmar Mendes, j. 27/09/2019, DJe 02/12/2019.
13. ASSIS, Araken de. *Manual da execução.* 20 ed. São Paulo: RT, 2017, p. 1743; CUNHA, Leonardo Carneiro da. *A fazenda pública em juízo...* cit., p. 376.

da sociedade, essa decisão só começa a produzir efeitos daqui a um ano", o que pode impedir sua alegação no cumprimento de sentença.

Isso basicamente significa que você precisa prestar atenção também na eventual modulação de efeitos da decisão e não apenas no momento em que proferida.

– Eita, complicado.

Há ainda um último requisito. Além de todos esses requisitos formais, ainda há um requisito que, se pensarmos com calma, faz todo sentido. Quem alega essa inexigibilidade do título precisa demonstrar que a lei ou a interpretação inconstitucional foi essencial para a condenação, ou seja, que a decisão não consegue sobreviver com a decisão do STF. Em resumo, que não há outro argumento que permita a manutenção da decisão.[14]

– Faz sentido, mas eu fiquei com uma dúvida. Se a decisão do STF ocorrer depois do trânsito em julgado, lascou?

Não. De acordo com o art. 535, §8º, do CPC, sendo posterior ao trânsito em julgado, "caberá ação rescisória, cujo prazo será contado do trânsito em julgado da decisão proferida pelo Supremo Tribunal Federal".

– Ação rescisória?

Isso aí. Não vai poder alegar no cumprimento de sentença, mas ajuizar ação rescisória, caso em que o prazo de dois anos não começará do trânsito em julgado, mas sim da decisão do STF.

Isso significa que o instrumento a ser utilizado vai depender do momento em que a decisão for proferida. Se antes da decisão, alega no cumprimento de sentença, se depois, só com rescisória, como no seguinte esquema:

14. MARINONI, Luiz Guilherme. *A intangibilidade da coisa julgada diante da decisão de inconstitucionalidade.* 4ª ed. São Paulo: RT, 2016, p. 78-79.

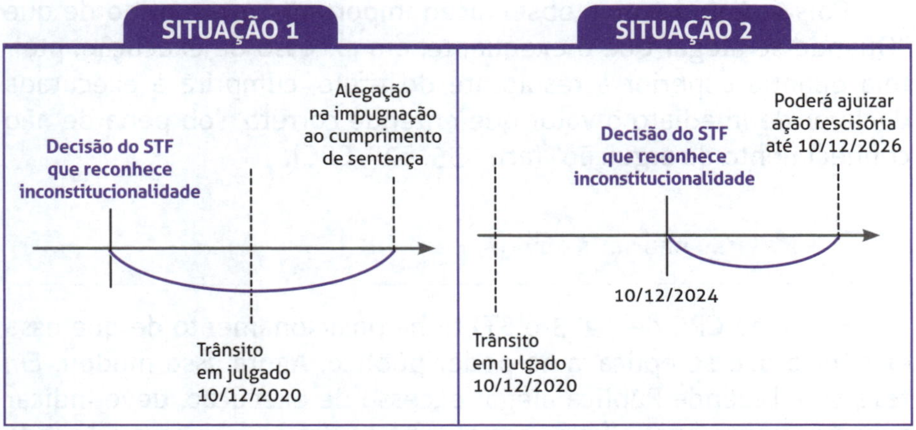

> – Entendi, o instrumento a ser utilizado vai depender do momento da decisão.

Exatamente.

15.2.2.1.4. Excesso de execução

Agora podemos analisar outra alegação, que é a de "excesso de execução" (art. 535, IV, CPC). O art. 917, §2º, do CPC ajuda a explicar o que pode ser excesso de execução, ao indicar que ele existe quando: i) o credor pleiteia quantia superior à do título; ii) ela recai em coisa diversa à do título; iii) ela deve ser processada de forma diversa da declarada no título; iv) o credor, sem cumprir a prestação que lhe corresponde, exige o adimplemento da prestação do executado e v) o credor não prova que a condição se realizou.

Mas, para efeitos de cumprimento de sentença, o que importa mesmo é a primeira, ou seja, alguém está tentando executar acima do valor devido.

> – Essa alegação é essencial, do contrário o cara sempre ia aumentar o valor.

Pois é. Aqui há uma observação importante, no sentido de que "Quando se alegar que o exequente, em excesso de execução, pleiteia quantia superior à resultante do título, cumprirá à executada declarar de imediato o valor que entende correto, sob pena de não conhecimento da arguição" (art. 535, §2º, CPC).

– Mas isso não seria óbvio?

É que no CPC de 1973 o STJ tinha posicionamento de que essa exigência não se aplicava ao poder público. Agora, isso mudou. *Em tese*, se a Fazenda Pública alegar excesso de execução, deve indicar expressamente qual o valor correto, do contrário, não será admitida essa alegação.

– Como assim, em tese?

Ocorre que recentemente, tivemos uma decisão do STJ segundo a qual "A alegação da Fazenda Pública de excesso de execução sem a apresentação da memória de cálculos com a indicação do valor devido não acarreta, necessariamente, o não conhecimento da arguição"[15].

– Mataram o CPC?

Ocorre que, de acordo com o Ministro relator, Og Fernandes, o art. 535, §2º, do CPC, "não afasta o poder-dever de o magistrado averiguar a exatidão dos cálculos à luz do título judicial que lastreia o cumprimento de sentença, quando verificar a possibilidade de existência de excesso de execução".

Mais ainda, como o valor da execução seria uma questão de ordem pública, que pode ser controlada pelo juiz, seria possível a "remessa dos autos à contadoria do juízo para a verificação dos cálculos,

15. STJ, 2ª T., REsp 1.887.589/GO, Rel. Min. Og Fernandes, j. 06/04/2021, DJe 14/04/2021, info. n. 691.

é razoável a concessão de prazo para apresentação da respectiva planilha pela Fazenda Pública, documento que pode inclusive vir a facilitar o trabalho daquele órgão auxiliar em eventual necessidade de manifestação".

> – A conclusão é de que essa não indicação do valor correto não significa o fim do mundo?

Exato. Em resumo: **o controle do valor da execução é matéria de ordem pública e, por isso, seria possível, mesmo na ausência de indicação do valor correto, nova oportunização ao ente público para que apresente o valor correto, apesar do art. 535, §2º, do CPC.**

15.2.2.1.5. Cumulação indevida de execuções

É possível, ainda, a alegação de cumulação indevida de execuções (art. 535, IV, CPC).

> – Mas o autor pode sair acumulando as execuções de diferentes títulos judiciais?

O art. 780 do CPC autoriza genericamente a cumulação de execuções de títulos diferentes, mas exige que:

i) o executado seja o mesmo;

ii) para todas elas seja competente o mesmo juízo; e

iii) o procedimento seja idêntico.

Como você já parece ter percebido, já fica claro que é inviável a cumulação de execução por título judicial e por título extrajudicial, já que cada uma tem um procedimento diferente.

> – A partir disso, posso afirmar que não tem como cumular o cumprimento de obrigação de fazer com uma de pagar, não é?

Exatamente. No contexto do cumprimento de sentença, só vai ser possível ter uma cumulação se o mesmo credor tiver mais de um título judicial contra a mesma Fazenda Pública e mais, que tenham a mesma competência. Assim, é possível, mas é raro.

– É verdade, são muitos requisitos para que caiba essa cumulação.

15.2.2.1.6. Incompetência absoluta ou relativa do juízo da execução

Outra possibilidade de alegação é a de incompetência, relativa ou absoluta, *mas especificamente do juízo da execução* (art. 535, V, CPC).

– Sem chance de alegar a incompetência do processo de conhecimento no cumprimento de sentença?

Sem chance. No caso da incompetência relativa, precluiu há muito tempo e, no caso da incompetência absoluta, só por meio de ação rescisória (art. 966, II, CPC).

Lembremos que a competência no cumprimento de sentença é regulada pelo art. 516 do CPC, segundo o qual, deve ser processado: i) pelo tribunal, nas causas de competência originária e ii) "pelo juízo que decidiu a causa no primeiro grau de jurisdição".

Lembrando ainda que, quando a competência é do juízo de primeiro grau, ainda é possível ao exequente "optar pelo juízo do atual domicílio do executado, pelo juízo do local onde se encontrem os bens sujeitos à execução ou pelo juízo do local onde deva ser executada a obrigação de fazer ou de não fazer, casos em que a remessa dos autos do processo será solicitada ao juízo de origem".

– Mas professor, bens sujeitos à execução?

É! Essa hipótese não faz sentido para a Fazenda Pública, pela impenhorabilidade dos seus bens, mas a ideia é a de permitir uma maior gama de escolhas para o exequente. Nada impede que ele tenha ajuizado a ação no seu domicílio (art. 52, p.ú., CPC) e depois opte pelo domicílio do ente.

– Sim, faz sentido.

15.2.2.1.7. *Causa modificativa ou extintiva da obrigação, como pagamento, novação, compensação, transação ou prescrição, desde que supervenientes ao trânsito em julgado da sentença.*

O último argumento possível é o da existência de "qualquer causa modificativa ou extintiva da obrigação, como pagamento, novação, compensação, transação ou prescrição, desde que supervenientes ao trânsito em julgado da sentença" (art. 535, VI, CPC), em que a palavra chave aí é que essa causa seja *superveniente ao trânsito em julgado da sentença.*

– Por quê?

Simples, porque, se for anterior, ou tem coisa julgada ou foi atingida pela eficácia preclusiva da coisa julgada. Seja lá o que for alegado, deve ser depois do trânsito em julgado.

Pode acontecer, por exemplo, de o pedido da parte de contagem de um tempo x para aposentadoria ser deferido completamente no âmbito administrativo, com o pagamento retroativo depois do trânsito em julgado. Veja que a obrigação será extinta, ao menos em parte, salvo eventual condenação em honorários restante.

– Em resumo, basta que aconteça algo depois do trânsito em julgado que altere a obrigação para que se possa alegar.

Exatamente.

15.2.2.1.8. A alegação de suspeição e impedimento

Por fim, também se pode alegar, no cumprimento de sentença, a suspeição e o impedimento, mas não na impugnação ao cumprimento de sentença. Isso porque o CPC remete essa alegação (art. 535, §1º) aos arts. 146 e 148.

– E como fica essa alegação?

Em termos bem gerais, tanto no caso da suspeição, como do impedimento, deve ser alegada "No prazo de 15 (quinze) dias, a contar do conhecimento do fato" (art. 146, CPC), sendo importante destacar que o art. 183 do CPC se aplica a esse prazo, ou seja, para a Fazenda Pública, será de 30 dias. Nessa petição, já se deve indicar o fundamento da recusa, podendo instruí-la com documentos e até rol de testemunhas (art. 146, *caput*)

– Ainda tem mais alguma defesa?

Não. São essas, e agora podemos passar a analisar o procedimento depois de apresentada a impugnação ao cumprimento de sentença.

15.2.2.2. Procedimento

Uma primeira observação é a de que a impugnação ao cumprimento de sentença apresentada pelo poder público, ao contrário do que ocorre com aquelas apresentadas pelos particulares, possui efeito suspensivo automático.

– Ué, por qual razão?

Isso ocorre porque, tanto a RPV (Requisição de Pequeno Valor), como o precatório dependem do prévio trânsito em julgado da própria execução para serem expedidos, somado com a impenhorabilidade dos bens do poder público.

Tudo isso significa que, na verdade, enquanto não for julgada a impugnação, nada mais pode ser feito no cumprimento de sentença.

Não tem bens a serem penhorados e também o pagamento depende do prévio trânsito em julgado da impugnação ao cumprimento de sentença.

Essa é também a conclusão do enunciado n. 532 do FPPC, segundo o qual "A expedição do precatório ou da RPV depende do trânsito em julgado da decisão que rejeita as arguições da Fazenda Pública executada".

– Ah, faz sentido.

15.2.2.2.1. O fracionamento do pagamento

Seguindo essa lógica, preciso fazer uma observação. Vamos ver isso com calma depois, mas a RPV é um meio de pagamento mais rápido, em até dois meses, mas com um limite, que no caso da União é de 60 salários mínimos. O precatório, como sabemos, é mais lento, mas não tem limite de valor.

Há uma vedação expressa, no art. 100, §8º, da CF, de modo a impedir que a parte dê um "drible" nessa vedação e peça para que, por exemplo, um crédito de 100 salários mínimos seja pago parte em RPV e parte em precatórios.

Mas existem algumas exceções. Uma delas é quando a impugnação ao cumprimento de sentença apresentado pelo poder público é parcial.

– Como assim parcial?

Se a parte executa um crédito de 100 salários mínimos e, em sua defesa, o poder público se limitar a alegar que o valor correto é 60 salários mínimos, o que significa?

– Significa que 40 salários mínimos com certeza são devidos.

Exatamente. E, de acordo com o art. 535, §4º, do CPC, "Tratando-se de impugnação parcial, *a parte não questionada pela executada será, desde logo, objeto de cumprimento"*. Isso significa que a parte não impugnada já pode ser objeto de cumprimento, seja de RPV ou de precatório e, nessa situação, admite-se o fracionamento.

– Mas não é vedado o fracionamento?

Entende-se que, nesse caso, como o fracionamento não decorre da vontade do exequente, além da própria admissão do texto normativo do imediato cumprimento, ele é admitido.[16]

Devemos, no entanto, prestar atenção a um detalhe, que é o **regime de pagamento**. No exemplo mencionado, um crédito de 100 salários mínimos precisa seguir o regime de precatório contra a União. Se por acaso for impugnado o valor de 50 salários mínimos, temos como incontroverso 50 salários mínimos ok?

– Ok

A princípio, poderíamos pensar que esses 50 salários mínimos poderiam ser pagos por meio da RPV...

– O que faz sentido

Ocorre que o STF, ao analisar esse artigo do CPC, deixou claro que, para efeito de determinação do regime de pagamento do valor incontroverso – se precatório ou RPV – **deve ser observado o VALOR TOTAL da condenação, não sendo possível enquadrar a parcela incontroversa em requisição de pequeno valor quando o montante global ultrapassar o valor referencial definido em lei.**[17]

– Significa que posso fracionar nesse caso, mas não posso mudar o regime do pagamento?

16. CUNHA, Leonardo Carneiro da. *A fazenda pública em juízo*... cit., p. 370.
17. STF, ADI 5.534, Plenário, Rel. Min. Dias Toffoli, j. 21/12/2020, info. n. 1.003.

Exatamente. Você precisará observar o regime que seria adequado para o valor total proposto pelo exequente. Se o total é acima de 60 salários mínimos, não importa que haja impugnação de parte pelo poder público, mesmo que esse valor incontroverso, em tese, seja para pagamento por RPV. O que importa é sempre o valor total.

> – Entendi, mas pelo menos já adianta um pouco... Fica uma parte para o filho e outra para o neto.

Exato. De toda forma, é importante ter cuidado de analisar o que é parcial ou não. Se a defesa do poder público é daquelas que atacam o todo, como, por exemplo, nulidade da citação, não há como ter qualquer espécie de cumprimento parcial da decisão.

Enfim, fiquem ligados nessa possibilidade de pagamento antecipado pelo poder público, pois, como sabemos, esses processos demoram muito e já adiantar uma parte pode ser uma grande vantagem.

> – Opa, vou ficar ligado nisso.

15.2.2.2.2. Manifestação do executado e regime recursal da impugnação ao cumprimento de sentença

Pois bem, apresentada a impugnação ao cumprimento de sentença, o exequente deve ser intimado para se manifestar, não havendo prazo expresso para tanto. Aponte-se ainda que, a depender do caso, nada impede a dilação probatória, caso haja discussão sobre alguma causa extintiva da obrigação, ou mesmo alguma dificuldade maior na realização do valor correto a ser executado.

Uma situação que precisa ser analisada com cuidado é o momento da decisão, especialmente pelo seu regime recursal. Lembremos que, em termos gerais, sentença é "o pronunciamento por meio do qual o juiz, com fundamento nos arts. 485 e 487 (...) extingue a execução" (art. 203, §1º, CPC). Por sua vez, decisão interlocutória é "todo pronunciamento judicial de natureza decisória que não se enquadre no § 1º" (art. 203, §2º, CPC). Em resumo: sentença é só aquele pronunciamento que extingue a execução, certo?

– Certo.

Então, por consequência, qual a natureza da decisão que **julga improcedente** a impugnação ao cumprimento de sentença?

– Sentença?

Não! Veja, uma vez julgada improcedente a impugnação ao cumprimento de sentença, o que acontece? Há extinção da execução?

– Não?

Se ela é rejeitada, a execução vai ter prosseguimento, com a análise dessa impugnação pelo tribunal. E assim, teremos uma decisão interlocutória.

– Ahh, entendi. Vai ter um julgamento de mérito, mas que não é sentença.

Exato. A decisão de mérito pode ser tranquilamente uma decisão interlocutória. No fim das contas, **só há extinção, por consequência, sentença, quando a impugnação é acolhida para extinguir a execução**. É possível ainda que a impugnação seja acolhida parcialmente, ou mesmo que ela não gere, por si só, a extinção da execução, a exemplo da alegação do excesso de execução. Só vai ajustar o valor e a execução continua.

– Professor, eu entendi. Mas qual a importância disso?

É simplesmente determinante para analisar qual será o regime recursal, ou seja, se é apelação, ou agravo de instrumento. Se for sentença, será apelação (art. 1.009, CPC), no entanto, se for decisão interlocutória, será agravo de instrumento (art. 1.015, parágrafo único, CPC).

Em resumo, a situação é a seguinte:

NATUREZA DA DECISÃO	CONSEQUÊNCIA DA IMPUGNAÇÃO	RECURSO CABÍVEL
Decisão interlocutória	Rejeitada	Agravo de instrumento
Decisão interlocutória	Acolhida, mas **sem extinguir a execução**	Agravo de instrumento
Sentença	Acolhida para extinguir a execução	Apelação

Importante destacar que essa também é a posição do STJ[18] e, por isso, se for interposto o recurso errado (por exemplo, apelação da decisão que rejeita a impugnação), não se admite a aplicação do princípio da fungibilidade, porque se considera que há erro grosseiro.[19]

– Errou, lascou?

Isso mesmo. Por isso é importante prestar atenção à natureza da decisão e o recurso cabível para não ter problemas.

15.2.2.2.3. Honorários no cumprimento de sentença contra a Fazenda Pública

Pois bem, uma última observação refere-se aos honorários no cumprimento de sentença contra a Fazenda Pública. Lembra que estudamos isso antes (item 3.2.2).

– Lembro sim, professor.

Ótimo, eu passo agora só para trazer a tabela final para você não esquecer como funciona:

18. STJ, 4ª T., REsp 1.698.344/MG, Rel. Min. Luis Felipe Salomão, DJe 1º/8/2018; STJ, 2ª T., REsp 1.803.176/SP, Rel. Min. Herman Benjamin, j. 09/05/2019, DJ 21/05/2019.
19. STJ, 2ª T., REsp 1.882.469/MA, Rel. Min. Og Fernandes, j. 20/10/2020, DJe 23/11/2020; STJ, 2ª T., AgInt nos EDcl no REsp 1.750.183/CE, Rel. Min. Mauro Campbell Marques, j. 22/04/2020, DJe 27/04/2020; STJ, 3ª T., AgInt no AREsp 1.380.373/SC, Rel. Min. Nancy Andrighi, j. 20/05/2019, DJe 22/05/2019.

SITUAÇÃO	HONORÁRIOS
Execução individual para pagamento de precatório não impugnada	× Não
Execução individual para pagamento de precatório impugnada	✓ Sim
Execução individual para pagamento de RPV com ou sem impugnação	✓ Sim
Execução individual de sentença coletiva genérica para pagamento de RPV ou Precatório com ou sem impugnação	✓ Sim

15.2.3. Execução de título extrajudicial contra a Fazenda Pública

Esse é o procedimento do cumprimento de sentença contra a Fazenda Pública; antes de passarmos ao tema do precatório em si, vamos analisar a execução de título extrajudicial, que chega ao mesmo resultado: expedição do precatório ou da RPV (art. 910, §1º, CPC).

– Mas pode ter esse tipo de execução contra a Fazenda Pública?

Sim, não tem nenhum problema. O STJ já faz bastante tempo editou a súmula n. 279, segundo a qual "É cabível execução por título extrajudicial contra a Fazenda Pública" e o CPC regula essa hipótese expressamente no art. 910 do CPC.

– E quais as diferenças?

Não há muitas diferenças entre os procedimentos. Uma primeira, por óbvio, é a de que, ao invés de um título judicial, você irá utilizar um título extrajudicial contra a Fazenda Pública.

– E há alguma especificidade em relação ao poder público?

O STJ tem o entendimento de que a nota de empenho emitida por agente público constitui título executivo extrajudicial.[20]

– Empenho?

O empenho, de acordo com o art. 58 da Lei 4.320/1964 é "o ato emanado de autoridade competente que **cria para o Estado obrigação de pagamento pendente ou não de implemento de condição**". Em outros termos, "empenhar significa deduzir determinado valor da dotação adequada à despesa a realizar, por força do compromisso assumido".[21]

– Posso dizer que o empenho é um documento que reconhece a dívida do poder público?

Exatamente, por isso afirma o STF que "A nota de empenho emitida por agente público é título executivo extrajudicial por ser dotada dos requisitos da liquidez, certeza e exigibilidade".[22]

No mais, a principal diferença é a forma de defesa. Enquanto no cumprimento de sentença, a defesa é por meio da impugnação ao cumprimento de sentença, na execução de título extrajudicial devem ser utilizados os embargos à execução.

– Mas a mudança é só o nome?

De jeito nenhum. A grande mudança é a de que, na impugnação ao cumprimento de sentença, há uma limitação do que pode ser alegado, porque já teve todo um processo de conhecimento, não se podendo alegar qualquer coisa, mas somente os argumentos de defesa previstos no art. 535, do CPC.

Essa situação não está presente na execução de título extrajudicial, por motivos óbvios.

20. STJ, 1ª T., REsp 793.969/RJ, Rel. Min. Teori Albino Zavascki, Rel. p/ Acórdão Ministro José Delgado, j. 21/02/2006, DJ 26/06/2006.
21. LEITE, Harrison. Manual de direito financeiro. 5ª ed. Salvador: Juspodivm, 2016, p. 271.
22. STJ, 2ª T., REsp 894.726/RJ, Rel. Min. Castro Meira, j. 20/10/2009, DJe 29/10/2009.

– Óbvios, professor? Quais?

Vamos lá. O título extrajudicial pode ser um cheque, um contrato etc. Nesses casos, teve algum processo judicial prévio, com coisa julgada?

– Não!

Pois é, então não teve qualquer análise da validade do título extrajudicial e da própria obrigação que lhe justificou. Por isso, de acordo com o art. 910, §2º, do CPC, "Nos embargos, a Fazenda Pública **poderá alegar qualquer matéria que lhe seria lícito deduzir como defesa no processo de conhecimento**". Ou seja, pode alegar qualquer coisa.

– Posso dizer que os embargos à execução são praticamente uma contestação?

Sim. Mas há uma pequena observação a ser feita, porque, enquanto a impugnação ao cumprimento de sentença é tida como uma defesa, os embargos à execução são interpretados como uma ação própria.

– Mas isso tem alguma diferença prática?

Veremos que há uma diferença muito importante no regime recursal dos embargos à execução. Lembra-se do regime recursal na impugnação ao cumprimento de sentença, que só cabe apelação quando a decisão é para extinguir o cumprimento de sentença?

– Sim, acabamos de ver isso.

Pois é. No caso dos embargos à execução, a decisão que o analisa sempre será recorrida por meio de apelação.

– Mas, por qual razão?

Simples, como apontado, trata-se de uma AÇÃO própria. É como se fosse uma ação de conhecimento voltada a impugnar a execução de título extrajudicial. Em uma ação pelo procedimento comum, não importa o conteúdo da decisão final, mas é que ela encerra a fase de conhecimento.

A mesma coisa ocorre nos embargos à execução, que é uma ação autônoma. Por isso, a decisão que analisa os embargos à execução sempre será recorrida por meio de apelação.

– Eita professor, bom saber. Eu ia acabar pensando que era igual à impugnação ao cumprimento de sentença.

Pois é. Agora não tem mais esse risco. Para não ter nenhum risco de confundir, vou fazer um quadro comparando esses dois instrumentos:

	IMPUGNAÇÃO AO CUMPRIMENTO DE SENTENÇA	EMBARGOS À EXECUÇÃO
Natureza jurídica	Defesa	Ação
Prazo	30 dias	30 dias
Alegações admitidas	Lista taxativa do art. 535 do CPC	Qualquer matéria que lhe seria lícito deduzir como defesa no processo de conhecimento
Regime recursal da decisão final	Apelação, apenas quando gera extinção do cumprimento de sentença. Agravo de instrumento nas demais situações	Apelação

No restante, não há nenhuma diferença relevante entre a execução de título judicial e a de título extrajudicial contra o poder público, sendo possível, agora, que passemos ao específico tema dos precatórios e a requisição de pequeno valor.

– Já estou tenso.

Se acalme, que você vai ver que não é nenhum bicho papão.

15.2.4. Precatório

O precatório é uma *ordem de pagamento* expedida pelo **Presidente do tribunal**, a partir de um ofício expedido pelo juiz responsável pela execução, que determina o pagamento de uma dívida específica, por meio de sua inclusão no orçamento público.[23]

– Inclusão no orçamento público, o que isso significa?

Precisamos lembrar que o poder público, todo ano, elabora uma lei orçamentária destinando verbas para o custeio de suas atividades. O pagamento das dívidas judiciais é, como despesas com educação e saúde, uma espécie de gasto, que deve ser contabilizado no orçamento público. Precisamos lembrar também que esses gastos são elaborados em um ano para o pagamento no ano seguinte.

– O pobre do precatório vai ser pago SÓ no outro ano?

Bem, veremos que isso nem sempre acontece, mas a lógica do pagamento dos precatórios é a seguinte (pode ser até pior). Os precatórios inscritos até 1º de julho de um determinado ano devem ser pagos até o final do ano seguinte (art. 100, §5º, CF).

Por exemplo, se há o trânsito em julgado de uma dívida do poder público, o precatório deve ser inscrito até 1º de julho de 2020, caso em que deve ser pago até 31 de dezembro de 2021.

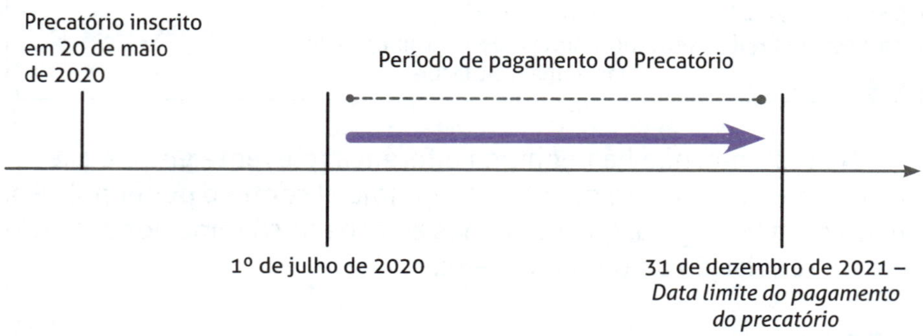

23. MOREIRA, Egon Bockmann; GRUPENMACHER, Betina Treiger; KANAYAMA, Rodrigo Luís; AGOTTANI, Diogo Zelak. *Precatórios*: o seu novo regime jurídico. São Paulo: RT, 2017, p. 23.

– Mas qual o fundamento disso?

Como falamos antes, é a lógica da elaboração do orçamento. Todos os precatórios inscritos até 1º de julho daquele ano devem ser levados em consideração na elaboração da lei orçamentária para que sejam pagos no decorrer do ano seguinte.

– E se for inscrito dia 2 de julho, deu ruim? Como fica isso?

Bom, se você deu esse azar, veja que tudo que for inscrito entre 2 de julho de 2020 e 30 de junho de 2021 só entrará no orçamento de 2022! Ou seja, um precatório inscrito até 1º de julho de 2020 deve ser pago até 31 de dezembro de 2021; mas, se for inscrito a partir do dia 2 de julho, você "perde" 1 ano, porque o prazo para o pagamento passa a ser até 31 de dezembro de 2022. É como se ele só fosse inscrito no orçamento do outro ano:

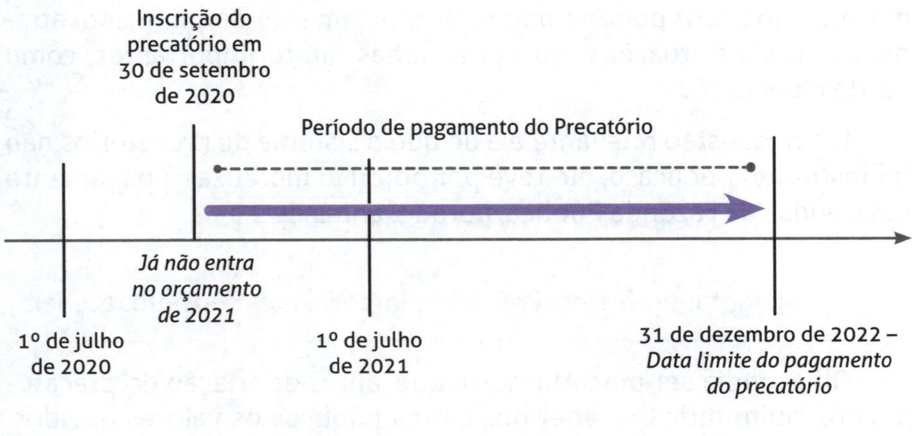

– Muito tenso isso.

Precisa ficar muito atento para não ultrapassar esse dia 1º de julho. Note, então, que o precatório é uma ordem de pagamento que vai entrar em uma fila, ou seja, dentre aqueles inscritos, no nosso exemplo, entre 2 de julho de 2019 e 1º de julho de 2020 será formada uma fila.

– Fila?

Sim, para que sejam pagos na ordem na qual inscritos. Trata-se de uma forma de garantir diversos princípios constitucionais, como a impessoalidade, impedindo que um credor seja beneficiado antes do outro, havendo apenas o critério impessoal do momento da inscrição, bem como da igualdade, garantindo que todos estejam em situação paritária.[24]

Assim, quanto mais cedo for inscrito seu precatório, mais rápido ele será pago.

– Não era mais fácil o poder público simplesmente pagar quando perder, sem essa fila?

Olha, em tese sim. Mas precisamos lembrar de algumas coisas: é importante que o poder público possa se programar. Imagine um Município que, por acaso, tenha várias condenações vultosas em um mesmo ano... Isso poderia bagunçar o orçamento daquele ano, atrapalhando suas atuações em outras áreas muito importantes, como saúde e educação.

Outra questão relevante é a de que o sistema de precatórios não foi instituído por acaso, ele teve por objetivo moralizar o pagamento das dívidas da Fazenda Pública, porque, antes de 1934.

– Moralizar professor? Precatório inscreve para seu neto receber.

Olha, podia ser pior. Afirma-se que, antes da criação do precatório, era muito difícil receber dos cofres públicos os valores devidos. Isso porque caberia ao gestor decidir *livremente* quem iria pagar, o que está longe de ser uma boa situação para quem é o credor. Não tinha nenhuma ordem, nenhuma garantia de igualdade.[25]

24. MOREIRA, Egon Bockmann; GRUPENMACHER, Betina Treiger; KANAYAMA, Rodrigo Luís; AGOTTANI, Diogo Zelak. *Precatórios*: o seu novo regime jurídico... cit., p. 22.
25. MOREIRA, Egon Bockmann; GRUPENMACHER, Betina Treiger; KANAYAMA, Rodrigo Luís; AGOTTANI, Diogo Zelak. *Precatórios*: o seu novo regime jurídico... cit., p. 30.

Significa que o sistema de precatório veio para organizar e garantir o pagamento. De fato, em alguns entes, virou um investimento forçado a longo prazo, mas esse nunca foi seu propósito.

– Entendi, mas ainda acho maior maldade esperar 500 anos para receber.

15.2.5. Requisição de Pequeno Valor

Pois bem, embora exista o regime do precatório, mais famoso, nem todas as condenações contra o poder público seguem esse mesmo trâmite.

– Ué, como assim? Depende de quê?

De acordo com o art. 100, §3º, da CF, a expedição do precatório é dispensada para o pagamento "de obrigações definidas em leis como de pequeno valor que as Fazendas referidas devam fazer em virtude de sentença judicial transitada em julgado". Essa forma de pagamento é comumente denominada de Requisição de Pequeno Valor.

– Mas que valores são esses?

O art. 100, §4º, da Constituição prevê que "através de lei, poderão ser fixados, por leis próprias, valores distintos às entidades de direito público, segundo as diferentes capacidades econômicas, sendo o MÍNIMO igual **ao valor do maior benefício do regime geral de previdência social**" para o pagamento da RPV.

– Todo mundo já fixou esses valores?

Nem de longe. Já sabendo da lerdeza dos entes públicos, a própria Constituição fixou para Estados e Municípios valores provisórios. Então, para os Estados e o Distrito Federal, o valor máximo provisório é de 40 salários mínimos (art. 87, I, ADCT) e, para os Municípios, o valor máximo provisório é de 30 salários mínimos (art. 87, II, ADCT).

A União já tinha se adiantado e, no art. 17, §1º, da Lei 10.259/2001, estabeleceu que o valor máximo para pagamento da RPV seria de sessenta salários mínimos.

Tem-se a seguinte situação:

ENTES	VALOR PARA DISPENSA DE PRECATÓRIO
União	60 salários mínimos
Estados e DF	40 salários mínimos
Municípios	30 salários mínimos

– Esse valor pode ser alterado?

Sim, cada ente pode alterar, de **acordo com sua capacidade econômica,** seja para aumentar ou diminuir.

– Existe algum valor máximo?

Não tem, o ente que decide. Se ele quiser colocar 500 salários mínimos, ele pode fazê-lo.

– E mínimo? Se fosse eu, colocava 50 reais.

Aí também não pode. O que o ente público não pode fazer é diminuir tanto esse valor, de forma que ele fique menor do que o maior benefício do regime geral de previdência social, porque será inconstitucional. Então, atualmente, você presume que esses são os valores para Estados, DF e Municípios, mas terá de analisar a situação de cada ente.

– Significa que o limite mínimo para pagamento de RPV por qualquer ente público será o maior benefício do regime geral de previdência social?

Mais ou menos.

– Como assim mais ou menos?

É porque, como vimos há pouco tempo, **esse valor deve ser fixado de acordo com a capacidade econômica do ente público.** Por conta disso, houve uma Adin questionando a Lei de Rondônia, que fixava o limite para pagamento de RPV em 10 salários mínimos, alegando que não estaria de acordo com a sua capacidade econômica.

– E o que aconteceu?

Nesse caso, o STF afirmou que é possível ao Poder Judiciário realizar um juízo de proporcionalidade, verificando se o valor fixado é proporcional à conjuntura socioeconômica do ente. No entanto, na situação específica, considerou que seria proporcional, seja porque o Estado possui baixo desenvolvimento econômico, seja pela constatação de que ele mal consegue pagar os seus precatórios pendentes.[26]

– Poxa Ravi, fiquei até com pena do liseu[27] do Estado de Rondônia.

Eu também. O resultado foi bom, mas só porque o STF achou que ele tinha pouco dinheiro.

– No fim das contas, qual a diferença entre esse tal de RPV e o precatório?

A diferença é enorme. Vimos que o precatório é, por natureza, razoavelmente demorado. Você inscreve em um ano para receber em outro. No caso da RPV, de acordo com o art. 535, §3º, II, "por ordem do juiz, dirigida à autoridade na pessoa de quem o ente público foi citado para o processo, **o pagamento de obrigação de pequeno valor será realizado no prazo de 2 (dois) meses contado da entrega da**

26. STF, Tribunal Pleno, ADI 4.332, Rel. Min. Alexandre de Moraes, j. 07/02/2018, DJe 08/05/2018.
27. Em bom pernambuquês, liseu significa falta de dinheiro.

requisição, mediante depósito na agência de banco oficial mais próxima da residência do exequente".

– Opa, bem melhor. Você ganha o processo e recebe, não precisa deixar como herança!

É bom até destacar que o STF confirmou a constitucionalidade dessa previsão legal. Chegou-se a cogitar sua inconstitucionalidade em ADIN, por violar a autonomia do ente de fixar um prazo adequado para o pagamento desses valores, mas entendeu o tribunal que o prazo de dois meses seria "critério razoável e suficiente para atender à necessidade de adequação do rito de cumprimento das obrigações de pequeno valor às peculiaridades regionais". Além disso, seria norma de natureza processual e, assim de competência da União.[28]

– Entendi. Mas e se passar esses dois meses e não me pagarem?

Bem, nessa hipótese, de acordo com o art. 17, §2º, da Lei 10.259/2001, "o Juiz determinará o sequestro do numerário suficiente ao cumprimento da decisão". Esse **sequestro** significa basicamente que ele vai determinar a retirada desses valores das contas do ente público caloteiro. Veremos com mais calma o que é esse tal de sequestro mais para frente.

– Ah tá, menos mal.

Uma observação a ser feita em relação a RPV é a de que, nesse caso, não existe uma fila, como existe nos precatórios. Nada impede que uma RPV expedida em 10 de janeiro seja paga depois daquela expedida em 20 de fevereiro; basta, apenas, que obedeça ao prazo de dois meses.

– Certo, entendi.

28. STF, ADI 5.534, Plenário, Rel. Min. Dias Toffoli, j. 21/12/2020, info. n. 1.003.

15.2.6. O fracionamento de valores

– Eu posso receber um pedaço em RPV e o resto em precatório?

Não. O art. 100, §8º, da Constituição, bem como o art. 17, §3º, da Lei 10.259/2001 vedam expressamente "o fracionamento, repartição ou quebra do valor da execução" para que a parte possa receber uma parte em RPV e uma parte em precatório. O que resta a quem queira receber mais rápido é **renunciar** ao próprio crédito do qual seja detentor, como permite o art. 17, §4º, da Lei 10.259/2001.

– Renunciar? Fazer uma doação para a Fazenda Pública, que já criou a maior confusão para pagar?

Sim, exatamente. Imagine que você tenha um crédito de 65 salários mínimos contra a União. Você pode escolher: ou espera todo o procedimento do precatório, ou renunciar ao valor que exceda aos 60 salários mínimos e recebe em dois meses.

– Entendi, mas não gostei.

Bem, você não é obrigado a renunciar. No entanto, precisamos verificar uma questão importante na divisão dos valores para efeitos de eventual recebimento por meio de RPV e que não pode ser chamado de fracionamento.

Isso ocorre porque muitas vezes temos um único valor global, mas vários titulares diferentes desses créditos, o que pode nos permitir uma divisão para que cada um venha a receber por meio de RPV.

– Não entendi.

Imagine que 20 servidores públicos ajuízem ação contra a União Federal, mas cada autor só tenha a receber o valor de 10 salários mínimos. Note que o valor total é de 200 salários mínimos, bem acima do valor a receber por RPV, não é?

– Sim, lembro que o limite é de 60 salários mínimos.

Perfeito. Ocorre que, se formos analisar, cada uma dessas pessoas poderia ajuizar uma demanda diferente. Então, na verdade, podemos dizer que há vários créditos de 10 salários mínimos, que são menores do que o valor máximo para pagamento por meio de RPV.

Assim, devemos entender que "em caso de litisconsórcio, será considerado o valor devido a cada um deles, expedindo-se *cada* requisição de pagamento para *cada* um dos litisconsortes".[29]

Outra possibilidade, seguindo a mesma lógica do litisconsórcio é em relação aos honorários advocatícios, que é um crédito pertencente a outro titular, diferente da parte que foi vencedora na ação.

– Posso afirmar que os honorários seriam um **direito autônomo** em relação ao titular do direito material?

Sim, exatamente isso. Essa constatação é reforçada pelo art. 23 do Estatuto da OAB que destaca serem os honorários pertencentes ao advogado, "tendo este direito autônomo para executar a sentença nesta parte, podendo requerer que o precatório, quando necessário, seja expedido em seu favor".

Assim, é possível ao advogado separar o seu crédito daquele do titular do direito material, que seguirá o regime a depender do seu valor, entendimento já acolhido pelo STF.[30] Assim, pode ser que o crédito do advogado siga o procedimento da RPV e o da parte, sendo maior, o do precatório.

Inclusive esse entendimento acabou consolidado na súmula vinculante n. 47, segundo a qual "Os honorários advocatícios incluídos

29. CUNHA, Leonardo Carneiro da. *A fazenda pública em juízo*... cit., p. 409. Há vários julgados do STF nesse sentido: STF, Tribunal Pleno, RE 568.645, rel. min. Cármen Lúcia, j. 24/09/2014, DJE 13/11/2014, Tema 148; STF, 2ª T., RE 1.038.035 AgR, rel. p/ o ac. min. Dias Toffoli, j. 07/11/2017, DJE 09/03/2018; STF, Tribunal Pleno, ARE 925.754 RG, rel. min. Teori Zavascki, j. 17/12/2015, DJE 03/02/2016, Tema 873.

30. STF, Tribunal Pleno, RE 564.132, rel. p/ o ac. min. Cármen Lúcia, j. 30/10/2014, P, DJE 10/02/2015, Tema 18.

na condenação ou destacados do montante principal devido ao credor consubstanciam verba de natureza alimentar cuja satisfação ocorrerá com a expedição de precatório ou requisição de pequeno valor, observada ordem especial restrita aos créditos dessa natureza".

– Significa que, depois de trocentos anos, a parte ainda vai esperar mais uns anos e o advogado recebe logo depois?

Exatamente.

– Só imagino a parte ligando para dar esporro no advogado se descobrir!

É bem capaz mesmo.

– Professor, vê: e se for um processo com vários litisconsortes, o advogado pode pedir para que seja expedida uma RPV com os honorários relativos a cada uma das partes?

Não. Imagine que sejam 10 partes e, no fim do processo, a condenação em honorários seja de 100 mil reais. O advogado não pode querer dizer: ei, se dividir proporcionalmente, é 10 mil por parte, logo, quero 10 RPV.

De acordo com o STF, "Nas causas em que a Fazenda Pública for condenada ao pagamento da verba honorária de forma global, é vedado o fracionamento de crédito único, consistente no valor total dos honorários advocatícios devidos, proporcionalmente à fração de cada litisconsorte, sob pena de afronta ao art. 100, § 8º, da Constituição".[31]

– Mas não são vários litisconsortes?

Sim, mas o crédito dos honorários nesse caso é gerado em uma relação de direito processual, pela prática de atos realizados em favor

31. STF, Tribunal Pleno, ARE 797.499-AgR-EDv, RE 919.269-ED-EDv, RE 930.251-AgR-ED-EDv e ARE 930.251-AgR-ED-EDv rel. min. Dias Toffoli, j. 07/02/2019, DJE 01/07/2019.

de todos os litisconsortes, sendo um crédito de caráter global e uno. A divisão, nesse caso, seria inconstitucional.

– Uma pena...

Você tá é muito criativo para fugir dos precatórios. Há, ainda, uma observação no que concerne aos honorários, mas agora referente aos **honorários contratuais**.

– E o advogado pode cobrar os honorários contratuais já no processo? Como é isso?

De acordo com o art. 22, §4º, do Estatuto da OAB, "Se o advogado fizer juntar aos autos o seu contrato de honorários antes de expedir-se o mandado de levantamento ou precatório, o juiz deve determinar que lhe sejam pagos diretamente, por dedução da quantia a ser recebida pelo constituinte, salvo se este provar que já os pagou".

Basta imaginar que o advogado tenha um contrato com a parte para que ela pague 10% do valor do crédito. Ao invés de esperar que ela receba para depois cobrar da própria parte, ele pode juntar aos autos e pedir que, digamos dos R$ 100 mil que a parte tenha a receber, R$ 10 mil já sejam destinados para ele.

– Tá, entendi. Mas por qual razão ele não pode destacar esses valores para receber por RPV, se for o caso?

É que, nessa situação, como destaca o STF, enquanto os honorários advocatícios sucumbenciais são responsabilidade da outra parte, os honorários contratuais são responsabilidade do contratante, da própria parte.[32]

Assim, embora eles sejam pagos ao advogado, serão pagos em conjunto com o crédito a ser recebido pela parte, não sendo juridicamente admitido o seu recebimento em separado.

32. STF, 2ª T., Rcl 23.188 AgR, rel. min. Edson Fachin, j. 29/09/2017, DJE 27/10/2017.

15.2.7. Procedimento da RPV

– E como é o procedimento para que sejam pagos os créditos da RPV? É igual ao precatório?

De acordo com o STJ, tal qual no precatório, "a requisição de pagamento das obrigações devidas pela Fazenda Pública **é de competência exclusiva do Presidente do Tribunal** a que está vinculado o juízo da Execução, não sendo possível ao magistrado de primeira instância determinar diretamente a requisição de pagamento ao chefe do Poder Executivo local"[33].

Em resumo, **quem manda é o presidente do tribunal, não podendo o juiz de primeiro grau mandar a Fazenda Pública pagar a RPV, assim como no precatório.**

Ao menos na Justiça Federal, tem-se a resolução n. 458/2017, do CNJ, que indica os requisitos para a expedição da RPV pelo presidente do tribunal. Já nos casos dos tribunais estaduais, será necessário analisar a regulamentação de cada um deles.

Agora que vimos os principais elementos da RPV, podemos voltar ao tema dos precatórios.

– De novo, eu pensei que já tinha acabado!

Estamos apenas no início... tenha calma. Para não bater o desespero, primeiro vamos entender a atuação do Presidente do tribunal, considerações que também valem em parte para o RPV.

33. STJ, 2ª T., REsp 1.688.363/SP, Rel. Min. Herman Benjamin, j. 19/09/2017, DJe 10/10/2017. Neste julgado, vários outros precedentes são mencionados, no mesmo sentido: STJ, REsp 1.367.372/GO, Rel. Ministra Regina Helena Costa, DJe 21.2.2017; STJ, REsp 1.564.391/GO, Rel. Ministro Humberto Martins, DJe 14.12.2015; STJ, REsp 1.559.315/MG, Rel. Ministro Mauro Campbell Marques, DJe 27.10.2015; STJ, REsp 1.440.174/GO, Rel. Ministro Og Fernandes, DJe 22.9.2015; STJ, REsp 1.082.310/MS, Rel. Ministra Eliana Calmon, Segunda Turma, DJe 25.5.2009; STJ, REsp 1.081.350/MS, Rel. Ministra Denise Arruda, Primeira Turma, DJe 11.2.2009.

15.2.8. Atuação do presidente do tribunal

Como já vimos, compete ao presidente do tribunal a expedição da ordem de pagamento – precatório – à Fazenda Pública. Ao juiz de primeiro grau cabe organizar os documentos necessários para tanto (v. resolução n. 327, de 08 de julho de 2020, do CNJ) e ao presidente a determinação da inscrição da dívida no orçamento.

Entende-se, tanto no STF, quanto no STJ, que a última atividade **jurisdicional** é a do juízo de execução que determina a execução do precatório.

– E depois o que acontece?

Depois disso, começa a atuação do Presidente do Tribunal, que vai analisar se existem todas as informações, bem como determinar sua inscrição pelo poder público e controlar o seu procedimento.

Pois bem, tanto no STF[34], quanto no STJ,[35] as decisões do presidente do tribunal no que se refere aos precatórios terão **natureza administrativa**. Seria basicamente uma função de controlador de despesas, sem natureza jurisdicional, determinando a inscrição do débito, bem como controlando o seu devido pagamento.

– Tudo bem... Mas e qual a consequência desse entendimento?

Bem, são várias as consequências, especialmente no regime de impugnação. Isso porque, tendo natureza administrativa, não haveria propriamente "causa", nos termos da constituição, a permitir a interposição de recurso especial[36] ou extraordinário[37].

– Se tiver alguma decisão muito louca, só resta sentar e chorar?

---

34. STF, Tribunal Pleno, ADI 1.098, Rel. Min. Marco Aurélio, j. 11/09/1996, DJ 25/10/1996.
35. Súmula 311 – Os atos do presidente do tribunal que disponham sobre processamento e pagamento de precatório **não têm caráter jurisdicional**.
36. STJ, 1ª T., REsp 121.509 SP, Rel. Min. Milton Luiz Pereira, j. 09/12/1997, DJ 16/03/1998, p. 40.
37. STF, 2ª T., AI 409.331-AgR, rel. min. Carlos Velloso, DJ 04/04/2003.

Não, de forma alguma.

Existem outros instrumentos de impugnação dessa decisão, partindo do pressuposto de que se trata de decisão de uma autoridade.

– Já sei! Mandado de segurança!

Também, mas o primeiro deles é o agravo interno, admitido implicitamente pelo STF e pelo STJ, pois, em diversos julgados, afirma-se que, mesmo a decisão colegiada derivada do agravo interno mantém a sua natureza administrativa.[38]

Além disso, também é **possível a impetração de mandado de segurança contra eventual decisão do presidente do tribunal** que se considere ilegal, afinal, ele atua como autoridade.[39] Essa forma de impugnação também é admitida mesmo da decisão colegiada, caso utilizado o agravo interno.[40]

– Pelo menos tem algum jeito de impugnar!

15.2.9. As preferências de pagamento na sistemática dos precatórios

Agora veremos um aspecto importante dentro da fila dos precatórios. Lembra-se que falei que eles seguem uma fila baseada no momento da inscrição?

– Sim.

Essa é a regra geral, mas existem algumas espécies de créditos que possuem autorização para formar uma fila **preferencial**.

38. STF, Tribunal Pleno, Rcl 2.425, Rel. Dias Toffoli, j. 06/03/2013, DJe 08/04/2013. STJ, 1ª T., AgInt no AREsp 460.676/SP, Rel. Min. Gurgel de Faria, j. 26/06/2018, DJe 07/08/2018.
39. STJ, 2ª T., RMS 11.606 SP, Rel. Min. Eliana Calmon, j. 22/08/2000, DJ 12/08/2002, p. 183.
40. STJ, 1ª T., RMS 14.940/RJ, Rel. Min. Garcia Vieira, Rel. p/ Acórdão Ministro Humberto Gomes de Barros, j. 10/09/2002, DJ 25/11/2002, p. 186.

– Opa, fila preferencial, que bagunça é essa?

É que alguns créditos são tidos como mais urgentes do que outros, o que justificaria, tal como vemos nas filas dos supermercados, uma fila preferencial. Basta lembrar que em uma fila de supermercado, lotérica, entre outros estabelecimentos, tem fila preferencial para idosos, gestantes etc.

– Mas ainda assim precisa do precatório, ou é um outro procedimento?

O STF é bastante claro em afirmar que esses outros precatórios apenas possuem uma fila especial, mas ainda assim o pagamento é via precatório. Esse entendimento foi consolidado na súmula 655: "A exceção prevista no art. 100, caput, da Constituição, em favor dos créditos de natureza alimentícia, **não dispensa a expedição de precatório, limitando-se a isentá-los da observância da ordem cronológica dos precatórios decorrentes de condenações de outra natureza**".[41]

É basicamente uma fila preferencial, mas é uma fila que deve ser mais rápida do que as demais, mas ainda assim segue a ordem cronológica daquele tipo de crédito.

– Opa, então o que eu preciso para virar preferencial nos precatórios?

Na verdade, existem 3 filas em ordem decrescente de preferência: 1) créditos superpreferenciais: alimentares de idosos, portadores de doenças graves e deficientes até 3 vezes o valor da RPV; 2) créditos preferenciais alimentares e 3) demais créditos.

– Mas como funciona essa ordem de pagamento?

41. No mesmo sentido: STF, Tribunal Pleno, STA 90 AgR, rel. min. Ellen Gracie, j. 13/09/2007, DJE 26/10/2007.

Essa ordem de pagamento preferencial tem um caráter absoluto dentro dos créditos inscritos no mesmo ano, ou seja, para que sejam pagos os créditos preferenciais, primeiro, precisa esgotar toda a lista dos superpreferenciais, como já afirmou o STF em algumas oportunidades.[42]

A lógica é a seguinte: primeiro esgota os superpreferenciais, depois os preferenciais e, só depois, paga o resto.

– É muita fila!

Pois é, mas também são muitas situações diferentes e, como sabemos que as vezes há demora para receber, foram-se criando essas situações preferenciais para adiantar alguns deles.

Vamos começar analisando os créditos preferenciais, que são os alimentares em geral. De acordo com o art. 100, §1º, da Constituição, "Os débitos de **natureza alimentícia** compreendem aqueles decorrentes de salários, vencimentos, proventos, pensões e suas complementações, benefícios previdenciários e indenizações por morte ou por invalidez, fundadas em responsabilidade civil, em virtude de sentença judicial transitada em julgado".

– É muita preferência!

Sim, de fato, mas não se trata de uma lista exaustiva, mas, de acordo com o STF, **exemplificativa.**[43] Ou seja, outros créditos podem ser enquadrados como alimentares.

– E qual o fundamento para não ser uma lista taxativa?

Para o STF, a interpretação exaustiva iria deixar de lado, por exemplo, os honorários dos profissionais liberais, que não se encaixam nos termos da definição legal, mas que, obviamente possuem a mesma função, qual seja, a de "prover a subsistência própria e das respectivas famílias". Assim, de forma exemplificativa, são créditos

42. STF, Tribunal Pleno, DI 47, Rel. Min. Octavio Gallotti, j. 22/10/1992, DJ 13/06/1997; STF, Tribunal Pleno, RE 612.707, Rel. Min. Edson Fachin, j. 15/05/2020, DJe 08/09/2020.
43. STF, 1ª T., RE 470.407, Rel. Min. Marco Aurélio, j. 09/05/2006, DJ 13/10/2006.

alimentares os honorários sucumbenciais, apesar de não estarem listados no art. 100, §1º, da Constituição.

> – Ou seja, no fim das contas é aquela lista e mais outros créditos que possam ser encaixados como tendo objetivo de sustentar a pessoa e sua família.

Exato. Esses são os créditos alimentares, também chamados preferenciais. Temos ainda os **superpreferenciais**, consoante previsto no art. 100, §2º: "Os débitos de natureza alimentícia cujos titulares, originários ou por **sucessão hereditária**, tenham 60 (sessenta) anos de idade, ou sejam portadores de doença grave, ou pessoas com deficiência, assim definidos na forma da lei, serão pagos com preferência sobre todos os demais débitos, até o valor equivalente ao triplo fixado em lei para os fins do disposto no § 3º deste artigo, admitido o fracionamento para essa finalidade, sendo que o restante será pago na ordem cronológica de apresentação do precatório".

Em termos bem gerais, exige-se a presença de três requisitos concomitantes: **1) créditos alimentares; 2) titularidade por idoso (+ de 60 anos), deficiente ou portador de doença grave e 3) limite do triplo do valor do RPV.**

Um elemento importante para que haja essa superpreferencia é que esses critérios devem ser **cumulativos**.

> – Como assim?

Não adianta ser apenas idoso ou portador de doença grave. Por exemplo, se Anthony Hopkins, com 83 anos, tem um crédito de precatório para receber do Município de São Paulo, não há prioridade só pela idade. Esse crédito também deve ser alimentar.

Como já afirmou o STJ, "Para a obtenção da preferência no pagamento de precatório, **faz-se necessária a conjugação dos requisitos constantes do art. 100, § 2º, da Constituição Federal, ou seja, dívida de natureza alimentar E titular idoso ou portador de doença grave**".[44]

44. (STJ, 2ª T., RMS 65.747-SP, Rel. Min. Assusete Magalhães, por unanimidade, julgado em 16/03/2021, DJe 08/04/2021, info. n. 689).

– Esses créditos são pagos a jato!

Bem, não é para tanto, já que estamos falando de precatórios... Já sabemos o que são créditos alimentares, então vamos começar a analisar as exigências específicas em relação ao titular desse crédito.

Primeiro, a idade. De acordo com o art. 100, §2º, da Constituição, essa preferência abrange pessoas **a partir dos sessenta anos de idade.**

– Professor, eu lembro que hoje em dia também tem o super idoso, com mais de 80 anos. Ele tem uma mega preferência?

Não. O único critério que vale é o da Constituição, que é o de 60 anos.

Temos também os portadores de doenças graves e deficientes.

– E como eu sei quem possui essas condições? Porque doença é o que não falta.

Esses casos não foram definidos pela Constituição, então sobra para a legislação regulamentar essas situações.[45]

No caso do deficiente, temos a definição do art. 2º do Estatuto da Pessoa com Deficiência, que afirma "Considera-se pessoa com deficiência aquela que tem impedimento de longo prazo de natureza física, mental, intelectual ou sensorial, o qual, em interação com uma ou mais barreiras, pode obstruir sua participação plena e efetiva na sociedade em igualdade de condições com as demais pessoas". Como desta o §1º, essa análise deve ser realizada por uma equipe multiprofissional e interdisciplinar.

– Certo. E as doenças graves?

45. CUNHA, Leonardo Carneiro da. *A fazenda pública em juízo...* cit., 415.

Nessa situação, o CNJ atuou para tentar diminuir a bagunça interpretativa, editando a Resolução n. 303/2019 e, em seu art. 11, II, assim dispõe: "o beneficiário acometido de moléstia indicada no inciso XIV do art. 6º da Lei no 7.713, de 22 de dezembro de 1988, com a redação dada pela Lei no 11.052, de 29 de dezembro de 2004, ou portador de doença considerada grave a partir de conclusão da medicina especializada".

O art. 6º, XIV, da Lei 7.713/1988 indica as seguintes enfermidades: "portadores de moléstia profissional, tuberculose ativa, alienação mental, esclerose múltipla, neoplasia maligna, cegueira, hanseníase, paralisia irreversível e incapacitante, cardiopatia grave, doença de Parkinson, espondiloartrose anquilosante, nefropatia grave, hepatopatia grave, estados avançados da doença de Paget (osteíte deformante), contaminação por radiação, síndrome da imunodeficiência adquirida, com base em conclusão da medicina especializada".

– É muita doença.

Sim, com certeza. Todas graves. Mais ainda assim, destaco não ser uma lista taxativa, porque a própria resolução n. 303 do CNJ permite que outras sejam consideradas graves, desde que haja "conclusão da medicina especializada".

– Eu fiquei com uma dúvida: e se a pessoa fica idosa depois de inscrito o precatório, ou fica doente, algo assim? Em que fila fica o precatório?

Ótima pergunta. Essa discussão foi muito forte na EC 62/2009, que falava, por exemplo, de idade na data da expedição do precatório, caso em que entendeu o STF ser inconstitucional, pois não deveria importar a data em que a pessoa completa a idade.

Na atual redação, como se pode ver acima, não há esse requisito. Isso significa que **não importa em que momento essa condição aparece**. Se a pessoa tinha 59 anos na data de expedição do precatório e completa 60 no meio do período para pagamento, o precatório deve mudar automaticamente de fila.

– Bem, então fico mais tranquilo. Precatório demora tanto que antes de receber já vou ter virado idoso e vou para a fila preferencial!

Misericórdia, que exagero!

Agora podemos ver o último requisito, que é o valor: o triplo do limite da RPV. Em geral, em não havendo regulamento, temos os seguintes valores: 180 salários mínimos para a União, 120 para Estados e DF e 90 para municípios.

– Mas e o que passa disso?

O valor do crédito que ultrapassar esse valor **sai da fila superpreferencial**. Mas lembre-se que o crédito é necessariamente alimentar, então o resto do valor vai para a fila preferencial.

Por exemplo, se alguém tem 200 salários mínimos a receber da União, 180 irão para a fila superpreferencial e 20 para a fila preferencial.

– Isso não seria um parcelamento? Pode isso?

Nesse caso pode. O art. 100, §2º, da Constituição afirma expressamente que é "admitido o fracionamento para essa finalidade, sendo que o restante será pago na ordem cronológica de apresentação do precatório".

– Se a pessoa for idosa e tiver doença grave, pode cumular superpreferências?

Não, cada crédito só pode ter uma superpreferência. Há vários julgados do STJ nesse sentido.[46] Também é nesse sentido o art. 9º,

46. STJ, 1ª T., AgInt no RMS 60.580/RO, Rel. Min. Napoleão Nunes Maia Filho, Rel. p/ Ac. Min. Benedito Gonçalves, j. 02/06/2020, DJe 22/06/2020; STJ, 2ª T., RMS 57.569/RO, Rel. Min. Assusete Magalhães, j. 26/05/2020, DJe 05/06/2020.

§6º, da resolução n. 303/2019 do CNJ: "É defeso novo pagamento da parcela superpreferencial, ainda que por fundamento diverso, mesmo que surgido posteriormente".

Ou seja, se você for idoso e tiver doença grave não pode colocar 360 salários mínimos como créditos preferenciais.

– Ok, não custava tentar né?

Pois é a criatividade não tem limites. Precisamos analisar também o que ocorre se por acaso o titular vier a falecer.

– Essa parte de precatório é meio mórbida. É morte, doença, só desgraça!

Acontece né. O processo demora tanto que o povo vai ficando velho e morrendo sem receber. Pois bem, a Constituição é expressa em afirmar **que essa preferência é extensível aos titulares "por sucessão hereditária"** (art. 100, §2º).

– E se eu vender? Aliás, eu posso transferir meus precatórios?

Sim, o art. 100, §13, permite essa transferência. **Ocorre que nesse caso, a preferência não vai junto**, seja porque o §13 é expresso nesse sentido, seja porque o §2º só permite a extensão quando a sucessão é hereditária.

Por último, podemos analisar a quem cabe analisar essas preferências, afinal elas podem sair aparecendo no meio do caminho.

– Isso não vai caber ao presidente do tribunal?

Não. Lembremos que há uma certa repartição de competências: enquanto o juízo da execução cuida dos aspectos jurisdicionais, o presidente do tribunal apenas lidará com questões administrativas.

Assim, a quem cabe analisar se há ou não preferência no precatório é o juiz da execução, o que é confirmado pelo art. 9º, §1º, da Resolução n. 303/2019 do CNJ, segundo o qual "A solicitação será apresentada ao juízo de execução devidamente instruída com a prova da idade, moléstia grave ou da deficiência do beneficiário".

Importa ressaltar que essa decisão depende de prévia oportunização do contraditório para a outra parte (art. 9º, §2º, da Resolução n. 303/2019 do CNJ). Em sendo deferido, o juiz irá comunicar a decisão ao presidente do tribunal, que não tem competência para analisar o tema.

– Certo, então essas discussões ficam todas no juiz da execução. Entendi.

15.2.10. Juros e correção monetária nos precatórios

Agora veremos um tema bastante importante e que a jurisprudência vez por outra muda de opinião, que são os juros e correção monetária nos precatórios.

– Professor, só de falar nisso eu já fico tenso.

Relaxe, tome um copo de água com açúcar, que vamos entender essa bagunça toda. Confie em mim.

Primeiro, vamos lembrar que, pela Constituição, se um precatório for inscrito até 1 de julho de 2020, a Fazenda Pública terá até 31 de dezembro de 2021 para realizar esse pagamento. Tem-se aqui o que se chama de "período de graça".

Isso é exatamente o conteúdo do que está previsto no art. 100, §5º, da Constituição: "É obrigatória a inclusão, no orçamento das entidades de direito público, de verba necessária ao pagamento de seus débitos, oriundos de sentenças transitadas em julgado, **constantes de precatórios judiciários apresentados até 1º de julho, fazendo-se o pagamento até o final do exercício seguinte**, quando terão seus valores atualizados monetariamente".

– Período de graça? Não achei muito engraçado o poder público ter esse prazo todo para pagar.

Bem, é a lei... Se diz período de graça porque esse é o prazo constitucional para pagamento do precatório. Dentro desse período, sendo pago o crédito, foi pago corretamente.

– Certo.

Primeiro vamos ver a **correção monetária**. O art. 100, §5º, da Constituição afirma claramente que no momento do pagamento dos precatórios, eles "terão seus valores atualizados monetariamente". Não importa quando for feito esse pagamento, sempre deve ser realizada atualização do valor inscrito até o momento do pagamento, **mesmo que durante o período de graça.**

Até aí tudo bem?

– Até agora tá tranquilo. Sempre tem correção monetária, mesmo no período de graça.

Agora os juros. Um primeiro pressuposto que precisamos esclarecer para entender como incidem os juros de mora é entender o que diabos ele é. Você sabe dizer para que servem esses juros?

– Professor, só sei que aumenta a dívida!

Pois é. Precisamos entender para que ele serve, para entender como incide nos precatórios. Em termos gerais, os juros servem para remunerar o credor pelo uso do capital alheio e, mais especificamente, os juros moratórios são "aqueles que decorrem (...) do retardamento na restituição do capital ou do pagamento em dinheiro"[47]. Em outros termos, que o pagamento ocorreu de forma atrasada.

47. SCAVONE JUNIOR, Luiz Antonio. *Juros no direito brasileiro.* 5ª ed. Rio de Janeiro: Forense, 2014, versão digital, tópico 3.4.2.

Se você deve a alguém e o vencimento da dívida é 30 de janeiro, se atrasar o pagamento, começam a incidir juros de mora, ok?

– Tá bom. Atrasou, tem mora.

Agora voltamos para o precatório. Lembremos que a Fazenda Pública, depois de inscrito o precatório, tem um ano para realizar o pagamento. Se inscrito o precatório até 1 de julho de 2020, o poder público deve pagar até 31 de dezembro de 2021. Operacionalmente, a Fazenda Pública terá 18 meses para fazer o pagamento (julho/2020 até dezembro/2021), porque vai incluir no orçamento de 2021 essas dívidas e terá o ano 2021 para fazer o pagamento.

Perceba: até o fim de 2021 posso dizer que a fazenda atrasou o pagamento?

– Pelo que entendi, não.

Exato. Não por acaso se utiliza o termo "período de graça" para fazer referência a esse espaço do tempo para pagamento do precatório. Por isso, podemos dizer que, nesse período, **não há atraso no pagamento e, por isso, não há juros de mora**.

É isso que está previsto na súmula vinculante n. 17, segundo a qual, "Durante o período previsto no parágrafo 1º do artigo 100 da Constituição, não incidem juros de mora sobre os precatórios que nele sejam pagos".[48]

– Professor, eu tô lendo aqui o art. 100 e esse parágrafo tem nada a ver com juros.

Ótima percepção. Acontece que a súmula vinculante n. 17 faz menção ao parágrafo 1º do art. 100, mas isso ocorre porque ela faz menção a uma redação anterior do artigo. Atualmente ele foi renumerado e o mesmo conteúdo está no §5º.

48. No mesmo sentido: STF, Tribunal Pleno, RE 594.892 AgR-ED-EDv, Rel. Min. Luiz Fux, j. 01/07/2020, DJe 28/10/2020.

O STF até voltou a reafirmar esse entendimento, ao julgar o Recurso Extraordinário 1.169.289, com repercussão geral (Tema 1037), firmando a tese de que "O enunciado da Súmula Vinculante 17 não foi afetado pela superveniência da Emenda Constitucional 62/2009, de modo que não incidem juros de mora no período de que trata o parágrafo 5º do artigo 100 da Constituição. Havendo o inadimplemento pelo ente público devedor, a fluência dos juros inicia-se após o 'período de graça'".

– Ah tá, agora faz sentido.

Em resumo, no "período de graça", entre a expedição do precatório e o prazo limite para seu pagamento, **não há incidência de juros de mora porque não há atraso no pagamento**.

– Perfeito.

Mas é claro que a situação não é tão simples assim.

– Quem disse que era simples professor? Já tô com o juízo fervendo para entender isso. Botei até uma água gelada na cabeça para esfriar.

O problema é que há outros períodos de tempo em que há discussão sobre a existência ou não de atraso no pagamento. Vamos lá: para que o crédito seja executado, ele precisa ser calculado/liquidado e, depois, devidamente executado. Mas, para saber a dívida, ele precisa ser liquidado certo?

– Certo.

Significa que a Fazenda Pública só estaria atrasando o pagamento quando ela souber o valor devido, como fixado pelo Poder Judiciário.

– Ok.

Mas sabemos também que, depois de calculado/liquidado, o valor será executado e o poder público pode, na execução, se defender, por meio da impugnação ao cumprimento de sentença ou embargos à execução, certo?

– Sim. Tentando entender para onde vamos.

Estamos chegando lá. Veja que essas discussões na execução podem demorar muitos anos, lembrando sempre que o precatório só será expedido quando houver o trânsito em julgado da execução, incluída toda a discussão da defesa do poder público, caso rejeitada.

Se essa defesa for rejeitada, o poder público tinha alguma razão?

– Não.

Ou seja, **essa defesa na execução causou um atraso** no pagamento da dívida, tudo bem?

– Certo.

Então, se teve atraso no pagamento, o que acontece?

– Juros de mora.

Exato. Ou seja, entre a realização do cálculo e a expedição do precatório, temos um período de atraso no pagamento da dívida. É isso que o STF afirmou quando julgou o RE 579.431 e fixou a tese de que "**Incidem os juros da mora no período compreendido entre a data da realização dos cálculos e a da requisição ou do precatório**".

– Então tem juros de mora? Agora me perdi, tem juros, mas não tem? E a súmula vinculante n 17?

Calma, calma. É que são dois períodos diferentes. Teremos juros de mora entre a data da realização dos cálculos **até** a requisição do precatório. Depois disso, começa um segundo período, que é o "período de graça", em que não há mais atraso no pagamento simplesmente porque é um período para organização do orçamento e pagamento.

A situação de desenvolve segundo o seguinte esquema:

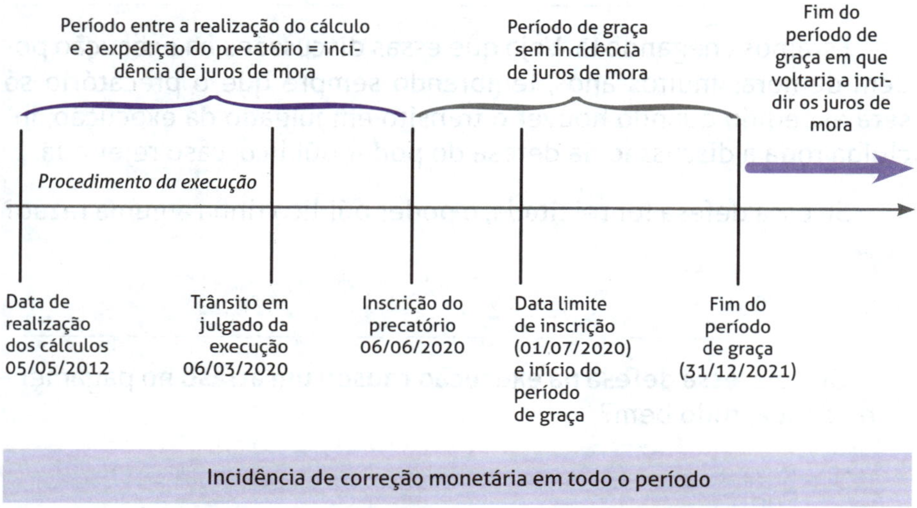

Explicando a imagem, temos 3 períodos distintos: 1) entre a realização do cálculo e a expedição do precatório: **incidência dos juros de mora**; 2) entre a expedição do precatório e o fim do período de graça: **não há juros de mora**; 3) ultrapassado o período de graça: **há juros de mora**.

Uma última observação: **durante todo esse período, há incidência da correção monetária**! O período de graça não impede a incidência da correção monetária.

– Professor, agora eu entendi. Não sei se meus neurônios sobreviveram para o resto da aula, mas eu entendi!

Tome um café, assista 10 minutos de alguma série (no máximo!) e volte para continuarmos.

15.2.10.1. *Índices para cálculo da correção monetária e dos juros*

Agora precisamos entender quais os índices de correção monetária a serem aplicados.

– Professor, isso aí já é matemática avançada!

Ox, tenha calma. O contador pode até fazer a contar, mas você precisa conseguir explicar a ele os índices.

– Tá bom...

Primeiro, vamos ver o que o STF e o STJ afirmaram, para as diferentes situações.

Começaremos pela correção monetária.

O art. 1º-F, da Lei 9494/1997 estabelece que "haverá a incidência uma única vez, até o efetivo pagamento, dos índices oficiais de remuneração básica". A mesma previsão consta do art. 100, §12, da Constituição afirmando que a "atualização de valores de requisitórios, após sua expedição, até o efetivo pagamento, independentemente de sua natureza, será feita pelo índice oficial de remuneração básica da caderneta de poupança".

Ocorre que o STF, ao julgar as ADINs 4.357[49] e 4.425[50], considerou que tais índices de atualização monetária eram **inconstitucionais**, "na medida em que este referencial é manifestamente incapaz de preservar o valor real do crédito de que é titular o cidadão".

– Se não são esses, então qual é o índice?

49. STF, Tribunal Pleno, ADI 4.357, Rel. Min. Ayres Britto, Rel. p/ Acórdão: Luiz Fux, j. 14/03/2013, DJe 26/09/2014.
50. STF, Tribunal Pleno, ADI 4.425, Rel. Min. Ayres Britto, Rel. p/ Acórdão: Luiz Fux, j. 14/03/2013, DJe 19/12/2013.

Para o STF, "O Índice de Preços ao Consumidor Amplo-Especial (IPCA-E) é o índice de correção monetária a ser aplicado a todos os valores **inscritos em precatórios**, estejam eles sujeitos, ou não, ao regime especial criado pela EC nº 62/2009, qualquer que seja o ente federativo de que se trate".[51]

Por outro lado, nas relações tributárias, deve permanecer a isonomia, fazendo com que o critério de correção monetária seja o mesmo utilizado para corrigir as dívidas quando o poder público é credor.

– Tá, mas e no caso tributário, como fica?

Não se pode dizer abstratamente qual o índice. Isso porque, para o STF, "os estados-membros e o Distrito Federal podem legislar sobre índices de correção monetária e taxas de juros de mora incidentes sobre seus créditos fiscais, limitando-se, porém, aos percentuais estabelecidos pela União para os mesmos fins".[52] Assim, tudo vai depender do ente público analisado.

– Mas não tem nenhuma orientação? Como é na União?

Atualmente, a correção para débitos de tributos federais é regida pela Lei n. 9.065/1995, em que o art. 13 prevê a aplicação do percentual equivalente à Taxa SELIC acumulada mensalmente. Vale lembrar que a Taxa SELIC **já inclui juros e correção monetária em sua composição**.

– Certo.

Agora os juros. Nas ADIN´s 4.357 e 4.425 o índice de juros de mora também foi analisado.

51. STF, Tribunal Pleno, ADI 4357 QO-ED-segundos, Rel. Min. Luiz Fux, j. 09/12/2015, DJe 06/08/2018.
52. STF, Tribunal Pleno, ARE 1.216.078 RG, Rel. Min. Dias Toffoli, j. 29/08/2019, DJe 26/09/2019.

A posição do STF foi a seguinte: os juros de mora previstos no art. 100, §12, da Constituição e no art. 1º-F da Lei 9.494/1997, que são os "juros simples no mesmo percentual de juros incidentes sobre a caderneta de poupança" são inconstitucionais **apenas para as relações jurídico-tributárias**.

O STF afirmou expressamente ao julgar embargos de declaração na ADI 4.357 que "ao limitar a declaração de inconstitucionalidade aos precatórios de natureza tributária, o Supremo chancelou a validade, nas demais relações jurídicas, da fixação de juros moratórios segundo o índice oficial de remuneração da caderneta de poupança".

– Posso dizer que, em geral, são os juros simples da caderneta de poupança para o resto?

Quase isso.

– Como assim?

É que precisamos entender que essa era uma análise em ADIN, só do texto constitucional. O que, na verdade, disse o STF, foi que:

> 1. Quanto aos juros moratórios incidentes sobre condenações oriundas de relação jurídico-tributária, devem ser aplicados os mesmos juros de mora pelos quais a Fazenda Pública remunera seu crédito tributário, em respeito ao princípio constitucional da isonomia (CRFB, art. 5º, caput);
>
> 2. No que concerne aos juros moratórios incidentes sobre condenações oriundas de relação jurídica não-tributária, **devem ser observados os critérios fixados pela legislação infraconstitucional**, notadamente os índices oficiais de remuneração básica e juros aplicados à caderneta de poupança, conforme dispõe o art. 1º-F da Lei nº 9.494/97, com a redação dada pela Lei nº 11.960/09.

Os juros de mora devem ser isonômicos – iguais para a Fazenda Pública e para o particular – em cada relação jurídica. É possível que sejam os juros de caderneta de poupança, mas pode ser que haja alteração pela legislação infraconstitucional, a qual deve ser obedecida.

Em outros termos, ele afirmou que os juros de caderneta de poupança são constitucionais, mas não que servem para tudo, podendo haver alteração pela lei infraconstitucional, desde que se aplique para ambas as partes.

– Misericórdia, que confusão. Mas o STF analisou as várias relações que envolvem o poder público e os particulares?

Não. Ele só analisou especificamente a tributária, já apontando o critério adequado e indicou que os juros de caderneta de poupança podem ser adotados como critério.

De certa forma, a tabela é a seguinte:

RELAÇÃO JURÍDICA	JUROS	CORREÇÃO MONETÁRIA
Tributária	Depende do ente (União =SELIC) – exige isonomia	Depende do ente (União =SELIC) – exige isonomia
Demais relações jurídicas	Pode ser juros de caderneta de poupança, mas não exclui alteração da legislação infraconstitucional, desde que haja isonomia	IPCA-E

Agora vamos para o STJ.

– Meu Deus, ainda tem briga entre os dois?

Não, vamos ver que não é exatamente uma discordância, mas uma especificação. Depois desses julgamentos por parte do STF, o STJ resolveu analisar a questão de forma mais minuciosa, adentrando na legislação infraconstitucional, como já tinha o STF indicado esse caminho.

– Certo.

O STJ, ao afetar o tema 905 dos repetitivos,[53] partiu do pressuposto de que a taxa de correção monetária não pode ser aquela tida como inconstitucional pelo STF. No entanto, destacou que não seria possível uma fixação apriorística de taxa de atualização monetária, o que deve ser analisado no período correspondente, verificando-se qual a que seja capaz de captar o fenômeno inflacionário.

– Posso concluir que tem treta entre o STF e o STJ?

Sim e não.

– Professor, como alguém discorda e não discorda?

É que o STJ resolveu esmiuçar melhor as formas de correção monetária, pois também pode depender da legislação infraconstitucional, não analisada de forma detida pelo STF.

Isso significa que, para algumas situações, pode não ser adequada o IPCA-e porque a legislação aponta outro índice também capaz de captar o fenômeno inflacionário.

– Certo.

Você precisará, então, ter conhecimento da seguinte tabela, baseada no delineamento realizado pelo STJ para a fixação dos juros e correção monetária para as diferentes relações jurídicas que envolvem a Fazenda Pública:

53. STJ, 1ª Seção, REsp 1.495.146/MG, Rel. Min. Mauro Campbell Marques, j. 22/02/2018, DJe 02/03/2018.

Direito material – natureza jurídica da condenação	Juros e correção monetária
Natureza administrativa em geral	(a) até dezembro/2002: juros de mora de 0,5% ao mês; correção monetária de acordo com os índices previstos no Manual de Cálculos da Justiça Federal, com destaque para a incidência do IPCA-E a partir de janeiro/2001; (b) no período posterior à vigência do CC/2002 e anterior à vigência da Lei 11.960/2009: juros de mora correspondentes à taxa Selic, vedada a cumulação com qualquer outro índice; (c) período posterior à vigência da Lei 11.960/2009: juros de mora segundo o índice de remuneração da caderneta de poupança; correção monetária com base no IPCA-E.
Referentes a servidores e empregados públicos	(a) até julho/2001: juros de mora: 1% ao mês (capitalização simples); correção monetária: índices previstos no Manual de Cálculos da Justiça Federal, com destaque para a incidência do IPCA-E a partir de janeiro/2001; (b) agosto/2001 a junho/2009: juros de mora: 0,5% ao mês; correção monetária: IPCA-E; (c) a partir de julho/2009: juros de mora: remuneração oficial da caderneta de poupança; correção monetária: IPCA-E.
Desapropriações diretas e indiretas	No âmbito das condenações judiciais referentes a desapropriações diretas e indiretas existem regras específicas, no que concerne aos juros moratórios e compensatórios, razão pela qual não se justifica a incidência do art. 1º-F da Lei 9.494/97 (com redação dada pela Lei 11.960/2009), nem para compensação da mora nem para remuneração do capital.
Natureza previdenciária	Sujeitam-se à incidência do INPC, para fins de correção monetária, no que se refere ao período posterior à vigência da Lei 11.430/2006, que incluiu o art. 41-A na Lei 8.213/91. Quanto aos juros de mora, incidem segundo a remuneração oficial da caderneta de poupança (art. 1º-F da Lei 9.494/97, com redação dada pela Lei n. 11.960/2009).
Natureza tributária	A correção monetária e a taxa de juros de mora incidentes na repetição de indébitos tributários devem corresponder às utilizadas na cobrança de tributo pago em atraso. Não havendo disposição legal específica, os juros de mora são calculados à taxa de 1% ao mês (art. 161, § 1º, do CTN). Observada a regra isonômica e havendo previsão na legislação da entidade tributante, é legítima a utilização da taxa Selic, sendo vedada sua cumulação com quaisquer outros índices.

– Complicado isso aí.

Não é simples. É importante reconhecer, mas, para a prática, essa tabela ajuda bastante.

Uma última observação quanto ao tema é: muito cuidado com os índices de correção monetária e de juros de mora nas decisões no processo de conhecimento.

– Por quê?

Ocorre que, apesar desses índices indicados pelo STJ, no mesmo tema 905, ele afirmou que eventual coisa julgada irá prevalecer sobre tais índices. O juiz não pode simplesmente ignorar o que foi fixado no processo de conhecimento.

– Quer dizer que se o juiz, por exemplo, disser na sentença que é a taxa SELIC quando não é para ser, lascou?

De certa forma sim, não poderá haver alteração dessa decisão no cumprimento de sentença. Só resta a possibilidade de impugnar a própria coisa julgada utilizando-se, por exemplo, da ação rescisória por violação de norma jurídica (art. 966, V, CPC).

– Misericórdia, quanto trabalho por juros e correção monetária!

De jeito nenhum... A depender do índice utilizado, às vezes a maior parte do crédito vem justamente dos juros e da correção monetária!

– Vou ficar ligado!

15.2.11. Sequestro das contas públicas

Passaremos agora a analisar o sequestro, que pode ser realizado em algumas situações nas execuções de pagar quantia do poder público, que ocorrem basicamente em hipóteses específicas de inadimplemento da dívida.

São duas, basicamente, as hipóteses de sequestro de verbas públicas:

i) Preterição do direito de precedência (art. 100, §6º, CFRB);

ii) Não alocação orçamentária (art. 100, §6º, CFRB).[54]

Vamos, primeiro, entender que hipóteses são essas. A primeira é a preterição do direito de precedência. Para entender isso, basta se atentar para um detalhe: lembra-se que os precatórios são uma fila de pagamento e eles vão sendo pagos de acordo com a ordem cronológica?

– Sim!

Imagine que o seu precatório é o 2º da lista. Se, por algum motivo, o 6º lugar da fila receber antes de vocês, o que aconteceu?

– Furou a fila! Que palhaçada.

Pois é, lembre-se que a mesma coisa acontece se furam a fila na nomeação de um concurso: trata-se de uma violação do direito.

Nesse caso, você pode pedir o sequestro desses valores, para que a ordem nessa fila seja reorganizada. Isso é o que se chama de **preterição do direito de precedência**.

54. Existem ainda outras duas hipóteses, mas que se dirigem a regime específicos para o pagamento de precatórios no ADCT. São elas: i) o regime de pagamento que consta no art. 78, permitindo sequestro em caso de omissão no orçamento ou preterição do direito de precedência e ii) não liberação tempestiva dos recursos para o pagamento do parcelamento previsto no art. 97, §1º, II e §§2º a 6º (art. 97, §10, I).

Agora, vamos para o caso de "não alocação orçamentária do valor necessário à satisfação do seu débito".

– Eu confesso que tô feito os pinguins de Madagascar nesse caso: apenas sorrio e aceno, porque não entendi nada.

Vamos lá, não é o fim do mundo. Primeiro, de acordo com o art. 100, §5º, da Constituição, o ente público deve, obrigatoriamente, incluir no seu orçamento para o próximo ano as verbas necessárias para o pagamento dos seus débitos. Até aí tudo bem?

– Sim.

Além disso, de acordo com o art. 100, §6º, da Constituição, não basta incluir no orçamento. Ele deve, igualmente, transferir essas verbas ao Poder Judiciário, até o final do exercício seguinte, do contrário, não estará ocorrendo a efetivação alocação dos recursos.[55] É uma forma de garantir que o ente público não invente de colocar no orçamento, mas quando chegar na hora, deixe o dinheiro parado.

– Certo.

Se ele não fizer isso, torna-se possível a realização do sequestro.

Agora precisamos entender algo bem importante, que é exatamente o que é esse tal de sequestro.

– Diria o mesmo professor. Só fico imaginando alguém indo na calada da noite sequestrar dinheiro do cofre do poder público, que deve ser do tamanho daquele do Tio Patinhas.

Como destaca o art. 100, §6º, da Constituição, no caso do sequestro, o valor que não foi pago, e que está sendo exigido pela parte que será retirado das contas públicas. De acordo com Araken de Assis,

55. ASSIS, Araken de. *Manual da execução*... cit., p. 1449.

ele terá natureza satisfativa, ou seja, será utilizado para o pagamento da dívida, como destaca a parte final do art. 100, §6º.[56]

– Como assim?

É que, uma vez realizado o sequestro, tais valores serão transferidos para o patrimônio do exequente, satisfazendo a dívida. Eles não vão apenas ser utilizados para reorganizar a fila, mas para efetivamente pagar o exequente.

– É justo. Precatório já demora tanto, se ainda tem mais alguma confusão, era o fim!

Uma coisa importante também é ver quem pode requerer essa medida. Destaca-se que **qualquer credor preterido pode ajuizá-la**. Ou seja, imagine que você seja o 10º da fila e eles pagam o 20º... Naturalmente, não só o 19º pode requerer o sequestro, mas qualquer um que for preterido, seja do 1º até o 19º.

– Certo. Basta que eu saiba que alguém passou na minha frente, não importa quem!

Exatamente. Só não poderá ingressar com a medida quem estiver atrás na fila, afinal, essa pessoa que recebeu está na sua frente.

Quanto à legitimidade passiva, aponta a doutrina que o pedido pode se dirigir tanto a quem furou a fila, quanto ao ente público executado.[57]

– Certo, então posso escolher.

Por fim, uma última observação é a de que **esse sequestro não pode ser feito de ofício**. Isso porque o art. 100, §6º, da Constituição

56. ASSIS, Araken de. *Manual da execução*... cit., p. 1450.
57. ASSIS, Araken de. *Manual da execução*... cit., p. 1451.

afirma expressamente que será realizado "a requerimento do credor". Ou seja, o prejudicado precisa requerer a realização do sequestro.

15.2.12. Intervenção federal ou estadual e não pagamento de precatórios

Conectado com a questão do sequestro, precisamos analisar a possibilidade de intervenção federal nos Estados e DF, ou Municípios localizados em Territórios Federais, ou intervenção estadual, nos seus municípios, de acordo com os arts. 34, VI e 35, IV, da Constituição Federal, pelo não pagamento de precatórios.

> – Opa, se o ente público atrasar o pagamento, já vai ter o pé na porta, com intervenção federal/estadual e tudo?

Primeiro, uma observação: o cabimento da intervenção federal ou estadual deriva da dicção do texto constitucional, que autoriza a intervenção federal para "prover a execução de lei federal, ordem ou decisão judicial" (art. 34, VI) e a estadual, para "prover a execução de lei, de ordem ou de decisão judicial" (art. 35, IV).

O argumento seria: se o poder público atrasa o pagamento dos precatórios, ou seja, ultrapassa o período de graça, estaria descumprindo uma ordem judicial, logo, seria cabível a intervenção.

> – Tá, entendi. Mas e porque não chovem intervenções federais e estaduais?

Elas já foram tentadas, mas é que o STF tem o entendimento de que "O descumprimento voluntário e intencional de decisão transitada em julgado configura pressuposto indispensável ao acolhimento do pedido de intervenção federal".[58]

E, quando analisa os casos de precatórios, sempre vem entendendo que não há voluntariedade dos entes públicos em não pagar

58. STF, Tribunal Pleno, IF 3.124 AgR, Rel. Min. Maurício Corrêa, j. 22/03/2004, DJ 28/05/2004.

tais dívidas, mas simplesmente ocorre uma insuficiência de recursos financeiros para tanto, reconhecendo que os estados têm ao menos tentado satisfazer essas dívidas[59] ou, por exemplo, que os serviços públicos também precisam ser satisfeitos, o que impede que sejam destinados valores suficientes para pagar todas as dívidas de uma vez.[60]

– Ou seja, para o STF, há o reconhecimento do "devo, não nego, pago quando puder"?

E mais ou menos isso. Ele reconhece que seria uma medida muito drástica e que o Estado simplesmente não consegue honrar tempestivamente com suas dívidas.

– Eu posso alegar isso nas minhas execuções em que for réu, dizendo que não estou pagando porque estou sem dinheiro e que também preciso manter meus outros gastos?

Bem, não recomendo...

15.2.13. A (im)possibilidade da compensação dos valores dos precatórios com dívidas para o poder público

Tentando arrumar jeito de salvar as dívidas do poder público, a EC 62/2009 criou uma possibilidade de compensação das dívidas ativas que o credor tivesse no momento do pagamento do precatório (art. 100, §9º e 10º).

– Ei, quer dizer que eu esperei mil anos para receber no precatório e, no final, a Fazenda Pública pode chegar e dizer: ei, tu tem uma dívida aqui comigo. A gente compensa e pronto. Que absurdo!

Calma!

59. STF, Tribunal Pleno, IF 3.124 AgR, Rel. Min. Maurício Corrêa, j. 22/03/2004, DJ 28/05/2004.
60. STF, IF 298, Rel. Min. Marco Aurélio, Relator(a) p/ Acórdão: Gilmar Mendes, j. 03.02.2003, DJ de 27.02.2004

– Estou revoltado.

Calma. Isso foi inserido em 2009, mas o STF reconheceu a sua inconstitucionalidade nas Ações Diretas de Inconstitucionalidade n. 4.357 e 4.425, então não se preocupe que você vai receber o seu dinheiro.

– Ah tá, graças a Deus. Mas qual foi o fundamento? Para além do excesso de cara de pau?

De acordo com o STF, essa possibilidade "embaraça a efetividade da jurisdição (CF, art. 5º, XXXV), desrespeita a coisa julgada material (CF, art. 5º, XXXVI), vulnera a Separação dos Poderes (CF, art. 2º) e ofende a isonomia entre o Poder Público e o particular (CF, art. 5º, caput), cânone essencial do Estado Democrático de Direito (CF, art. 1º, caput)".[61] Ou seja, o que não falta é inconstitucionalidade...

– Concordo plenamente! Que coisa mais absurda.

15.2.14. Utilização dos precatórios para a aquisição de imóveis públicos

Há uma previsão interessante, que é a autorização "ao credor, conforme estabelecido em lei da entidade federativa devedora, a entrega de créditos em precatórios para compra de imóveis públicos do respectivo ente federado" (art. 100, §11, Constituição Federal).

– E quem vai querer isso? Não é melhor receber o dinheiro e depois resolver o que fazer?

61. STF, Tribunal Pleno, ADI 4.357, Rel. Min. Ayres Britto, Relator(a) p/ Acórdão: Luiz Fux, j. 14/03/2013, DJe 26/09/2014.

Em tese sim, é claro. Mas precisamos lembrar a situação fática de que, em muitos entes públicos, é bastante demorado o pagamento dos precatórios. Ou seja, se você for esperar para receber o valor, pode demorar muito...

Note que essa utilização para compra de imóveis públicos de um ente público ocorre pela utilização de crédito inscrito em precatório, sendo irrelevante seu lugar na fila. Então imagine que você está no bilionésimo lugar da fila, sabendo que só vai receber no próximo século... Vai esperar ou prefere usar logo esse dinheiro para comprar um imóvel público?

– É, faz sentido. Mas posso usar para comprar qualquer imóvel público?

Não. Vai depender de cada ente público, que precisará editar lei específica para indicar qual será o procedimento para utilização desses créditos, mas não deixa de ser uma autorização importante para diminuir a fila dos precatórios.

15.2.15. Cessão de precatórios

Temos ainda outra possibilidade que decorre dessa demora no pagamento dos precatórios, que é a autorização de que "O credor poderá ceder, total ou parcialmente, seus créditos em precatórios a terceiros, independentemente da concordância do devedor, não se aplicando ao cessionário o disposto nos §§ 2º e 3º" (art. 100, §13, CF).

– Isso significa que eu posso simplesmente sair cedendo meus créditos para qualquer um?

Sim.

– Vi que a constituição não fala em cessão da RPV. É possível?

Entendo que sim, não me parece haver qualquer vedação, afinal, se é possível ceder precatórios, também seria possível ceder a RPV.[62]

> – Mas quem vai querer comprar precatórios para receber só Deus sabe quando?

Ora, vários investidores, afinal, por lógica, como ainda vai demorar para ocorrer o pagamento, pode ser que alguém te ofereça 80% do valor total do crédito. Você recebe logo o valor, mas recebe menos. O investidor, por sua vez, irá receber o valor total, mais correção e juros do período mais na frente. De certa forma, para quem compra e não tem pressa, é um ótimo investimento.

> – Ah... entendi. Faz sentido. O credor recebe logo, mas provavelmente recebe menos.

Importa destacar alguns requisitos e consequências dessa cessão: i) o ente público devedor não participa dessa negociação, então não precisa da sua concordância (art. 100, §13, CF); ii) no entanto a cessão só produzirá "efeitos após comunicação, por meio de petição protocolizada, ao tribunal de origem e à entidade devedora" (art. 100, §14, CF).

> – Mas como assim não precisa da concordância, mas precisa comunicar?

Nessa situação, trata-se apenas de um requisito de eficácia perante o Poder Judiciário. A cessão ocorre sem qualquer comunicação, mas para que esse terceiro possa chegar lá e receber o dinheiro, ou seja, para que seja eficaz, o tribunal e o ente público precisam ser comunicados.

Do contrário podia chegar qualquer um dizendo que fez um negócio com o credor...

62. FAIM FILHO, Eurípedes Gomes. *Requisitos. Precatórios e requisições de pequeno valor: um tema de direito financeiro.* Tese de Doutorado. São Paulo: USP, 2014, p. 67.

– Ah, entendi. É basicamente para manter e controle e não bagunçar tudo.

Exato. E da mesma forma que a comunicação permite o terceiro receber os valores, também vai impedir o antigo titular de fazê-lo.

Há, no entanto, que se verificar mais um detalhe nessa cessão, que é a manutenção das preferências e dos critérios de pagamento. Isso porque afirma o art. 10, §13, na parte final, que não se aplica a essa cessão "o disposto nos §§ 2º e 3º".

– Mas o que exatamente tem nesses parágrafos?

São nesses parágrafos que estão previstos os créditos **superpreferenciais** e o regime de pagamento da RPV.

– Certo.

Isso nos permite concluir algumas coisas. A primeira é a de que, se eu tiver um crédito **superpreferencial** e ceder a um terceiro, ele perderá essa preferência, já que não se aplica à cessão o disposto no art. 100, §2º, da CF.

– Ele vai para a lista geral?

Não me parece que chega a tanto. Isso porque não há qualquer menção, no art. 100, §13, da CF, de mudança na natureza dos créditos alimentares, que estão no art. 100, §1º. Em recente decisão, o STF afirmou que **"A cessão de crédito não implica alteração da natureza"**[63] **do crédito ao analisar uma cessão de créditos alimentares.**

63. STF, Tribunal Pleno, RE 631.537, Rel. Min. Marco Aurélio, j. 22/05/2020, DJe 03/06/2020, tese de repercussão geral.

– Esse crédito cedido vai apenas sair de superpreferencial para preferencial?

Sim, essa me parece a interpretação correta.

Por outro lado, **se o crédito era apenas alimentar, a cessão não vai gerar nenhuma alteração sua natureza**, mantendo-se como alimentar, no mesmo lugar em que estava na fila, pois, como vimos, o art. 100, §13, da CF não traz qualquer limitação nesse sentido.

Essa é também a conclusão do art. 42, §1º, da resolução n. 303, de 18/12/2019, do CNJ: "**A cessão não altera a natureza do precatório, podendo o cessionário gozar da preferência de que trata o § 1º do art. 100 da Constituição Federal**, quando a origem do débito assim permitir, mantida a posição na ordem cronológica originária, em qualquer caso".

– Tem mais alguma particularidade nessa cessão?

Me parece que sim. Veja que ela afirma expressamente que não se aplica o art. 100, §3º, da CF, que prevê o pagamento da RPV. Essa previsão, me parece, claramente está objetivando impedir uma malandragem do credor de precatórios.

– Por quê?

Simples. Pense na seguinte situação. Zé Carioca tem um crédito inscrito em precatórios para receber da União 600 salários mínimos. Ele pensa: pô, vou demorar para receber isso. O art. 100, §13, da CF me permite ceder PARCIALMENTE o crédito. Então eu vou ceder para 10 pessoas, para cada uma, 60 salários mínimos, que é o limite da RPV e todas elas vão receber bem mais rápido. Não vão precisar esperar o precatório. Pode isso?

– Professor, isso tá muito estranho.

Exatamente. Pensando nessas malandragens, a Constituição previu que você pode ceder PARCIALMENTE o crédito, mas o que era precatório não pode se transformar em RPV, mesmo que, em tese, o valor cedido pudesse ser inscrito como tal, caso autônomo.[64]

Essa é também a previsão do art. 22, da Resolução n. 458/2017, do CJF, alterado pela Resolução n. 670/2020 do CJF: "**A cessão de crédito** não altera a natureza do precatório de comum para alimentar ou de alimentar para comum **nem altera a modalidade da requisição de precatório para requisição de pequeno valor**".

– Muito esperto o constituinte. Já se antecipou ao esperto.

Isso mesmo. Em resumo, podemos dizer o seguinte:

1. A cessão do precatório ALIMENTAR em nada altera a sua natureza, ele se mantém no mesmo lugar da fila.
2. A cessão do precatório superpreferencial faz ele perder essa natureza, mas vai apenas para a fila dos preferenciais ou alimentares, não para a lista geral.
3. Não posso ceder parcialmente os precatórios para transformar esses valores cedidos em RPV.

– Ótimo, agora não esqueço mais.

Espero que não. Faço apenas uma última observação: no caso do precatório SUPERPREFERENCIAL, se houver SUCESSÃO HEREDITÁRIA, sua natureza é mantida. Não confunda o caso da sucessão hereditária com a CESSÃO DO CRÉDITO!

64. FAIM FILHO, Eurípedes Gomes. *Requisitos. Precatórios e requisições de pequeno valor: um tema de direito financeiro...* cit., p. 67.

CAPÍTULO 16

Execução Fiscal

A execução pode ser compreendida como a efetivação, por meio de um procedimento devido, de prestação contida em um título executivo seja ele extrajudicial ou não[1]. Podemos dizer que há um procedimento comum de execução de pagar quantia no CPC, seja ele fundado em título judicial ou extrajudicial.

No entanto, nada impede que sejam criados procedimentos especiais executivos, como ocorre com a execução fiscal, que nada mais é do que um procedimento especial executivo voltado para a execução do título executivo extrajudicial, que é a dívida ativa, regulada pela Lei n. 6.830/1980 (Lei de Execução Fiscal – LEF).

Significa, então, que a primeira coisa que iremos estudar é justamente o que é essa dívida ativa. Você sabe o que é essa dívida ativa?

– Professor, só sei que ela é um título executivo extrajudicial do poder público.

Bem, já é um começo. Além disso, ela tem uma curiosidade, porque, ao contrário do que ocorre nos demais títulos extrajudiciais, ela independe da participação do devedor, podendo ser emitido unilateralmente pelo credor.[2]

– É muito poder!

A dívida ativa são créditos em favor do poder público, **tributários ou não** (art. 2º, *caput*, LEF), e compreende tanto o valor da

1. MINAMI, Marcos Youji. *Da vedação ao* non factibilie: uma introdução às medidas executivas atípicas. Salvador: Juspodivm, 2019, p. 120.
2. DIDIER JR., Fredie; CUNHA, Leonardo Carneiro da; OLIVEIRA, Rafael; BRAGA, Paula Sarno. *Curso de direito processual civil.* 8ª ed. Salvador: Juspodivm, 2019, v. 5, p. 310.

própria dívida, quanto a "atualização monetária, juros e multa de mora e demais encargos previstos em lei ou contrato" (art. 2º, §2º, LEF), desde que certificado por meio de um procedimento legalmente disciplinado.

– Então ela pode ser tributária ou não?

Exato. Na verdade, quando se analisa a Lei n. 4.320/1964, a grande maioria dos créditos inscritos em dívida ativa são não tributários. Como aponta o art. 39, §2º, da mencionada Lei, "Dívida Ativa não Tributária são os demais créditos da Fazenda Pública, tais como os provenientes de empréstimos compulsórios, contribuições estabelecidas em lei, multa de qualquer origem ou natureza, exceto as tributárias, foros, laudêmios, alugueis ou taxas de ocupação, custas processuais, preços de serviços prestados por estabelecimentos públicos, indenizações, reposições, restituições, alcances dos responsáveis definitivamente julgados, bem assim os créditos decorrentes de obrigações em moeda estrangeira, de subrogação de hipoteca, fiança, aval ou outra garantia, de contratos em geral ou de outras obrigações legais".

Por sua vez, a dívida ativa tributária é conceituada pelo art. 201 do CTN como "a proveniente de crédito dessa natureza, regularmente inscrita na repartição administrativa competente, depois de esgotado o prazo fixado, para pagamento, pela lei ou por decisão final proferida em processo regular".

– Misericórdia, é crédito que não acaba mais!

Exatamente. Uma coisa que precisamos entender é que dívida ativa é a denominação do próprio título executivo; é como que a fase final de um procedimento que irá apurar a dívida, verificando se ela é líquida e certa.

Então, em um primeiro momento, tem-se um crédito **líquido, certo e exigível** (art. 39, §1º, da Lei n. 4.320/1964) e apenas a partir desse momento é que ele poderá ser inscrito na dívida ativa.

No mesmo sentido, é também a previsão do art. 2º, §3º, da LEF, segundo o qual "A inscrição, que se constitui no ato de controle administrativo da legalidade, será feita pelo órgão competente para apurar a liquidez e certeza do crédito".

– Tudo que o poder público tem de crédito pode ser executado pela execução fiscal?

Não. Só pode existir execução fiscal se houve inscrição da dívida ativa e nem tudo pode virar dívida ativa. Não importa se o poder público tem um crédito com a empresa X para efeitos de execução fiscal; precisa passar pelo procedimento de inscrição em dívida ativa.

Imagine, por exemplo, que o poder público, em uma ação judicial em que é réu, o pedido da ação é julgado improcedente com condenação do autor em honorários sucumbenciais. Como será a execução desse crédito?

– Professor... a lógica vai ser pelo cumprimento de sentença, já que o juiz fixou o valor, tem título judicial.

Exato. Em um caso semelhante isso ocorreu, e a União tentou inscrever em dívida ativa, mas o STJ afirmou que não haveria interesse de agir, não fazendo sentido que o poder público, tendo um título judicial, invente de inscrever em dívida ativa.[3]

Mais ainda, nem todo crédito que o poder público suponha ter pode ser transformado em dívida ativa.

– Por quê?

Porque, querendo ou não, embora haja um procedimento administrativo, é uma atuação unilateral do poder público. Por conta disso, em termos gerais, **só pode ser transformado em dívida ativa na hipótese de existir lei específica autorizando o ato**, do contrário, deverá se utilizar de uma ação de conhecimento para ter algum título executivo ao final.[4]

3. STJ, 2ª T., REsp 1.126.631/PR, Rel. Min. Herman Benjamin, j. 20/10/2009, DJe 13/11/2009.
4. GODOI, Marilei Fortuna. Formação do título executivo. In: MELO FILHO, João Aurino (coord.). *Execução fiscal aplicada.* 8º ed. Salvador: Juspodivm, 2020, p. 54.

Imagine, por exemplo, que alguém se envolve em um acidente com outra pessoa e cause danos a uma rodovia federal em decorrência de um acidente automobilístico. Se alguém quiser danos morais e materiais do outro, precisa ajuizar uma ação, não podendo simplesmente criar um título executivo e dizer que o dano foi X, certo?

– Certo.

E se a União quiser ser ressarcida dos danos causados à rodovia federal? Afinal, se alguém estragou a rodovia, precisa pagar. Veja que nesse caso, não há lei que permita ao poder público, por um procedimento administrativo próprio e unilateral, constatar a dívida e inscrevê-la em dívida ativa.

– Então aí ela precisaria fazer como os pobres mortais, e ajuizar uma ação?

Exatamente. E esse foi o entendimento adotado pelo STJ.[5] Em resumo, **nem todo crédito do poder público pode ser transformado em dívida ativa.**

16.1. EFEITOS DA DÍVIDA ATIVA

Mas, e em relação àqueles transformados em dívida ativa, precisamos verificar os seus efeitos. O primeiro deles é a "presunção de certeza e liquidez" (art. 3º, *caput*, da LEF).

– Mas essa presunção é absoluta?

Não! De forma alguma. Até porque se o fosse, nem poderia ter defesa na execução fiscal, o devedor só poderia mesmo pagar e pronto. O parágrafo único do mesmo artigo afirma claramente que "A presunção a que se refere este artigo é RELATIVA e pode ser **ilidida** por PROVA INEQUÍVOCA, a cargo do executado ou de terceiro, a quem

5. STJ, 2ª T., REsp 719.583/RS, Rel. Min. Herman Benjamin, j. 17/12/2009, DJe 02/02/2010.

aproveite". Ou seja, nada mais é do que um simples título executivo extrajudicial, em que se presume correto, salvo prova em contrário.

– Ah, menos mal. Então basta o executado trazer na defesa as provas de que há algum erro na execução fiscal.

Exatamente.

Além disso, a inscrição na dívida ativa "suspenderá a prescrição, para todos os efeitos de direito, **por 180 dias**, ou **até a distribuição da execução fiscal, se esta ocorrer antes de findo aquele prazo**" (art. 2º, §3º, LEF).

Em outros termos, a prescrição será suspensa por 180 dias ou até o ajuizamento da execução fiscal, o que ocorrer primeiro.

– Bem que isso poderia acontecer com todos os títulos executivos!

De fato, mas só na dívida ativa mesmo. Há, no entanto, uma observação acerca desse prazo, porque ele **só se aplica às execuções fiscais não tributárias.**[6]

– Por quê?

Isso ocorre porque a suspensão da prescrição do crédito tributário é matéria a ser regida por Lei Complementar (art. 146, III, "b", da CF).[7]

6. STJ, 2ª T., REsp 1.669.907/SP, Rel. Min. Herman Benjamin, j. 27/06/2017, DJe 30/06/2017; STJ, 2ª T., REsp 1.164.878/PR, Rel. Min. Mauro Campbell Marques, j. 05/08/2010, DJe 01/09/2010.
7. Com raciocínio análogo: STJ, 2ª T., REsp 1.164.878/PR, Rel. Min. Mauro Campbell, j. DJe 01/09/2010. Abordando o problema de leis ordinárias que tratam da prescrição tributária, cf.: SOUZA JÚNIOR, Antonio Carlos Ferreira de; FERRAZ FILHO, Luiz Henrique Gomes. (im) possibilidade jurídica de alteração da prescrição tributária por meio de regras processuais. In: MIRANDA, Daniel; CUNHA, Leonardo Carneiro da; ALBUQUERQUE JÚNIOR, Roberto Paulino de. *Prescrição e decadência*. Salvador: Juspodivm, 2013.

O texto constitucional impõe que as normas gerais tributárias devem ser reguladas por lei complementar e é exemplo disso a regulação das hipóteses de suspensão da prescrição. No caso, só pode ocorrer suspensão da prescrição tributária nos casos do art. 174 do CTN.

– Ah, bom saber!

16.2. LEGITIMIDADE ATIVA

Veremos agora a questão da legitimidade ativa.

– Professor, pode passar.

Por quê?

– Ora, tranquilo demais. Pessoas jurídicas de direito público.

Seu raciocínio faz sentido, mas há exceções.

– Poxa, pensei que estivesse abalando.

Quase, quase. Ocorre que há certos casos em que é possível a transferência dessa cobrança para outro ente.

– Opa, execução fiscal por ente privado?

Sim, na verdade por uma empresa pública, no caso a Caixa Econômica Federal (CEF). O art. 2º da Lei n. 8.844/1994 afirma competir à PFGN a inscrição em dívida ativa do FGTS, mas, por meio de convênio, a cobrança desses créditos pode ser delegada á CEF.

– Ravi, não tinha a menor ideia!

Pois é, vivendo e aprendendo.

Há uma outra questão que ainda é alvo de certas discussões (principalmente doutrinárias) e que vale a pena fazer menção, que é a utilização da execução fiscal para a cobrança das contribuições dos conselhos profissionais.

– Qual o problema?

Como vimos lá no capítulo 1, esses entes, por lei, teriam personalidade jurídica de direito privado, mas, como o STF entendeu que essa previsão seria inconstitucional e que eles seriam autarquias especiais, acabou-se afirmando que eles deveriam realizar a cobrança judicial de suas contribuições por meio da execução fiscal, já que elas teriam natureza de taxa.[8]

Ocorre que essa lógica não se aplica à OAB.

– Por qual motivo?

Bem, a OAB é compreendida como uma autarquia *sui generis*, que é outro nome para dizer que ninguém sabe o que ela é, porque tem um regime completamente confuso. Para efeitos dos nossos estudos, o STJ entende que ela se diferencia dos demais conselhos de fiscalização profissional. Por conta disso, a sua anuidade não tem natureza de taxa, não podendo ser inscrita em dívida ativa, vedada a execução fiscal para sua cobrança, mas a execução disciplinada pelo CPC através desse título jurídico extrajudicial previsto no art. 46, parágrafo único, da Lei n. 8.906/1994.[9]

– De todos esses conselhos, só a OAB é que não usa execução fiscal?

Exatamente.

---

8. STJ, 1ª T., REsp 552.894/SE, Rel. Min. Francisco Falcão, j. 25/11/2003, DJ 22/03/2004.
9. STJ, 2ª T., REsp 447.124/SC, Rel. Min. João Otávio de Noronha, j. 04/05/2006, DJ 28/06/2006.

16.3. LEGITIMIDADE PASSIVA

A legitimidade passiva da execução fiscal, por sua vez, tem mais questões polêmicas. A execução fiscal pode ser promovida em face do devedor (art. 4º, I, LEF), bem como dos seus sucessores (art. 4º, VI, LEF).

– Quer dizer que nem morto eu me livro da execução fiscal?

Exatamente. Você morre, mas o fisco continua te perseguindo. Se você falecer antes da execução fiscal, ela já se dirige ao seu espólio (art. 4º, III, LEF), embora, por óbvio, só possa atingir o que você deixar de herança.

– Menos mal. Pelo menos se eu morrer pobre, a desgraça é menor.

Vira essa boca para lá, se for morrer, pelo menos morra rico. Aproveite e pague seus tributos para evitar problemas futuros ou deixe para pagar depois da execução fiscal e ajudar nos honorários das procuradorias.

Pode, ainda, a execução fiscal ser promovida contra o garantidor da dívida, a exemplo do fiador (art. 4º, II, LEF) ou contra a massa falida. Por fim, ela também pode ser dirigida "ao responsável, nos termos da lei, por dívidas, tributárias ou não, de pessoas físicas ou pessoas jurídicas de direito privado" (art. 4º, V, LEF).

– Ou seja, não tem como fugir das cobranças.

Quase isso. Há uma questão que precisamos analisar com calma.

Uma explicação prévia é relevante: devedor e responsável são situações jurídicas diferentes: enquanto o devedor é aquele que tem o dever de responder por dívida própria (por exemplo, você comprou algo e não pagou), o responsável é aquele que responde pela dívida de outro, como é o caso do fiador. O fiador não é o devedor, mas é responsável pelo pagamento da dívida de um terceiro.

Ao responsável, por vezes, não é simples comprovar que ele deve responder pela dívida, como se verifica, por exemplo, no caso do sócio de uma sociedade limitada, que só o faz preenchidos determinados pressupostos que precisam ser comprovados. Em resumo, ele só responde nas hipóteses de direito material.

– Tá, mas qual a consequência disso aí?

Uma primeira observação é a de que o devedor, para ser executado, precisa ter seu nome no termo da dívida ativa (art. 2º, §5º, I, LEF) ou não tem como ser executado.

A situação é diferente no caso do responsável, como é o caso do responsável tributário ou mesmo em dívidas não tributárias, como é o caso do sócio de uma sociedade empresária. Nesse caso, eles podem constar na certidão de dívida ativa, mas também podem ser inseridos no meio do processo.

– Mas qual a diferença entre essas duas situações?

A diferença é que, se o responsável for incluído na certidão de dívida ativa (CDA), iremos presumir que os requisitos para a sua responsabilização estão configurados e que ele é responsável. Isso decorre da presunção de legitimidade da CDA (art. 3º, LEF). Significa, então, que caberá a esse responsável **provar** que não é responsável naquela hipótese e que os requisitos para sua responsabilização não estão configurados.[10]

Ou seja, se está na CDA, o cara vai participar do processo e precisa comprovar que a CDA está errada. O ônus da prova é do responsável, ok?

10. STJ, 1ª T., AgInt no REsp 1.555.204/RN, Rel. Min. Napoleão Nunes Maia Filho, j. 17/02/2020, DJe 03/03/2020. Há manifestação sobre o tema também em recurso repetitivo, especificamente em matéria tributária: STJ, 1ª Seção, REsp 1.104.900/ES, Rel. Min. Denise Arruda, j. 25/03/2009, DJe 01/04/2009. Na doutrina: MELO FILHO, João Aurino de; SANDRI, Marcos Paulo. Legitimidade no processo de execução fiscal: fazenda pública exequente e devedor ou responsável executado. In: MELO FILHO, João Aurino (coord). *Execução fiscal aplicada*. 8º ed. Salvador: Juspodivm, 2020, p.171.

– Certo.

Mas, se, por acaso, o eventual responsável não está na CDA, o que fazer? Caberá à Fazenda Pública interessada em incluí-lo no polo passivo requerer, justificadamente, o redirecionamento da execução para esse terceiro. Nessa hipótese, tem-se uma responsabilidade superveniente, pois o responsável não constava da CDA.

Pois bem, nesse caso, exatamente ao contrário do que ocorre quando o responsável já consta da CDA, **caberá à Fazenda Pública o ônus de comprovar que estão presentes os requisitos para a responsabilidade daquele terceiro.**[11]

– Então, se o indivíduo não estiver na CDA, o poder público que se vire para provar que ele é responsável?

Exatamente. Agora, precisamos entender, em linhas gerais, como ocorre essa responsabilização, destacando-se que ela é diferenciada entre a responsabilidade tributária e a não-tributária (seguindo a lógica de que há dívida ativa tributária e não tributária).

– Certo

16.3.1. A responsabilização pessoal dos sócios em matéria tributária

No caso do direito tributário, basicamente, a discussão envolve o art. 135, III, do CTN, segundo o qual:

> Art. 135. São pessoalmente responsáveis pelos créditos correspondentes a obrigações tributárias resultantes de atos praticados com **excesso de poderes ou infração de lei, contrato social ou estatutos**: (...)

11. MELO FILHO, João Aurino de; SANDRI, Marcos Paulo. Legitimidade no processo de execução fiscal: fazenda pública exequente e devedor ou responsável executado... cit., p. 174.

III – os diretores, gerentes ou representantes de pessoas jurídicas de direito privado.

De forma resumida, exige-se que o sócio, para ser responsabilizado: a) tenha poderes de gerência[12] e b) pratique atos com excesso de poderes ou infração de lei, contrato social ou estatutos.

– Ele pode ser responsabilizado simplesmente pela falta de pagamento do tributo pela empresa?

Não. A súmula n. 430 do STJ afirma que "O inadimplemento da obrigação tributária pela sociedade não gera, por si só, a responsabilidade solidária do sócio-gerente". Para sua responsabilização é imprescindível algo a mais, como, por exemplo, o não repasse das contribuições previdenciárias recolhidas dos empregados[13] ou a dissolução irregular da pessoa jurídica para que se configure uma efetiva infração à lei ou ao contrato social.

– Mas como assim dissolução irregular?

É que, em tese, para que uma sociedade empresária possa fechar as portas, há todo um trâmite formal em lei para sua dissolução. Se o sócio simplesmente fecha as portas, há nítida violação à legislação.

Naturalmente que essa dissolução irregular precisa ser comprovada, mas, para o STJ, por exemplo, "Presume-se dissolvida irregularmente a empresa que deixar de funcionar no seu domicílio fiscal, sem comunicação aos órgãos competentes, legitimando o redirecionamento da execução fiscal para o sócio-gerente" (Súmula 435, STJ). Ou seja, a alteração do endereço social sem a sua devida publicidade.

– Então basicamente dissolução irregular ocorre quando alguém chega lá e descobre que, de repente, a empresa fechou?

12. MELO FILHO, João Aurino. Modificações no polo passivo da execução fiscal: consequências da falência, da morte, da dissolução irregular da pessoa jurídica e da sucessão empresarial no processo executivo. In: MELO FILHO, João Aurino (coord). *Execução fiscal aplicada.* 8º ed. Salvador: Juspodivm, 2020, p. 530.
13. STJ, 2ª T., REsp 1.775.967/SP, Rel. Min. Herman Benjamin, j. 11/12/2018, DJe 23/04/2019.

Isso mesmo. Ainda na dissolução irregular, precisamos ver uma especificação do tema, que é a seguinte: para ser responsabilizado pelas dívidas, esse sócio-gerente deve ter atuado na empresa no momento da dissolução **OU** tanto na época do fato gerador, como na época da dissolução irregular.

– Qual o correto professor?

Até o momento, nenhuma das duas... isso porque, desde 2017 o tema foi afetado para julgamento no tema 981. Até aquele momento, havia uma divergência entre as turmas do STJ, pois, para a segunda, bastaria a atuação como sócio-gerente no momento da dissolução irregular[14], já para a primeira, deveria atuar no momento do fato gerador e na dissolução irregular.[15]

– Misericórdia, desde 2017?

Infelizmente sim. Eu, particularmente, concordo com aquela que só exige a participação no momento da dissolução irregular, uma vez que a causa de pedir dessa responsabilização são as irregularidades cometidas no momento da dissolução. Não interessa se ele era sócio no momento do fato gerador, mas que ele atuou de forma fraudulenta no fim da sociedade empresária; essa é a causa da responsabilização.[16]

– Faz sentido, mas o STJ, pelo jeito, está indeciso, não é?

É, teremos de esperar. De forma geral, essa é a responsabilidade dos sócios em matéria tributária, mas também deve ser analisada como fica essa mesma responsabilidade para as dívidas não-tributárias.

14. STJ, 2ª T., REsp 1.520.257/SP, Rel. Min. Og Fernandes, j. 16/06/2015, DJe 23/06/2015.
15. STJ, 1ª T., AgInt no REsp 1.569.844/SP, Rel. Min. Benedito Gonçalves, j. 22/09/2016, DJe 04/10/2016.
16. MELO FILHO, João Aurino. Modificações no polo passivo da execução fiscal: consequências da falência, da morte, da dissolução irregular da pessoa jurídica e da sucessão empresarial no processo executivo... cit., p. 559.

16.3.2. Responsabilidade do sócio nas dívidas não tributárias

Um primeiro pressuposto para entendermos é o de que as normas da responsabilidade tributária não se aplicam – em quase todos os casos – às dívidas não-tributárias. Esse é o posicionamento do STJ.[17]

– E como faz para ter essa responsabilização?

Nessas hipóteses, deverá ser utilizado o art. 50 do código civil, que prevê a desconsideração da personalidade jurídica nos casos de desvio de finalidade ou confusão patrimonial ou mesmo em outras normas específicas do direito material.[18]

Ocorre que há uma situação em que essas duas responsabilidades se aproximam. Isso porque o art. 10 do Decreto n. 3.708, de 10 de janeiro de 1919 afirma que: "Os socios gerentes ou que derem o nome á firma não respondem pessoalmente pelas obrigações contrahidas em nome da sociedade, mas respondem para com esta e para com terceiros solidaria e illimitadamente pelo excesso de mandato e pelos actos praticados com **violação do contracto ou da lei**". Há previsão semelhante nas sociedades anônimas, no art. 158 da Lei n. 6.404/1976.

– Professor esse artigo da Lei de 1919 tá escrito todo errado.

Não. É que em 1919 se escrevia assim mesmo. Veja que esses artigos permitem responsabilização do sócio **no caso de violação da lei e a lei civil exige que as sociedades empresárias sejam dissolvidas de forma adequada** (arts. 1.033 a 1.112 do Código Civil e o procedimento da Lei de Falência).

– Certo.

---

17. STJ, 2ª T., REsp 1.267.232/PR, Rel. Min. Mauro Campbell Marques, j. 01/09/2011, DJe 08/09/2011.
18. STJ, 2ª T., AgInt no AREsp 1.427.619/RJ, Rel. Min. Og Fernandes, j. 19/10/2020, DJe 22/10/2020.

Veja o raciocínio do STJ: no contexto tributário, o fato jurídico "dissolução irregular" é considerado ilícito suficiente ao redirecionamento da execução fiscal de débito tributário – violação da lei –, portanto, não existiriam razões para que esse mesmo raciocínio fosse estendido também para as execuções fiscais de débito não-tributário.

Em resumo: tanto nas execuções fiscais tributárias, quanto nas não-tributárias, é possível a responsabilização do sócio-gerente pela dissolução irregular.

– Ah, bom saber. Ou seja, as responsabilidades são diferentes, mas não tão diferentes assim.

16.3.3. O incidente de desconsideração da personalidade jurídica e a execução fiscal

Agora precisamos investigar qual o procedimento para a responsabilização desse terceiro, tendo por base a inserção, no CPC de 2015, do incidente de desconsideração da personalidade jurídica. De forma bastante resumida, é uma intervenção de terceiro que tem por objetivo "levantar o véu" da pessoa jurídica naquele caso específico, permitindo que o sócio possa ser cobrado pela dívida.

– Levantar o véu? Quem está casando?

Entenda: esse levantar o véu faz referência ao fato de que, em regra, o sócio não responde pelas dívidas da empresa. Ninguém está casando no meio da execução fiscal.

Afinal, a personalidade jurídica muitas vezes tem a função de separar os patrimônios, só podendo o sócio ser atingido em casos específicos.

Se a empresa Não Pago Tributos não pagar suas dívidas e não tiver patrimônio, em regra, o sócio não pode ser responsabilizado. O sócio Zé Calote só pode ser atingido se, com base no direito material os pressupostos para a desconsideração da personalidade jurídica forem satisfeitos (levantar o véu).

– Tá, entendi.

Antes do CPC de 2015 essa desconsideração era desorganizada. Cada juiz que fizesse do seu jeito, ora tinha contraditório, ora não tinha. E o CPC chegou e organizou isso como uma intervenção de terceiro com o devido contraditório.

A discussão que devemos ter, para efeitos de execução fiscal é se esse procedimento se aplica à execução fiscal, tendo por base que, em tese, ele se aplica à fase de execução (art. 134, CPC) e que suspende o processo para esperar a análise da desconsideração (art. 134, §3º, CPC). O que você acha?

– Professor, eu acho que sim, afinal execução fiscal é execução.

Bem, seria bom se a questão fosse tão simples. Na verdade, nem o STJ se resolveu ainda...

– Mas de novo?

De novo.

Isso porque, para a segunda turma "**Há verdadeira incompatibilidade entre a instauração do incidente de desconsideração da personalidade jurídica e o regime jurídico da execução fiscal**, considerando que deve ser afastada a aplicação da lei geral, – Código de Processo Civil –, considerando que o regime jurídico da lei especial, – Lei de Execução Fiscal –, não comporta a apresentação de defesa sem prévia garantia do juízo, nem a automática suspensão do processo, conforme a previsão do art. 134, § 3º, do CPC/2015".[19]

Mas a primeira turma não tem uma posição tão radical. Para esse órgão fracionário, o incidente de desconsideração da personalidade jurídica não é incompatível com a execução fiscal. No entanto, ele não seria cabível para "pedido de redirecionamento da execução fiscal

19. STJ, 2ª T., AgInt no REsp 1.759.512/RS, Rel. Min. Francisco Falcão, Segunda Turma, DJe 18/10/2019; STJ, 2ª T., AgInt no REsp 1.866.901/SC, Rel. Min. Mauro Campbell Marques, j. 24/08/2020, DJe 27/08/2020.

ancorado em responsabilidade tributária em sentido estrito (arts. 134 e 135 do CTN)", pelo princípio da especialidade, por ser uma responsabilidade específica tributária, ou quando o nome do responsável já conste da CDA.[20]

– No fim das contas, quando seria aplicável esse incidente para a primeira turma?

A resposta vai depender do caso concreto. Mas, para a primeira turma, por exemplo, em caso concreto no qual o poder público objetivasse "desconsiderar a personalidade da pessoa jurídica executada para alcançar outra pessoa jurídica, integrante do mesmo grupo econômico, ao argumento de que haveria responsabilidade solidária em razão de terem interesse comum na situação caracterizadora do fato gerador" (art. 124, inciso I, do CTN).

Isso porque essa responsabilidade "depende da comprovação do abuso de personalidade, caracterizado pelo desvio de finalidade ou confusão patrimonial, tal como consta do art. 50 do Código Civil, daí por que, nesse caso, é necessária a instauração do incidente de desconsideração da personalidade da pessoa jurídica devedora".[21]

– Confuso.

No fim das contas, para a primeira turma, o incidente de desconsideração da personalidade jurídica é, em tese, cabível na execução fiscal, quando a responsabilidade do terceiro não estiver baseada nos arts. 134 e 135 do CTN.

Por outro lado, a segunda turma tem entendimento mais simples, no sentido do simples descabimento desse incidente na execução fiscal.

Só nos resta esperar o STJ, eventualmente, decidir qual posicionamento será adotado...

---

20. STJ, 1ª T., REsp 1.804.913/RJ, Rel. Min. Regina Helena Costa, j. 01/09/2020, DJe 02/10/2020.
21. STJ, 1ª T., REsp 1.775.269/PR, Rel. Min. Gurgel de Faria, j. 21/02/2019, DJe 01/03/2019; STJ, 1ª T., AgInt no REsp 1.706.614/RS, Rel. Min. Gurgel de Faria, j. 21/09/2020, DJe 06/10/2020.

– Afe, de novo. Esse STJ só quer bagunçar meus concursos.

Veja pelo lado bom, provavelmente nem irão cobrar isso na primeira fase porque ainda não há definição!

– É.... pelo menos isso. Mas se for na segunda vou ter de lembrar de explicar toda essa confusão.

Com certeza.

16.4. COMPETÊNCIA NA EXECUÇÃO FISCAL

Agora é o momento de analisar a competência na execução fiscal. Primeiro, precisamos analisar em qual justiça ajuizar a execução.

A primeira a ser analisada é a competência da justiça federal, que ocorrerá nos casos em que o ente federal ajuizá-la.

– Essa parte é tranquila.

Sim. Não tem muito segredo. Uma observação relevante aqui é a de que também "Compete à justiça federal processar e julgar execução fiscal promovida por conselho de fiscalização profissional" (Súmula 66 do STJ), pelo simples motivo de que são consideradas autarquias federais.

– Não sabia que eram autarquias federais.

Agora sabe. Outra observação: lembra que pode ocorrer aquela delegação para o ajuizamento de execuções fiscais de dívidas de FGTS?

– Sim.

Nesses casos, de acordo com a súmula 349 do STJ, "Compete à Justiça Federal ou aos juízes com competência delegada o julgamento das execuções fiscais de contribuições devidas pelo empregador ao FGTS".

– Certo, por enquanto tudo na Justiça Federal. Mas fiquei com uma dúvida: como assim competência delegada?

Ótima observação. Há a previsão de delegação de competência federal para a justiça estadual em algumas situações (art. 109, §§ 3º e 4º, CF). E havia previsão legal no art. 15, I, da Lei 5.010/1966 de delegação a juízes estaduais para conhecerem de execuções fiscais federais onde não houvesse vara da justiça federal. Ocorre que essa delegação não mais existe, pois foi revogada pelo art. 114, IX, da Lei n. 13.043/2014.

– Ah tá. Bom saber que nem existe mais.

A justiça do trabalho também tem competência para conhecer de algumas execuções fiscais. Isso porque de acordo com o art. 114, VII, da Constituição Federal, a justiça do trabalho é competente para as ações relativas às penalidades administrativas impostas aos empregadores pelos órgãos de fiscalização das relações de trabalho.

– Mas onde entra a execução fiscal?

Simples: as execuções fiscais das multas impostas pelos Auditores Fiscais do Trabalho, porque elas também serão inscritas em dívida ativa. Assim, serão executadas através do procedimento da execução fiscal.[22]

– Ah, entendi.

Há ainda competência da justiça eleitoral, que ocorre nos casos das multas impostas pela justiça eleitoral, nos termos do art. 367, IV, do Código Eleitoral. Um exemplo concreto foi um caso de Termo de Ajustamento de conduta entre duas coligações para não utilizarem fogos de artifícios na campanha, sob pena de multa de vinte mil reais. Imagina o que aconteceu?

22. GONÇALVES, Eduardo Rauber. Da competência em execução fiscal. In: MELO FILHO, João Aurino (coord). *Execução fiscal aplicada*. 8º ed. Salvador: Juspodivm, 2020, p. 136.

– Alguém soltou muitos fogos. Odeio fogos, meu cachorro quase morre do coração.

Pois é, foi descumprido. E o Ministério Público foi cobrar e a competência para essa multa era da justiça eleitoral, nos termos do art. 367, IV, do Código Eleitoral.[23]

– Bem feito para o soltador de fogos.

Por fim, sobra a justiça estadual, que é residual. Então vai abranger muitas coisas: execuções fiscais de municípios e estados.

16.4.1. Competência territorial na execução fiscal

Depois de vermos em que justiça será proposta a execução fiscal, precisamos analisar também a competência territorial. De acordo com o art. 46, §5º, do CPC, "A execução fiscal será proposta no foro de domicílio do réu, no de sua residência ou no do lugar onde for encontrado".

Note que existem **três alternativas**[24]**. O poder público pode escolher entre: a) foro do domicílio do réu; b) foro de sua residência ou c) onde for encontrado.**

– Entendi.

Uma observação importante é a de que, no caso da União, Estados e DF, trata-se de uma regra especial em relação ao que geralmente ocorre. Isso porque, para esses entes, quando eles são autores, a ação deve ser ajuizada no foro do domicílio do réu (arts. 51 e 52 do CPC). Na execução fiscal, como visto, há mais possíveis escolhas e é questão certa em concursos porque foge à regra geral.

23. STJ, 1ª Seção, CC 123.828/GO, Rel. Min. Mauro Campbell Marques, j. 12/09/2012, DJe 18/09/2012.
24. GONÇALVES, Eduardo Rauber. Da competência em execução fiscal... cit., p. 121.

16.4.2. A reunião de execuções fiscais

De acordo com o art. 28 da LEF, "O Juiz, a requerimento das partes, poderá, por conveniência da unidade da garantia da execução, ordenar a reunião de processos contra o mesmo devedor", que é a permissão para a reunião de execuções fiscais.

Para tanto, deve: a) ocorrer a pedido das partes; b) possuir o mesmo devedor; c) ser conveniente para a unidade de garantia, isto é, que a penhora seja comum a todos os executivos.

– Qual a função dessa reunião?

O objetivo é a economia processual, porque, por exemplo, havendo várias execuções fiscais contra um mesmo devedor, elas podem ser reunidas e ser realizado apenas um leilão sobre o bem penhorado.

Há um detalhe: essa reunião é uma **faculdade do juiz**. Esse é exatamente o entendimento da súmula 515 do STJ, segundo a qual "A reunião de execuções fiscais contra o mesmo devedor constitui faculdade do juiz".

– Ele só junta se quiser?

Basicamente isso. Esse entendimento tem por base a ideia de que nem sempre a reunião de execuções fiscais seria interessante para o processo. Imagine duas execuções fiscais contra a sociedade empresária CALOTES, a primeira com leilão marcado, a outra suspensa pela apresentação dos embargos à execução. Não faria muito sentido reunir as duas que estão em fases bem diferentes do processo.

Por isso se permite ao juiz uma análise da situação concreta, verificando se é o caso de realizar ou não a reunião, sempre de forma fundamentada.[25]

– Entendi, faz algum sentido.

25. THEODORO JÚNIOR, Humberto. *Lei de execução fiscal*... cit., item 178.

Por fim, é importante destacar onde serão reunidos esses processos. De acordo com o art. 28, parágrafo único, da LEF, "serão redistribuídos **ao Juízo da primeira distribuição**".

Em resumo, as principais exigências são: a) pedido das partes; b) contra o mesmo devedor; c) a conveniência da unidade de garantia, isto é, que a penhora seja comum a todos os executivos e d) que sejam reunidas no juízo da primeira ação distribuída.

16.5. PETIÇÃO INICIAL, AJUIZAMENTO DE EXECUÇÕES FISCAIS DE PEQUENO VALOR E PROTESTO

A petição inicial da execução fiscal não tem nada de específico, afinal, é uma petição para o início de uma execução, que costuma ser mais simples, até porque já vem acompanhada do título executivo e, por isso, não precisa justificar o fundamento do pedido. A única questão a que vale a pena fazer menção é a de que "será instruída com a Certidão da Dívida Ativa, que dela fará parte integrante, como se estivesse transcrita" (art. 6º, §1º, LEF).

– É um requisito que seria até esperado.

Correto, afinal a execução precisa ter o título extrajudicial para ser iniciada. A CDA é tão importante que "O valor da causa será o da dívida constante da certidão, com os encargos legais" (art. 6º, §4º, LEF).

Uma observação que podemos fazer aqui é a de que nem toda CDA é transformada em execução fiscal.

– Como assim? O poder público tem o título e não executa?

Sim. É que temos de entender que, embora não haja recolhimento de custas, há um custo para o processamento da execução fiscal que, querendo ou não, é despesa para o Estado, através do órgão do Poder Judiciário. Além disso, como o número de CDA´s é muito alto, não há como acompanhar todas, bem como não se pode ignorar o fato de que a maioria delas é infrutífera. Em outros termos, é ajuizada a execução fiscal, mas nunca se consegue fazer a cobrança ou mesmo receber o crédito.

– Entendi.

Compete a cada ente editar seus próprios atos normativos indicando a partir de qual valor será ajuizada a execução fiscal. A União, por exemplo, tendo por base a autorização do art. 20 da Lei n. 10.522/2002, editou a portaria MF 75, alterada pela portaria MF 130/2012, prevendo que "O Procurador da Fazenda Nacional requererá o arquivamento, sem baixa na distribuição, das execuções fiscais de débitos com a Fazenda Nacional, cujo valor consolidado seja igual ou inferior a R$ 20.000,00 (vinte mil reais), desde que não conste dos autos garantia, integral ou parcial, útil à satisfação do crédito".

Vale a pena destacar que esse art. 20 da Lei n. 10.522/2002 é específico para a União e "não se aplica às execuções fiscais movidas por conselhos de fiscalização profissional ou por autarquias federais" (Súmula n. 583 do STJ).

– Caramba, esse valor é alto!

Isso ocorre porque, de acordo com estudos promovidos pelo Instituto de Pesquisa Econômica Aplicada, em ações de execução de dívidas menores do que R$ 21,7 mil, a União dificilmente consegue recuperar valor igual ou superior ao custo do processo judicial. Ou seja, para execuções com valor menor do que isso, nem vale a pena ajuizar a execução fiscal.

– Entendi. Mas como ocorre isso? O juiz sai extinguindo todas essas execuções?

Não. Essa discussão existiu, mas o juiz não pode extinguir de ofício. Essa é uma decisão a procuradoria, que **pode pedir ou não** o arquivamento. Como bem destaca a súmula 582 do STJ, "A extinção das ações de pequeno valor **é faculdade da Administração Federal, vedada a atuação judicial de ofício**".

O magistrado não pode fazer essa análise pelo ente público, pois apenas a ele cabe a decisão sobre ajuizar ou mesmo requerer sua extinção. Ele não poderia reconhecer, de ofício, a ausência do interesse de agir, do contrário, violaria o direito do acesso à justiça (art. 5º, XXXV, CF).[26]

– Entendido. Mas e aí, nunca serão cobrados? Devo, não nego, jamais pagarei?

Bem, nesses e em outros casos, de acordo com o parágrafo único do art. 1º da Lei n. 9.492/1997, tem-se autorização para o protesto das "certidões de dívida ativa da União, dos Estados, do Distrito Federal, dos Municípios e das respectivas autarquias e fundações públicas".

O protesto pode ser realizado tanto para a CDA que vem a fundamentar uma execução fiscal, como em uma CDA que nem chega a virar uma execução fiscal.

– Eita, bom saber. O protesto é bom porque causa maior bagunça na vida do devedor.

Exatamente. É uma medida bastante efetiva.

16.6. LIMITES À SUBSTITUIÇÃO DA CDA

Vimos que um dos requisitos da execução fiscal é a presença da CDA. Mas o que fazer se há algum vício? Será que ela pode ser alterada?

– Ravi, acho que não, como assim sair alterando o título executivo depois de iniciado o processo...

No caso da execução fiscal, isso é possível.

– Eu também quero arrumar meu título executivo se tiver algum problema.

Só se você virar a Fazenda Pública...

26. CUNHA, Leonardo Carneiro da. *A fazenda pública em juízo.* 17 ed. Rio de Janeiro: Forense, 2020, p. 446.

De acordo com o art. 2º, §8º, da LEF, "**Até a decisão de primeira instância**, a Certidão de Dívida Ativa poderá ser emendada ou substituída, **assegurada ao executado a devolução do prazo para embargos**".

– Mas pode ser alterada de qualquer jeito? Pode sair mudando tudo?

Não, não é para tanto. De acordo com a súmula 392 do STJ, "A Fazenda Pública pode substituir a certidão de dívida ativa (CDA) até a prolação da sentença de embargos, **quando se tratar de correção de erro material ou formal, vedada a modificação do sujeito passivo da execução**".

Isso significa que apenas **erros materiais ou formais podem ser corrigidos e até a sentença, jamais depois,**[27] quando seja necessária uma simples realização de cálculos aritméticos.[28] Não poderia, por exemplo, alterar a CDA "para fazer constar o termo inicial da incidência dos juros e da correção monetária", porque o próprio lançamento tributário teria de ser refeito.[29]

– Tá, então pode mudar só até certo ponto, não é?

Exato. Lembre-se sempre de que qualquer mudança **só pode ocorrer até a sentença** e apenas em relação a vícios formais ou erros materiais e jamais alterar o sujeito passivo, mesmo no caso de sucessão tributária.[30] Até porque, como vimos, a alteração do sujeito passivo na execução fiscal é um tema bem complexo com muitas polêmicas, então não seria simples erro formal.

Uma particularidade importante nesse caso é que não haverá sucumbência do poder público[31], mesmo com a redução dos valores, uma vez que a sucumbência só será analisada no final do processo. Na hipótese, a redução não decorre dos embargos do executado, mas do exercício de um direito da Fazenda Pública.[32]

27. STJ, 1ª T., REsp 1.529.395/RS, Rel. Min. Sérgio Kukina, j. 08/09/2020, DJe 07/10/2020.
28. STJ, 2ª T., AREsp 1.586.533/SP, Rel. Min. Herman Benjamin, j. 10/03/2020, DJe 25/06/2020.
29. STJ, 1ª T., AgInt no REsp 1.594.938/SC, Rel. Min. Napoleão Nunes Maia Filho, j. 22/06/2020, DJe 25/06/2020.
30. STJ, 2ª T., REsp 1.682.451/SP, Rel. Min. Og Fernandes, j. 19/04/2018, DJe 25/04/2018.
31. STJ, 2ª T., REsp 927.409/SP, Rel. Min. Castro Meira, j. 22/05/2007, DJ 04/06/2007.
32. STJ, 2ª T., REsp 927.409/SP, Rel. Min. Castro Meira, j. 22/05/2007, DJ 04/06/2007.

16.7. CITAÇÃO

Um tema importante na execução fiscal é a citação, especialmente porque há várias particularidades em relação à execução regulada pelo CPC.

– Eita, até na citação.

O primeiro elemento que pode ser destacado são os diferentes prazos para o pagamento da dívida.

Enquanto no CPC, "O executado será citado para pagar a dívida no prazo de 3 (três) dias, contado da citação" (art. 829, *caput*), na execução fiscal, "O executado será citado para, no prazo de 5 (cinco) dias, pagar a dívida com os juros e multa de mora e encargos indicados na Certidão de Dívida Ativa" (art. 8º da LEF). Em outros termos, termos prazos diversos para pagamento da dívida: na execução do CPC, são 3 dias, e na execução fiscal, 5 dias.

– Não é muita coisa, mas pelo menos tem aí mais dois dias.

Exato.

Outra questão importante na execução fiscal é a **interrupção da prescrição**, pois, de acordo com o art. 8º, §2º, da LEF, "O despacho do Juiz, que ordenar a citação, interrompe a prescrição".

Lembra que falamos um tempo atrás que normas gerais tributárias precisam ser reguladas por Lei Complementar?

– Sim.

Pois bem, inicialmente, tivemos esse mesmo problema com a interrupção da prescrição... Até 2005, o CTN afirmava que a prescrição só era interrompida com a efetiva citação e foi apenas com a LC 118/2005, que foi alterada a redação para prever que "A prescrição se interrompe: I – pelo despacho do juiz que ordenar a citação em execução fiscal".

– Então, no fim das contas, nas execuções fiscais tributárias e não-tributárias é igual?

Sim, mas com base em leis diferentes.

Atualmente, também é possível afirmar que, tanto nas execuções fiscais tributárias, quanto nas não tributárias, "A interrupção da prescrição, operada pelo despacho que ordena a citação, ainda que proferido por juízo incompetente, **retroagirá à data de propositura da ação**".

Isso significa, por exemplo, que se a ação for proposta em 01/05/2015, mas, por algum motivo, o juiz só determinar a citação em 01/10/2019, esses quatro anos não vão prejudicar o exequente. Ou seja, não serão contados para a prescrição, pois a interrupção irá retroagir à data da propositura da ação.

– E isso em todas as execuções fiscais?

Sempre foi pacífica a aplicação dessa regra para as execuções fiscais não tributárias, mas foi só em 2010 que isso foi pacificado em relação às execuções fiscais tributárias, no julgamento do recurso especial repetitivo 1.120.295.[33]

– Felizmente eu comecei a estudar quando o STJ resolveu ajudar os concurseiros e igualar as execuções fiscais!

Justo, muito justo. Já bastam aqueles casos em que o STJ não consegue nem resolver qual o posicionamento do próprio tribunal.

16.7.1. Modalidades de citação

Agora veremos as modalidades de citação.

– Ravi, pelo menos isso eu lembro!

Então diga.

– A citação da Fazenda Pública é sempre por oficial de justiça.

33. STJ, 1ª Seção, REsp 1.120.295/SP, Rel. Min. Luiz Fux, j. 12/05/2010, DJe 21/05/2010.

Ué, mas aqui é a Fazenda Pública quem promove. É o outro sujeito que vai ser citado...

– Eita, é verdade. Me confundi.

Vamos lá.

Primeiro, a mais corriqueira, que é a citação por correio, valendo a pena mencionar que tanto na execução de título extrajudicial do CPC, quanto na execução fiscal são as modalidades preferencialmente utilizadas, caso não haja requerimento em sentido contrário pelo exequente.

Ocorre que aparece aqui mais uma diferença entre as duas modalidades: enquanto no CPC, "considera-se o dia do começo do prazo: I – a data de juntada aos autos do aviso de recebimento, quando a citação ou a intimação for pelo correio" (art. 232, I), na execução fiscal, "**a citação pelo correio considera-se feita na data da entrega da carta no endereço do executado**" (art. 8º, II, LEF).

Note que, no CPC, precisa esperar a juntada do aviso de recebimento, já na execução fiscal, o prazo já começa a contar da data da entrega da carta. Será irrelevante o momento da juntada aos autos.

– Isso pode ser muito importante.

Com certeza. A diferença entre essas datas pode ser considerável e ser a diferença para a contagem do pagamento da execução. Note que, na disciplina da execução fiscal, a citação será considerada realizada "se a data for omitida, no aviso de recepção, 10 (dez) dias após a entrega da carta à agência postal".

Vale frisar que a citação na execução fiscal não precisa ser pessoal, ou seja, "**não exige a entrega da correspondência ao seu destinatário**, bastando que seja entregue no respectivo endereço do devedor, mesmo que recebida por pessoa diversa, presumindo-se que o destinatário será comunicado".[34]

34. STJ, 2ª T., AgInt nos EDcl no AREsp 1.474.194/SP, Rel. Min. Francisco Falcão, j. 05/03/2020, DJe 10/03/2020.

– Então o executado precisa ficar muito ligado...

Pois é, e ter muita confiança nas pessoas que atuem no mesmo endereço. Essa é mais uma diferença em relação ao CPC, que exige, no art. 248, §1º, que a carta de citação seja assinada pelo citando.

– Isso é só para dar trabalho ao concurseiro.

Pelo menos o examinador não fica sem elementos para fazer questões.

Se, por acaso, for frustrada a citação por correio, poderá ser utilizada a citação por oficial de justiça (art. 8º, II, LEF).

Por último, também é possível a utilização da citação por edital, mas que só "é cabível quando frustradas as demais modalidades" (Súmula 414 do STJ), que terá o prazo de 30 dias (art. 8º, IV, LEF). Isso significa que, em regra, para a citação por edital, é preciso primeiro tentar a citação por correio e depois por oficial de justiça para chegar à citação por edital.

– Qual o motivo?

É o seguinte: o art. 8º, II, da LEF, afirma que "se o aviso de recepção não retornar no prazo de 15 (quinze) dias da entrega da carta à agência postal, a citação será feita por Oficial de Justiça ou por edital". Uma interpretação literal permitiria autorizar a citação edital simplesmente pelo não retorno do aviso de recepção... que pode ocorrer por simples erro dos correios.

Precisamos lembrar também que a citação por edital é ficta.

– Ficta? O que significa isso?

Significa que presumimos que a pessoa tomou ciência, mas, sendo realista, ninguém fica olhando edital para ver se foi citado. Assim, a interpretação mais adequada é primeiro tentar a atuação do oficial de justiça para ver se por acaso o citando está no endereço indicado na petição inicial.[35]

– Entendi.

A outra possibilidade de citação por edital ocorre quando o executado estiver **ausente do País,** caso em que será publicado edital, com prazo de 60 dias (art. 8º, §1º, LEF).

– E como se descobre isso?

Bem, nem sempre é fácil. Pela legislação tributária, quando alguém sai definitivamente do país, precisa apresentar uma Declaração de Saída Definitiva do País. Mas como poucos fazem isso, geralmente isso se descobre pelo oficial de justiça.

– Então acaba quase sempre ocorrendo como a outra, já que vai acabar tendo de ter atuação do oficial de justiça.

Quase igual. Lembre-se de que os prazos dos editais são diferentes.

Em resumo, só será cabível a citação por edital na execução fiscal quando: a) a citação por correio e por oficial de justiça forem frustradas, caso em que o edital terá prazo de 30 dias ou b) se o executado estiver ausente do País, quando o edital terá prazo de 60 dias.

16.8. PENHORA

Na execução fiscal, como já apontado, o executado será citado para pagar a dívida no prazo de 5 dias; nesse mesmo prazo, no entanto, poderá garantir a execução (art. 8º, LEF), realizando depósito em dinheiro, oferecendo fiança bancária, seguro garantia ou indicando bens à penhora, nos termos do art. 11 da LEF. Note que há um direito do executado de nomear os bens, não cabendo ao exequente esse direito na petição inicial.[36]

35. SANDRI, Marcos Paulo. Citação do réu na execução fiscal. In: MELO FILHO, João Aurino (coord). *Execução fiscal aplicada.* 8º ed. Salvador: Juspodivm, 2020, p. 287-288.
36. ASSIS, Araken. *Manual da execução*... cit., p. 1540.

– Certo.

Essa é a regra geral, mas que encontra uma exceção quando envolve a dívida ativa da **União, suas autarquias e fundações públicas**. Isso porque, nesse caso, "será facultado ao exequente indicar bens à penhora" e o prazo para pagamento da dívida será de 2 e não de 5 dias (art. 53, Lei 8.212/1991).

– A União cheia de luxos.

Pois é... Essa é uma particularidade exclusiva da União. Os demais entes precisam esperar a indicação dos bens pelo executado.

– E se o executado simplesmente não fizer nada?

Bem, nesse caso, "a penhora poderá recair em qualquer bem do executado, exceto os que a lei declare absolutamente impenhoráveis" (art. 10, LEF).

16.8.1. Ordem dos bens penhorados

Uma questão relevante aqui é verificar a ordem preferencial dos bens a serem penhorados, nos termos do art. 11 da LEF. Antes de analisar especificamente essa ordem, deve se compreender que ela **não é absoluta**, podendo ser alterada, mas apenas mediante "a comprovação, pelo executado, da existência de elementos concretos que justifiquem a incidência do princípio da menor onerosidade".[37]

– E como seria isso?

Basta verificar que pedras e metais preciosos são preferenciais em relação a veículos. Mas pode ser que o executado possa demonstrar que é adequada a troca de uma pedra preciosa por um veículo

37. STJ, 2ª T., AgInt no AREsp 1.516.436/SP, Rel. Min. Assusete Magalhães, j. 22/04/2020, DJe 24/04/2020.

para ser penhorado por se tratar de bem, naquele contexto, de maior liquidez, ou seja, que seria vendido mais rapidamente.

– Certo, faz sentido.

Passando para a ordem preferencial da penhora, uma primeira observação é a de que ela é diferente da ordem que consta do CPC (art. 835).

Elas podem ser visualizadas em um quadro comparativo:

Ordem preferencial de bens na execução fiscal	Ordem preferencial dos bens no CPC
dinheiro	dinheiro, em espécie ou em depósito ou aplicação em instituição financeira
título da dívida pública, bem como título de crédito, que tenham cotação em bolsa	títulos da dívida pública da União, dos Estados e do Distrito Federal com cotação em mercado
pedras e metais preciosos	títulos e valores mobiliários com cotação em mercado
imóveis	veículos de via terrestre
navios e aeronaves	bens imóveis
veículos	bens móveis em geral
móveis ou semoventes	semoventes
direitos e ações	navios e aeronaves
–	ações e quotas de sociedades simples e empresárias
–	percentual do faturamento de empresa devedora
–	pedras e metais preciosos
–	direitos aquisitivos derivados de promessa de compra e venda e de alienação fiduciária em garantia
Excepcionalmente, a penhora poderá recair sobre estabelecimento comercial, industrial ou agrícola, bem como em plantações ou edifícios em construção	outros direitos

– Ravi, essas listas são consideravelmente diferentes. Tem algum sentido?

Precisamos lembrar que, enquanto a LEF é da década de 80, o CPC é de 2015... A liquidez de certos bens variou no tempo e até se percebeu que existiriam outros bens que poderiam ser penhorados e que nem são mencionados na execução fiscal.

Dentre os bens penhoráveis na execução fiscal, podemos fazer menção aos precatórios.

– Mas como funciona isso?

Bem, os precatórios podem ser penhorados, sendo considerados como direitos do devedor contra terceiros.

– Então precatório não é a mesma coisa que dinheiro?

Não, de forma alguma. Eles são apenas um crédito pertencente ao executado, mas que ainda não faz parte do seu patrimônio. Assim, ele não é um crédito preferencial (art. 11, I, LEF), estando lá no final da fila (art. 11, VIII, LEF).

– Pobre do precatório...

Pobre da Fazenda Pública que ganhasse esse presente!

– Ela devia é achar bom, já que paga com eles.

16.8.2. Substituição da penhora

Uma vez realizada a penhora, ela não necessariamente deve ser mantida durante toda a execução fiscal. Isso porque o art. 15 da LEF elenca duas situações nas quais é autorizada a sua substituição.

A primeira delas decorre de pedido do próprio executado, pois admite "a substituição da penhora por depósito em dinheiro, fiança bancária ou seguro garantia" (art. 15, I). Aqui, o pedido independe da concordância do exequente.[38]

– E o executado pode sair trocando os bens?

É que, nessa hipótese, presume-se que se está trocando um bem penhorado pelo mais preferencial de todos, que é o dinheiro ou equivalente. Então é, por exemplo, a execução fiscal em que foi penhorado imóvel do executado e este, para evitar eventual alienação do bem, oferece dinheiro para garantir a execução. Como dinheiro é sempre melhor para garantir a execução, independe da vontade do executado.

– Faz sentido.

Alguns executados tentaram emplacar a ideia de que o precatório seria dinheiro e, por isso, poderia entrar na hipótese do art. 15, I, da LEF.

– Mas professor, eu lembro que acabamos de ver que precatório não é dinheiro...

Exatamente. Como o precatório é um direito de crédito perante terceiro, está lá no final da fila preferencial. Por isso, prevaleceu no STJ, por meio da súmula n. 406, que "A Fazenda Pública pode recusar a substituição do bem penhorado por precatório".

Afinal, ninguém é obrigado a receber um bem em garantia de menor liquidez.

– Concordo. Mas até que seria bom para a Fazenda Pública provar do próprio veneno.

Que maldade... Não seja assim, já que, em breve, será você do outro lado do balcão.

38. SANDRI, Marcos Paulo. Penhora de bens no processo de execução fiscal. In: MELO FILHO, João Aurino (coord). *Execução fiscal aplicada.* 8º ed. Salvador: Juspodivm, 2020, p. 380.

A outra hipótese de substituição do bem penhorado ocorre quando requerida pela própria Fazenda Pública, situação na qual, em tese, ocorreria "independentemente da ordem enumerada no artigo 11".

– Então o poder público pode trocar dinheiro por um fusca?

Nesses casos, a lógica parece ser a de exigir que o poder público indique os fundamentos da troca de um bem de maior liquidez por um bem de menor liquidez. No entanto, parece desnecessária a fundamentação quando a pretensão seja a "substituição da penhora por outro bem de maior liquidez"[39], como a troca do fusca por dinheiro.

– Entendi.

Da mesma forma que o poder público pode requerer a substituição do bem penhorado, pode também exigir o reforço da penhora (art. 15, II, LEF), quando insuficiente.

– Penhoraram o Fusca, mas a dívida vale uma Ferrari?

Exatamente. A turma adora dever um tributo mesmo. Um aspecto relevante é o de que esse reforço da penhora depende, necessariamente, de pedido do poder público, **não podendo ser determinado de ofício.**[40]

16.9. SUSPENSÃO DO PROCESSO E PRESCRIÇÃO INTERCORRENTE

Agora vamos ver um tema relevante que é a suspensão do processo e o posterior reconhecimento da prescrição intercorrente. De forma muito resumida, na execução fiscal, tem-se a previsão da suspensão do processo por 1 ano se não forem encontrados bens e, se

39. STJ, 1ª T., AgInt no AREsp 1.024.055/SP, Rel. Min. Napoleão Nunes Maia Filho, j. 18/11/2019, DJe 26/11/2019. Na doutrina: SANDRI, Marcos Paulo. Penhora de bens no processo de execução fiscal... cit., p. 382.
40. STJ, 1ª Seção, REsp 1.127.815/SP, Rel. Min. Luiz Fux, j. 24/11/2010, DJe 14/12/2010.

essa situação continuar depois desse prazo, começa a contar o prazo da prescrição intercorrente.

Tudo isso pode ser representado pela seguinte figura:

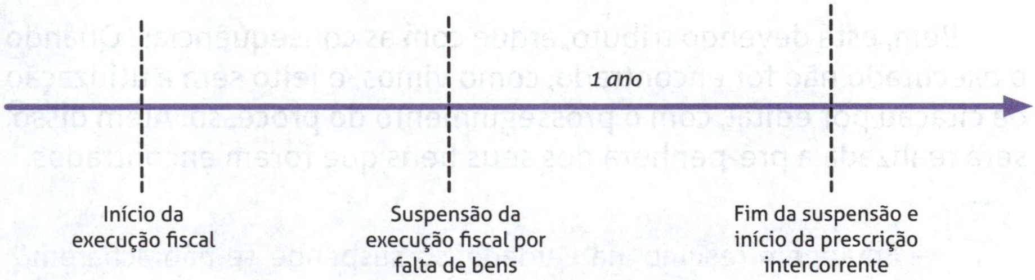

– Certo. Vou fingir que entendi tudo.

Calma. Isso é só uma introdução. Agora vamos entender o passo a passo que é cheio de detalhes.

De acordo com o art. 40, *caput*, da LEF "O Juiz **suspenderá** o curso da execução, **enquanto não for localizado o devedor** ou **encontrados bens sobre os quais possa recair a penhora**, e, nesses casos, não correrá o prazo de prescrição".

Note que, pela legislação, deve ocorrer essa suspensão do processo caso: a) não sejam encontrados bens ou b) o devedor não seja encontrado. Só que esse raciocínio não faz sentido.

– Por quê?

Bem, primeiro precisamos entender a razão dessa suspensão. Ela decorre, na verdade, da ausência de bens penhoráveis encontrados, que torna inútil o andamento do processo e, por isso, ele é suspenso.

Se o devedor não for encontrado, mas os seus bens o forem, percebe que a execução está longe de ser inútil?[41]

41. ASSIS, Araken de. *Manual da execução*... cit., p. 740.

– Faz sentido. Afinal, o que importa é ter bens. Se o cara sumir, mas tiver bens, é só pegar esses bens. Só tenho pena de o devedor voltar e descobrir que não tem mais nada!

Bem, está devendo tributo, arque com as consequências. Quando o executado não for encontrado, como vimos, o jeito será a utilização da citação por edital, com o prosseguimento do processo. Além disso, será realizada a pré-penhora dos seus bens que forem encontrados.

– Então, em resumo, na verdade, só suspende se não acharem bens?

Exatamente. Esse é também o entendimento do STJ, segundo o qual, de acordo com a súmula n. 340, "Em execução fiscal, **não localizados bens penhoráveis**, suspende-se o processo por um ano, findo o qual se inicia o prazo da prescrição quinquenal intercorrente".

A grande polêmica nesse caso é a seguinte: quando esse prazo de 1 ano inicia e quando esse prazo de suspensão finda e começa a contar a prescrição intercorrente.

– Mas não é só verificar quando não tem bens e começa a contar?

Longe disso. Precisamos entender o que o poder público pode fazer para impedir o início desse prazo, se precisa de intimação, quando começa a contar o prazo de prescrição etc, tudo isso com base em um julgado do STJ no sistema dos repetitivos.[42]

Primeiro, vamos ver **quando começa a contar esse prazo.**

– Certo.

42. STJ, 1ª Seção, REsp 1.340.553/RS, Rel. Min. Mauro Campbell Marques, j. 12/09/2018, DJe 16/10/2018.

Já sabendo que o fundamento para a suspensão é a ausência de bens, o STJ afirmou que "Nem o juiz e nem a Procuradoria da Fazenda Pública são os senhores do termo inicial" do prazo de suspensão de um ano.

– E o que isso significa?

Significa que não importa que o poder público faça pedidos de suspensão do feito por 30, 60 ou 90 dias para buscar bens e também não cabe ao juiz decidir o dia do início do prazo.

O prazo é determinado pela lei e o STJ afirma que "No primeiro momento em que constatada a não localização do devedor e /ou ausência de bens pelo oficial de justiça e intimada a Fazenda Pública, inicia-se automaticamente o prazo de suspensão".

Significa que **intimada a Fazenda Pública da ausência de bens já começa a contar o prazo.**

– Ou seja, não achou bens, intimou a fazenda, já suspende? O juiz não precisa fazer nada?

Exato. Não precisa de nenhuma decisão do juiz. Importa perceber aqui algo: isso já ocorre "logo após a primeira tentativa frustrada de citação do devedor ou de localização dos bens penhoráveis".

– Dá nem uma chance de o poder público dar uma investigada?

Zero chance. Não achou, suspendeu. Ele até pode continuar a investigar, mas a execução estará suspensa.

Pois bem, passou esse prazo de um ano, e agora? Começa a correr o prazo da prescrição intercorrente, que pode variar a depender da natureza da dívida ativa, **devendo o processo ser arquivado** (art. 40, §2º, LEF).

De acordo com o STJ, o início do prazo da prescrição **intercorrente é automático, não dependendo de qualquer decisão jurisdicional.**

– Mas aí acabou? A Fazenda Pública não pode fazer mais nada?

Pode, claro. Durante todo o prazo da suspensão e do arquivamento, a Fazenda Pública por ir atrás de gerar alguma movimentação efetiva no processo e interromper a prescrição.

Ocorre que o mero peticionamento não é capaz de gerar essa mágica.

– Como assim?

Não basta que o poder público peça novas diligências, novo Bacenjud, novas busca por bens etc.

Como afirmou expressamente o STJ, "A efetiva constrição patrimonial e a efetiva citação (ainda que por edital) são aptas a interromper o curso da prescrição intercorrente, não bastando para tal o mero peticionamento em juízo".

– Entendi. Então não basta só o querer, tem que conseguir fazer algo.

Correto. Uma particularidade importante é a de que, se o peticionamento tiver sucesso, por exemplo, pedido de penhora sobre um bem, "considera-se interrompida a prescrição intercorrente, **retroativamente, à data do protocolo da petição que requerer a providência frutífera"**.

– E qual a importância disso?

Enorme. Imagine que você faça a petição no quarto ano da prescrição intercorrente. E que a petição fique lá mofando e que o juiz só analise quatro anos depois, quando a prescrição já teria ocorrido. **Vai ocorrer a interrupção e não haverá prescrição porque ela retroage à data da petição.**

– Eita, interessante isso aí.

É praticamente um prêmio para quem não desiste nunca!

– Muito justo.

Pois bem, mas partindo do pressuposto de que não se achou nada e passou todo o tempo do mundo, chegamos à constatação da prescrição intercorrente.

– Nesse caso, pelo menos, precisa de decisão, não é?

Sim. Na verdade, mais do que isso, essa decisão só pode ser tomada "depois de **ouvida** a Fazenda Pública" (art. 40, §4º, da LEF), o que é um exemplo concreto da vedação à decisão surpresa consagrada no art. 10 do CPC. Veja que o poder público pode indicar alguma hipótese de suspensão ou interrupção da prescrição que impeça o seu reconhecimento.

– Pelo menos nesse caso tem algum cuidado na análise do tema.

Há, no entanto, uma hipótese de dispensa da intimação do poder público "no caso de cobranças judiciais cujo valor seja inferior ao mínimo fixado por ato do Ministro de Estado da Fazenda" (art. 40, §5º, LEF).

– Que ato é esse?

É aquele ato que falamos anteriormente, que fixa o valor a partir do qual serão ajuizadas as execuções fiscais.

– Mas qual o fundamento para dispensar o contraditório nesse caso?

De acordo com Leonardo Carneiro da Cunha, o fundamento é a proibição da conduta contraditória. Afinal, se aquele valor sequer justifica a utilização da execução fiscal, não faz sentido impor que o ente público se manifeste sobre a prescrição, afinal, ele mesmo já decidiu que nem aquela execução fiscal ele quer.[43]

– Entendi. O poder público já tinha dito que nem queria saber daquela execução fiscal, então nem interesse teria para discutir a prescrição.

Há uma interessante observação, que é a diferenciação do procedimento para reconhecimento da prescrição a depender do seu tipo.

– Como assim? Outra prescrição?

Sim. Aqui estamos estudando a prescrição **intercorrente**, aquela que ocorre pelo fato de o processo ficar parado. Mas há também a prescrição "comum" que é contada para que possa ser **ajuizada a execução fiscal**.

Veja que são duas prescrições diferentes: uma para o ajuizamento da execução fiscal e a outra que decorre da sua paralisação.

– Tá, entendi.

Apenas a prescrição intercorrente é regulada pelo art. 40 da LEF. No caso da prescrição originária, pode o magistrado reconhecê-la de ofício, nos termos da súmula 409 do STJ, segundo a qual "Em execução fiscal, a prescrição ocorrida antes da propositura da ação pode ser decretada de ofício" e **sem necessidade de prévia intimação do poder público**.

– Então a diferença do procedimento é só a dispensa da intimação?

43. CUNHA, Leonardo Carneiro da. *A Fazenda Pública em juízo*... cit., p. 498-499.

Sim. Veja que essa é também a posição do CPC, nos termos do art. 332, §1º, permitindo a improcedência liminar por conta da prescrição.

Passada a questão da intimação ou não do poder público, em sendo caso de reconhecimento da prescrição intercorrente, de acordo com o STJ, o juiz "deverá fundamentar o ato judicial por meio da delimitação dos marcos legais que forma aplicados na contagem do respectivo prazo, inclusive quanto ao período em que a execução ficou suspensa".

Em outros termos, deverá demonstrar que todos os prazos ocorridos no processo geraram a prescrição intercorrente.

– Pelo menos nesse caso temos um precedente que indica o que é uma decisão fundamentada.

Verdade. Há mais um elemento dentro de todo esse procedimento porque, de acordo com o STJ, a eventual falta de qualquer intimação do poder público no contexto dessa suspensão do processo e da prescrição intercorrente **deve ser alegado em sua primeira oportunidade de se manifestar E deve ser demonstrado o prejuízo, EXCETO a primeira intimação que gera o início do prazo da suspensão.**

– E o que poderia ser esse prejuízo?

Bem, poderia ser, por exemplo, a ausência da prévia intimação para se manifestar quando ao reconhecimento da prescrição intercorrente, quando havia alguma causa interruptiva da prescrição. Esse seria um óbvio prejuízo.

Esse tema é complicado, então fiz um quadro para ajudar a organizar tudo isso que vimos:

PERÍODO	FORMALIZAÇÃO
Suspensão do processo	Mera intimação da Fazenda Pública do insucesso na tentativa de citação do executado e/ou da inexistência de bens penhoráveis. Desnecessária a decisão.
Início da prescrição	Automaticamente depois do fim do prazo de 1 ano da suspensão. Desnecessária decisão e intimação do poder público.
Reconhecimento da prescrição	Depende de prévia intimação do poder público e de indicação de todos os prazos que levam ao reconhecimento da prescrição.

16.10. EMBARGOS À EXECUÇÃO FISCAL

Na execução fiscal, a principal forma de defesa são os embargos à execução fiscal, muito embora conceitualmente sejam, na verdade, uma ação.

– Ação? Mas não é uma defesa?

Como ressalta a doutrina, na execução haveria incompatibilidade de ficar discutindo a origem do crédito, compensação, enfim, qualquer argumento que poderia ser discutido no processo de conhecimento. Por isso, conceitua-se os embargos à execução como uma ação incidental à execução.[44]

– Muito doido isso.

É uma decorrência da natureza limitada da cognição na execução. Para se admitir a enorme amplitude, como veremos das matérias nos embargos à execução, ele teria de ser uma ação. De toda forma, serão distribuídos por dependência ao juízo da execução (art. 914, §1º, CPC).

44. Por todos: ASSIS, Araken de. *Manual da execução*... cit., p. 1.605.

– Faz sentido, afinal, ele já está com a execução mesmo.

Há, no entanto, uma situação em que a competência para conhecer dos embargos à execução é alterada, que é no caso da execução por carta.

– Execução por carta? Como é isso? Uma parte fica mandando carta para a outra? Imagino que não seja de amor, talvez com ameaças de morte, ainda mais na execução.

Não é para tanto. É que, de acordo com o art. 236, §1º, do CPC, as cartas são expedidas quando há necessidade da prática de atos fora dos limites territoriais do juízo. São múltiplas as possibilidades, como a expedição de carta precatória para citar o executado que é domiciliado em outro estado, longe do juízo da execução; a mesma coisa para penhorar bens em juízos diversos.

Assim, essas cartas têm, simplesmente, a função de permitir a prática de atos fora dos limites territoriais do juiz da execução e em qualquer dessas situações já se pode falar em execução por carta.

– Bem mais monótono do que imaginei.

Exato. Nesses casos, o juízo que expede a carta é o **deprecante** e o juízo que recebe a carta o **deprecado**. De acordo com o art. 10, *caput*, da LEF, "Na execução por carta, os embargos do executado serão oferecidos no Juízo deprecado, que os remeterá ao Juízo deprecante, para instrução e julgamento".

Ou seja, **em regra**, os embargos à execução são oferecidos no juízo deprecado, mas cabe ao juízo deprecante analisar o mérito da impugnação.

– Ravi, e essa ênfase no "em regra"? Já fiquei desconfiado pensando nas exceções.

Sempre tem. Mas nesse caso elas estão expressas no parágrafo único do art. 20, segundo o qual, "Quando os embargos tiverem por objeto vícios ou irregularidades de atos **do próprio Juízo deprecado, caber-lhe-á unicamente o julgamento dessa matéria"**.

Ou seja, a regra é que a competência para conhecer dos embargos é do juízo deprecante, **mas se o problema são vícios ou irregularidades do juízo deprecado, caberá a ele conhecer e julgar os embargos.**

Vamos a um exemplo. Se os embargos forem baseados no excesso de execução, compete ao juízo deprecante conhecer da alegação. Por outro lado, se no juízo deprecado for realizada uma penhora defeituosa, cabe ao próprio juízo deprecado analisar a matéria.

– Entendi. Faz sentido, até porque nessas exceções é o próprio juízo que, sei lá, fez a besteira.

É bem esse o raciocínio mesmo.

16.10.1. Garantia do juízo

Para se utilizar dos embargos à execução, o executado, na ação fiscal, vai precisar garantir previamente o juízo (art. 16, §1º, LEF). Garantir o juízo significa, basicamente, que ele tem de depositar/penhorar bens suficientes para que, sendo julgados improcedentes os pedidos dos embargos, a execução possa ter sucesso, o exequente possa receber o seu bem.

– Mas professor, no CPC eu lembro que é diferente, não precisa dessa garantia da execução.

Sim, no CPC é dispensada a garantia do juízo (art. 914). Mas isso em nada interfere na execução fiscal, uma vez que a lei geral posterior (CPC) não revoga lei especial anterior (LEF), prevalecendo, assim, a exigência de garantia do juízo para o oferecimento dos embargos à execução fiscal, sendo esse o posicionamento do STJ.[45]

45. STJ, 1ª Seção, REsp 1.272.827/PE, Rel. Min. Mauro Campbell Marques, j. 22/05/2013, DJe 31/05/2013, processo repetitivo, tema 526. Na doutrina: ASSIS, Araken de. *Manual da*

– Mais uma diferença entre a execução fiscal e a execução do CPC. E se por acaso tiver garantia do juízo, mas ela for menor do que o valor da execução fiscal? O que acontece?

Nesse caso, não deve o juiz simplesmente inadmitir os embargos, devendo, antes de fazer isso, dar uma segunda chance, ou seja, intimá-lo para "proceder ao reforço, à luz da sua capacidade econômica e da garantia pétrea do acesso à justiça".[46]

– Mas e se o indivíduo simplesmente não tem mais dinheiro ou patrimônio?

Bem, se, por exemplo, a execução for no valor de cinco milhões de reais e o executado só consegue garantir metade desse valor, caberá a ele comprovar de forma inequívoca que simplesmente não tem mais patrimônio, não tendo condições de garantir o resto.

Do contrário, haveria uma violação do princípio da isonomia, pois apenas seria garantido àquele que tem patrimônio suficiente para garantir a totalidade da execução o devido processo legal.[47]

– Entendi. E se por acaso o executado apresentar os embargos à execução sem a garantia? Não tem como, sei lá, ter dó dele?

Bem, a questão tem duas possibilidades. Como veremos, os embargos à execução fiscal não são a única defesa possível na execução, sendo admissível também a exceção de pré-executividade, que, em resumo, dispensa garantia, mas tem maiores restrições às alegações.

Por conta disso, o que disse o STJ: **as matérias de ordem pública, que podem ser suscitadas na exceção de pré-executividade, se suscitadas em embargos à execução sem garantia, permitem a aplicação**

execução... cit., p. 1657. Em sentido contrário, entendo que prevalece o CPC: CUNHA, Leonardo Carneiro da. *A Fazenda Pública em juízo...* cit., p. 508-510.

46. STJ, 1ª Seção, REsp 1.127.815/SP, Rel. Min. Luiz Fux, j. 24/11/2010, DJe 14/12/2010.
47. STJ, 1ª Seção, REsp 1.127.815/SP, Rel. Min. Luiz Fux, j. 24/11/2010, DJe 14/12/2010.

do princípio da fungibilidade, fazendo com que os embargos sejam recebidos como exceção de pré-executividade.[48]

– Bom, pelo menos o STJ deu uma chance nesse caso.

Sim, faz sentido, porque tais argumentos poderiam ser conhecidos de ofício e poderiam ser alegados em uma simples petição.

– Mas ainda fica o problema: o que fazer se as matérias só podem ser alegadas nos embargos à execução?

Nesse caso, eles devem ser extintos sem análise do mérito pela ausência do pressuposto processual específico da garantia do juízo. Não tem jeito.[49] Senta e chora para o executado.

Veja que, no geral, o STJ é bem exigente quanto à garantia dos embargos. **Mesmo o beneficiário da justiça gratuita precisa garantir o juízo para se utilizar dos embargos à execução,** de acordo com o STJ, porque prevalece a exigência expressa da LEF em relação ao CPC.[50]

– Que cruel, que ausência de coração. Não tem nenhuma hipótese de dispensa dessa garantia?

De acordo com o STJ, pode ser afastada a exigência da garantia do juízo para a oposição de embargos à execução fiscal, **caso comprovado, inequivocamente, que o devedor não possui patrimônio para garantia do crédito exequendo.**[51]

---

48. STJ, 2ª T., AgInt no REsp 1.781.045/MG, Rel. Min. Assusete Magalhães, j. 21/09/2020, DJe 25/09/2020; STJ, 3ª T., AgRg no AREsp 712.750/SP, Rel. Min. Marco Aurélio Bellizze, DJe de 19/09/2016.
49. CHUCRI, Augusto Newton. Dos embargos à execução fiscal. In: MELO FILHO, João Aurino (coord). *Execução fiscal aplicada*. 8º ed. Salvador: Juspodivm, 2020, p. 860. No STJ: STJ, 2ª T., AgInt no AREsp 1.629.742/RJ, Rel. Min. Francisco Falcão, j. 28/09/2020, DJe 30/09/2020.
50. STJ, 1ª T., REsp 1.487.772/SE, Rel. Min. Gurgel De Faria, j. 28/05/2019, DJe 12/06/2019; STJ, 2ª T., REsp 1.437.078/RS, Rel. Min. Humberto Martins, j. 25/03/2014, DJe 31/03/2014.
51. STJ, 1ª T., REsp 1.487.772-SE, Rel. Min. Gurgel de Faria, por unanimidade, julgado em 28/05/2019, DJe 12/06/2019, info n. 650.

Em resumo, só se o cara não tiver 1 real para garantir a execução fiscal. Trata-se de uma forma de garantir o acesso à justiça, afinal, não sendo dispensada a garantia, seria impossível para esse executado apresentar os embargos à execução fiscal.

– Faz todo sentido.

Além disso, há uma outra hipótese: quando os embargos à execução são oferecidos pelo curador especial do réu revel citado por edital. Isso porque, nesse caso, seria um contrassenso admitir a legitimidade do curador especial para a oposição de embargos, mas exigir que, por iniciativa própria, garantisse o juízo em nome do réu revel, "mormente em se tratando de defensoria pública, na medida em que consubstanciaria desproporcional embaraço ao exercício do que se constitui um *munus* público, com nítido propósito de se garantir o direito ao contraditório e à ampla defesa".[52]

– Exato, do contrário seria a maior roubada para o curador especial. O cara ganha de presente esse trabalho e ainda precisaria garantir a execução de um terceiro...

16.10.2. O prazo e a sua contagem

Agora que vimos que há necessidade de garantia do juízo para que sejam utilizados os embargos à execução fiscal, podemos analisar o seu prazo e sua contagem, que são relacionados com a temática da garantia.

De início, já temos um prazo maior do que no CPC, pois aqui **o prazo será de 30 dias úteis (art. 16, LEF).**

– Já vi vantagem. Lembro que no CPC são 15 dias (art. 915).

52. STJ, 2ª T., AgInt no REsp 1.781.045/MG, Rel. Ministra Assusete Magalhães, j. 21/09/2020, DJe 25/09/2020.

Exato. É importante aqui também analisar quando começa a contar esse prazo, pois, como vimos, para que se possa utilizar os embargos à execução, impõe-se a prévia garantia do juízo.

Ou seja, o marco inicial do prazo não é a citação do executado, mas a comprovação de que a execução está devidamente garantida (art. 16, §1º, LEF).

– E isso significa o quê?

Significa que a lógica para o início do prazo há de ser alguma intimação ao executado de que a execução está garantida.

A primeira hipótese é mais simples, que é a hipótese da "intimação da penhora" (art. 16, III, LEF). Note que não basta a realização da penhora pelo oficial de justiça ou mesmo o oferecimento da penhora pelo próprio executado.

– Por que não?

Porque se foi o oficial de justiça que fez a penhora, não foi o executado que ofereceu o bem. A sua intimação da penhora é quando ele é cientificado da sua realização e de que a execução está garantida.

– Mas e no caso do bem oferecido pelo executado? Por motivos óbvios, ele sabe que ofereceu o bem, porque não começar o prazo aí?

Não pode começar desse momento porque ainda há necessidade de o bem ser aceito pelo exequente, afinal, ele pode não ter liquidez e ainda deve a penhora ser reduzida a termo. Depois disso é que o executado é intimado da efetiva penhora do bem.[53]

– É, faz sentido.

53. CHUCRI, Augusto Newton. Dos embargos à execução fiscal... cit., p. 862.

A LEF aponta, no art. 16, I, que o prazo para embargar no caso do depósito em dinheiro começa a contar do próprio depósito. Ocorre que o STJ não interpreta o dispositivo dessa forma.

– Mas o artigo não diz que é do depósito?

Diz. Mas o STJ resolveu que não diz isso.

Para o STJ, "efetivado o depósito em garantia pelo devedor, é aconselhável seja ele formalizado, reduzindo-se a termo, para dele tomar conhecimento o juiz e o exequente, **iniciando-se o prazo para oposição de embargos a contar da data da intimação do termo**, quando passa o devedor a ter segurança quanto à aceitação do depósito e a sua formalização".

Em resumo, o prazo só é iniciado da **intimação do depósito.**[54]

– Então acaba seguindo a mesma lógica da penhora?

Exato. A mesma coisa ocorre com a hipótese em que há "juntada da prova da fiança bancária ou seguro garantia". Para que o prazo seja iniciado, deve ser lavrado o termo da penhora, formalizando-a e depois o executado será intimado para que comece o prazo a ser contado.[55]

– Professor, aparentemente tem um padrão nisso tudo.

Bom raciocínio. Qual?

– Independentemente do jeito que for garantida a execução, o executado vai precisar ser intimado.

Perfeito. É isso mesmo. **Seja penhora, depósito, fiança bancária ou seguro garantia, não interessa o momento em que isso for**

54. STJ, Corte Especial, EREsp 1.062.537/RJ, Rel. Min. Eliana Calmon, j. 02/02/2009, DJe 04/05/2009; STJ, 2ª T., REsp 1.254.554/SC, Rel. Min. Mauro Campbell Marques, j. 18/08/2011, DJe 25/08/2011.

55. STJ, 2ª T., AgInt no REsp 1.690.497/AM, Rel. Min. Mauro Campbell Marques, j. 19/02/2019, DJe 26/02/2019.

oferecido nos autos, porque deve ocorrer sua formalização e posterior intimação do executado para que comece a contar o prazo.

Agora vem uma questão interessante. Como começa a contar o prazo quando é afastada a necessidade de garantia prévia?

> – Eita, agora lascou. Da citação do executado, como no CPC?

Não. Como vimos, até para poder serem oferecidos os embargos nesse caso, sempre haverá necessidade de alguma decisão que dispense essa garantia.

Então, de acordo com o STJ, "o prazo para oferecer embargos à execução deverá ter início **na data da intimação da decisão que dispensou a apresentação de garantia**, não havendo a necessidade, na intimação dessa dispensa, de se informar expressamente o prazo para embargar".[56]

> – Então se eu for executado pobre preciso ficar ligado. Se o juiz disser que não precisa garantir já começa o prazo?

Exatamente. Agora perceba que essa posição do STJ é consideravelmente justa para o executado. Afinal, provavelmente o executado irá apresentar os embargos à execução e, neles, alegar que não tem como garantir a execução.

> – Também achei. Seria bem raro que ele primeiro alegasse que não tem bens para depois tentar embargar. Na dúvida, já embarga e depois vê o que acontece, afinal, qualquer coisa, às vezes os embargos viram exceção de pré-executividade mesmo.

Exato. Para resumir tudo, há duas formas de contagem do prazo: **i) da intimação da penhora, depósito, fiança bancária ou seguro garantia ou ii) da intimação da decisão que dispensa a garantia, quando ela for dispensada.**

56. STJ, 2ª T., REsp 1.440.639-PE, Rel. Min. Mauro Campbell Marques, julgado em 2/6/2015, DJe 10/6/2015, info. n. 563.

– Ok.

Podemos lembrar ainda de uma particularidade da execução fiscal que reflete no prazo. Lembra que a Fazenda Pública pode substituir a CDA até a sentença de primeiro grau?

– Sim.

Nessa hipótese, garantida pela LEF (art. 8º, §2º), deve ser "assegurada ao executado a devolução do prazo para embargos". Ou seja, mesmo que o executado já tenha oferecido os embargos, a ele serão mais concedidos mais 30 dias para poder se manifestar.

– É justo. O poder público já tem esse superpoder de alterar o título executivo. Pelo menos o executado tem a chance de se manifestar.

16.10.3. Efeito suspensivo

Agora podemos analisar o efeito suspensivo nesses embargos, especialmente porque a LEF nada menciona sobre o tema.

– E aí? Faz o quê?

Nessa hipótese, a solução é ir no CPC para buscar uma solução e nele os embargos à execução não possuem efeito suspensivo automático (art. 919, *caput*).

– E o que isso significa?

Significa que não é apenas a utilização dos embargos à execução que irá suspender a execução. Para tanto, deve preencher os requisitos do art. 919, §1º, segundo o qual "O juiz poderá, **a requerimento do embargante**, atribuir efeito suspensivo aos embargos quando

verificados os requisitos para a concessão da tutela provisória e desde que a **execução já esteja garantida** por penhora, depósito ou caução suficientes".

De forma resumida, como já reconhecido pelo STJ, "A atribuição de efeito suspensivo aos embargos à execução exige, além da garantia, a presença dos juízos de relevância da argumentação (*fumus boni juris*) e perigo de dano irreparável ou de difícil reparação (periculum in mora)[57], tendo por base que a garantia do juízo é pressuposto para a simples utilização dos embargos à execução fiscal.

– Então tá, igual ao CPC.

Há, no entanto, um elemento particular na execução fiscal. Isso porque, na execução do CPC, a ausência de concessão do efeito suspensivo permite que a execução vá até o seu final.

– O que significa isso?

Significa que é possível fazer todo o processo de expropriação do bem do executado, bem como de os valores depositados ou os valores decorrentes da alienação dos bens serem entregues ao exequente, satisfazendo seus objetivos.

Mas na execução fiscal, há um detalhe: para que os valores conseguidos por meio dos atos executivos sejam entregues ao poder público, impõe-se o prévio trânsito em julgado dos embargos à execução.

Isso decorre do art. 32, §2º, da LEF: "**Após o trânsito em julgado da decisão**, o depósito, monetariamente atualizado, será devolvido ao depositante ou entregue à Fazenda Pública, mediante ordem do Juízo competente", que prevalece, de acordo com o STJ, em relação ao regime do CPC.[58]

57. STJ, 2ª T., AgInt no REsp 1.815.546/AM, Rel. Min. Og Fernandes, j. 19/11/2019, DJe 26/11/2019.
58. STJ, 1ª Seção, EREsp. 734.831/MG, Rel. Min. Mauro Campbell Marques, DJe de 18.11.2010; STJ, 1ª T., AgRg nos EDcl no REsp 1.385.811/SC, Rel. Min. Napoleão Nunes Maia Filho, j. 23/04/2019, DJe 08/05/2019.

– Então o poder público, de todo jeito, não pode receber o dinheiro até o trânsito em julgado dos embargos à execução? Mas isso não seria ter efeito suspensivo automático?

Não! Veja que podem ser praticados todos os atos executivos, como a penhora e a própria alienação dos bens. Só que o dinheiro não pode ser entregue ao poder público. Então, os embargos eles não possuem efeito suspensivo, só há uma trava na fase final da execução.

– Mas qual o sentido dessa diferenciação?

Ela é bem explicada por Leonardo Carneiro da Cunha. Primeiro, precisamos lembrar de algo: a responsabilidade na execução é objetiva, ou seja, se você executa alguém, recebe o dinheiro, mas os pedidos dos embargos à execução são julgados procedentes, você precisa devolver o dinheiro, certo?

– Sim, faz todo sentido. Afinal, o cara executa por sua conta e risco.

Exato. Mas se o dinheiro for para ser devolvido pelo poder público, você não pode simplesmente ir lá e penhorar esse dinheiro, reaver e ponto final.

– Por quê?

Ora, lembre-se do que estudamos no capítulo passado. Como o poder público paga suas dívidas decorrentes de condenações judiciais?

– RPV e precatórios.

Correto. E assim seria para devolver esses valores obtidos em uma execução que depois foi extinta. Assim, esse regime especial faria sentido na execução fiscal para proteger o particular, que teria considerável dificuldade para reaver os valores caso o poder público se apropriasse dos valores e depois tivesse de devolver.[59]

59. CUNHA, Leonardo Carneiro da. *A fazenda pública em juízo*... cit., p. 507.

– É, faz sentido. Já fico triste só de pensar em receber dinheiro via precatório!

16.10.4. Fundamentos

Nos embargos à execução, cabe ao executado "**alegar toda matéria útil à defesa**, requerer provas e juntar aos autos os documentos e rol de testemunhas, até três, ou, a critério do juiz, até o dobro desse limite" (art. 16, §2º, LEF).

O mais importante aqui é perceber que **não há qualquer espécie de restrição cognitiva nos embargos, ou seja, o executado pode alegar qualquer tipo de matéria.**

– Entendido.

Há, no entanto, uma previsão normativa que gerou certa confusão na jurisprudência e na doutrina, que é a vedação da alegação de compensação no art. 16, §3º, da LEF.

– Mas não podia alegar qualquer coisa?

Sim, pode, vamos entender isso. Apesar dessa previsão normativa, já faz algum tempo que o STJ vem admitindo a alegação de compensação. Isso porque, por exemplo, há regulamentação do procedimento da compensação tributária de tributos federais na Lei n. 8.397/1992.

O posicionamento adotado foi no sentido de que é possível a alegação da compensação desde que "esta já tenha sido efetuada à época do ajuizamento do executivo fiscal, atingindo a liquidez e a certeza do título executivo".[60]

– E o que isso significa?

60. STJ, 1ª Seção, REsp 1.008.343/SP, Rel. Min. Luiz Fux, j. 09/12/2009, DJe 01/02/2010.

Significa que pode ser alegada a compensação, **mas tão apenas quando ela já tenha sido realizada no âmbito administrativo ou judicial**. Em outros termos, esse crédito, agora cobrado pela Fazenda Pública, nem existe mais. Ele já foi extinto por meio da compensação anteriormente e agora o executado está alegando.

Ele não pode alegar uma nova compensação apenas nos embargos, pois ela depende de um procedimento próprio.

– Certo, então alegação de compensação só pode se ela já ocorreu.

Exato. Há mais uma particularidade no contexto da defesa na execução fiscal. Mantêm-se as exceções de suspeição e impedimento (art. 16, §3º, LEF), mas deve ser alterado o procedimento de alegação da incompetência relativa, apesar de afirmar a LEF que deve ser alegada por meio de exceção (art. 16, §3º), por conta do CPC, devendo ser alegada em preliminar dos embargos à execução.[61]

– Mas como assim? Não vimos ainda agora que a LEF prevalece mesmo com o CPC?

Em geral sim, mas aqui haveria um problema. Se fôssemos manter o procedimento da alegação de incompetência relativa, por exceção, teríamos uma grave lacuna, porque ele era regulado pelo CPC de 1973. Mas no CPC de 2015, a incompetência é alegada em preliminar e não por exceção.

Assim, acaba prevalecendo o modelo do CPC, de alegação de incompetência relativa como preliminar dos embargos à execução simplesmente porque não existe mais o procedimento da exceção de incompetência relativa.[62]

– Ah tá. Agora fez sentido.

Também não será admitida a reconvenção (art. 16, §3º, LEF).

61. THEODORO JÚNIOR, Humberto. *Lei de execução fiscal.* 13ª ed. São Paulo: Saraiva, 2016, versão digital, item 128.
62. CUNHA, Leonardo Carneiro da. *A fazenda pública em juízo...* cit., p. 510.

– Reconvenção na execução?

É curioso mesmo. Mas, de qualquer forma, o objetivo desse dispositivo é simplesmente o de limitar a cognição na execução fiscal apenas para temas atinentes à validade e à exigibilidade do crédito executado, sem que apareçam outros temas para tumultuar a execução.

16.10.5. Procedimento

Agora podemos analisar o procedimento nos embargos à execução, que é, na medida do possível, simples.

– Graças a Deus professor, porque até agora nessa execução fiscal é só complicação!

Depois que apresentados os embargos à execução, a Fazenda Pública será intimada para impugná-los no prazo de 30 dias úteis (art. 17, *caput*, LEF).

– Professor, nessas execuções que envolvem o poder público esse prazo de 30 dias é quase uma constante.

Exatamente, tanto aqui quanto na execução contra a Fazenda Pública. Depois que o poder público se manifestar, temos dois caminhos: 1) designação da audiência de instrução e julgamento, caso haja necessidade de dilação probatória (art. 17, *caput*, LEF) ou 2) casos os embargos versem sobre matéria de direito, ou, mesmo que haja matéria fática, ela dependa apenas de documentos, a audiência será dispensada e a sentença deve ser proferida em 30 dias (art. 17, parágrafo único, LEF).

– 30 Dias para a sentença professor? Isso acontece em algum caso?

Prazo impróprio, prazo impróprio. Mas não custa sonhar.

16.10.6. Decisão nos embargos e recursos

Da sentença que julgar os embargos à execução será cabível o recurso de apelação. O detalhe é que, caso os pedidos dos embargos sejam julgados **improcedentes**, essa apelação terá apenas efeito devolutivo.

– Mas a regra geral não é o efeito suspensivo e devolutivo?

Sim. Mas, o art. 1.012, §1º, III, do CPC afirma expressamente que a apelação apenas terá efeito devolutivo nos casos em que a sentença "julga IMPROCEDENTES os embargos à execução". Portanto, nessa situação, a execução simplesmente irá continuar.

Há, no entanto, uma situação na qual não será cabível apelação da sentença na execução fiscal, mas apenas embargos infringentes e embargos de declaração.

– Embargos infringentes? Isso não era um recurso do CPC de 73?

Era. Mas na execução fiscal é o recurso cabível "Das sentenças de primeira instância proferidas em execuções de valor igual ou inferior a 50 (cinqüenta) Obrigações Reajustáveis do Tesouro Nacional – ORTN" (art. 34, *caput*, LEF).

– Como assim? O que é esse tal de ORTN?

Esse tal de ORTN nem existe mais. Ele foi substituído por outros valores e, atualmente, para o STJ, "adota-se como valor de alçada para o cabimento de apelação em sede de execução fiscal o valor de R$ 328,27 (trezentos e vinte e oito reais e vinte e sete centavos), corrigido pelo IPCA-E a partir de janeiro de 2001, valor esse que deve ser observado à data da propositura da execução".[63]

63. STJ, 1ª Seção, REsp 1.168.625/MG, Rel. Min. Luiz Fux, j. 09/06/2010, DJe 01/07/2010, processo repetitivo, tema 395.

– 50 ORTN é só isso?

Sim, o valor é bem baixo. Mesmo em 2021, ele estaria por volta de mil reais, assim se formos imaginar no âmbito federal, nem execução fiscal vai ter nesse valor. Mas enfim, nesses casos, só será cabível a utilização dos embargos infringentes e dos embargos de declaração.

– E como funcionam esses embargos infringentes?

Eles são um recurso com prazo de apenas 10 dias e dirigidos ao próprio juízo. Ou seja, não serão julgados por tribunal, o que já foi considerado como constitucional pelo STF.[64]

– Nem chegam ao tribunal, como a apelação?

Não, eles param no primeiro grau. Isso gera algumas consequências. A primeira delas é a de que não caberá recurso especial, mas apenas recurso extraordinário.

– Mas por qual razão?

Como vimos no capítulo dos juizados, mas ocorre que o recurso especial só pode ser interposto de **decisão de tribunal (art. 105, III, CF)**, o que não ocorre no julgamento dos embargos infringentes, que são julgados pelo próprio juízo. Só será cabível o recurso extraordinário, pois ele é admissível de decisão de única instância, o que seria exatamente o caso.[65]

64. STF, Tribunal Pleno, ARE 637.975 RG, Rel. Min. Presidente, j. 09/06/2011, DJe 19/09/2011.
65. STF, Tribunal Pleno, RE 997.761 AgR, voto vencido do min. Dias Toffoli, rel. min. Cármen Lúcia, j. 20/04/2017, DJE 17/05/2017.

Para revisar o procedimento da execução fiscal, vamos analisar o fluxograma do seu procedimento:

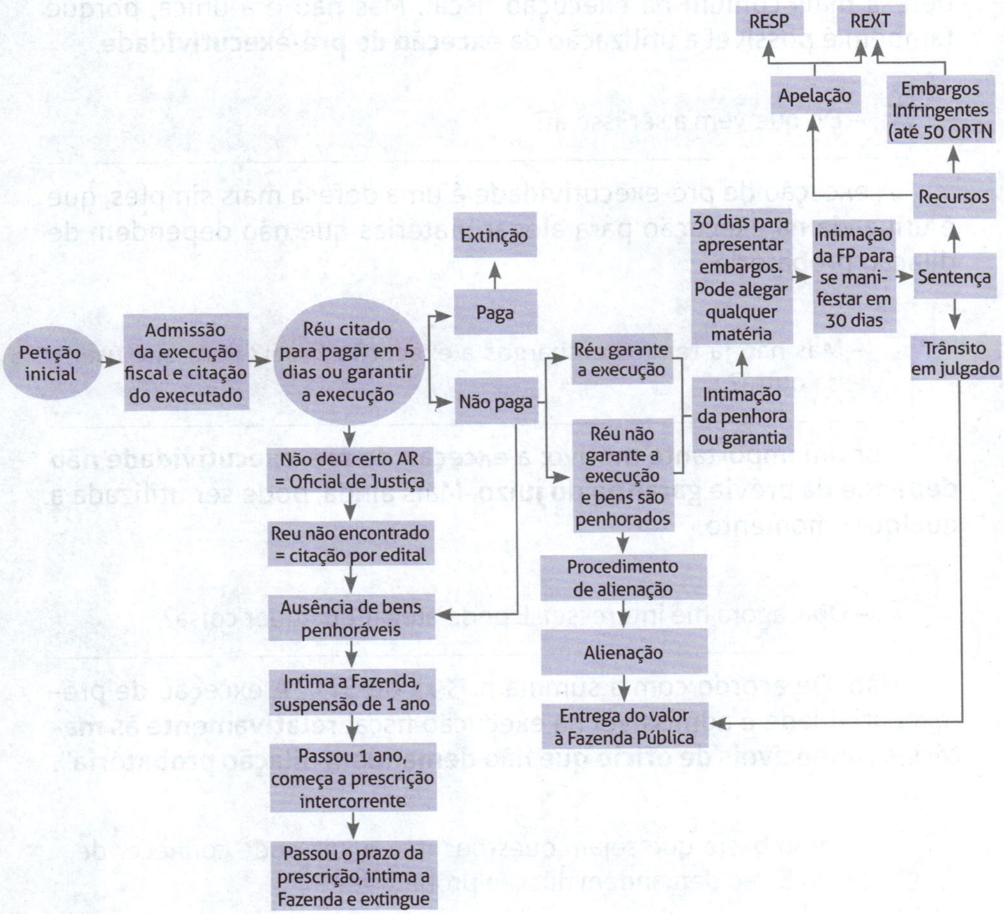

16.11. EXCEÇÃO DE PRÉ-EXECUTIVIDADE

Até agora estudamos os embargos à execução fiscal, que são a defesa mais comum na execução fiscal. Mas não é a única, porque também é possível a utilização da **exceção de pré-executividade**.

> – E o que vem a ser isso aí?

A exceção de pré-executividade é uma defesa mais simples, que é utilizada na execução para alegar matérias que não dependem de dilação probatória.

> – Mas não já tem os embargos à execução fiscal? Para que usar essa outra?

Por um importante motivo: **a exceção de pré-executividade não depende da prévia garantia do juízo**. Mais ainda, pode ser utilizada a qualquer momento.

> – Opa, agora me interessei. E pode alegar qualquer coisa?

Não. De acordo com a súmula n. 393 do STJ, "A exceção de pré-executividade é admissível na execução fiscal **relativamente às matérias conhecíveis de ofício que não demandem dilação probatória**".

> – Então basta que sejam questões que o juiz pode conhecer de ofício E não demandem dilação probatória?

Bem, essa é a redação da súmula. Mas, na verdade, atualmente, a amplitude de matérias que podem ser alegadas na exceção de pré-executividade aumentou bastante, sendo chancelada pelo próprio STJ, que atualmente afirma que é possível "admitir a exceção de pré-executividade nas situações em que **não se faz necessária dilação probatória ou em que as questões possam ser conhecidas de ofício pelo magistrado**".[66]

66. STJ, 1ª Seção, REsp 1.104.900/ES, Rel. Min. Denise Arruda, j. 25/03/2009, DJe 01/04/2009, processo repetitivo, temas 103 e 104.

– Mas espera. Qual a diferença?

Enorme! Veja que na súmula o juiz pode conhecer da matéria de ofício E não pode ter dilação. Mas atualmente, **o que é verdadeiramente imprescindível é que a alegação não dependa de dilação probatória, possa ou não o juiz conhecer dela de ofício.**

– E no fim das contas, isso significa o quê?

Bem, você pode alegar diversas matérias que o juiz poderia conhecer de ofício, como "as condições da ação, os pressupostos processuais, a decadência, a prescrição, entre outras",[67] inconstitucionalidade do tributo[68] etc.

Ao mesmo tempo, poderá alegar matérias que o juiz não poderia conhecer de ofício, como o pagamento do tributo,[69] desde que não dependa de dilação probatória.

– Mas e como fica a súmula?

Bem, me parece que a súmula está desatualizada com a atual jurisprudência, que foi evoluindo, mas nunca se chegou a revisá-la. No fim das contas, a súmula está correta porque representa uma parte do que se admite como alegação na exceção de pré-executividade, mas não tudo que se pode alegar.

Por fim, a questão dos honorários na exceção de pré-executividade.

– Opa, falou de dinheiro, me interessei.

67. STJ, 1ª Seção, REsp 1.104.900/ES, Rel. Min. Denise Arruda, j. 25/03/2009, DJe 01/04/2009, processo repetitivo, temas 103 e 104.
68. STJ, 2ª T., REsp 1.406.511/BA, Rel. Ministra Eliana Calmon, DJe 09/10/2013.
69. STJ, 1ª T., REsp 1.771.147/SP, Rel. Min. Napoleão Nunes Maia Filho, j. 05/09/2019, DJe 25/09/2019.

Bem, caso acolhida a exceção de pré-executividade para **extinguir, mesmo que parcialmente a execução fiscal, deve haver a condenação em honorários advocatícios.**[70] **Por outro lado, quando julgada improcedente, não há honorários,** por se tratar de simples incidente processual.[71]

Também, "Observado o princípio da causalidade, é cabível a fixação de honorários advocatícios, em exceção de pré-executividade, quando o sócio é excluído do polo passivo da execução fiscal, que não é extinta"[72].

– Entendi. Só tem honorários se o executado tiver razão.

16.12. OUTROS INSTRUMENTOS PARA IMPUGNAÇÃO DA DÍVIDA ATIVA

Vimos que é possível utilizar tanto os embargos à execução, como a exceção de pré-executividade para discutir a dívida ativa na execução fiscal, mas, na verdade, ainda existem vários outros instrumentos para fazer isso, denominados de **defesas heterotópicas.**

– Defesas do hetero top? Eu não consigo nem imaginar o que é isso.

Misericórdia, limpe esse ouvido. As defesas heterotópicas são ações autônomas, ou seja, exercidas fora da execução fiscal, que possuem um caráter de prejudicialidade, em que a parte almeja discutir a dívida ativa, alegar sua nulidade etc.

70. STJ, Corte Especial, REsp 1.134.186/RS, Rel. Min. Luis Flipe Salomão, DJe de 21/10/2011.
71. STJ, 3ª T., REsp 1.676.871/BA, Rel. Min. Nancy Andrighi, j. 24/04/2018, DJe 30/04/2018; STJ, 2ª T., REsp 1.721.193/SP, Rel. Min. Herman Benjamin, j. 27/02/2018, DJe 02/08/2018; STJ, Corte Especial, EREsp 1.048.043/SP, Rel. Min. Hamilton Carvalhido, j. 17/06/2009, DJe 29/06/2009.
72. STJ, 1ª Seção, REsp 1.358.837/SP, Rel. Min. Assusete Magalhães, j. 10/03/2021, DJe 29/03/2021, tema repetitivo 961.

– Então o sujeito entra com uma ação para se defender da execução fiscal?

Exato.

– E como eu posso fazer isso? Que ações são essas?

De acordo com o art. 38 da LEF, "A discussão judicial da Dívida Ativa da Fazenda Pública só é admissível em execução, na forma desta Lei, **SALVO** as hipóteses de **mandado de segurança**, **ação de repetição do indébito** ou **ação anulatória do ato declarativo da dívida**, esta precedida do depósito preparatório do valor do débito, monetariamente corrigido e acrescido dos juros e multa de mora e demais encargos".

– São várias opções, Ravi.

Sim, e, ainda assim, essas hipóteses são meramente exemplificativas, ainda se podendo cogitar da utilização da ação declaratória e da consignação em pagamento.[73]

Há algumas observações importantes sobre essas ações. A primeira sobre a ação anulatória, que, de acordo com o art. 38 da LEF, dependeria, para sua simples admissão, do "depósito preparatório do valor do débito".

– Qual o problema?

O problema é que violaria o acesso à justiça (art. 5º, XXXV, CF), uma vez que acabaria sendo negado o acesso ao poder judiciário para quem não tivesse condições de fazer o depósito do valor cobrado.[74] Esse foi o entendimento adotado pelo STF na súmula vinculante n. 28, segundo a qual "**É inconstitucional a exigência de depósito prévio**

73. FERREIRA FILHO, Marcílio da. A defesa do executado e peculiaridades recursais. In: FERREIRA FILHO, Marcílio da; LIMA, Rodrigo Medeiros de (Coords). *Execução fiscal*: teoria, prática e atuação fazendária. 2ª ed. Belo Horizonte: Fórum, 2017, p. 253.

74. THEODORO JÚNIOR, Humberto. *Lei de execução fiscal*... cit., item 226.

como requisito de admissibilidade de ação judicial na qual se pretenda discutir a exigibilidade de crédito tributário".

– Posso simplesmente ajuizar a ação, não preciso depositar nada?

Não. A exigência da LEF não foi recepcionada pela Constituição. Ainda assim, esse depósito possui considerável importância.

– Mas qual seria a sua função?

Como consolidado na súmula 11 do STJ, "**O depósito somente suspende a exigibilidade do crédito tributário se for integral e em dinheiro**". Em outros termos, esse depósito será útil para autorizar a suspensão da execução fiscal tributária, já que o art. 151, II, do CTN determina a suspensão da exigibilidade do crédito tributário mediante seu depósito integral.

Perceba que essa suspensão é automática. O juiz não precisa analisar, como ocorreu nos embargos à execução, os requisitos para a concessão de tutela provisória.

– E nas execuções fiscais não-tributárias?

Nas execuções fiscais não-tributárias, aplica-se a mesma exigência, porque, como não há regulação do tema, aplica-se a legislação tributária. Portanto, com o depósito integral e em dinheiro, será suspensa a execução fiscal.[75]

75. STJ, 1ª T., REsp 1.381.254/PR, Rel. Min. Napoleão Nunes Maia Filho, j. 25/06/2019, DJe 28/06/2019. Na doutrina: MELO FILHO, João Aurino. Ação anulatória do ato declarativo da dívida simples... cit., p. 923.

Bibliografia

ABBOUD, Georges. *Discricionariedade administrativa e judicial*: o ato administrativo e a decisão judicial. São Paulo: RT, 2014.

ADAMY, Pedro Augustin. *Renúncia a direito fundamental*. São Paulo: Malheiros, 2011.

ALMEIDA, Natália Silva Mazzutti; MELO, Luiz Carlos Figueira de. A consensualidade como elemento do processo administrativo federal brasileiro. *Interesse Público*, n. 75, 2012.

ALVAREZ, Anselmo Prieto. Honorários advocatícios contra a fazenda pública e o novo CPC. In: COÊLHO, Marcus Vinícius Furtado; CAMARGO, Luiz Henrique Volpe. *Honorários advocatícios*. 3ª ed. Salvador: Juspodivm, 2019.

ALVIM, Teresa Arruda. Mandado de segurança contra ato judicial e o CPC de 2015. *Revista ANNEP de Direito Processual*, v.1, n. 2, 2020, disponível em: https://revistaannep.com.br/index.php/radp/article/view/56/pdf, acessado em 11/02/2021.

AMARAL, Paulo Osternack. *Arbitragem e administração pública*: aspectos processuais, medidas de urgência e instrumentos de controle. Belo Horizonte: Fórum, 2012.

ARAÚJO, Fabio Caldas de. *Curso de processo civil*. São Paulo: Malheiros, 2018, t. III.

ARAÚJO, José Henrique Mouta. A teoria da encampação no procedimento do mandado de segurança e o entendimento do STJ. Revista de Processo, n. 302, abr.-2020.

______. *Mandado de segurança*. 5ª ed. Salvador: Juspodivm, 2015.

ASSIS, Araken de. *Manual da execução*. 20 ed. São Paulo: RT, 2017.

______. *Manual dos recursos*. 9ª ed. São Paulo: RT, 2017.

______. *Processo civil brasileiro*. 2ª ed. São Paulo: RT, 2016, v. I.

______. *Processo civil brasileiro*. São Paulo: RT, 2015, v. 2, t. II.

BARREIROS, Lorena Miranda Santos. *Convenções processuais e poder público*. Salvador: Juspodivm, 2017.

BODART, Bruno V. da Rós. *Tutela de evidência*. 2ª ed. São Paulo: RT, 2015.

CAHALI, Yussef Said. *Prescrição e decadência*. São Paulo: RT, 2008.

CÂMARA, Alexandre Freitas. *Juizados especiais cíveis estaduais, federais e da fazenda pública*: uma abordagem crítica. 7ª ed. Rio de Janeiro: Lumen Juris, 2012.

CARREIRA ALVIM, J. E.; CABRAL, Luciana Gontijo Carreira Alvim. *Leis dos juizados especiais federais cíveis*. 5º ed. Curitiba: Juruá, 2018.

CAVALCANTI, Francisco. *O novo regime jurídico do mandado de segurança*. São Paulo: MP Editora, 2009.

CHINI, Alexandre *et al. Juizados especiais cíveis e criminais – lei 9.099/1995 comentada.* Salvador: Juspodivm, 2018.

CHINI, Alexandre *et al. Juizados especiais da fazenda pública – lei 12.153/2009 comentada.* Salvador: Juspodivm, 2019.

CHUCRI, Augusto Newton. Dos embargos à execução fiscal. In: MELO FILHO, João Aurino (coord.). *Execução fiscal aplicada.* 8º ed. Salvador: Juspodivm, 2020.

CUNHA, Leonardo Carneiro da. A contumácia das partes como ato-fato processual. In: DIDIER JR., Fredie; GOUVEIA, Roberto; NOGUEIRA, Pedro Henrique Pedrosa. (Orgs.). *Pontes de Miranda e o direito processual.* Salvador: Juspodivm, 2013.

______. *A Fazenda Pública em juízo.* 12. ed., São Paulo: Dialética, 2014.

______. *A fazenda pública em juízo.* 15 ed. Rio de Janeiro: Forense, 2018.

______. *A Fazenda Pública em juízo.* 17 ed. Rio de Janeiro: Forense, 2020.

CUNHA, Maurício; MANUCCI, Renato. *Juizados especiais cíveis e criminais.* 2º ed. Salvador: Juspodivm, 2020.

DELLORE, Luiz. Comentários ao art. 75. In: DELLORE, Luiz; GAJARDONI, Fernando da Fonseca; ROQUE, Andre Vasconcelos; OLIVEIRA JR., Zulmar Duarte. *Teoria geral do processo – comentários ao CPC de 2015.* São Paulo: Forense, 2015.

DIDIER JR., Fredie. *Curso de direito processual civil.* 17ª ed. Salvador: Juspodivm, 2015, v. 1.

______. *Curso de direito processual.* 20. Ed. Salvador: Juspodivm, 2018, v. 1.

DIDIER JR., Fredie; CUNHA, Leonardo Carneiro da. *Curso de direito processual civil.* 16 ed. Salvador: Juspodivm, 2019, v. 3.

DIDIER JR., Fredie; CUNHA, Leonardo Carneiro da; OLIVEIRA, Rafael; BRAGA, Paula Sarno. *Curso de direito processual civil.* 8ª ed. Salvador: Juspodivm, 2019, v. 5.

DINAMARCO, Cândido Rangel. *A arbitragem na teoria geral do processo.* São Paulo: Malheiros, 2013.

______. *Comentários ao código de processo civil.* São Paulo: Saraiva, 2018.

FAIM FILHO, Eurípedes Gomes. *Requisitos. Precatórios e requisições de pequeno valor: um tema de direito financeiro.* Tese de Doutorado. São Paulo: USP, 2014.

FARIAS, Cristiano Chaves de; ROSENVALD, Nelson. *Curso de direito civil.* 5ª ed. Salvador: Juspodivm, 2012, v. 5.

FERREIRA FILHO, Marcílio da. A defesa do executado e peculiaridades recursais. In: FERREIRA FILHO, Marcílio da; LIMA, Rodrigo Medeiros de (Coords.). *Execução fiscal*: teoria, prática e atuação fazendária. 2ª ed. Belo Horizonte: Fórum, 2017.

GAJARDONI, Fernando da Fonseca; LIMA, Renato Brasileiro de. *Competência cível e criminal da justiça federal.* Salvador: Juspodivm, 2020.

GODOI, Marilei Fortuna. Formação do título executivo. In: MELO FILHO, João Aurino (coord.). *Execução fiscal aplicada.* 8º ed. Salvador: Juspodivm, 2020.

GONÇALVES, Eduardo Rauber. Da competência em execução fiscal. In: MELO FILHO, João Aurino (coord.). *Execução fiscal aplicada.* 8º ed. Salvador: Juspodivm, 2020.

GOUVEIA FILHO, Roberto P. Campos; COSTA FILHO, Venceslau Tavares. Comentários ao art. 557. In: CUNHA, Leonardo Carneiro da; STRECK, Lenio Luiz; NUNES, Dierle (orgs). FREIRE, Alexandre (coord.). *Comentários ao código de processo civil.* 2ª ed. São Paulo: Saraiva, 2017.

KIRTLEY, Alan. The mediation privilege's transition from theory to implementation: designing a mediation privilege standard to protect mediation participants, the process and the public interest. *Journal of Dispute Resolution*, n. 1, 1995.

LEITE, Harrison. *Manual de direito financeiro.* 5ª ed. Salvador: Juspodivm, 2016.

MADUREIRA, Claudio Penedo; RAMALHO, Lívio Oliveira. Microssistema dos juizados especiais brasileiros. *Revista Dialética de Direito Processual*, n. 113, 2012.

MARINONI, Luiz Guilherme. *A intangibilidade da coisa julgada diante da decisão de inconstitucionalidade.* 4ª ed. São Paulo: RT, 2016.

______. *Antecipação da tutela*, 11ª ed. São Paulo: RT, 2009.

______. *Tutela de urgência e tutela da evidência.* São Paulo: RT, 2017.

MARINONI, Luiz Guilherme; MITIDIERO, Daniel. *Comentários ao código de processo civil.* 2ª ed. São Paulo: RT, 2018.

MEIRELLES, Helly Lopes; MENDES, Gilmar Ferreira; WALD, Arnoldo. *Mandado de segurança e ações constitucionais.* 32ª ed. São Paulo: Malheiros, 2009.

MELO FILHO, João Aurino. Ação anulatória do ato declarativo da dívida simples. In: MELO FILHO, João Aurino (coord.). *Execução fiscal aplicada.* 8º ed. Salvador: Juspodivm, 2020.

______. Modificações no polo passivo da execução fiscal: consequências da falência, da morte, da dissolução irregular da pessoa jurídica e da sucessão empresarial no processo executivo. In: MELO FILHO, João Aurino (coord.). *Execução fiscal aplicada.* 8º ed. Salvador: Juspodivm, 2020.

MELO FILHO, João Aurino de; SANDRI, Marcos Paulo. Legitimidade no processo de execução fiscal: fazenda pública exequente e devedor ou responsável executado. In: MELO FILHO, João Aurino (coord.). *Execução fiscal aplicada.* 8º ed. Salvador: Juspodivm, 2020.

MELLO, Celso Antônio Bandeira de. *O conteúdo jurídico do princípio da igualdade.* 3ª ed. São Paulo: Malheiros, 1993.

MIESSA, Élisson; CORREIRA, Henrique. *Súmulas e OJs do TST comentadas e organizadas por assunto.* 8ª ed. Salvador: Juspodivm, 2018.

MINAMI, Marcos Youji. *Da vedação ao non factibilie: uma introdução às medidas executivas atípicas.* Salvador: Juspodivm, 2019, p. 120.

MOREIRA, Egon Bockmann; GRUPENMACHER, Betina Treiger; KANAYAMA, Rodrigo Luís; AGOTTANI, Diogo Zelak. *Precatórios*: o seu novo regime jurídico. São Paulo: RT, 2017.

NEVES, Daniel Amorim Assumpção. *Manual de direito processual civil.* 9ª ed. Salvador: Juspodivm, 2017.

OLIVEIRA, Rafael Carvalho Rezende. *Curso de direito administrativo.* 8ª ed. Rio de Janeiro: Forense, 2020, versão digital.

PEIXOTO, Marco Aurélio Ventura. A Advocacia Pública e a prerrogativa da contagem em dobro para os prazos fixados pelo juiz. *Publicações da Escola da AGU*: Direito, Gestão e Democracia, v. 9, 2017.

PEIXOTO, Marco Aurélio Ventura; PEIXOTO, Renata Cortez Vieira. *Fazenda pública e execução.* 2ª ed. Salvador: Juspodivm, 2020.

PEIXOTO, Ravi. Standards *probatórios no direito processual brasileiro.* Salvador: Juspodivm, 2021.

PEIXOTO, Ravi; MACEDO, Lucas Buril de. A denunciação da lide como remédio jurídico processual: uma contribuição à luz da doutrina de Pontes de Miranda. In: DIDIER JR., Fredie; GOUVEIA, Roberto; NOGUEIRA, Pedro Henrique Pedrosa. (Orgs.). *Pontes de Miranda e o direito processual.* Salvador: Juspodivm, 2013.

______. Os "princípios" da mediação e da conciliação: uma análise da res. 125/2010 do CNJ, do CPC/2015 e da Lei 13.140/2015. In: ZANETI JR., Hermes; CABRAL, Trícia Navarro Xavier. (Org.). *Justiça multiportas.* 2ª ed. Salvador: Juspodivm, 2018.

PEREIRA, Cesar. Convênio para representação judicial entre os entes da federação (art. 75, §4º, do CPC/2015). In: TALAMINI, Eduardo. (coord.). *Processo e administração pública.* Salvador: Juspodivm, 2016.

ROCHA, Felippe Borring. *Manual dos juizados especiais cíveis estaduais.* 8ª ed. São Paulo: Atlas, 2016, versão digital.

RODRIGUES, Marcelo Abelha. *Suspensão de segurança.* 3ª ed. São Paulo: RT, 2010.

RODRIGUES, Marco Antonio. *A fazenda pública no processo civil.* 2ª ed. São Paulo: Atlas, 2016.

SANDER, Frank J. A. Varieties of dispute processing. LEVIN, A. Leo; WHEELER, Russel R. *The pound conference*: perspectives of justice in the future. Saint Paul: West Publishing Co., 1979.

SANDRI, Marcos Paulo. Citação do réu na execução fiscal. In: MELO FILHO, João Aurino (coord.). *Execução fiscal aplicada.* 8º ed. Salvador: Juspodivm, 2020.

______. Penhora de bens no processo de execução fiscal. In: MELO FILHO, João Aurino (coord.). *Execução fiscal aplicada.* 8º ed. Salvador: Juspodivm, 2020.

SCARPINELLA BUENO, Cassio. Mandado de segurança e a regra de competência do art. 52, parágrafo único, do CPC. *Revista de Processo*, n. 305.

______. Tutela provisória contra o poder público no CPC de 2015. In: SCARPINELLA BUENO, Cassio *et al.* (coord.). *Tutela provisória no CPC*: dos 20 anos de vigência do art. 273 do CPC/1973 ao CPC/2015. São Paulo: Saraiva, 2018, versão digital.

SCAVONE JUNIOR, Luiz Antonio. *Juros no direito brasileiro.* 5ª ed. Rio de Janeiro: Forense, 2014, versão digital.

SOKAL, Guilherme Jales. O novo CPC e o federalismo: perspectivas para a advocacia pública estadual. In: CUNHA, Leonardo Carneiro da; ARAÚJO, José Henrique Mouta; RODRIGUES, Marco Antonio (coords.). 2ª ed. Salvador: Juspodivm, 2016.

SPAGNOL, Werther Botelho. O artigo 52, parágrafo único, do CPC e sua aplicação em matéria tributária. In: SANTOS LUCON, Paulo Henrique dos *et al.* (orgs). *Processo civil contemporâneo – homenagem aos 80 anos do professor Humberto Theodoro Júnior.* Rio de Janeiro: Forense, 2018.

SOUZA, Bernardo Pimentel. *Introdução aos recursos cíveis e à ação rescisória.* 10ª ed. São Paulo: Saraiva, 2014.

SOUZA, Luciane Moessa de. *Meios consensuais de solução de conflitos envolvendo entes públicos e a mediação de conflitos coletivos.* Tese de Doutorado. Florianópolis: UFSC, 2010.

SOUZA, Luciane Moessa; RICHE, Cristina Ayoub. Das câmaras de mediação. In: ALMEIDA, Diogo Assumpção Rezende de; PANTOJA, Fernanda Medina; PELAJO, Samantha. *A mediação no novo código de processo civil.* Rio de Janeiro: Forense, 2015.

SOUZA, Luiz Sergio Fernandes de. Exame crítico da regra do artigo 52, parágrafo único, do Código de Processo Civil. *Revista de Processo*, n. 304.

SOUZA JÚNIOR, Antonio Carlos Ferreira de; FERRAZ FILHO, Luiz Henrique Gomes. (im) possibilidade jurídica de alteração da prescrição tributária por meio de regras processuais. In: MIRANDA, Daniel; CUNHA, Leonardo Carneiro da; ALBUQUERQUE JÚNIOR, Roberto Paulino de. *Prescrição e decadência.* Salvador: Juspodivm, 2013.

TALAMINI, Eduardo. A (in)disponibilidade do interesse público. In: DIDIER JR., Fredie; ALVIM, Teresa Arruda (orgs). *Doutrinas essenciais*: novo processo civil. 2ª d. São Paulo: RT, 2018, v. VI.

______. Comentários ao art. 138. In: DIDIER JR., Fredie *et al.* (coord.). São Paulo: RT, 2015.

______. *Tutela monitória.* 2ª ed. São Paulo: RT, 2001.

THEODORO JÚNIOR, Humberto. *Lei de execução fiscal.* 13ª ed. São Paulo: Saraiva, 2016, versão digital.

______. *Lei do mandado de segurança comentada artigo por artigo.* 2ª ed. Rio de Janeiro: Forense, 2019, versão digital.

TOSTA, Jorge. *Do reexame necessário.* São Paulo: RT, 2005.

TOVAR, Leonardo Zehuri. O pedido de suspensão de segurança: sistematização e mudanças à luz do NCPC/15. In: ARAÚJO, José Henrique Mouta; CUNHA, Leonardo Carneiro da; RODRIGUES, Marco Antonio (coord.). *Fazenda pública.* 2ª ed. Salvador: Juspodivm, 2016.

VENTURI, Elton. *Suspensão de liminares e sentenças contrárias ao poder público.* 2ª ed. São Paulo: RT, 2010.

______. Transação de direitos indisponíveis. *Revista de Processo.* São Paulo: RT, v. 251, jan.-2016.

VIANA, Salomão. Comentários ao art. 51. In: DIDIER JR., Fredie *et alli* (coord). *Breves comentários ao novo código de processo civil.* São Paulo: RT, 2015.

EDITORA JusPODIVM
www.editorajuspodivm.com.br

Impressão e acabamento: BMF Gráfica e Editora